देवों का उदय

देवों का उदय

आलोक अग्रवाल • मयंक अग्रवाल

प्रभात
प्रकाशन

प्रकाशक

प्रभात प्रकाशन प्रा. लि.

4/19 आसफ अली रोड, नई दिल्ली–110002

फोन : 011–23289777 • हेल्पलाइन नं. : 7827007777

इ–मेल : prabhatbooks@gmail.com ❖ वेब ठिकाना : www.prabhatbooks.com

संस्करण

प्रथम, 2023

पेपरबैक मूल्य

पाँच सौ रुपए

मुद्रक

आर–टेक ऑफसेट प्रिंटर्स, दिल्ली

DEVON KA UDAY

by Shri Alok Agrawal & Shri Mayank Agrawal

Published by **PRABHAT PRAKASHAN PVT. LTD.**

4/19 Asaf Ali Road, New Delhi-110002

ISBN 978-93-5521-230-6

₹ 500.00 (PB)

यह पुस्तक

हमारे पूज्य पिताजी **स्वर्गीय डॉ. कृष्ण कुमार** की

पुण्य स्मृति को

समर्पित है

जिनकी प्रेरणा से इस कथानक को

हम आपके समक्ष ला पाए हैं

अवधारणा

लगभग 5,000 पुस्तकें चीड़ की लकड़ी से बनी खुली अलमारियों में सूचीबद्ध करके रखी गई थीं। मूलतः वैदिक और पौराणिक साहित्य से संबंधित इन पुस्तकों में मौलिक ग्रंथों के अतिरिक्त देश-विदेश के विद्वानों द्वारा किए गए विश्लेषण, मीमांसाएँ और विश्व भर की दार्शनिक पोथियाँ संगृहीत थीं। ये पुस्तकें हमारे पिताजी डॉ. कृष्ण कुमार की जीवन भर की निधि थी। उनके इसी निजी पुस्तकालय की चीड़ की लकड़ी और पुस्तकों के पन्नों की सुगंध में हम पले-बढ़े हैं।

यह बात लगभग पैंतालीस वर्ष पुरानी है। हम उस समय उन पुस्तकों में वैदिक युग की रोचक कहानियाँ ढूँढा करते थे। कभी-कभी पीछे से पिताजी की आवाज आती, "क्या कर रहे हो?" वे समझाते, "कहानियाँ सबको अच्छी लगती हैं, लेकिन उनमें छिपे-बसे मूल दर्शन को भी समझने की कोशिश करनी चाहिए।"

उनकी आँखों में एक प्रेरणा थी। हमारी माँ दमयंती देवी मुसकराते हुए हमारी पीठ पर हाथ रखतीं। वे धार्मिक महिला थीं। पति और बच्चों के साथ उनकी अपनी ही दुनिया थी।

"क्या इन कथाओं में कुछ सत्य है, पिताजी? हमें तो यह काल्पनिक लगता है कि ऋषि और देव होते थे और कुछ भी श्राप या वरदान दे देते थे। हमें यह भी समझ नहीं आता कि देवता साधारण मानव की तरह द्वेष और लोभ जैसे भावों से क्यों ग्रसित होते थे?"

पिताजी समझाते, "देवताओं को अपने काल के असाधारण व्यक्तियों के रूप में देखने का प्रयत्न करो। उस काल में इतिहास लिखने की परंपरा नहीं थी। वाचिक परंपरा, यानी सुनाकर एक पीढ़ी से दूसरी पीढ़ी तक ज्ञान जाता था। इससे इसमें कई विसंगतियाँ भी आती गईं। समय के साथ-साथ उस समय के महान् व्यक्तियों को चमत्कारिक शक्तियों के साथ जोड़ दिया गया। अगली कई पीढ़ियों ने धीरे-धीरे उन्हें

मानव से ऊपर देवताओं की उपाधि दे दी। आवश्यकता है कि इन पुस्तकों में छुपे सही ज्ञान को पहचाना जाए।"

पिताजी हमारी आँख में कौंधती पहेली को पढ़कर धैर्यपूर्वक उसे बुझाने का प्रयास करते, "उस समय की कथाओं के गर्भ में एक गौरवशाली इतिहास छिपा है। आवश्यकता है इसमें से वास्तविकता को बाहर लाकर विश्व का उससे परिचय कराने की।"

सुरों और असुरों के युद्धों की कहानियाँ सुनाते समय उनकी व्याख्या बड़ी अनूठी होती थी। उनके अनुसार इन युद्धों को तत्कालीन सामाजिक और राजनीतिक परिवेश में देखना आवश्यक था।

***

पिताजी संस्कृत के मूर्धन्य विद्वान् थे। हमारे यहाँ प्राय: गोष्ठियाँ होती थीं, जिनमें लिखित इतिहास से पूर्व के काल के विषय में चर्चा होती थी।

"पश्चिम ने यह प्रतिपादित किया है कि आर्य उत्तर-पश्चिम से आए आक्रांता थे, लेकिन इस सिद्धांत में गंभीर त्रुटियाँ हैं।" यह तर्क हमारे यहाँ आनेवाले एक विद्वान् का था। "उस काल के लोग परिस्थितियों और जिज्ञासावश अपने ज्ञान और संस्कृति का भंडार साथ लिये एक स्थान से दूसरे स्थान भ्रमण करते रहते थे। कई बार वे बड़े-बड़े समूहों में जाते थे। इन यात्राओं के दौरान कबीलों में आपसी झड़पें होती रहती थीं, जिसमें जय-पराजय भी होती थी, लेकिन उन्हें संगठित आक्रमण कहना उचित न होगा। भारतीय महाद्वीप में रहनेवाले लोगों ने बाहर निकलकर मध्य, पश्चिम एशिया और यूरोप तक की यात्राएँ कीं। उधर से भी लोग बड़ी संख्या में भारतीय उपमहाद्वीप में आए। इस प्रकार संस्कृतियों का मिलन हुआ और वे एक-दूसरे से प्रभावित हुईं।"

एक अन्य विद्वान् की अवधारणा थी, "ईरानी अवेस्ता और भारतीय ऋग्वेद की भाषा तथा सूक्तियों में समानताएँ हैं। लगता है कि या तो इन दोनों ग्रंथों का उद्‌गम स्थान एक था या इनकी रचना करनेवाली सभ्यताएँ एक-दूसरे से अत्यधिक प्रभावित थीं। निरंतर इस प्रकार के प्रमाण मिलते रहे हैं कि सहस्रों वर्ष पूर्व भारत का इराक और सीरिया से भी आगे तक यूरोपीय सभ्यताओं से संपर्क था। इसी कारण संस्कृत, ग्रीक, लैटिन के अतिरिक्त सुदूर पश्चिमी देशों की भाषाओं में मिलते-जुलते शब्द पाए जाते हैं।"

इसी प्रकार एक बार चर्चा हुई कि सुरों, असुरों और अन्य वैदिक देवताओं का

प्रभाव पश्चिम एशिया तक फैला था। "वेदों में उल्लिखित असुर और ईरान का आहुर एक ही हैं।"

हम दोनों वहाँ पर बैठे सुनते अवश्य रहते, लेकिन यह सब उस समय हमारी समझ से परे था।

***

समय पंख लगाकर उड़ने लगा, फिर हम दोनों अपनी-अपनी वृत्तियों में व्यस्त हो गए, लेकिन बाल्यावस्था की वे कहानियाँ और उन पर हुई चर्चाएँ हमारी कल्पनाओं में बसी रहीं।

जीवनपथ पर हमारे माता-पिता हमसे बिछड़ गए। एक बार पवित्र नगरी हरिद्वार में गंगाजी के तट पर घूमते हुए उन्हीं कथाओं और चर्चाओं की बात होने लगी। उन चर्चाओं से ही हमारे मन में इस पुस्तक का रूप उभरा और हमने इन पौराणिक कथाओं को संभावित वास्तविकताओं और कुछ कल्पनाओं के आधार पर सूत्रबद्ध करके एक कथानक के रूप में प्रस्तुत करने का निर्णय लिया।

***

कई माह बीत चुके थे। हमारे शोध में हमें अनेक रोचक तथ्य मिले।

लगभग 3400 वर्ष पूर्व वर्तमान तुर्की के अनातोलिया और उत्तरी सीरिया क्षेत्र में मित्तानी एवं हित्ती शासकों के मध्य एक संधि हुई थी। यह संधि इंद्र, वरुण, मित्र, अश्विन आदि देवताओं के नाम पर की गई थी। इतिहासकार मित्तानी संस्कृति को वैदिक संस्कृति के करीब मानते हैं। यहाँ तक कि उनकी भाषा में वैदिक संस्कृत शब्द भी थे।

मिस्र में ऐतिहासिक अल-अमर्ना में पुरातत्त्व विशेषज्ञों को इस प्रकार के शिलापट्ट मिले हैं, जिनसे यह ज्ञान होता है कि उस काल में वैदिक और आर्यों जैसे नाम वाले शासक, जैसे आर्तमान्य, आर्यवीर्य, यशोदत्त, सुत्तरण वर्तमान के सीरिया क्षेत्र में शासन करते थे।

यहाँ पर अधिक विवरण देने की आवश्यकता प्रतीत नहीं होती। ये विवरण व्यापक रूप से उपलब्ध हैं। यहाँ केवल इतना स्पष्ट करना है कि पश्चिम से पूर्व तक संस्कृतियों में मिल रही समानताओं ने हमारे मस्तिष्क को उद्वेलित कर इस कथानक को प्रस्तुत करने के लिए प्रेरित किया।

***

हम अपने परिवारों (आलोक की पत्नी विभा, पुत्री मेघना, जामात्र आशीष

और पुत्र अंकित; मयंक की पत्नी अंजू, पुत्र तुषार और पुत्री इशिता) के आभारी हैं, जिन्होंने शोध और लेखन के समय में हमारा उत्साहवर्धन किया।

हम अपने मित्र राजेंद्र भट्‌ट के कृतज्ञ हैं, जिन्होंने पुस्तक के संपादन में अपना योगदान दिया।

***

वास्तविकता और मिथक कथाओं के मध्य कहीं-न-कहीं तारतम्य के सूत्र होते हैं। हमें अनुभूति होती है कि यथार्थ भी इससे बहुत दूर नहीं रहा होगा।

आशा है, आपको यह पुस्तक रोचक लगेगी।

—आलोक एवं मयंक

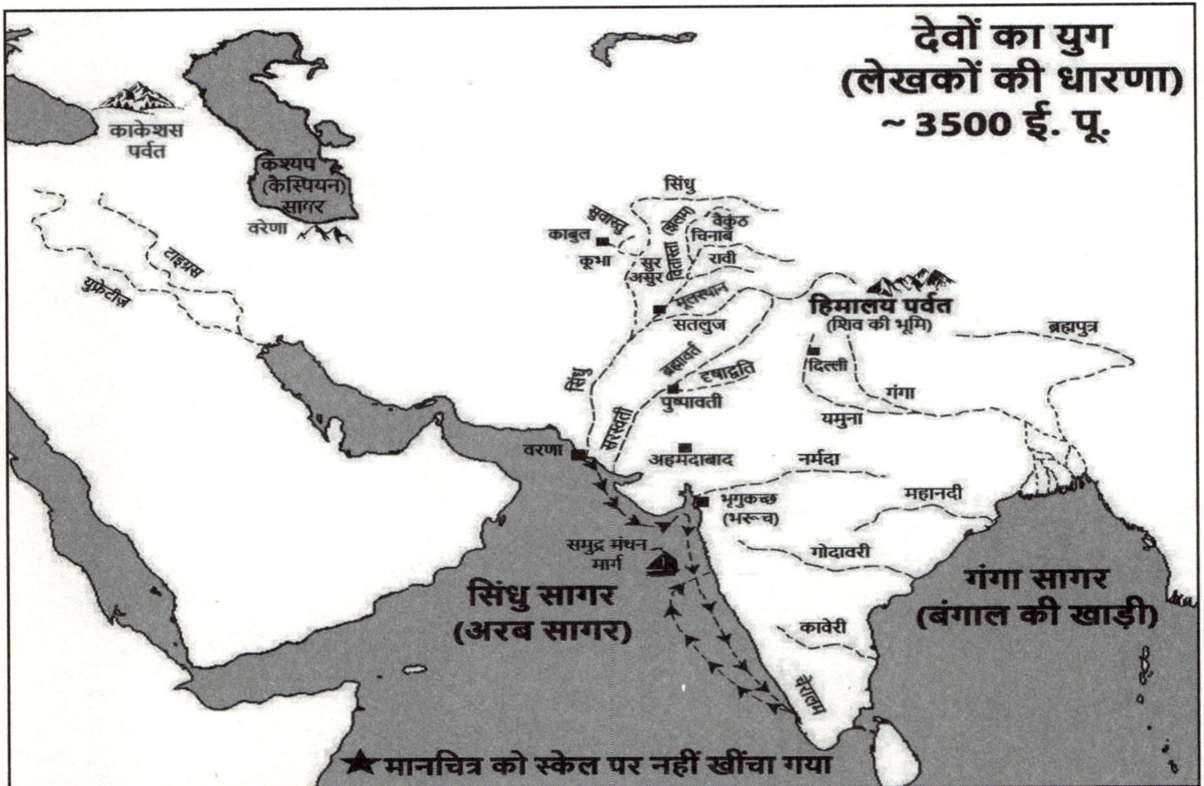
देवों का युग
(लेखकों की धारणा)
~ 3500 ई. पू.
काकेशस पर्वत
कश्यप (कैस्पियन) सागर
वरेणा
टाइग्रस
यूफ्रेटीज़
सिंधु
सुवास्तु
काबुल
कूभा
सुर असुर
वितस्ता
वैकुंठ
चिनाब
रावी
मूलस्थान
सतलुज
हिमालय पर्वत
(शिव की भूमि)
ब्रह्मपुत्र
दिल्ली
गंगा
यमुना
ब्रह्मावर्त
दृषाद्वति
पुष्पावती
सरस्वती
वरणा
अहमदाबाद
नर्मदा
महानदी
भृगुकच्छ
(भरूच)
गोदावरी
समुद्र मंथन मार्ग
सिंधु सागर
(अरब सागर)
गंगा सागर
(बंगाल की खाड़ी)
कावेरी
केरालम
★ मानचित्र को स्केल पर नहीं खींचा गया

अनुक्रम

आततायी का अंत

पूर्व-कथा

(लगभग 4000 ईसा पूर्व हिमालय के तराई क्षेत्र में किसी स्थान पर)

एक अर्धवृत्तीय मैदान उस ग्राम के क्रियाकलापों का अभिन्न अंग था। दिन भर वहाँ चहल-पहल होती रहती थी। महिलाओं की दोपहर की गपशप हो या बच्चों की क्रीड़ाओं का कलरव, पुरुषों की प्रतियोगिताएँ हों या युवतियों की आपसी चुहल या फिर सांस्कृतिक कार्यक्रम, यह मैदान सभी की आवश्यकताएँ पूरी करता था।

दूर-दूर से आए सुर स्त्री-पुरुषों से मैदान खचाखच भरा हुआ था। वे स्वयं को देवताओं का वंशज मानते थे। सुर उस विशाल भू-भाग की सर्वाधिक विकसित जाति थी, जो कि उत्तर में हिमालय से दक्षिण में विंध्य पर्वत और गंगा-यमुना के बड़े क्षेत्र को अपने मैं समाहित किए हुए था। अपने रक्त की पवित्रता की रक्षा करना उनका परम दायित्व था। उनके लिए यह एक दिव्य आदेश था कि किसी भी मूल्य पर वे अपने रक्त को दूषित न होने दें। लेकिन एक असभ्य कबीले द्वारा उनके रक्त में मिलावट करने का दुस्साहस किया गया था। उन्होंने उस कबीले के सभी पुरुषों को कैद कर लिया था और आज यह फैसला करने के लिए एकत्र हुए थे कि उन तुच्छ जंगलियों को किस प्रकार का दंड दिया जाए, जिससे कि उनकी अगली कई पीढ़ियाँ इस पाप के बारे में सोचकर भी काँप जाएँ।

उनकी भंगिमाओं से स्पष्ट था कि वे सभी अत्यंत आक्रोश में थे। उन पर वातावरण की मनोरमता, उस नम ठंडक या उस सुनहरी धूप का कोई प्रभाव नहीं था। उधर वे बेचारे बंदी सिर झुकाए सुरों के कटाक्ष और सभी प्रकार के अपशब्द सुनने के लिए विवश थे।

दिन का तीसरा प्रहर प्रारंभ हो चुका था। पेड़ों की परछाइयाँ लंबी होने लगी थीं, तभी एक रोबीले बुजुर्ग ने मैदान में खड़े बरगद के वृक्ष के नीचे आकर राजदंड को

उठाया और सबको चुप होने के लिए संकेत किया—"मैं, सुर-कुल का मुखिया इस आपात महासभा में आप सभी का अभिनंदन करता हूँ। आज से दस दिवस पूर्व हम यहीं इस महासभा में मिले थे और उस अवसर पर हमने आपको यह वचन दिया था कि हम इस जंगली जाति को कभी न भूलने वाला पाठ पढ़ाएँगे।"

मुखिया का चेहरा उत्तेजना से लाल होने लगा, "मुझे यह बताते हुए हर्ष हो रहा है कि आपको दिए हुए वचन के अनुरूप हमने इनके ग्राम पर आक्रमण करके इनके प्रत्येक युवक को बंदी बना लिया है।"

मुखिया ने क्षण भर के लिए विराम लेते हुए उस जनसमूह पर अपनी बात के प्रभाव को जानने हेतु दृष्टिपात किया। जनसमूह की प्रतिक्रिया से संतुष्ट होकर उसने कोने में खड़े हुए बंदियों को हेय दृष्टि से देखा। उसकी दृष्टि में वे सब असभ्य लोग थे। उन्होंने अपनी जाति के एक धृष्ट युवक को एक सुर कन्या को भगाने में सहायता करने का अक्षम्य अपराध किया था।

महासभा में एक अशांत सा मौन छाया हुआ था। तभी मैदान में आगे की पंक्ति में बैठी एक महिला की सिसकियों ने उस नीरवता को भंग कर दिया। एक माँ अपने रुँधे गले से कुछ कहने का प्रयास कर रही थी, "उन लोगों ने मेरी बेटी पर वशीकरण मंत्र का प्रयोग किया था, श्रेष्ठ!"

"संभवत: आप सत्य कह रही हैं, लेकिन एक माँ के कर्तव्य के पालन में आप विफल रही हैं।"

"लेकिन···!" माँ ने कुछ बोलने का प्रयास किया। मुखिया ने हाथ के संकेत से उसे रोक दिया। उसके शब्दों में किसी प्रकार की कोमलता नहीं थी, "जोमा, अपनी पत्नी को सभास्थल से ले जाइए। यह मेरी त्रुटि थी कि मैंने आपको इस सभा में आने की अनुमति दी।"

जोमा स्वयं को निर्जीव सा अनुभव कर रहा था। किसी प्रकार उठकर उसने अपनी पत्नी को बाँहों में उठाने का अधूरा सा प्रयास किया।

"ईश्वर पर विश्वास रखो!" उसने पत्नी को समझाने का प्रयास किया।

फिर वह पत्नी को लगभग घसीटते हुए मैदान के बाहर घने पेड़ों के बीच में से होते हुए धीरे-धीरे अपने घर की ओर ले गया।

इस व्यवधान के उपरांत मुखिया ने अपना संबोधन आगे जारी रखा, "हम उस युवक और युवती को बंदी बनाना चाहते थे, लेकिन वे अपने अपराध-बोध से इतने ग्रसित थे कि उन्होंने बंदी होने के पूर्व स्वयं अपना गला रेतकर आत्महत्या कर ली।"

"उन्होंने आत्महत्या का पाप किया है, वे नरक की अग्नि में सहस्त्रों वर्षों तक जलेंगे।" भीड़ उन्माद में थी।

***

बंदी अब तक पूरी तरह निराश हो चुके थे। मृत्यु को समीप देखकर उनमें से एक ने साहस करके मुखिया से प्रार्थना की, "श्रेष्ठ! अपराधी युवक और युवती अब इस संसार में नहीं हैं, अतः आपके क्रोध का कारण भी नहीं रहा। हम आपसे करबद्ध निवेदन करते हैं कि आप हमें मुक्त कर दें। हम शपथ लेते हैं कि हमारा कोई भी युवक इस प्रकार के अपराध का विचार तक नहीं लाएगा।"

"नहीं! यह अपराध क्षम्य नहीं है।" सारी भीड़ उन्माद में चिल्लाई।

"शांत...शांत!" मुखिया ने महासभा को शांत किया।

"इस अपराध का यही दंड है कि दोषी ग्राम के सभी विवाह योग्य युवकों को सूली पर लटका दिया जाए अथवा तुम सभी इस ग्राम को छोड़कर चले जाओ। यह अपराध-बोध तुम सबको जीवन भर एक रात भी चैन से सोने नहीं देगा। तुम और तुम्हारी समस्त जाति के लिए युग-युगांतर तक यह एक न भूलनेवाला पाठ होगा।"

तभी बंदियों के बीच में एक फुसफुसाहट ने उसका ध्यान भंग किया। फुसफुसाहट धीरे-धीरे तेज हो रही थी। अचानक बंदियों में से एक खुशी से उछलकर चिल्लाया, "देव आ रहे हैं! हमारे देव आ रहे हैं! लगता है, हम बच जाएँगे। हम बच जाएँगे!"

"दुष्टों! लगता है, तुम लोग पागल हो गए हो?" एक सुर युवक ने उपहास किया।

लेकिन दूर जंगल से पेड़ों के पीछे से आ रही डमरू की तेज होती ध्वनि अब सुनाई देने लगी थी। उपस्थित सभी व्यक्ति आवाज की दिशा में देखने लगे। धीरे-धीरे पेड़ों के बीच में से एक आकृति उभरने लगी। उसके हाथ में डमरू था। उसके पीछे लगभग सौ व्यक्ति पंक्तिबद्ध चल रहे थे। उन्हें पहचानने में कोई भी त्रुटि नहीं कर सकता था। वे गण थे—उस महाक्षेत्र के महानतम योद्धा! उनसे कोई टकराने का साहस नहीं कर सकता था।

"रुद्रदेव आ गए!" गणों के अधिपति ने आगे बढ़कर घोषणा की।

"सभी शांत हो जाएँ। यदि किसी ने दुस्साहस करने की चेष्टा की तो रुद्रदेव के कोप का भागी होगा," अधिपति के शब्दों में स्पष्ट चेतावनी थी।

"भगवन्!" एक बंदी ने आर्तनाद किया।

"भगवन्! भगवन्!" सभी बंदियों ने दोहराया।

रुद्रदेव की लंबी कद-काठी और सुडौल देह वहाँ उपस्थित सभी व्यक्तियों से अलग थी। उन्होंने कटिस्थल पर व्याघ्र चर्म बाँधी हुई थी। उनके दाएँ हाथ में त्रिशूल था और बाएँ कंधे पर उनका प्रख्यात धनुष लटक रहा था। उनकी जटाएँ कंधे तक झूल रही थीं। यह कहा जाता था कि रुद्र पलक झपकने से पूर्व ही किसी की आँखों के मध्य को लक्ष्य बनाकर उसे भेद सकते थे।

रुद्र ने बंदियों को देखकर आश्वासन में अपना हाथ उठाया और बरगद के पेड़ के नीचे खड़े मुखिया की ओर मुड़कर पूछा, "कृपया यह बताने का कष्ट करें कि इन सबको इस प्रकार बंदी बनाने और अपमानित करने का उद्‌देश्य क्या है?"

मुखिया ने रुद्र की प्रज्वलित आँखों में झाँककर बात करने का असफल प्रयास किया, "इन्होंने घृणित पाप किया है और इसके लिए ये दंड के भागी होंगे।"

"यदि मैंने जो सुना है और वह सत्य है तो घृणित कार्य आपने किया है, ये सब निर्दोष हैं।"

"रुद्र, हमारे नियम के अनुसार जो भी हमारे रक्त को दूषित करने का प्रयास करेगा, वह मृत्युदंड का पात्र होगा। लेकिन हमने इन्हें केवल ग्राम निष्कासन का ही दंड दिया है।"

"मौन रहें!" रुद्र ने गर्जना की। उनकी आँखों में क्रोध आ चुका था। "नियमों का दृष्टांत देकर मानवीयता का उल्लंघन नहीं किया जा सकता। गंगा महाक्षेत्र में किसी को इस प्रकार का निर्णय लेने की अनुमति नहीं है। दोनों अपना-अपना पक्ष प्रस्तुत करें, इसके बाद ही मैं कोई निर्णय दूँगा।"

रुद्र के क्रोध से सुर भलीभाँति परिचित थे। उन्हें ज्ञात था कि एक बार क्रोधित हुए रुद्र को शांत करना असंभव था। रुद्र की बात को सिर झुकाए सुनने के अतिरिक्त उनके पास कोई अन्य विकल्प नहीं था।

रुद्र ने अपने चिरपरिचित भाव में बरगद के वृक्ष के नीचे एक चबूतरे पर स्थान ग्रहण किया। शेष सभी उनके दाएँ-बाएँ खड़े हो गए। अब वे एक न्यायाधीश की भूमिका में थे। अगले दो प्रहर तक वे दोनों पक्षों के तर्कों को सुनते रहे।

***

रुद्र इस महाक्षेत्र के निर्विवाद अधिनायक थे। इस महाक्षेत्र में अनेक कबीले स्थायी रूप से रहते थे। रुद्र इन सब कबीलों को आपसी भाईचारे के साथ शांतिपूर्वक रहने के लिए प्रेरित करते रहते थे, लेकिन ऐसा करने के लिए उन्हें एक संगठन की

भी आवश्यकता थी, जो न केवल न्याय और शांति व्यवस्था में सहयोग करे, अपितु बाह्य आक्रमणों को रोकने में भी सक्षम हो। इस हेतु उन्होंने गण संगठन की रचना की थी। हजारों गणों ने उनके इस कर्तव्य के अनुपालन के लिए निष्ठा की शपथ ली थी। ये गण हर कबीले से आते थे। अनेक सुर भी इन गणों में विद्यमान थे। वे सभी युद्धकला में निपुण थे। ये गण कबीलों की निष्ठा से ऊपर उठकर रुद्र के निर्देशों का पूर्ण समर्पण के साथ कड़ाई से पालन करते थे। इस गण संगठन के कारण गंगा महाक्षेत्र में न्याय व्यवस्था के साथ पूर्ण शांति रहती थी।

दोनों पक्षों के तर्क पूरे होने के पश्चात् काफी समय तक रुद्र दूर क्षितिज को देखते रहे। जब वे निर्णय देने हेतु खड़े हुए तो सभी की आँखें उन पर टिकी हुई थीं।

"सुरों ने अपराध किया है, एक महा-अपराध। वे स्पष्ट रूप से अपराधी हैं। सुरों का अब क्या कहना है?"

"रुद्र! आप ऐसा कैसे कह सकते हैं?" सुरों के मुखिया ने बीच में टोका।

"सुर ही उस युवा जोड़ी की मृत्यु के दोषी हैं। इसके बाद इनके ग्राम पर हमला करके विनाश-लीला की और वहाँ के सभी निवासियों को बंदी बनाया है।"

"लेकिन उन्होंने हमारी प्रतिष्ठा, हमारे मान-सम्मान पर कीचड़ उछालने का प्रयास किया था। यह अक्षम्य है।"

रुद्र जोर से हँसे। उनकी हँसी में व्यंग्य की झलक साफ थी।

"सुर इस क्षेत्र का सबसे विद्वान् कबीला है। आपको यह मिथ्या गर्व शोभा नहीं देता। आपको ईश्वर प्रदत्त ज्ञान से विश्व में अज्ञानता को दूर करना चाहिए, न कि अपने बल से इन निर्बल लोगों पर अत्याचार। आपमें से अनेक धर्म के मार्ग से हट गए हैं। आपको अपने पापों का प्रायश्चित्त करना होगा।"

"आपके शब्द हमारे लिए पवित्र हैं, रुद्रदेव! हमें क्षमा करें," सुरों के मुखिया ने शब्दों में आदरभाव लाते हुए कहा। उसे अपनी गलती का अहसास हो गया था।

बंदियों को छोड़ दिया गया।

फिर रुद्र ने प्रसन्न भाव से सुरों के मुखिया से कहा, "पश्चिम दिशा में जाओ और सभ्यता के प्रकाश को फैलाओ।"

"जैसा आपका आदेश, रुद्रदेव," मुखिया ने ससम्मान कहा, "हम वचन देते हैं कि सुर भविष्य में धर्म के मार्ग से कभी भी नहीं हटेंगे।"

***

रुद्रदेव के आदेश का पालन करते हुए सुरों के कई समूह गंगाक्षेत्र को छोड़कर

पश्चिम की ओर प्रस्थान कर गए। वे अपने में विकसित सभ्यता का बहुत सारा ज्ञान समेटे हुए थे, जो उनके साथ दूसरे क्षेत्रों में फैलता गया, जैसे कि बरतन और हथियार बनाना, कपड़ा बुनना और जानवरों को घरेलू उपयोग के लिए पालना। उन्होंने धर्म और सत्य के मार्ग का अनुसरण किया और उसे प्रचारित किया। उन्होंने अविकसित सभ्यताओं को सहायता देकर विकास की ओर उन्मुख किया। उन्होंने हिंसक और असभ्य जनजातियों का सामना किया तथा अधर्म का विनाश किया।

इसी प्रकार वे अनेक वर्षों तक घूमते रहे। उन्होंने सिंधु नदी के तट पर नई सुर बस्तियाँ बसाईं। उन्होंने अपनी मातृभूमि का तो त्याग कर दिया था, लेकिन उनका उच्चता और रक्त की शुद्धता का गर्व उनके साथ ही रहा। वे सुर थे—अपने को देवताओं के वंशज और शेष सभी जातियों से कहीं ऊपर समझने वाले।

कालांतर में उनमें आपसी विरोध उभरने लगे। उनमें से वे, जो सुरों के कठिन जीवन-सिद्धांतों का पालन नहीं कर पा रहे थे, उन्होंने एक पृथक् समूह बना लिया और उसे 'असुर' नाम से जाना जाने लगा। असुर, यानी जो सुर नहीं थे। सुरों और असुरों में प्राय: प्रतिस्पर्धा का भाव बना रहता था।

समय बीतता गया। सुरों की एक शाखा पश्चिम दिशा में और आगे निकल पड़ी तथा कश्यप (कैस्पियन) सागर के निकट पहाड़ों पर बस गई। यह कहानी उसी स्थान से प्रारंभ होती है।

भाग–1

महिमा के पथ पर

1

कश्यप भूमि[1]

(कश्यप (कैस्पियन) सागर के निकट पर्वतों में किसी स्थान पर, लगभग 3500 वर्ष ईसा पूर्व)

बर्फीला तूफान अपनी चरम सीमा पर था। पिछले कई दिनों से लगातार हो रहे हिमपात ने समस्त पर्वत-शृंखला को गहरे श्वेत आवरण से ढक दिया था। विकराल हवाएँ अविराम चल रही थीं। आकाश में बार-बार काले बादलों का समुद्र उमड़ा चला आता था। ड्यूस ने खिड़की खोलकर बाहर झाँकने का प्रयास किया। बाहर से आया बर्फीली हवा का झोंका इतना तेज था कि एक पल में उसका चेहरा और दाढ़ी बर्फ से ढक गए। उसने अविलंब खिड़की के पटों को जोर लगाकर बंद कर दिया। उस बर्फीले तूफान में कुछ भी देख पाना संभव नहीं था। वह जान गया कि तूफान के थम जाने के पश्चात् ही वह पहाड़ों के नीचे खूबसूरत घाटी को देख सकता था।

उसका घर एक खड़े पहाड़ के ऊपर चट्टानों को खोदकर बनाया गया था। ड्यूस का पर्वत के शिखर पर घर बनाकर रहने का एक विशेष उद्द्देश्य था। वहाँ पर उसे एक प्रकार की ठोस और कठोर धातु मिली थी और वह इस पर अनुसंधान कर रहा था, लेकिन धातु के प्रति लगाव के बाद भी उसने अपने आपको पारिवारिक दायित्व से विरत नहीं होने दिया था। आखिर वह पहली बार पिता बननेवाला था। उसका रक्त उसकी पत्नी गेया की कोख में आराम से पल रहा था। ड्यूस कभी अचानक गेया के मातृत्व से भरे पेट पर कान लगाकर लेट जाता और बच्चे के लात फेंकने की प्रतीक्षा

1. *कुछ विद्वानों का मानना है कि कैस्पियन सागर को प्राचीन समय में ऋषि कश्यप के नाम पर कश्यप सागर के नाम से जाना जाता था। ऋषि कश्यप सुरों और असुरों के पिता थे। उत्तर ईरान में कश्यप सागर के साथ लगे हुए अल्बोर्ज पर्वत को लेखकों ने कश्यप पर्वत माना है। दिलचस्प बात यह है कि इस क्षेत्र के कई नगरों के नाम संस्कृत मूल के प्रतीत होते हैं, जैसे कि रामसर (ईरान), रुदसर (ईरान), सियावर (अजर्बेजान)। सर संस्कृत में झील को कहते हैं।*

करता। यह क्रम तब से चल रहा था, जब से गेया ने उसे पहली बार बच्चे की इस हरकत के बारे में बताया था। उसने एक बार तो अपना असंतोष भी प्रकट किया था, "यह अंदर से ही बताता क्यों नहीं है कि यह बालक है या बालिका?" गेया ने प्यार से उसको झिड़का तो था, लेकिन हँसी भी थी, फिर उसने अपनी आँखें बंद करके उसके कंधे से सिर टिकाकर उसे अपनी बाँहों में समेट लिया था।

प्रतीक्षा की घड़ियाँ पूरी हो रही थीं। गर्भ से बच्चे को इस नश्वर संसार में लाने के लिए तैयारी हो चुकी थी। ड्यूस बेचैनी से चहलकदमी कर रहा था।

उसे गेया की प्रसव-पीड़ा की चीखें साफ सुनाई दे रही थीं। दाइयाँ उसे शांत करने का प्रयास कर रही थीं। ड्यूस के कान एक नई आवाज सुनने के लिए आतुर थे, वह आवाज, जो ईश्वर की नई और अप्रतिम रचना के आगमन की सूचना से जुड़ी होती है।

तभी भूकंप ने सारे पर्वतों को हिला दिया। बादलों की जोरदार गड़गड़ाहट से पूरी घाटी गूँज गई। चल रही तूफानी हवाओं की सनसनाहट ने वातावरण को कंपायमान कर दिया। यह सब दैवीय संकेत थे, किसी बड़ी घटना के। उसी क्षण उसे दाई की खुशी से भरी आवाज सुनाई दी।

"देव रक्षा करें।" दाई हँसते हुए बाहर आई, "स्वामी, आपको विश्व के सबसे सुंदर बच्चे का पिता होने का सौभाग्य मिला है।"

ड्यूस लपककर दाई के पीछे-पीछे अंदर कक्ष में पहुँचा, जहाँ उसका नवजात पुत्र अपनी माता से चिपका हुआ अपने जीवन के प्रथम स्तनपान का प्रयास कर रहा था। शिशु के चारों ओर एक विशिष्ट आभामंडल था और उसका मुख देदीप्यमान हो रहा था।

"संभवत: यह एक दिव्य शक्ति है। यह हमारा सौभाग्य है कि इसने हमारे यहाँ जन्म लिया।" एक विचार उसके मन में कौंधा।

प्रसव के उपरांत गेया थककर निढाल हो चुकी थी, लेकिन उसके चेहरे पर एक अलग ही प्रकार की मुसकान थी, शांति और परिपूर्णता की मुसकान। एक मातृत्व की मुसकान। अपने नवजात शिशु को स्तनपान कराने से प्राप्त होनेवाले सुख की मुसकान। यह मुसकान उतनी ही सरल और निष्कपट थी, जो उन दोनों की प्रथम भेंट के समय ड्यूस ने गेया के मुख पर देखी थी। ड्यूस के समक्ष वह पहली भेंट पुन: सजीव हो गई थी। वे पल उसके लिए अनमोल थे, जिसे वह हर क्षण जीवंत रखना चाहता था।

***

यह लगभग तीन वर्ष पुरानी बात थी। गरम होती हवाओं ने शीत ऋतु का प्रभाव कम करना प्रारंभ कर दिया था। पिछले कई माह से जमी हुई बर्फ अब पिघल रही थी, जिससे नदी-नालों में जल-प्रवाह बढ़ गया था तथा झीलों में पानी भर गया था। ठंडी और निर्जीव सी हो चुकी भूमि पर नई कोमल घास अपना आँचल पसार रही थी। वृक्षों पर कोपलें फूट रही थीं एवं उन पर पक्षियों की चहचहाट बढ़ गई थी। आकाश में पक्षियों के झुंड दिखाई दे रहे थे। ये वे पक्षी थे, जो शीतकाल में दूर गरम स्थलों को चले जाते थे और वहाँ की सुखद जलवायु में अपना परिवारवर्धन करते थे। यह सब इस बात का सूचक था कि शीतकाल समाप्ति पर था तथा अब वर्ष के सबसे सुनहरे समय वसंत ऋतु का आगमन हो रहा था।

वर्ष का यह वह समय था, जब युवा सुर लड़के और लड़कियाँ वसंत ऋतु का आनंद लेने के लिए झुंडों में निकल जाते थे। वे जंगलों में खेलते और वृक्षों तथा झाड़ियों से फल, पुष्प आदि, अनेक प्रकार की जड़ी-बूटियाँ और प्रकृति के हर उस उपहार को अपनी झोली में डालते जाते थे, जो किसी भी रूप में उपयोगी हो सकते थे। सुरों ने शताब्दियों से प्रकृति के उपहारों का अध्ययन किया था। वे मानते थे कि प्रकृति के पास उनकी हर समस्या का हल है। आवश्यकता थी तो उसे पहचानने की। सुर अपने ज्ञान को पीढ़ी-दर-पीढ़ी आगे बढ़ा रहे थे। युवाओं की ये अठखेलियाँ उनके मनोरंजन के साथ-साथ उनका ज्ञानवर्धन भी करती थीं। यह वह समय भी था, जब जंगलों के खुले वातावरण में प्रशिक्षकों के मार्गदर्शन में उन्हें आखेट का प्रशिक्षण मिलता था।

दोपहर का समय था। सुर लड़के-लड़कियों का एक दल एक पर्वत की चोटी के समीप एक विशाल वृक्ष के पास खड़ा था। इस वृक्ष से प्रस्फुटित हो रही कोपलें ज्वर के लिए उपयुक्त औषधि थीं। युवक वृक्ष के ऊपर चढ़े हुए थे। तभी उनमें से एक ने उँगली से घाटी की ओर इंगित किया। वहाँ एक बड़ी सी चरागाह में जंगली वृषभों का झुंड चर रहा था। उस झुंड को देखते ही सभी युवा अपने शस्त्र उठाकर उसकी ओर लपके। साथ में आए प्रशिक्षक ने उन्हें यह कहकर रोकने की चेष्टा की, "अभी वहाँ मत जाओ। इन जानवरों के सींग बहुत बड़े हैं। इतने बड़े जानवरों के आखेट के लिए अभी तुम प्रशिक्षित नहीं हुए हो।"

लेकिन युवा हृदय निर्भीक होता है और उसे अपने ऊपर इतना विश्वास होता है कि वह साहस की किसी भी सीमा तक जा सकता है, और यहाँ तो पूरा युवा दल था। प्रशिक्षक की चेतावनी हवा में ही तैरती रह गई। वे शिकार के लिए घाटी में उतर चुके थे।

उन्होंने चारों ओर से वृषभों की घेराबंदी कर ली और अब वे सीधे आक्रमण की तैयारी कर रहे थे। तभी उनमें से एक अति उत्साही युवक ने बिना ठीक से निशाना लगाए एक तीर अपनी कमान से छोड़ दिया। यह तीर झुंड के सबसे तगड़े वृषभ के सींग से टकराया। वह पशु संभवतः उस झुंड का नेतृत्व कर रहा था। वह मदमस्त पशु इस प्रकार के आक्रमण से अत्यंत खूँखार हो उठा। उसने अपने खुरों को थोड़ी देर भूमि पर रगड़ा और अपना सिर झुकाकर पूरी शक्ति के साथ उस युवक की ओर दौड़ा, जिसने उसकी सत्ता को चुनौती देने की धृष्टता की थी। सभी को लगा कि उस युवक का अंतिम समय आ गया है। तभी ड्यूस कूदकर बीच में खड़ा हो गया और उसने उस वृषभ के सींग पकड़कर उसे तब तक रोके रखा, जब तक बाकी सब दौड़कर उसकी मदद के लिए नहीं आ गए और भालों से उस पशु को मार नहीं डाला।

"ड्यूस! ड्यूस!" हर तरफ उसकी जयकार के नारे लग रहे थे। सभी ने ड्यूस को कंधे पर उठा लिया। वहाँ गेया नाम की अपूर्व सुंदरी भी उपस्थित थी।

ड्यूस की दृष्टि गेया पर पड़ी। उसके होंठों पर एक सम्मोहक मुसकान थी। एक ऐसी मुसकान, जिसे अपलक देखते ही रहने की अभिलाषा हो। एक ऐसी स्मिति, जिसे देखने के उपरांत कुछ और देखने की चाहत न हो।

वह कंधों से उतरकर उसकी ओर बढ़ा। गेया पूरे ग्राम के युवाओं के दिल की धड़कन थी, लेकिन उसने अभी तक किसी युवक को अपनी मित्रता के अनुरूप नहीं समझा था। ड्यूस उसके समक्ष खड़ा हो गया। उसे समझ नहीं आ रहा था कि उसे क्या करना है, लेकिन उसे सोचने की कोई आवश्यकता नहीं थी।

गेया ने अपनी बाँहें हवा में लहराईं, "ड्यूस तुम अद्वितीय हो।" उसने ड्यूस की पसीने से भीगी और कीचड़ से सनी बाँह की फड़कती हुई मांसपेशियों को हौले से सहलाया, फिर मंद स्मिति के साथ पीछे हट गई। उसकी वह निश्छल हँसी और बड़ी-बड़ी आँखों की चमक ड्यूस के हृदय में दूर तक बस गई। जीवनसाथी की उसकी खोज पूरी हो चुकी थी। अगले कुछ माह की मित्रता के पश्चात् उनका विवाह हो गया।

***

मीठी स्मृतियों के सरोवर में बार-बार डुबकी लगाने का अपना सुख है। बच्चे के रोने की आवाज आई, जिसने ड्यूस को बीते दिनों की यादों से निकालकर वापस यथार्थ में धकेल दिया। ड्यूस ने एक बार पुनः खिड़की खोलकर बाहर झाँका। तूफान अब शांत हो चुका था और बादल छँट रहे थे। बादलों के बीच सूर्य की किरणें आँखमिचौनी कर रही थीं।

"मुझे नीचे घाटी में जाकर गाँव में सबको यह शुभ समाचार देना चाहिए।" उसने स्नेह से गेया के सिर को सहलाया। गेया ने अपनी आँखें खोलकर उसकी ओर देखा, फिर बच्चे को आँचल में समेटकर संतोष के साथ पुनः आँखें बंद कर लीं।

बाहर बर्फ काफी अधिक पड़ी हुई थी, अतः ड्यूस घुटने तक लंबे जूते पहनकर गहरी बर्फ में रास्ता बनाता हुआ घाटी की तरफ उतरने लगा। बर्फ से ढके गड्ढों और ऊबड़-खाबड़ भूमि के कारण वह सावधानी के साथ धीरे-धीरे उतर रहा था। कंधे पर उसका कठोर धातु का बना वह हथियार लटका था, जिसकी चमक से दूर से देखनेवालों की आँखें चुँधियाँ जाती थीं। प्रायः उस हथियार की चमक दूर से ही ड्यूस के आगमन की सूचना दे देती थी। वह तेज धारवाला हथियार ड्यूस की दो वर्ष की लगन और मेहनत का परिणाम था। जब ड्यूस अपने गाँव अरांस पहुँचा, उसने ग्रामवासियों को गाँव के द्वार पर ही एकत्र पाया।

ड्यूस ने गाँव के मुखिया, मित्र का अभिनंदन करके उनका आशीर्वाद लिया। मित्र अत्यंत प्रसन्न भाव से गाँव के साथ स्थित झील की ओर देख रहे थे। पिछले दो वर्षों से कम वर्षा के कारण झील का पानी कम हो गया था। पर इस हिमपात के बाद झील के पूरे भर जाने की संभावना थी।

बादल पूरी तरह छँट चुके थे। सूर्य पश्चिम की ओर अस्त होने जा रहा था। पक्षी जो पिछले कई दिवसों से वृक्षों पर सहमे हुए इस तूफान के रुकने की प्रतीक्षा में थे, चारों ओर उड़कर अपने पंखों को परख रहे थे। उनकी चहचहाहट से पूरा वातावरण रमणीय हो गया था।

"श्रेष्ठ, सुरों के मध्य एक नए बालक ने जन्म लिया है," ड्यूस ने मित्र की ओर देखते हुए बताया।

वहाँ एकत्र सभी लोगों के चेहरे प्रसन्नता से चमक उठे।

"यह अत्यंत शुभ समाचार है," मित्र ने हँसते हुए कहा। "इस सुर-कुल में नन्हा अतिथि एक शुभ संदेश लेकर आया है। हमारी सूखी जमीनें पानी से भर गई हैं। नदियाँ और झरने पुनः जीवित हो गए हैं। यह एक संकेत है कि यह बालक साधारण नहीं है। यह तो कोई पुण्य आत्मा है, जो हम सबके लिए एक सुनहरे भविष्य को साथ लाई है।"

उस शाम गाँव में एक बड़ा उत्सव हुआ। देर रात तक वे सब नाचते-गाते रहे।

***

अरांस क्षेत्र में रह रहे सुरों को अपने रक्त की शुद्धता और अपने कुल की श्रेष्ठता पर गर्व था। अपनी कुलीनता के साथ-साथ ज्ञान के प्रति जिज्ञासा और उसे निरंतर परिमार्जित करते रहने की लगन सुर-कुल की सबसे बड़ी विशेषता थी।

एक समय सुरों का निवास सिंधु नदी के तट पर ही हुआ करता था। यहाँ नदी पर्वतों से उतरकर मैदान में प्रवेश करती थी और उत्तर से दक्षिण की ओर बहती थी। सुरों के पीढ़ियों से चले आ रहे कठोर नियमों और सिद्धांतों का पालन करना हर एक के लिए कठिन था। समय के अंतराल में सुरों के कई समूहों ने इन नियमों-सिद्धांतों से विद्रोह करने का प्रयास किया था, पर वे विफल रहे। अंत में उन्होंने सुर-कुल से अलग होकर अपना अलग कुल बना लिया। नए कुल को 'असुर' नाम से जाना जाने लगा, यानी जो सुर-कुल का होकर भी सुर न हो, वह असुर कहलाया। दोनों कुलों में आपसी विरोध समय के साथ बढ़ता गया। दोनों ही कुल एक-दूसरे की प्रगति सहन नहीं कर सकते थे। समय के थपेड़े भी उनको साथ लाने में सफल नहीं हो पाए। उन्होंने अपने अलग-अलग ग्राम बसा लिये। सुर प्रायः सिंधु के उत्तरी और असुर दक्षिणी किनारों पर रह रहे थे।

***

मित्र के मस्तिष्क में चालीस वर्ष पूर्व की घटनाएँ अभी भी ताजा थीं। वे स्मृतियाँ, जब वह एक चौदह वर्ष का किशोर था!

पहाड़ों की तलहटी में सिंधु के किनारे उनके गाँव में जीवन बहुत सुचारु रूप से चल रहा था। हर दिन आनंदमय था, लेकिन एक दिन बर्बर जंगलियों ने अचानक उन पर आक्रमण करके अपनी विनाशलीला से उन्हें अस्त-व्यस्त कर दिया। वे इस आक्रमण के लिए तैयार नहीं थे। कई युवा सुर इस हमले में मारे गए। इससे भी अधिक दुःख उनको असुरों के व्यवहार से पहुँचा। सुरों की कमजोर स्थिति को देखते हुए असुरों ने उनकी भूमि पर कब्जा करना प्रारंभ कर दिया।

अंततः उस समय के प्रमुख सात्त्विक ने सुर परिषद् की बैठक बुलाकर मंत्रणा की। परिस्थितियों के परिप्रेक्ष्य में उन्होंने यह निर्णय लिया कि उन्हें वह स्थान छोड़कर नई सुरक्षित भूमि खोजकर वहाँ बसना होगा। बहुत से सुर नए स्थान पर जाने के लिए तैयार हो गए, पर कुछ ने वहीं सिंधु के किनारे रुकने का निर्णय लिया।

कई माह तक पर्वतों ओर मैदानों में भटकने के पश्चात् वे अरांस की इस चौड़ी और बड़ी घाटी में पहुँचे। यह घाटी ऊँचे पर्वतों से घिरी हुई थी। पूरी घाटी प्रायः समतल एवं जंगलों से आच्छादित थी। यहाँ की झीलों और झरनों में प्रचुर मात्रा में पानी था।

"यह स्थान हमारे बसने के लिए उपयुक्त है," सात्त्विक ने रात में साथियों के साथ मंत्रणा करके कहा, "यहाँ हम उन जंगली और बर्बर कबीलों तथा कपटी असुरों से दूर शांत वातावरण में रहकर पुन: संगठित हो सकेंगे। मेरा विश्वास है कि कुछ समय में ही हम पुन: अपनी खोई हुई प्रतिष्ठा को वापस पा लेंगे।"

तब से चार दशकों का समय बीत चुका था, लेकिन सिंधु नदी के तट पर बसे अपने गाँवों को वे भूले नहीं थे।

***

मित्र अपना अधिकतर समय सुर बालकों की नई पौध के साथ बिताते थे। दिन में वे उन्हें गुरुकुल में शिक्षा देते थे तो सायंकाल कहानियाँ सुनाते थे। सिंधु नदी के किनारे चालीस वर्ष पूर्व सुरों पर जंगलियों के आक्रमण की कहानियाँ सुनाते समय प्राय: उनकी आँखों में खून उतर आता था और आवेश में नथुने फड़कने लगते थे।

"मैं उस समय चौदह वर्ष का था। हम विशाल सिंधु नदी के तट पर रहते थे। उस दिन भी प्रतिदिन की भाँति हम अपना भोजन करके सोने चले गए थे। तभी तेज होती हुई कर्कश आवाजों से हम जाग गए। ग्राम के बड़े-बुजुर्गों ने भाँप लिया कि यह एक खूँखार जंगली जाति का आक्रमण है। वे जंगली पशुओं की तरह क्रूर और बर्बर थे और इस प्रकार आक्रमण करके रक्तपात करना उनके लिए मनोरंजन का विषय था। जंगल ही उनका घर था। रात के अँधेरे में भी वे देख सकते थे और इसी का लाभ उठाकर वे आक्रमण करते थे। उनके आक्रमण का आभास होते ही बच्चों को उनकी माताओं ने सँभाला और सभी बड़े अपने-अपने हथियार उठाकर आक्रमण का सामना करने के लिए तैयार हो गए। पहले भी इन जंगलियों ने इस प्रकार आक्रमण किए थे और हर बार उन्हें खदेड़ दिया गया था। इस बार भी हम आश्वस्त थे कि कुछ ही समय में हम इस आक्रमण को निष्फल कर देंगे।

लेकिन इस बार नियति का निर्णय कुछ भिन्न था। उन्होंने दूर से ही हम पर पत्थर फेंकने प्रारंभ कर दिए। हम इसके लिए तैयार नहीं थे। इसके पहले कि हम इसका समुचित उत्तर दे पाते, हमारे असमंजस का लाभ उठाकर वे बस्ती में घुस घरों में प्रविष्ट हो गए और हमारे पुरुषों की हत्या करने लगे, महिलाओं की मर्यादा का अपमान करने लगे, फिर घरों में आग लगा दी। हम सब वीरतापूर्वक लड़े और अंत में किसी प्रकार उन सबको खदेड़ दिया। वे सब फिर उन्हीं जंगलों में गायब हो गए, लेकिन इस लड़ाई में हमारे एक तिहाई युवकों ने अपने प्राणों की आहुति दे दी।"

भावावेश में मित्र की आवाज जोशीली हो गई थी और उनकी आँखों से ज्वाला

निकल रही थी। पर वे संतुष्ट थे कि उनकी कहानी का बच्चों पर अनुकूल प्रभाव पड़ रहा था और बच्चे सुर जाति के चालीस वर्षों के कष्ट एवं आक्रोश को अपने अंदर आत्मसात् कर रहे थे।

एक बच्चे ने क्षणिक मौन को तोड़ते हुए पूछा, "फिर क्या हुआ, श्रेष्ठ ?"

मित्र ने एक लंबी साँस लेकर खँखारकर अपना गला साफ किया और बोले, "जब सूर्योदय हुआ तब सब ओर एक दारुण दृश्य था। पूरे गाँव पर एक डरावनी निस्तब्धता छाई हुई थी। सब ओर शव बिखरे हुए थे। बच्चे चिल्ला रहे थे, महिलाओं का रुदन हृदय को हिला देनेवाला था। भरे हृदय से किसी प्रकार हमने अपने परिजनों के शवों को एकत्र किया। उनमें अनेक तो अपनी युवावस्था में प्रवेश ही कर रहे थे। उन्होंने अपने कुल के लिए, अपनी माँ और बहनों की मर्यादा की रक्षा के लिए अपना बलिदान दे दिया था। हमने सबकी चिताएँ जलाकर उनके पार्थिव शरीर को अश्रुपूर्ण विदाई दी। कई दिनों तक हम इस आघात से अपने आपको निकालने का प्रयास करते रहे, फिर हमें सुरों के दूसरे गाँवों से समाचार आने प्रारंभ हुए। उस रात्रि में उन्होंने सुरों के हर गाँव पर आक्रमण किया था। हर स्थान पर हमारे लोग मारे गए थे। वह रात्रि पूरी सुर जाति के लिए विनाश की रात्रि थी।"

मित्र ने फिर एक लंबी साँस ली और कहा, "कई दिन बीत गए। हमें आशा थी कि इस आपातकाल में असुर आकर अवश्य हमारी सहायता करेंगे और इन कठिन परिस्थितियों से उबरने में हमारे साथ खड़े होंगे, लेकिन उन्होंने भी हमारी विवशता का लाभ ही उठाने का प्रयास किया। उन्होंने हमारी भूमि छीननी प्रारंभ कर दी तथा हमारे पशु चुराने लगे। इससे विक्षुब्ध होकर हमारे प्रमुख ने महासभा बुलाकर इस विषय पर मंत्रणा की और यह निर्णय लिया कि हम सिंधु के तट पर अपनी बस्तियों को छोड़कर अन्यत्र किसी सुरक्षित स्थान पर बस जाएँ। हमने यह भी प्रण लिया कि हम एक दिन वापस आएँगे और उन जंगलियों का नाश करके असुरों से अपनी भूमि वापस लेंगे।"

"श्रेष्ठ, हमारी भूमि ?" सरना ने पूछा। तीस वर्ष से अधिक की आयु में भी वह जिज्ञासु था और इस प्रकार के प्रश्नों से वह बालकों में विषय के प्रति उत्सुकता जगाए रखता था।

"हाँ, वह सब हमारी भूमि है," मित्र ने एक नि:श्वास के साथ दोहराया। "हमारी भूमि, सुरों की भूमि, असुरों द्वारा हथियायी गई हमारी भूमि। हमें अपना सबकुछ छोड़कर आना पड़ा था।"

बचपन की यादों का स्मरण करते हुए मित्र की आँखें कहीं दूर क्षितिज पर

केंद्रित थीं। संस्मरणों को बताने की उनकी शैली बालकों के कोमल हृदय में ज्वाला उत्पन्न कर देती थी।

***

तभी अश्वशाला से अश्व की हिनहिनाहट ने उनका ध्यान आकर्षित किया। घोड़ों को चारा डालने का समय हो गया था। मित्र को अपनी अश्व-शक्ति पर गर्व था। उनके अश्वशाला में पाँच सौ से अधिक अश्व थे, जिन्हें वे सुर-कुल की अमूल्य निधि मानते थे।

एक बालक ने पूछा, "श्रेष्ठ, आपने इतनी बड़ी अश्व-शक्ति को किस प्रकार जोड़ा?"

"इसकी भी एक कहानी है। अश्व अभी भूखे हैं। चलो, पहले अश्वों को चारा डालते हैं। इसके बाद दोबारा बैठेंगे," मित्र ने स्नेहपूर्वक उसके सिर को सहलाते हुए कहा, "इस कहानी को स्वयं सात्त्विक आपको बताएँगे।"

***

अश्वों को चारा देने के पश्चात् वे पुन: वहीं एक चबूतरे पर बैठ गए। वातावरण की ठंडक से बचने के लिए बीच में लकड़ियाँ डालकर आग जलाई गई थी। आग की लपटों से हलका प्रकाश भी हो रहा था। सात्त्विक भी वहाँ पर आ गए थे। सात्त्विक पूरे गाँव के सबसे वयोवृद्ध थे। उनकी श्वेत दाढ़ी आग की लपटों के प्रकाश में चमक रही थी।

मित्र के अनुरोध पर सात्त्विक ने बताना प्रारंभ किया, "उस दिन मौसम एकदम साफ था। आकाश में सूर्य अपनी पूरी चमक के साथ किरणें बिखेर रहा था। यह शिकार के लिए बहुत उपयुक्त समय था। हम जंगल में शिकार के लिए निकल पड़े। अभी हम गाँव से कुछ ही दूर गए थे कि हमें जंगली घोड़ों का एक झुंड पहाड़ी से नीचे उतरता दिखा। हमने इसे शुभ संकेत माना और सावधानी से बिना आवाज किए धीरे-धीरे झुंड की ओर बढ़ने लगे। जंगली घोड़े अपने कान खड़े रखते हैं तथा जरा सी आहट होते ही बहुत तेजी से भागते हैं, फिर इन्हें पकड़ना संभव नहीं हो पाता। इनका शिकार काफी कठिन होता है। इसलिए शिकारी को चौकन्ना रहना पड़ता है।

धीरे-धीरे बढ़ते हुए हम घास के एक बड़े मैदान तक आ पहुँचे। उसके एक ओर पहाड़ था और दूसरी ओर एक छोटी सी झील। आसपास की भूमि नीची थी तथा उसमें छोटे-छोटे गड्ढे भी थे। इस कारण वह भूमि कई स्थानों पर दलदली हो गई थी। इस मैदान को एक उपयुक्त चरागाह मानकर सभी घोड़े छोटे-छोटे समूहों में चर रहे थे। इस समूह में एक शावक भी था।

हम लोगों ने उनके पास जाने का निर्णय लिया। जैसे ही हम उन पर आक्रमण करने जा रहे थे, हमारे एक साथी के पैर के नीचे से एक ढीला पत्थर पहाड़ी से खिसककर नीचे की ओर लुढ़कने लगा। इस छोटी सी गलती से सारे घोड़े सजग हो गए और हिनहिनाते हुए कुलाँचे मारते हुए जंगल में भाग गए। पर वह शावक अश्व भागने के प्रयास में फिसलकर गिर गया। उसने पुनः भागने का प्रयास किया, लेकिन दलदली भूमि में फैली वनस्पतियों में उसकी पिछली टाँग उलझ गई। उस फिसलन भरी दलदली मिट्टी में उसके खुर टिक नहीं पा रहे थे। अब उसका निकल पाना संभव नहीं था। हताश शावक ने कातर दृष्टि से हमारी ओर देखा। एक युवक ने उसे मारने के लिए अपना भाला उठा लिया था, लेकिन उसकी वह कातर दृष्टि मुझे अंदर तक छू गई और मैंने उस युवक को रोक दिया।

'नहीं! हम इस शावक को नहीं मारेंगे,' यह कहकर मैं उस शावक पर झुका। थोड़ी देर निहारने के बाद मैंने उसके सिर पर हौले से हाथ रखा। उसने एक हलकी सी गुरगुराहट के साथ अपना चेहरा मेरी ओर घुमाया। वह मुझे बहुत अच्छा लगा।

मैंने अपने साथियों को सहायता के लिए आमंत्रित किया। थोड़े से प्रयासों से शावक मुक्त होकर अपने पैरों पर खड़ा हो गया, लेकिन उसने भागने का कोई प्रयास नहीं किया। वह हमारे प्रति आश्वस्त हो चुका था तथा मित्रवत् व्यवहार करने लगा था। हमारी प्रसन्नता तब और अधिक हो गई, जब हमारे संकेतों के अनुसार वह हमारी बताई दिशा में चलने लगा। मैं लगातार उसकी पीठ थपथपा रहा था। हमारे मध्य मित्रता और विश्वास का बंधन बन गया था।

जब मैंने उस शावक को अपने साथ ले चलने की इच्छा व्यक्त की तो मेरे किसी साथी ने कोई प्रतिरोध नहीं किया। मैंने उसकी पीठ और कंधों को हलके से थपथपाया। मुझे याद आया कि एक बार जब हम नई जगहों की खोज में भटक रहे थे, उस समय कश्यप सागर के समीप एक मैदान में हमें एक युवा जोड़ा अश्वों के साथ घूमता हुआ मिला था। वे कश्यप सागर के आसपास तीन माह प्रवास करके अपने घर लौट रहे थे। वे अश्वों को सामान लेकर चलने और उस पर घुड़सवारी के लिए प्रयोग में लाते थे। इससे उन्हें प्रवास में बहुत सुविधा रहती थी। उस समय हम अत्यंत कष्टप्रद परिस्थितियों में थे। हमने उन पर अधिक ध्यान नहीं दिया।

मेरे विचार में वह युवा जोड़ा और अश्व प्रायः आते रहते थे। अब इस शावक को पाकर मेरे विचारों में एक मंथन चल रहा था। क्यों न इस जानवर को बाकी पशुओं के साथ पालने का परीक्षण किया जाए। 'मुझे लगता है कि हमें इस शावक को पालना

चाहिए,' मैंने अपने साथियों से कहा।

मेरे सभी साथियों ने मुझे विचित्र दृष्टि से देखा। उनकी समझ में नहीं आ रहा था कि एक अश्व शावक को पालने का कार्य हम क्यों करेंगे? 'अश्व, गाय या बकरी की तरह उपयोगी पशु नहीं है। आप उसे क्यों पालना चाहते हैं?' उन्होंने पूछा।

'यह हमारे बैलों की तरह बोझा ढोने के काम आ सकता है,' मैंने कहा।

'नहीं, यह उनकी तुलना में कमजोर है और उनकी तरह स्थिर न होकर वाचाल प्रतीत होता है। यह सामान लेकर भाग जाएगा,' मेरे साथियों ने प्रतिवाद किया।

लेकिन मेरा मत था कि एक बार प्रयोग अवश्य करना चाहिए। यदि यह सफल हो गया तो समूचे सुरों को लाभ होगा।

फिर किसी ने मेरी बात का प्रतिवाद नहीं किया, लेकिन उनकी आँखों की भाषा स्पष्ट कह रही थी कि वे मेरे मत से बहुत सहमत नहीं थे।

समय बीता। मेरे साथ उस शावक की मित्रता इतनी बढ़ गई कि हमारे मध्य एक अनजाना सा मजबूत आत्मिक बंधन हो गया। वह बुद्धिमान भी था और मेरे संकेत तथा आवश्यकताएँ तुरंत समझ जाता था।

धीरे-धीरे गाँव उसकी उपस्थिति का आदी हो गया और सभी लोग चलते-फिरते उसके अयालों को सहला देते थे या सिर पर हाथ रख देते थे, लेकिन उसने जिससे वास्तविक मित्रता की, वह मित्र था। सोलह वर्ष का मित्र इस अश्व को लेकर सबसे अधिक उत्साहित था। यह कहते हुए सात्त्विक ने मित्र को स्नेह भरी दृष्टि से देखा।

एक दिन गाँव में एक अद्भुत दृश्य देखने को मिला। वह शावक अब एक सजीले और सुडौल अश्व में परिवर्तित हो गया था। मित्र उस अश्व की पीठ पर शान से बैठा घूम रहा था। अश्व की चाल मुग्ध कर देनेवाली थी। अब गाँव का प्रत्येक व्यक्ति हमारे प्रयोग की सफलता पर बधाई दे रहा था।

वह अश्व बैलों की तुलना में अधिक फुर्तीला और तेज गति से चलनेवाला था। वह बिना किसी कष्ट के अविलंब अपनी दिशाएँ बदल सकता था। हमने निर्णय लिया कि हमें ऐसे अनेक अश्वों की आवश्यकता है। इसके बाद आखेट के लिए जानेवाले दल अश्वों को पकड़ने पर विशेष ध्यान देने लगे और विशेष रूप से उनकी शैशव अवस्था में उन्हें फँसाकर लाने लगे। इस प्रकार अब हमारे पास पर्याप्त संख्या में घोड़े हैं।"

बीच में जल रही आग अब बुझ चुकी थी। नीले आकाश में पूरा चंद्रमा निकल आया था। सात्त्विक ने सबको 'शुभरात्रि' कहकर उस गोष्ठी का समापन किया।

***

अरांस में रह रहे सुरों का सपना था सिंधु क्षेत्र की अपनी भूमि पर पुनः अधिकार पाने का। जब सूर्य ढल जाता, अँधेरा छाने लगता, तब अग्नि प्रज्वलित करके उसके चारों ओर बैठे बच्चों को सात्त्विक सिंधु क्षेत्र और उसके पार की भूमि के बारे में कहानियाँ सुनाते थे, "सिंधु की तरह पूर्व दिशा में और भी कई नदियाँ हैं। सरस्वती, यमुना, गंगा, कई और। हमारी सिंधु की तरह वे उत्तर के हिमाच्छादित पर्वतों से निकलती हैं। सरस्वती और गंगा क्षेत्र के शासक देव हैं।"

"ये देव कौन हैं," बच्चे पूछ उठते।

"धर्म के रक्षक, हम सुराओं की तरह। वे हमारी तरह नैतिकता और सत्य के मार्ग का अनुसरण करने वाले हैं," सात्त्विक बच्चों को बताते। "ब्रह्मा, विष्णु और शिव उन महान् भूमियों के शासक हैं। ब्रह्मा सरस्वती नदी के पास के बड़े भूभाग के स्वामी हैं, जबकि शिव गंगा-यमुना क्षेत्र के संरक्षक हैं। विष्णु बैकुंठ के स्वामी हैं और हिमालय क्षेत्र में एक बहुत बड़ी झील के अंदर काष्ठ की एक विशाल नाव पर बने भवन में निवास करते हैं। ब्रह्मा, विष्णु और शिव की त्रिमूर्ति इस पूरे क्षेत्र में धर्म के आचरण को सुनिश्चित करती है। उन्होंने असुरों को कई बार हमारे साथ शांति बनाए रखने के लिए समझाया, पर असुरों ने उनके परामर्श को सदा अनदेखा किया।

***

महासभा ने मित्र को कुछ वर्ष पूर्व निर्विरोध अपना नया प्रमुख चुना था। सात्त्विक आयु की अधिकता के कारण पद से मुक्त होना चाहते थे। सुरों का मानना था कि सात्त्विक और मित्र में दैविक शक्तियाँ थीं। ये दोनों उनके लिए ईश्वर समान थे, जो उन्हें दुष्ट शक्तियों से बचाते थे। वे स्वभाव से न्यायप्रिय और स्नेहिल थे।

***

ड्यूस को युवा सुर अपना आदर्श मानते थे। वह एक अप्रतिम योद्धा था। तीरंदाजी में उसका लक्ष्य भेदन देखने योग्य था। वह गतिमान लक्ष्य को आसानी से भेद सकता था। भाला और गदायुद्ध में उसका कोई प्रतिद्वंद्वी नहीं था, लेकिन मित्र का ध्यान उसकी ओर एक अन्य कारण से आकर्षित हुआ था। वह था ड्यूस का धातुओं के प्रति लगाव। ड्यूस प्रायः उन पर्वतों में अकेले निकल जाता, जहाँ के पत्थरों से सुर धातु निकालते थे। ड्यूस इन धातुओं की कठोरता से संतुष्ट नहीं था और अधिक कठोर धातु की खोज में लगा हुआ था। एक दिन ड्यूस ने मित्र को उत्साह में पत्थर का एक टुकड़ा दिखाया और कहा, "श्रेष्ठ, कृपया इस चमकदार पत्थर को देखें। यह

मैंने पहाड़ की चोटी से एकत्र किया है। इससे मिली धातु हमारी वर्तमान में प्रयुक्त धातु से कहीं अधिक कठोर है।"

"ड्यूस, सुर-कुल को तुम पर गर्व है," मित्र ने यह कहते हुए उत्साह से उसे गले लगा लिया।

"श्रेष्ठ, अब मुझे इस पर आगे प्रयोग करके इस धातु को विकसित करना है, जिससे हमारे शस्त्र विश्व के सर्वोत्तम शस्त्र हो जाएँ। इस हेतु मुझे आपसे सहायता की आवश्यकता है।"

"क्यों नहीं, तुम्हारा कार्य इतना महत्त्वपूर्ण है कि हमारे सभी साधन इसके लिए उपलब्ध होंगे," मित्र ने पुनः उसे गले लगाते हुए कहा।

उन्हें ताँबे की एक खदान मिल गई थी, जहाँ पत्थरों में जस्ते और आर्सेनिक के अंश भी थे। नई धातु वास्तव में कांस्य थी, जो उनके द्वारा अभी तक प्रयुक्त किए जानेवाले ताँबे से कहीं अधिक कठोर थी। इस नई धातु से समृद्धि और युद्ध के हथियारों का एक नया युग प्रारंभ हो गया।

पहाड़ पर एक अलग इकाई स्थापित की गई। वहाँ पत्थर से प्राप्त खनिज गलाने की भट्ठी स्थापित की गई। ड्यूस ने अपना पूरा समय इस इकाई को स्थापित करने में लगा दिया था। उसने पहाड़ पर ही अपना एक आवास बना लिया था, जहाँ वह निश्चिंतता से अपना समय काँसा बनाने और अनुसंधान में बिताता था।

***

समय बीत रहा था। कुछ वर्ष और निकल गए। वे अरांस घाटी के चारों ओर पहाड़ों पर प्रकृति प्रदत्त अमूल्य निधियों पर शोध करते हुए आनंदपूर्वक रह रहे थे। अरांसवासियों का यह दिन भी अन्य दिनों की भाँति सामान्य ही था। मनोरम शीतल हवा बह रही थी। आसमान साफ था और धूप खिली हुई थी। मित्र ने अंगूर के खेत की ओर देखा। बेलें फलों से लदी हुई थीं।

"इस बार की फसल अच्छी होगी।" मित्र ने सोचा।

प्रातः से ही मित्र विभिन्न कार्यों में व्यस्त थे, उन्हें थोड़ी थकान हो रही थी। उन्होंने उस नरम धूप का आनंद लेने का निश्चय किया और वहीं एक पत्थर पर बैठकर उसके पीछे एक शिला से पीठ टिकाकर अपनी आँखें मूँद लीं।

"टिक-टॉक, टिक-टॉक!"

अश्वों के आने की ध्वनि ने उनकी झपकी को भंग कर दिया। उन्होंने उनींदेपन से आँखें खोलकर आती हुई आवाज की ओर देखा। ड्यूस और गेया उसी ओर आ

रहे थे। उनके साथ उनका बालक यज्न भी एक छोटे से घोड़े की पीठ पर शान से लगाम थामे बैठा आ रहा था। अभी वह मात्र छह वर्ष का था, लेकिन मुख और हाव-भाव से वह विलक्षण प्रतिभावान प्रतीत हो रहा था।

मित्र खड़े हुए, लेकिन उनका पैर एक गड्ढे में पड़ गया, जिससे वे डगमगा गए और सहारा लेने के लिए ड्यूस का कंधा पकड़ लिया। ड्यूस ने आदर के साथ उन्हें सहारा देकर बैठाया, फिर उसने अपने थैले में से एक भाला निकालकर मित्र की ओर बढ़ाया।

"श्रेष्ठ, जरा इस भाले की धार देखिएगा।"

मित्र ने भाले को उठाकर उसकी धार पर हाथ फेरा। धार बहुत तेज थी। उसके बाद ड्यूस ने भाला उठाया और जोर लगाकर एक वृक्ष को निशाना बनाया। भाला हवा में तेजी से उड़ता हुआ वृक्ष के तने में अंदर तक धँस गया। इसके बाद ड्यूस ने भाले को खींचकर बाहर निकाला और मित्र को पुनः परखने के लिए दिया। भाले के फल की धार पूर्व की भाँति थी। पेड़ के तने को चीरते हुए भाले के फल की धार में किसी प्रकार का अंतर नहीं आया था।

"श्रेष्ठ, मैंने इसकी धातु को तीन अलग-अलग स्थानों की चट्टानों से प्राप्त अयस्कों से बनाया है।"

मित्र ने भाले के फल की भूरी चमकती धार को दोबारा ध्यान से देखा, फिर उसे अपनी बाँह पर रगड़कर उसकी कठोरता को भाँपा। इसके बाद उन्होंने उसकी धार पर उँगली फेरकर उसकी तीक्ष्णता को भी जाँचा। मित्र की आँखों में एक विशिष्ट चमक आ गई।

प्रयोग निर्विवाद रूप से सफल रहा था। मित्र ने भाव-विह्वल होकर ड्यूस को गले लगा लिया और प्रेम से उसका माथा चूमते हुए कहा, "ड्यूस, तुम्हारा यह प्रयोग सुरों को विश्व की सबसे महान् शक्ति बना देगा। हमारे पुरखों का यह कथन सत्य प्रतीत होता है कि विधाता ने सुरों को इस विश्व में विशिष्ट प्रयोजन के साथ भेजा है।"

***

सबकुछ सामान्य चल रहा था, लेकिन एक दिन अरांस गाँव में वर्षों से चली आ रही शांति बिखर गई। पूर्व में प्रातः की लालिमा तेज हो रही थी। सूर्योदय होने में अधिक विलंब नहीं था। अचानक कुत्ते असामान्य रूप से जोर से भौंकने लगे। किसी आशंका के साथ जब सुर अपने घरों से बाहर निकले, तब दूर से आते शोर ने उन्हें चौकन्ना कर दिया। ये आवाजें उत्तर-पश्चिम दिशा से आ रही थीं। ऐसा प्रतीत होता

था, जैसे सैकड़ों लोग उत्तर-पश्चिम के पहाड़ों से उनकी ओर आ रहे हों।

मित्र ने सबको हथियार लेकर तैयार होने का आदेश दिया। उन्होंने कुछ युवकों को साथ लेकर सबसे पहले गाँव के चारों ओर रक्षात्मक घेराबंदी की और कुछ युवकों को पेड़ों के मचान पर मोर्चा सँभालने का आदेश दिया।

हमलावर अब दूर से दौड़कर आते दिखाई देने लगे थे। वे तूफानी गति से आ रहे थे। वे कंधों पर धनुष, हाथों में गदा और भाले लिये हुए थे। उनके वेष एवं भाव-भंगिमाओं ने मित्र को चालीस वर्ष पूर्व के उस बर्बर हमले की याद दिला दी, जो सिंधु नदी के तट से उनके विस्थापन का कारण बना था।

"बस अब और नहीं।" मित्र ने स्वयं से शपथ ली।

जल्दी ही वे हमलावर घाटी में गाँव के पास पहुँच गए। वे घुमंतू जंगली कबीले थे, अत्यंत निर्भीक बर्बर और किसी स्थान पर न रुकनेवाले।

वे सुरों से कुछ दूर पर मोर्चा बनाकर खड़े हो गए और उनकी ओर हेय दृष्टि से देखने लगे। कुछ समय पश्चात् उनके सरदार ने तेज आवाज में सुरों को चेतावनी दी, "या तो आत्मसमर्पण करो या मरने के लिए तैयार रहो।"

"आक्रमण!" मित्र ने सुर-सेना को आदेश दिया। उन्हें विश्वास था कि युद्धकला में माहिर सुरों के सामने वे जंगली टिक नहीं पाएँगे।

हमलावर यद्यपि युद्धकला में सुरों से बहुत पीछे थे, लेकिन वे पूर्णतः निर्भीक थे। अपने साथियों के मारे जाने से उदासीन, बिना विचलित हुए वे लगातार आगे बढ़कर आक्रमण करते जा रहे थे। मित्र ने सोचा था कि सुर उन्हें सुगमता से हरा देंगे, लेकिन शीघ्र ही उन्हें अपनी गलती का अहसास होने लगा। हमलावर विकट लग रहे थे। उनका धनुष का निशाना भी सुरों की अपेक्षा अधिक अच्छा था। कई हमलावर सुरों के तीरों और भालों से मारे गए, पर उनका उत्साह कम नहीं हुआ था।

सुरों ने भी अपने कुछ साथियों को खो दिया था, पर अब तक वे किसी प्रकार हमलावरों को गाँव के अंदर घुसने से रोके हुए थे, लेकिन अब यह कठिन लग रहा था।

***

सात्त्विक दूर से इस युद्ध को देख रहे थे। उन्होंने युद्ध-स्थल से एक सुरक्षित दूरी पर अपना स्थान चुना था। तभी एक तीर सनसनाता हुआ आया और सात्त्विक के वक्षस्थल में घुस गया। घायल सात्त्विक वहीं गिर गए। इस घटना से मित्र स्तब्ध रह गए। उनका आत्मविश्वास डिग गया।

लेकिन ड्यूस पर इसकी विपरीत प्रतिक्रिया हुई। वह क्रोध में अंधा होकर, अपने अश्व पर सवार होकर, हाथ में खड्ग लेकर ललकारते हुए विद्युत् आवेग से हमलावरों की ओर लपका। उसका खड्ग सूर्य की रोशनी में चमक रहा था।

ड्यूस को रोकने के लिए हमलावरों का एक दल अपनी गदाएँ लेकर आगे आया। उनका लक्ष्य ड्यूस के अश्व के सिर पर प्रहार करने का था, ताकि अश्व गिर जाए और वे गिरे हुए घुड़सवार को दबोच लें। लेकिन ड्यूस उनकी सोच से अधिक फुर्तीला था। उसने सबसे आगे वाले आक्रमणकारी का सिर एक ही प्रहार में धड़ से अलग कर दिया। आक्रमणकारी का धड़ अपने ही आवेग में कुछ दूर तक बढ़ता रहा। यह एक क्षणिक, लेकिन विचित्र और वीभत्स दृश्य था। एक धड़, जिसकी गरदन से रक्त के फव्वारे निकल रहे थे, गदा उठाए आगे बढ़ रहा था। बढ़ते हुए हमलावर एक बार अपने स्थान पर ही ठिठक गए, लेकिन ड्यूस नहीं रुका। उसके अगले वार ने दूसरे शत्रु, जो अपनी गदा को प्रहार के लिए हवा में उठा चुका था, का हाथ उसके कंधे से अलग कर दिया।

ड्यूस हमलावरों की सेना को चीरते हुए उनके मध्य घुस चुका था। उसके विद्युत् की तरह चलते हाथ आक्रामकों को गाजर-मूली की तरह काट रहे थे। उसका अश्व इतनी द्रुत गति से शत्रुओं के मध्य घूम रहा था कि उसे लक्ष्य बना पाना संभव नहीं हो पा रहा था।

ड्यूस को देखकर अन्य सुर युवक भी उत्साह में आ गए थे। सबसे पहले तेजस और विपला अपने अश्व तेजी से आगे बढ़ाकर अपने नायक के पीछे दौड़े। जैसे ही वे शत्रु के पास पहुँचे, एक आक्रमणकारी ने अपना मजबूत लकड़ी का हथौड़ा उठाकर तेजस पर आक्रमण का प्रयास किया। उसके प्रहार से बचने के लिए तेजस ने अश्व की लगाम खींची। लगाम के जोर से तथा शत्रु को अपने सामने पाकर भ्रमित अश्व हिनहिनाते हुए अपने पिछले पैरों पर खड़ा हो गया और फिर उसने पूरे जोर से अपने अगले पैरों से हमलावर के वक्ष पर प्रहार कर दिया। उसकी उसी समय मृत्यु हो गई।

इस दृश्य से हमलावर डर गए। अब कोई भी अश्वों के सामने नहीं आना चाहता था। सभी अश्वों से दूरी बनाए रखने का प्रयास करने लगे थे। शीघ्र ही युवा सुर-सेना ने पूरी तरह से युद्ध पर अपनी पकड़ मजबूत कर ली। हमलावर अब हताश हो चुके थे और सुरों के हाथों मारे जा रहे थे। कुछ समय में ही उनके मुखिया ने आत्मसमर्पण कर दिया।

युद्ध की सफलता का मुख्य श्रेय ड्यूस के साथ-साथ अश्वों और नई धातु से बने शस्त्रों को था। किसी ने भी नहीं सोचा था कि अश्व इतनी निडरता और चपलता

से युद्ध में अपने सवार की सहायता कर सकता था।

***

सात्त्विक की दशा चिंताजनक थी। तीर के निकलते ही उनके घाव से खून बहने लगा। वैद्य ने घाव पर औषधि लगाकर रक्तस्राव को रोकने की कोशिश की, लेकिन तब तक उनकी साँस अनियमित हो गई थी। वे लेट गए और अपनी आँखें बंद कर लीं। वे अपने अवर्णनीय कष्ट को सहन करने का प्रयास कर रहे थे।

लड़ाई समाप्त हो चुकी थी। ड्यूस और मित्र दौड़कर सात्त्विक के पास पहुँचे। मित्र ने बैठकर सात्त्विक के सिर को धीरे से उठाकर अपनी गोदी में रख लिया तथा उनका माथा सहलाने लगे। वे अत्यंत भावुक हो गए थे। वे झुके और सात्त्विक के कानों में फुसफुसाए, "उन हमलावरों को पूरी तरह पराजित कर दिया गया है?"

सात्त्विक की आँखों में हलका सा कंपन हुआ। उनके अधर फड़फड़ाए। वह कुछ कहना चाहते थे, लेकिन कह न सके। अपनी सारी शक्ति लगाने के बाद उनकी आँखें आधी खुलीं और उनके अधरों पर एक धुँधली सी मुसकान आई, फिर उनकी आँखें धीरे-धीरे बंद हो गईं, कभी न खुलने के लिए।

अरांस के सभी निवासी नम आँखें लिये सात्त्विक के पार्थिव शरीर के चारों ओर खड़े थे। वे निर्विवाद नेता थे। वे लगभग चार दशक पूर्व उन्हें दयनीय अवस्था में सिंधु के तट से यहाँ लाए थे। उनके प्रयासों ने सुरों को समृद्ध तथा शक्तिशाली बनाया था। सुरों ने सात्त्विक के पार्थिव शरीर को भूमि में समाहित करके वहाँ एक स्मारक बना दिया।

उसके उपरांत मित्र ने सभा को संबोधित किया, "मित्रों, एक दिव्य आत्मा को ईश्वर ने अपने पास बुला लिया है। उन्होंने हमें सदा धर्म का सच्चा मार्ग दिखाया। उन्होंने हमें मृत्यु में भी जीत का मार्ग दिखाया। आज हमने उनके प्रयासों से अपनी शक्ति को पुनः प्राप्त कर लिया है।"

कुछ देर के विराम के बाद उन्होंने पुनः कहा, "श्रद्धेय का स्वप्न था कि सुर इस पृथ्वी को बुरी शक्तियों से मुक्त करें और धर्म का शासन स्थापित करें। इसके लिए सुर-कुल को एक अजेय शक्ति बनना होगा। आइए, हम आज संकल्प लें कि जब तक हम श्रद्धेय के सपने को साकार नहीं कर लेते, तब तक आराम से नहीं बैठेंगे, विश्राम नहीं करेंगे।"

सबने हाथ उठाकर उन सिद्धांतों की रक्षा के लिए शपथ ली, जिसके लिए विधाता ने सुर-कुल की उत्पत्ति की थी।

□

2

महाभियान का सूत्रपात

अगले दिन सुर महासभा का आयोजन किया गया। मित्र के दोनों विश्वासपात्र, ड्यूस और सरना उनके साथ ही बैठे थे। मित्र ने नई धातु कांस्य के विषय में विस्तार से बताया और उससे बने शस्त्रों को युद्ध में विजय के एक महत्त्वपूर्ण कारणों में माना। फिर उन्होंने गर्जना करते हुए कहा—

"हम सुर वर्तमान में कश्यप पर्वत की इस घाटी के निवासी हैं। कुछ दशक पूर्व दक्षिण में सिंधु के किनारे हमारा निवास था, जहाँ मतभेदों के होते हुए भी हम और हमारे असुर भाई आनंदपूर्वक रहते थे, लेकिन विधाता अपने बच्चों की परीक्षा लेना चाहते थे। हमें उन बर्बर जंगलियों और हमारे निर्लज्ज असुर भाइयों ने अपनी ही भूमि से विस्थापित होने के लिए विवश कर दिया। हमने अपनी भूमि छोड़ते हुए शपथ ली थी कि हम वापस जाएँगे और न केवल अपनी मातृभूमि को अनैतिक शासन से मुक्त कराएँगे, बल्कि चारों ओर धर्म का शासन भी स्थापित करेंगे। विधाता भी हमारे संकल्प से प्रसन्न है। इसी कारण उन्होंने प्रकृति के अबूझ रहस्यों का ज्ञान हमें दिया है और हमें हमारे संकल्प को पूरा करने हेतु इस प्रकार के शस्त्र-निर्माण की विद्या दी है, जिससे हम बुरी शक्तियों पर विजय पा सकें। मैं सभी निडर सुर युवाओं का आह्वान करता हूँ कि वे इस पृथ्वी से दुष्ट शक्तियों को समाप्त करने के पवित्र अभियान में अपना योगदान दें।"

महासभा में उपस्थित प्रत्येक सुर ने अपनी बंद मुट्ठी हवा में उछालते हुए सहमति दी। पूरी घाटी सुरों की श्रेष्ठता में आस्था के नारों से गूँज गई। वह दिन आ गया था, जिसकी दशकों से प्रतीक्षा थी।

अगले कुछ माह इस महाभियान की तैयारी में निकले। चट्टानों को पीसकर अयस्क को बड़ी-बड़ी भट्ठियों में गलाकर उसमें से धातु को निकाला गया। इस धातु को खड्ग, भालों और बाणों में ढालकर धारदार किया गया।

मित्र तैयारी से संतुष्ट थे। उनका कहना था, "हमारा एकमात्र लक्ष्य दुष्ट शक्तियों से भरे इस विश्व में धर्म का शासन स्थापित करना है। हम व्यर्थ में कोई रक्तपात नहीं करेंगे।"

युद्धाभ्यास के लिए एक बड़ा क्षेत्र साफ किया गया। उन्हें युद्ध में अश्वों के महत्त्व का ज्ञान हो गया था। उन्होंने समझ लिया था कि अश्वसेना युद्ध में निर्णायक भूमिका निभाएगी। प्रायः प्रत्येक युवक अश्वसेना में शामिल होने के लिए आगे आया और इनमें सबसे आगे था यज्न, जो अब चौदह वर्षीय किशोर बन चुका था।

***

अश्वों को आरोही योद्धा के संकेतों का पालन करना सिखाना और आरोही को युद्ध के सबसे विश्वसनीय मित्र अश्व के स्वभाव और गुणों को पहचानना युद्धाभ्यास का एक मुख्य अंग था। प्रारंभ में तो यह दुरूह कार्य लगा, लेकिन धीरे-धीरे अश्व और उसके आरोही के मध्य एक तारतम्य बैठने लगा। दोनों ही आदेशों, संकेतों और प्रतिक्रियाओं में परस्पर एक-दूसरे के अभ्यस्त हो रहे थे। अश्व अपने पेट पर पैर के हलके और तेज आघातों से अपनी गति आरोही की आवश्यकतानुसार हलकी या तेज करने लगे थे। अश्वों को दिशा-निर्देश देने के लिए लगाम का प्रयोग सफल होता प्रतीत हो रहा था।

लेकिन इसमें एक नई समस्या आने लगी थी। अभ्यास के लंबा होने पर कभी-कभी अश्व या तो आरोही के निर्देशों को नहीं मानते थे या बिना किसी कारण पिछले पैरों पर खड़े होकर हिनहिनाने लगते थे। एक बार तो अभ्यास के मध्य एक सुर युवक जीवक का अश्व अचानक रुक गया और उसने आगे बढ़ने से मना कर दिया। जीवक ने पुनः अश्व के पेट में पैर से प्रहार करके उसे आगे बढ़ने का आदेश दिया, लेकिन अश्व अपने खुरों से भूमि खोदते हुआ जोर-जोर से हिनहिनाने लगा। अपने कानों को पीछे करते हुए अश्व ने जीवक के निर्देशों की अवहेलना की और आगे बढ़ने का कोई प्रयास नहीं किया। जीवक ने इस बार अश्व के पेट पर और जोर से पैर मारकर उसकी लगाम कसकर खींची।

उसके इस प्रयास से अश्व क्रोधित हो गया। वह अपने पिछले पैरों पर खड़ा होकर जोर से हिनहिनाया और फिर उछलने लगा। अश्व ने लगातार यह कृत्य कई बार किया और अपनी देह को आवेश में इस प्रकार हिलाया कि जीवक का संतुलन बिगड़ गया। वह अश्व की पीठ से नीचे गिर गया। इसके बाद भी अश्व शांत नहीं हुआ और तेजी से भागता हुआ दूर खड़ा होकर फनफनाने लगा।

मित्र दूर से यह सब देख रहे थे। वे दौड़कर जीवक के पास गए और उसे सहारा देते हुए बोले, "जीवक, अपनी कुंठा को अश्व पर उतारने का कोई लाभ नहीं होगा। तुम्हारे अधैर्य और आक्रामकता से अश्व तुम्हारे निर्देशों की और भी अधिक अवहेलना करेगा।"

गिरने के कारण जीवक का शरीर छिल गया था। उसने अपने पर पड़ी धूल झाड़ते हुए अपराध-बोध के स्वर में कहा, "मुझे आपकी बात समझ में आ गई है, श्रेष्ठ।"

वहाँ उपस्थित प्रत्येक व्यक्ति असमंजस में खड़ा उत्तेजित अश्व की ओर देख रहा था। किसी को भी अश्व के इस व्यवहार का कारण समझ नहीं आ रहा था। तभी मित्र ने किशोर यज्न को धीरे-धीरे अश्व की ओर बढ़ते देखा। सबकी चेतावनियाँ अनदेखी करते हुए यज्न अश्व के समीप पहुँचकर कुछ देर रुका, फिर धीरे से आगे बढ़कर उसने अश्व को प्रेमपूर्वक सहलाना प्रारंभ कर दिया। अश्व को शांत होते देख सब आश्चर्यचकित थे। कुछ समय पश्चात् अश्व की पेशियाँ शिथिल होने लगीं और उसने यज्न को आराम से अपना निरीक्षण करने दिया।

यज्न को उसकी गरदन के ऊपर गहरे निशान दिखे। वे निशान लगाम की रस्सी की रगड़ से बने थे।

"श्रेष्ठ, इस प्रकार से रस्सी बाँधकर हम अश्व को अधिक देर तक नियंत्रण में नहीं रख सकते। देखिए, इन रस्सियों ने इसकी गरदन पर घाव बनाने प्रारंभ कर दिए हैं।"

मित्र ने यज्न के पास पहुँचकर प्रशंसापूर्वक उसकी पीठ थपथपाई। वह यज्न की बुद्धिमत्ता और संवेदनशीलता पर मंत्रमुग्ध थे। उन्हें लगा कि उनको अपना उत्तराधिकारी मिल गया था।

"तुमने समस्या को सही समझा है, यज्न," मित्र ने उसकी सराहना करते हुए कहा, "नकेल के इस भाँति प्रयोग से हम युद्ध में अधिक देर तक नहीं टिक पाएँगे।"

उन्होंने इस समस्या के निदान पर कार्य करना प्रारंभ किया। अश्व के चेहरे पर दाब को कम करने के लिए उसकी लंबी थूथनी के सहारे दाब को उसके चेहरे, नासिका और जबड़े पर फैलाया गया। अनेक प्रयोगों के बाद उन्होंने एक मुखरोधिनी को बनाया, जिसे लगाम से जोड़ने पर आरोही प्रभावकारी तरीके से अश्व को निर्देश दे सकता था। इसमें अश्व को कोई पीड़ा या असुविधा भी नहीं होती थी। उन्होंने काठी भी बनाई, जिस पर बैठकर आरोही लंबे समय तक अश्व को बिना किसी

कष्ट के दौड़ा सकता था। घुड़सवारी अब धीरे-धीरे काफी सुविधाजनक हो चली थी। युवा सुर तो इसे क्रीड़ा की तरह मानने लगे थे।

***

अगले तीन माह तक सुर अश्वों पर विभिन्न प्रकार के अभ्यास करते रहे। लगातार अभ्यास ने उन्हें एक सक्षम अश्वारोही सेना में ढाल दिया था। वे दौड़ते हुए अश्व की पीठ पर बैठे हुए अपने धनुष से अचूक लक्ष्य साधने लगे। घोड़े की पीठ पर बैठे-बैठे वे भाले से प्रहार करने में निपुण हो गए।

एक दिन जब मित्र अपने अश्व की पीठ थपथपा रहे थे, सरना ने कहा, "श्रेष्ठ, विधाता ने यह पशु वास्तव में हमारे अभियान के लिए ही बनाया है।"

मित्र धीरे से हँसे और अश्व पर चढ़ते हुए कहा, "सरना, हमारा उद्देश्य पवित्र है। अश्व इस पावन संकल्प को पूरा करने में और बुरी शक्तियों को हराने में हमारे सहायक होंगे।"

उन्होंने घोड़े के अयाल पर अपना हाथ फिराया। अश्व आगे बढ़ा और कुछ ही पलों में वह हवा से बातें कर रहा था।

जंगलों में विचरण करनेवाले इस पशु ने न केवल उनके जीवन को ही बदल दिया था, अपितु उनमें नई उमंग और आशा का संचार भी कर दिया था।

***

कुछ समय में ही दो हजार से अधिक निर्भीक और निडर सुर अश्वारोही इतिहास का हिस्सा बनने के लिए व्याकुल थे। सुर कार्यकारी समिति के समक्ष यह प्रश्न था कि वे अपने पवित्र अभियान को कितनी बड़ी सैन्यशक्ति के साथ प्रारंभ करें। कौन अभियान में जाएगा और कौन अरांस में रुकेगा।

कार्यकारी समिति में इस बात पर गहन मंथन हुआ। अधिकांशतः सबने मित्र की इस बात का समर्थन किया कि इस महाभियान के समय अरांस को असुरक्षित नहीं छोड़ा जा सकता था। अंत में यह निर्णय लिया गया कि ड्यूस अरांस में रुककर इस क्षेत्र की रक्षा करेगा, जबकि मित्र सेना का नेतृत्व करते हुए दक्षिण की ओर कूच करेंगे।

मित्र ने सभी को एकत्र कर संबोधित किया, "आप सबने प्रशिक्षण काल में धैर्य और कौशल का अद्भुत प्रदर्शन किया है। आप सब इसके लिए साधुवाद के पात्र हैं। लंबे विचार-मंथन के पश्चात् कार्यकारी समिति ने यह निर्णय लिया है कि आपमें से आधे युवा इस महाभियान में जाएँगे। शेष आधे अरांस में रहकर ड्यूस

के नेतृत्व में यहाँ की रक्षा करेंगे और इस महाभियान को निरंतर बनाए रखने के लिए और साधन भेजते रहेंगे।"

***

एक सहस्र योद्धाओं का महाभियान हेतु चयन किया गया, जैसे-जैसे प्रयाण की तिथि पास आती गई, भावनाएँ उमड़ने लगीं। सैनिक अपने परिवारों को आश्वासन दे रहे थे। वे सब मिलकर भविष्य की अनिश्चितता और एक लंबी अनजान यात्रा पर मंथन करते थे।

यज्न अभी मात्र चौदह वर्ष का था। इस कारण वह इस सैन्य दल में सम्मिलित नहीं किया गया था। वह अत्यंत व्यग्र था। ड्यूस और गेया उसे समझाने में विफल रहे थे। हर बात का उसका एक ही उत्तर था, "मैं किसी से कम नहीं हूँ।"

मित्र परिवार के इस विवाद को स्नेहपूर्वक देख रहे थे। उन्होंने प्रशिक्षण काल में यज्न को ध्यानपूर्वक देखा था। अपनी आयु से कहीं आगे वह एक अत्यंत बलशाली और सुडौल व्यक्तित्व का स्वामी था। वह सामनेवाले की गतिविधियों का पूर्वानुमान लगा सकता था और इस कारण वह प्रतिद्वंद्वी से सदैव आगे रहता था। मित्र यज्न की अश्वारोहण की असाधारण कला से अचंभित थे। वह इस छोटी आयु में भी जिस प्रकार भाला उठाकर अपने लक्ष्य को भेदता था, वह उसकी अद्वितीय क्षमता का प्रतीक था। वह शिक्षकों और प्रशिक्षकों दोनों में अति प्रिय था। मित्र को विश्वास था कि यज्न में एक महानायक बनने के सभी गुण उपलब्ध थे।

उन्होंने निर्णय लिया और कहा, "यज्न, मैं तुम्हें अपने साथ ले चलूँगा।"

इसके बाद उन्होंने माता-पिता को ढाढ़स बँधाया, "आप कोई चिंता न करें। मैं इसका उत्तरदायित्व लेता हूँ। विश्वास कीजिए, एक दिन यज्न के नाम से सुर गौरवान्वित होंगे।"

यज्न आवेश में मुट्ठी उछालकर प्रसन्नता से चिल्लाया और दौड़कर मित्र से लिपट गया। मित्र देर तक उसके सिर पर हाथ फेरते रहे। फिर उन्होंने यज्न को तैयारी करने के लिए कहा।

***

प्रस्थान की पूर्व संध्या पर एक महोत्सव का आयोजन किया गया। केवल आमोद-प्रमोद के लिए। सभी सुर उस संध्या को पूरा जी लेना चाहते थे। अंत में मित्र ने सुरों को संबोधित किया, "कल एक नया सूर्योदय होगा। एक अलग उदय। हम विश्व में एक नई व्यवस्था, एक सुव्यवस्था स्थापित करने के लिए प्रस्थान करेंगे।

हम धरती को कपटियों और मानवता के अपराधियों से मुक्त कराएँगे। यही विधाता की हमसे अपेक्षा है।"

उनके भाषण के बाद सुर उत्साह में खड़े होकर नारे लगाने लगे, "मित्र की जय हो! श्रेष्ठ की जय हो!" नारों से अरांस घाटी गूँज उठी।

अगली प्रातः मित्र के नेतृत्व में सुर-सेना ने अरांस से प्रस्थान कर दिया।

□

3

महाभियान का प्रारंभ

सुर सेना, पर्वतों, नदियों, घाटियों, मैदानों को पार करते हुए आँधी-तूफान की तरह आगे बढ़ रही थी। संध्या में वे खुले मैदान में अपने शिविर लगाते थे। बीच में वे किसी ऐसे उचित स्थल पर रुककर अपनी थकावट मिटाते, जहाँ प्रचुर मात्रा में जल और अश्वों के लिए चरागाह उपलब्ध हों।

उस क्षेत्र में रह रहे आदिवासी कबीलों के लिए यह एक अनोखा दृश्य था। इससे पूर्व उन्होंने कभी अश्वारोहियों को नहीं देखा था।

मित्र ने इन आदिवासियों के लिए नियम तय कर रखे थे, "हम किसी मानवीय बसाव पर आक्रमण नहीं करेंगे और न ही किसी निरपराध को अकारण क्षति पहुँचाएँगे। हम केवल उन्हीं से युद्ध करेंगे, जो बुरी प्रवृत्तियों के हैं।"

अभी उन्हें चले हुए कुछ ही दिन हुए थे कि अचानक उनके कुत्तों ने एक स्थान पर रुककर भौंकना प्रारंभ कर दिया। वे सब एक समूह में एकत्र होकर सामने की पहाड़ी की ओर उन्मुख होकर भौंक रहे थे। तभी पत्तों की चरचराहट और टहनियों के टूटने की आवाजें सुनाई देने लगीं। निश्चित ही बड़ी संख्या में लोग पहाड़ी से नीचे उतर रहे थे। मित्र ने अपनी सेना को सावधान और किसी भी स्थिति का सामना करने के लिए तैयार रहने का निर्देश दिया।

सैनिकों ने अपने शस्त्र निकाल लिये। कुछ सैनिक अश्वों पर चढ़ गए और सजगता से संभावित आक्रमण के लिए तैयार हो गए। सुर-सेना को अधिक प्रतीक्षा नहीं करनी पड़ी। कुछ ही पलों में वे लोग घने जंगल से बाहर आते दिखे। वे संख्या में दो सौ के लगभग थे। उन्होंने भेड़िए की खाल के बने वस्त्रों को कंधों से घुटनों तक धारण किया हुआ था। वे सिर पर सरकंडों से बने मुकुट पहने हुए थे। कंधे पर तूणीर और हाथ में कमान लेकर वे युद्ध के लिए तैयार होकर आए थे। वे वनों में रहनेवाले घुमंतू आदिवासी थे। मित्र को उस कबीले के बारे में पहले से ही ज्ञात था। वे अत्यंत

खूँखार थे और जान लेने में जानवर या मानव में अंतर करना नहीं जानते थे। उनका कोई स्थायी निवास नहीं होता था। वे या तो गुफाओं में या खुले स्थानों पर रहते थे। वे पारिवारिक जीवन से भी भिज्ञ नहीं थे। कबीले में जनमे शिशुओं को कबीले में सामुदायिक रूप से पाला जाता था।

वे मैदान के दूसरे छोर पर रुक गए। उनके मुखिया ने अपना मुकुट उतारा और अपने हाथ में झुलाता हुआ मित्र की ओर बढ़ा। सभी सुर कौतूहलपूर्वक उसे देख रहे थे कि बाकी आदिवासियों ने भी अपने-अपने मुकुट उतारकर उसी प्रकार सुरों की ओर बढ़ना प्रारंभ कर दिया।

मित्र के पास पहुँचकर मुखिया ने अपना मुकुट उनके पैरों पर रख दिया और सिर झुकाकर अनजानी भाषा में कुछ कहा। फिर उसने अश्वारोहियों की ओर देखा और सिर झुका दिया। यद्यपि मित्र उसकी भाषा नहीं समझ पा रहे थे, लेकिन मुखिया की भाव-भंगिमा स्पष्ट थी।

मित्र ने उसे अपने पास बैठने के लिए आमंत्रित किया, लेकिन वे इतने खूँखार और कुख्यात कबीले के इस प्रकार आत्मसमर्पण करने से आश्चर्यचकित थे। कुछ प्रयासों के बाद मित्र ने भी सांकेतिक भाषा का प्रयोग किया, जिससे वे आपस में संवाद कर सकें। धीरे-धीरे मित्र के समक्ष सारी स्थिति स्पष्ट होती गई।

"आप वनों की आत्माओं के स्वामी हैं," कबीले के मुखिया ने सांकेतिक भाषा में बताया, "आपने वनों के इस जानवर को अपने उपयोग हेतु अपना दास बना लिया है। हम आपकी पराशक्तियों के सामने अपना सिर झुकाते हैं। यह भूमि आप जैसे शक्तिशाली व्यक्तियों के यहाँ आने से धन्य हुई है।"

मित्र की प्रसन्नता का ठिकाना नहीं था। उनका पहला सामना बिना रक्तपात के ही विजय में परिवर्तित हो गया था। उन्होंने सांकेतिक भाषा में उत्तर दिया, "हम यहाँ विधाता के आदेश पर उसका संदेश देने आए हैं। वह जो समस्त सृष्टि का निर्माता है, उसकी कामना है कि समस्त मानवजाति उसके बताए हुए धर्म के मार्ग का आचरण करते हुए प्रेमपूर्वक रहे और प्रगति के पथ पर अग्रसर होती रहे।"

***

अगले दस दिवस की यात्रा निरापद रही। मार्ग में उन्हें कोई मानव-बस्ती नहीं मिली, जैसे-जैसे वे आगे बढ़ रहे थे, पहाड़ों की ऊँचाई कम हो रही थी। वातावरण में गरमाहट बढ़ रही थी। सायंकाल तो ठंडा रहता था, लेकिन दिन काफी गरम थे। इस कारण उन्होंने भी अपने कार्यक्रम में परिवर्तन किया। अब वे प्रातः सूर्योदय से पूर्व

चल देते थे और मध्याह्न तक अपना शिविर लगा लेते थे, फिर वे शिकार करते थे और यदि पास में वन हो तो जहरीली वनस्पतियों का ध्यान रखते हुए कंद-मूल आदि ढूँढते थे। इस क्षेत्र में जंगली बकरियाँ और शूकर पर्याप्त संख्या में उपलब्ध थे।

***

उस दिन उन्होंने एक सुंदर सी झील के किनारे अपना शिविर लगाया था। इस यात्रा में किशोर यज्न को अत्यधिक रोमांच का अनुभव हो रहा था। वह अश्व पर बैठकर पास के पहाड़ पर तीव्रता से चढ़ने लगा। पहाड़ी पर चढ़कर उसने दूसरी ओर देखा। वहाँ घास का एक बड़ा मैदान था। वह शिविर की ओर हाथ हिलाते हुए जोर से चिल्लाया, "पहाड़ के दूसरी ओर बहुत सुंदर घास का मैदान है। सभी लोग उस ओर आएँ।"

सुरों ने अभी पहाड़ के दूसरी ओर के लिए चलना प्रारंभ ही किया था कि उन पर बाणों की वर्षा होने लगी। छह अश्वारोही तो घायल होकर नीचे गिर गए। घायल अश्वों की हिनहिनाहट से पूरी घाटी गुँजायमान हो गई। आगे बढ़ते हुए सुर थम गए और उन्होंने वृक्षों व चट्टानों की ओट में अपनी स्थिति ले ली।

एक तीर तो सरसराता हुआ यज्न के कानों के पास से निकल गया। यज्न सतर्क होकर अविलंब अश्व से नीचे कूद गया और एक चट्टान के पीछे अपने को छुपा लिया।

***

ये अर्वा कबीले के लड़ाकू योद्धा थे। दो दिन पूर्व सुर-सेना इनके क्षेत्र में घुसी थी और तब से ये चुपचाप उसका पीछा कर रहे थे। जब उन्होंने सुरों का अश्वों पर नियंत्रण देखा तो पहले तो वे भयभीत हो गए, लेकिन उनका मुखिया तीरथ एक निडर और क्रूर व्यक्ति था। उसने अपने लोगों को संबोधित करते हुए कहा, "इनको जानवरों पर बैठे देखकर डरो मत। इनके पास कोई तांत्रिक शक्ति नहीं है। इन्होंने किसी प्रकार इन जंगली जानवरों पर नियंत्रण पा लिया है। ये घुसपैठिए हैं, जो हमारे क्षेत्र में प्रविष्ट हुए हैं। अपने शस्त्र उठाओ। हमें इन सबको मार डालना है।"

अर्वा कबीले के लोग गुरिल्ला युद्ध में पारंगत थे। वे छुपकर, घात लगाकर अचानक आक्रमण करके भारी क्षति पहुँचाते थे। इसीलिए जब यज्न पहाड़ी की चोटी की ओर जा रहा था, अर्वा आदिवासियों को नहीं देख पाया था।

***

तीरथ ने सुर-सेना की शक्ति और क्षमता के आकलन में बड़ी त्रुटि की थी। उनके

अचानक आक्रमण से सुरों को पीछे हटकर ओट जरूर लेनी पड़ी थी, लेकिन अब वे व्यूह रचना कर प्रत्युत्तर के लिए तैयार हो गए थे। मित्र ने अपने योद्धाओं को ललकारा, "यह हमारे युद्धाभ्यास का प्रथम पड़ाव है। सतर्क हो जाओ और इन्हें पाठ पढ़ाओ।"

***

उधर तीन अर्वा लड़ाकू यज्न को ढूँढ रहे थे। यज्न अश्व को छोड़कर कुछ दूरी पर एक खड़ी चट्टान की ओट में बैठकर इन अर्वा योद्धाओं की गतिविधियों पर आँखें गड़ाए हुए था। हाथों में गदा और कमान तथा कंधे पर तूणीर लिये वे यज्न को मारने के निश्चय के साथ उसे ढूँढ रहे थे।

यज्न को लेशमात्र भी डर नहीं लग रहा था। उसने उनका सामना करने का निश्चय कर लिया था। जैसे ही आक्रमणकारी यज्न के समीप पहुँचे, यज्न के अश्व ने हिनहिनाना आरंभ कर दिया। आक्रमणकारियों ने अश्व को निशाना बनाकर तुरंत उस पर बाण चला दिया, जो उसकी गरदन में अंदर तक धँस गया। अश्व ने आगे बढ़कर भागने का प्रयास किया, लेकिन वह लड़खड़ाकर गिर गया।

आक्रमणकारी अब खुले स्थान पर थे। एक खड़ी चट्टान के पीछे वह चौकन्ना किशोर उन्हें भलीभाँति देख सकता था। यज्न ने धीरे-धीरे खिसकते हुए उचित स्थान पर पहुँचकर अपना पहला निशाना बनाया। उसका तीर एक आक्रमणकारी के सीने से पार हो गया। वह गिर पड़ा और दर्द से झटपटाने लगा। अपने प्रदर्शन से संतुष्ट यज्न ने आक्रमणकारियों को बिना अवसर दिए कई बाण चला दिए। हड़बड़ाए अर्वा योद्धाओं ने प्रतिघात का प्रयास किया, लेकिन यज्न एक सुरक्षित दूरी पर सुरक्षित स्थान पर था। जब एक आक्रमणकारी उसके बहुत समीप आ गया तो यज्न अपने छुपने के स्थान से निकला और खड्ग निकालकर उसकी ओर लपका। उसके एक प्रहार से ही असावधान आक्रमणकारी का सिर कटकर गिर गया। अंतिम आक्रमणकारी भी उसके खड्ग की तेज धार का शिकार हो गया।

आक्रमणकारियों को मारने के बाद वह अश्व के पास बैठ गया और धीरे से उसका माथा सहलाया। अश्व की आँखों में पीड़ा छलक आई। यज्न को यह अनुमान हो गया कि उसका अश्व अब अंतिम साँसें ले रहा था। अश्व ने खुरों को भूमि पर पटका और एक झटका देकर शांतिपूर्वक चिरनिद्रा में सो गया।

यज्न ने आकाश की ओर देखा। सूर्य अब मध्याह्न का संकेत दे रहा था। उसने अपनी आँखें बंद कीं और हाथ जोड़कर मृत अश्व की आत्मा के लिए प्रार्थना की। इसके बाद वह अपने को झाड़ियों और चट्टानों में छुपाता अपने साथियों से मिलने

नीचे की ओर चल दिया। उसे सकुशल लौटा देखकर मित्र ने गद्गद होकर उसे अपनी बाँहों में भर लिया, "यज्न, मेरे बच्चे, विधाता तुम्हें दीर्घायु दे। मुझे विश्वास था कि वे तुम्हारा कोई अहित नहीं कर सकते।"

यज्न ने मित्र को पूरा विवरण दिया, "श्रेष्ठ, उनका निशाना उत्तम है, लेकिन उनके पास धातु के हथियार नहीं हैं और वे हमारे सामने टिक नहीं सकते।"

***

सुरों ने अब आक्रमण की तैयारी कर ली थी। पीछे लक्ष्यभेदन के लिए धनुर्धारियों को खड़ा कर एक हाथ में खड्ग और दूसरे में ढाल लेकर 'शैतान का नाश हो' के नारों के साथ वे शत्रु पर टूट पड़े।

इसके पूर्व अर्वा अपने धनुष से बाणों की वर्षा कर पाते, सुर सैनिक उनके सामने थे। अपने भालों और खड्ग के साथ वे उन पर भारी पड़ रहे थे। शीघ्र ही अर्वाओं के शव भूमि पर गिरने लगे। उनके पैर उखड़ने लगे और वे मैदान छोड़कर भाग गए।

तभी अचानक ही ऊपर से बड़ी-बड़ी चट्टानें और पत्थर लुढ़क-लुढ़ककर नीचे सुरों की ओर आने लगे। मित्र जोर से चिल्लाए, "यह शत्रुओं का प्रहार है। अपने को बचाओ।"

पत्थर इतने वेग से गिर रहे थे कि कुछ समय तक तो सुर असमंजस में पड़ गए। कुछ पत्थर तो झाड़ियों में फँसकर रुक गए, लेकिन बड़े-बड़े पत्थर झाड़ियों को कुचलते हुए लुढ़ककर नीचे तक आ रहे थे। बचते-बचते भी कई सुर बड़े पत्थरों की चपेट में आ गए और घायल हो गए। मित्र ने युक्ति से निर्णय लिया।

"पीछे हटो!" मित्र ने आदेश दिया।

सुर तेजी से पहाड़ से उतरने ही लगे थे कि एक बड़ी चट्टान मार्ग के सारे वृक्षों और झाड़ियों को रौंदती हुई घाटी तक पहुँच गई। गिरे हुए वृक्षों से भयभीत पक्षी चहचहाहट करते हुए आकाश में उड़ने लगे। उसके बाद हमला थम गया। मित्र ने लंबा श्वास लेकर कहा, "विधाता हमारी परीक्षा ले रहा है। दुष्ट शक्तियाँ हमें भयभीत नहीं कर सकतीं।"

सायंकाल उन्होंने घाटी के शिविर में विश्राम किया। मित्र ने सरना के साथ विमर्श किया। प्रशिक्षु यज्न भी साथ ही बैठा था। सरना ने कहा, "श्रेष्ठ, शत्रु चतुर और निडर है।"

"हाँ! हमें उसे गंभीरतापूर्वक लेते हुए शीघ्र ही पराजित करना होगा," मित्र ने सोचते हुए उत्तर दिया।

वे रात्रि में सजग रहे, ताकि शत्रु अँधेरे का लाभ लेने को प्रयास न करे। सुर सैनिकों ने सारी रात शिविर पर पहरा दिया और जैसी आशंका थी, सूर्योदय के पूर्व ही भारी संख्या में अर्वा कबीले के लोगों ने उनके शिविर पर आक्रमण कर दिया।

मित्र ने आदेश दिया, "सभी शस्त्र उठा लें और अश्वों पर सवार हो शत्रु को पराजित करें।"

दोनों पक्ष आमने-सामने के प्रचंड युद्ध में उलझ गए। अर्वाओं को अपनी भूमि पर लड़ने का लाभ था। वे झाड़ियों के पीछे छुपकर सुरों की अग्रपंक्ति पर बाण चला रहे थे। उनके बाण अश्वों के पैरों को लक्ष्य कर रहे थे, जिससे अश्व घायल होकर लड़खड़ा रहे थे। शीघ्र ही मित्र को इस बात का ज्ञान हो गया कि वन-प्रांतर के युद्ध में अश्वों के प्रयोग का विपरीत प्रभाव हो रहा था। घने वृक्षों और झाड़ियों में अश्वों को इधर-उधर भागने के लिए पर्याप्त स्थान नहीं था।

"सभी अश्वों से नीचे उतरकर लड़ें!" मित्र ने आदेश दिया।

वे सब भूमि पर अंतिम लड़ाई के लिए तैयार हो गए और अपने भालों और खड्गों से अर्वों पर टूट पड़े।

***

"श्रेष्ठ, उस योद्धा का देखो। वह उनका मुखिया प्रतीत होता है," यज्न ने मित्र का ध्यान जिसकी ओर आकर्षित किया, वह तीरथ था। वह अपने कुछ साथियों के साथ पीछे लंबी घास में छुपा हुआ था। "यदि हम उसे मार पाए या बंदी बना पाए तो हम इस युद्ध में विजयी हो जाएँगे।"

मित्र ने प्रशंसापूर्वक यज्न की आँखों में झाँका। उन आँखों में मित्र को जीवंतता और बुद्धिमत्ता दिख रही थी। "हाँ, मेरे बच्चे! हमें उसे लक्ष्य बनाना चाहिए। यदि वह मारा जाता है तो हमारी विजय निश्चित है," वह बोले।

सूर्य के प्रकाश में चमकते अपने भाले को उठाकर मित्र ने आदेश दिया, "सरना, पाँच योद्धाओं के साथ मेरे साथ आएगा। हम सावधानीपूर्वक घास में छुपते हुए आगे बढ़ेंगे और अर्वा मुखिया को निशाना बनाएँगे।"

"लेकिन मेरे लिए क्या आदेश है?" यज्न ने उतावली में पूछा।

"तुम यहीं रहोगे।"

"लेकिन यहाँ रहकर मैं क्या करूँगा?" किशोर ने प्रतिवाद किया।

इसके पहले कि असमंजस में पड़े मित्र उत्तर सोच पाते, यज्न आदर के साथ उनके सामने झुका और नम्रता से बोला, "श्रेष्ठ, मेरा ध्यान उस पर प्रातःकाल से

केंद्रित है। मुझे उससे लड़ने का प्रथम अवसर मिलना चाहिए।"

मित्र सोच में पड़ गए। *"यह युद्ध है। यदि इस बालक को कुछ हो गया तो मैं ड्यूस और गेया को क्या उत्तर दूँगा?"*

ड्यूस, गेया और उनके पीछे एक छोटे अश्व पर बैठे यज्न का दृश्य पुनः मित्र के विचारों में प्रतिबिंबित हो गया। उन्होंने यज्न की आँखों में चमकते उतावलेपन और दृढ़ता को देखा। उनके मस्तिष्क में विचार आया, *"यज्न एक महानायक बनेगा, संभवतः एक सर्वकालीन महानायक। मुझे उसमें रुकावट नहीं बनना चाहिए। विधाता की यही इच्छा प्रतीत होती है।"*

मित्र ने निश्चय कर लिया था। वह धीरे से बुदबुदाए, "पुत्र, मैं तुम्हें अनुमति देता हूँ। जाओ और अर्वा मुखिया को पराजित करो।"

***

दो सुर युवकों को यज्न के साथ भेजा गया। वे पेट के बल लेटकर खिसकते हुए अर्वाओं के समीप पहुँच गए। तभी अर्वाओं की दृष्टि उन पर पड़ी। चार अर्वा पत्थर के चाकू लेकर उनकी ओर लपके। यज्न ने चपलता से अपने को बचा लिया, लेकिन तब तक एक आक्रमणकारी के चाकू की धार उसके साथी सुर योद्धा के कंधे को छील गई। अपने कंधे से हो रहे रक्तस्राव की चिंता किए बिना उस सुर युवक ने आक्रमणकारी की गरदन बलपूर्वक दबोच ली। पकड़ इतनी सख्त थी कि वह अपनी श्वास तक के लिए छटपटाने लगा। फिर सुर युवक ने उसे धक्का देकर नीचे गिरा दिया। इससे पहले कि अर्वा सँभल पाता, सुर युवक का चाकू उसके पेट में घुस चुका था और उसकी आँतें बाहर आ चुकी थीं। वह उसी क्षण मर गया।

अर्वा योद्धा को मारकर सुर युवक ने दर्पपूर्वक यज्न की ओर देखा। यज्न दूसरे युवा के साथ अन्य अर्वाओं से लड़ रहा था। अर्वा यज्न की चपलता के सामने टिक नहीं पा रहे थे। एक हाथ में खड्ग और दूसरे हाथ में भाला लेकर वह अत्यंत कौशल से युद्ध कर रहा था।

अचानक ही यज्न थोड़ा सा पीछे हटा और फिर झटके से अपना भाला सामने खड़े शत्रु के गले के पार कर दिया। उसके इस अनपेक्षित वार से उस अर्वा के मुँह से आश्चर्य और पीड़ा की मिली-जुली चीख निकली और वह नीचे गिर गया। यह देखकर शेष दोनों अर्वा भागने लगे। उनमें से एक अर्वा एक सुर युवक की पकड़ में आ गया। उसने उसे बाँह से पकड़कर गिरा दिया। शेष कार्य यज्न के भाले ने उसका

हृदय-भेदन करके पूरा कर दिया। चौथा अर्वा भागने में सफल हो गया और चिल्लाते हुए तीरथ के पास पहुँचा।

***

सुर-सेना में उत्साह का संचार हो रहा था। वे तीन-तीन के गुट में आगे बढ़ रहे थे। दो के हाथों में भाला और खड्ग थे, जबकि तीसरा धनुष लिये हुए था।

अर्वा युद्ध कौशल से परिपूर्ण, उन्नत शस्त्रों से सुसज्जित सुर-सेना के सामने नहीं टिक पा रहे थे। उनमें भगदड़ मच गई। यज्न सुरक्षा कवच तोड़ते हुए तीरथ तक पहुँच गया। भयभीत अर्वा रक्षकों ने अपने शस्त्र भूमि पर डालने प्रारंभ कर दिए। तीरथ यह देखकर क्रोध से चीखा, "कायरों, अर्वाओं ने कभी रणभूमि में पीठ नहीं दिखाई है। तुमने संपूर्ण अर्वा जाति को कलंकित किया है। अपने शस्त्र उठाओ और लड़ाई जारी रखो।"

तीरथ का छोटा भाई जीरथ बुदबुदाया, "भाई, तुम्हारे क्रोध के कारण समस्त कबीला नष्ट हो जाएगा। कृपया अपने निर्णय पर पुनर्विचार करें।"

यज्न तीरथ तक पहुँच चुका था। उसने अपना भाला प्रहार के लिए उठाया ही था कि दूर से मित्र ने चिल्लाकर उसे रोका, "रुको यज्न, हम रक्तपात नहीं चाहते। ऐसा प्रतीत होता है कि अर्वाओं में सुबुद्धि आ रही है और उन्होंने अपने शस्त्र डालने प्रारंभ कर दिए हैं। अब हमारा कर्तव्य है कि हम इस लड़ाई को समाप्त करें।"

यज्न ने अपना बढ़ा हुआ हाथ वापस खींच लिया।

लेकिन सब कुछ अपेक्षित नहीं हुआ। तीरथ को यह अपने दर्पमर्दन का प्रत्युत्तर देने का उत्तम अवसर प्रतीत हुआ। उसने कमर से पत्थर के लंबे फल वाला खंजर निकाला और भेड़िए की तरह आवाजें निकालता हुआ यज्न की ओर लपका। सतर्क यज्न ने पैंतरा बदलकर उसका वार अपने भाले पर ले लिया। भाले से टकराकर खंजर का फल टूट गया और उसके टुकड़े हवा में उछल गए।

यह देखकर सुरों को आश्चर्य हुआ कि कोई अर्वा तीरथ की सहायता हेतु आगे नहीं बढ़ा।

दो सुर अपने शस्त्र उठाकर तीरथ की ओर बढ़े, लेकिन उन्हें यज्न ने रोक दिया, "रुक जाइए, यह युद्ध केवल मेरे और तीरथ के मध्य होगा।"

तीरथ ने अपनी कमर से बँधा दूसरा खंजर निकाला और यज्न की ओर लपका। यह विलक्षण लड़ाई थी। एक ओर एक किशोर था और दूसरी ओर लंबी दाढ़ी और मूँछोंवाला, गठी विशाल देहवाला एक अनुभवी योद्धा, जिसके नथुने अपमान और क्रोध की ज्वाला से धधक रहे थे।

सभी स्तब्ध और आशंकित खड़े थे, लेकिन मित्र को यज्न पर पूर्ण विश्वास था। दूसरी बार भी तीरथ का वार खाली गया, जैसे ही उसने क्रोध से दाँत पीसते हुए अति वेग से हमला किया, यज्न चपलता से पीछे हटकर एक तरफ हो गया।

अब यज्न की बारी थी। इसके पूर्व कि तीरथ सँभल पाता, यज्न ने अपने भाले से उस पर हमला कर दिया। तीरथ ने एक ओर झुककर अपने को बचाने का प्रयास किया, लेकिन भाला उसके कंधे में घुस गया और उसके हाथ से खंजर गिर गया। यज्न ने भाले को वापस खींचा तो तीरथ के कंधे से रक्त के फव्वारे फूट पड़े। पीड़ा से उसकी चीखें निकलने लगीं, फिर भी वेदना से कराहते हुए तीरथ ने बाएँ हाथ से खंजर को पकड़ने का प्रयास किया, लेकिन इस बार यज्न का प्रहार उसकी गरदन भेद गया।

तीरथ नीचे गिर गया। उसके रक्त से आसपास की भूमि लाल हो गई। उसके गले से हलकी सी गड़गड़ाहट की आवाजें आईं। उसके बाद उसका शरीर शांत हो गया।

युद्ध समाप्त हो गया था। जीरथ ने अर्वाओं की ओर से अविलंब बागडोर अपने हाथ में ले ली और आदेश दिया, "अब कोई शस्त्र नहीं उठाएगा। युद्ध समाप्त हो चुका है।"

जीरथ और उसके साथी शस्त्र डालकर सिर झुकाए खड़े थे। उन्हें एक क्रूर मुखिया से मुक्ति मिलने की प्रसन्नता थी और सुरों को अपनी विजय की।

अर्वाओं की प्रसन्नता का ठिकाना न रहा, जब सुरों ने उनकी भूमि पर अधिकार न करने का वचन दिया और उनकी महिलाओं की मर्यादा की रक्षा करने का आश्वासन दिया। सुरों ने उन्हें समुचित आदर दिया और उनके विकास में सहयोग के हेतु उनसे विमर्श किया। इसके प्रतिदान में अर्वाओं ने सुरों की सत्ता स्वीकार करने और सुरों के सिद्धांतों एवं नियमावली के पालन का वचन दिया।

***

सुरों के साथ-साथ उनके द्वारा अर्जित ज्ञान भी एक स्थान से दूसरे स्थान पर जा रहा था। धातु बनाने में उनकी विशेषज्ञता, बरतन बनाने की कला, गौपालन, भेड़ और कुत्तों का पालन, वृक्षारोपण, पाक-कला, संयमित जीवन, सभी उन्हें बाकी कुलों से अलग करते थे। अपने इसी ज्ञान-भंडार के कारण वे स्वयं को देवताओं का वंशज मानते थे।

"हमारा ज्ञान दैविक शक्तियों द्वारा प्रदत्त है और मानव कल्याण हेतु है।" मित्र ने जीरथ से कहा और आश्वासन दिया कि कुछ समय पश्चात् अरांस से सुर प्रशिक्षकों

का दल आएगा, जो उन्हें विकास की नई ऊँचाइयों तक ले जाने में सहायता करेगा।

सुर-सेना ने वहाँ एक पक्ष तक रुककर घायलों का उपचार किया और अर्वाओं के आतिथ्य का आनंद लिया। सुर-सेना के लिए विभिन्न प्रकार के सूखे कंदमूल और फलों का भंडार लाया गया। इसके साथ ही सूखी मसालेदार सामिष सामग्री भी रखी गई। यह सब सामग्री कई माह तक खराब न होनेवाली थी।

जीरथ ने मित्र के समक्ष प्रस्ताव रखा, "भगवन्, अर्वा इस पूरे क्षेत्र की भौगोलिक स्थिति से भलीभाँति परिचित हैं। यदि आप हमारे योद्धाओं को मार्गदर्शन हेतु ले चलना चाहें तो यह हमारा सौभाग्य होगा।"

मित्र ने उसके प्रस्ताव को सहर्ष स्वीकार कर दो सौ अर्वा योद्धाओं को अपनी सेना में सम्मिलित कर लिया।

***

अर्वा दल अब पथ-प्रदर्शक का कार्य कर रहा था। वे जंगलों को पार करते हुए आगे बढ़ रहे थे। रास्ते में उन्हें अनेक कबीले मिले, जिन्होंने बिना संघर्ष के उनकी मित्रता स्वीकार कर ली। धीरे-धीरे जंगल के स्थान पर बंजर पथरीली भूमि बढ़ती जा रही थी। धरातल ऊँचा हो रहा था। पानी और भोजन दुर्लभ होता जा रहा था।

"हम परियात्रा[2] पर्वतों की ओर जा रहे हैं और हमें दुष्करता का सामना करना पड़ेगा। हमें ठंड से भी बचाव करना होगा," मित्र ने बताया।

कुछ दिनों के बाद उनके समक्ष एक हरी-भरी वादी थी, जिसके मध्य से एक नदी बह रही थी।

"यह सरयू[3] नदी है," मित्र के मुख पर प्रसन्नता झलक रही थी। उसे वे दिन स्मरण आ गए, जब वह चौदह वर्ष का एक बालक था और सात्विक के नेतृत्व में सुर सिंधु नदी के किनारे अपने स्थान को छोड़कर एक अनिश्चित यात्रा पर वहाँ से गुजरे थे।

वहाँ रहनेवाला सरयूड कबीला उनसे मित्रवत् मिला। उन्होंने सुरों का यथोचित सत्कार किया, फिर वे आगे बढ़ चले। लगभग एक माह बाद वे एक अन्य बड़ी घाटी में पहुँचे। यह कुभा घाटी थी, जिसमें से होकर कुभा[4] नदी पश्चिम से पूर्व की ओर बह रही थी। कुभा कबीले ने पहले तो उन्हें संदिग्ध दृष्टि से देखा, लेकिन सरयूड

---

2. *हिंदूकुश पर्वत।*
3. *अफगानिस्तान की हरि नदी, जिसका ऋग्वेद में सरयू के नाम से वर्णन है।*
4. *अफगानिस्तान से पाकिस्तान की ओर जानेवाली काबुल नदी।*

मार्गदर्शकों द्वारा आश्वस्त होने के बाद उन्होंने सुरों का पूर्ण सत्कार किया। कुभा से आगे की यात्रा सुखद थी। नदी के किनारे-किनारे, हरी-भरी घाटियों से होते हुए वे घने जंगलों में पहुँच गए थे।

मित्र की आँखों में बाल्यपन की स्मृतियों की चमक थी। अचानक नदी खड़े पहाड़ से एक प्रपात के बाद विलुप्त हो गई थी। घूमकर नीचे आने पर नदी उन्हें फिर से बहती दिखाई दी। मार्ग में अनेक छोटी-छोटी नदियाँ मिल रही थीं, लेकिन सुवास्तु[5] और कुभा का मिलन-दृश्य विहंगम था।

यज्न ने पूछा, "श्रेष्ठ! अब हम कहाँ पहुँच गए हैं?"

मित्र के मुखमंडल पर एक विलक्षण प्रसन्नता थी, "अपने पूर्वजों की भूमि के निकट। कुछ ही दिनों में हम वहाँ पहुँच जाएँगे।"

यज्न इस कल्पना से प्रफुल्लित था कि वह अपने बिछुड़े हुए लोगों से मिल पाएगा। उसके मस्तिष्क में मित्र के वे स्वर गूँज रहे थे कि असुरों ने पर्याप्त प्रगति की थी, लेकिन उनके लालच और संस्कारहीनता ने उनका नैतिक पतन कर दिया था।

मित्र के ये शब्द यज्न के मस्तिष्क पर सदा के लिए प्रभाव छोड़ गए। "हमें कभी सिद्धांतों के साथ समझौता नहीं करना चाहिए, तभी हम जीवन में श्रेष्ठता अर्जित कर सकते हैं।"

□

---

5. पाकिस्तान की स्वात नदी, जिसका ऋग्वेद में सुवास्तु नाम से वर्णन है।

4

असुरों की पराजय

घाटी से नदी के कल-कल बहते जल की पास आती ध्वनि और नम हवा के शीतल झोंके अपने साथ एक विशिष्ट चिर-परिचित सुगंध ला रहे थे। मित्र की आँखें प्रसन्नता से चमक उठीं।

"हम सिंधु नदी के समीप पहुँच गए हैं," मित्र ने घोषणा की। वह बाल्यावस्था की उन यादों में पहुँच गए थे, जब वह अपने मित्रों के साथ सिंधु के तट पर और निकट के वनों में खेला करते थे।

वे अश्व से उतरे और फिर घुटनों पर बैठकर अपनी जन्मभूमि को चूमा। भावावेश में उनकी आँखें नम हो गईं और गला रुँध गया। उन्होंने अपना गला साफ करते हुए कहा, "मैं जानता हूँ कि आप सब पिछले तीन माह से यात्रा कर रहे हैं, अब दो-तीन दिन की ही यात्रा शेष है गंतव्य तक पहुँचने के लिए।"

पर्वतों की ऊँचाइयाँ लगातार कम हो रही थीं। असुरों की राजधानी अब अधिक दूर नहीं थी।

"आज हम यहीं पर शिविर लगाएँगे। इसके बाद छोटे-छोटे समूहों में आगे बढ़ेंगे, जिससे असुरों को यह भ्रम न हो कि हम उन पर आक्रमण करने जा रहे हैं," मित्र ने निर्देश दिया।

अगले दिन मित्र ने सबको शिविर में रोककर यज्न, सरना और कुछ अन्य चुने हुए सैनिकों के साथ असुरों की नगरी महालोक की ओर प्रस्थान किया। मित्र को भलीभाँति ज्ञात था कि उनका प्रयास जोखिम भरा है, लेकिन उन्हें अपने ऊपर पूरा विश्वास था। उन्होंने सभी साथियों को संभावित खतरे के प्रति सतर्क कर दिया था।

अभी वे कुछ ही दूर चले थे कि उन्हें अचानक असुर सैनिकों के एक दल ने चारों ओर से घेर लिया। इससे पहले कि वे कुछ समझ पाते, असुर सैनिकों ने अपने लंबे भाले निकाल लिये और मित्र तथा उनके साथियों की ओर तान दिए।

"रुक जाओ और कोई दुस्साहस न करना!" एक रोबदार आवाज ने उन्हें चेताया।

यज्न का चेहरा क्रोध से तमतमा गया। उसने अपना भाला निकालने के लिए हाथ ऊपर किया ही था कि मित्र ने ऊँचे स्वर में आदेश दिया, "नहीं, ऐसा न करना। हमारा उद्देश्य युद्ध नहीं है।"

असमंजस में यज्न ने अपना हाथ नीचे कर लिया। मित्र अश्व से उतरे और शांतिपूर्वक असुर योद्धाओं की ओर बढ़े। उनके हाथ में उस समय कोई शस्त्र नहीं था।

"आप कौन हैं?" एक असुर सैनिक ने संदेह की दृष्टि से मित्र की ओर देखते हुए पूछा।

"मैं मित्र हूँ। सुर-कुल का मुखिया। कई दशक पूर्व हम भी यहीं रहते थे, लेकिन परिस्थितियों ने हमें दूर पहाड़ों पर जाने के लिए विवश कर दिया।"

असुर सैनिक ने मित्र, यज्न और बाकी सुरों का ऊपर से नीचे तक निरीक्षण किया।

"आप यहाँ पर आने का प्रयोजन बताएँ," सैनिकों के नायक ने पूछा।

"आपके शासक से मिलने के लिए," मित्र ने यथासंभव अपने स्वर की कोमलता बनाए रखते हुए कहा।

कुछ समय तक आपस में विमर्श करने के उपरांत एक सैनिक मित्र की ओर मुड़ा और बोला, "यदि आप राजा से मिलना चाहते हैं तो हमारे साथ आइए।"

***

वे एक रमणीक मार्ग से होते हुए आगे बढ़े। मार्ग में दोनों ओर व्यवस्थित रूप से छायादार वृक्ष लगे हुए थे। वायुमंडल में अपनी पूरी भव्यता के साथ खिले हुए पुष्पों की सुगंध फैली हुई थी। मित्र उस स्थान में आए परिवर्तन को देखकर चकित थे। उन्हें लगा कि *"असुर उनसे निम्न अवश्य हो सकते हैं, लेकिन भौतिक प्रगति में अग्रणी हैं।"* कुछ ही देर में वे एक पत्थर से बने विशाल भवन के प्रांगण में पहुँच गए। यह असुरराज महामाया का महल था। द्वार पर प्रहरी सतर्कता के साथ खड़े थे।

सैनिक ने कहा, "आप यहीं रुकें। हम महामहिम से अनुमति लेकर आते हैं।"

वह शीघ्र ही वापस आ गया और सूचना दी, "महामहिम ने आपको आने की अनुमति दे दी है।"

उन्हें एक बड़े राजकक्ष में ले जाया गया। असुरराज महामाया नक्काशी की हुई

लकड़ी के एक अति सुंदर सिंहासन पर बैठा था। उसके सामने दोनों ओर उसी प्रकार की नक्काशी किए हुए छोटे आकार के सिंहासन सभासदों के लिए रखे थे। महामाया अपने सिंहासन से उठा और आगे बढ़कर मित्र एवं उनके साथियों का स्वागत करते हुए बोला, "मित्र, असुरों की भूमि पर आपका स्वागत है।"

"असुरों की भूमि!"

महामाया के शब्दों ने मित्र को अंदर तक चीर दिया। यह भूमि तो सुर और असुर दोनों की थी। महामाया के शब्दों में अपनेपन का नितांत अभाव था। उसने मित्र को अपने पास के सिंहासन पर बैठने के लिए आमंत्रित किया। यज्न और बाकी साथियों को भी कुछ दूरी पर बैठने के लिए समुचित स्थान दिया गया।

उनके आसन ग्रहण करने के पश्चात् महामाया ने मित्र को संबोधित करते हुए कहा, "श्रेष्ठ, आपसे अनुरोध है कि आप असुरों के राज्य में अपने आने का प्रयोजन बताने की कृपा करें।"

मित्र ने सम स्वर में उत्तर दिया, "हम सुर एक ऐसे सभ्य समाज की स्थापना हेतु निकले हैं, जहाँ लोग बर्बर और दुष्ट आक्रांताओं के भय के बिना शांति से रह सकें। जहाँ परस्पर सद्भाव हो और जनसामान्य की मानसिकता समाज के भले के लिए हो। सब नीतिगत मूल्यों का आदर करें।"

मित्र कुछ पल के लिए रुके, फिर महामाया की आँखों में देखते हुए बोले, "और इस पवित्र अभियान में हम अपने असुर भाइयों का साथ चाहते हैं।"

महामाया ठहाके मारकर हँसने लगा। फिर वह व्यंग्यात्मक स्वर में बोला, "मित्र, यह बहुत उच्च विचार है, लेकिन हमारे जैसे दुष्ट मानसिकता वाले असुरों से तुम पवित्र अभियान में सहयोग जैसी आशा क्यों रखते हो? सुरों के अनुसार आप नैतिक मूल्यों और सत्य के अनुयायी हैं और हम पाप तथा बुरी मानसिकता के स्रोत।"

महामाया ने थोड़ा विराम देकर उद्विग्नतापूर्वक आगे कहा, "मित्र, हम वास्तविकता में जीते हैं। हमारा आपकी दार्शनिकता से कोई संबंध नहीं है।"

मित्र ने अपने मुख पर उत्तेजना का कोई भाव नहीं आने दिया। कुछ क्षण सोचने के बाद उन्होंने कहा, "असुरराज, आपको विदित है कि सुर और असुर दोनों एक ही वंश के हैं और वह वंश सुर है। हमारा निवेदन है कि आप एक बार पुनः सुर परंपरा में और इसकी नीतिगत आस्था में विश्वास व्यक्त करें, जिससे हम एक हो सकें।"

महामाया के मुख पर क्रोध आ गया। वह मित्र की ओर मुड़ा और बोला, "मित्र, आपकी बात से स्पष्ट है कि आज भी सुरों में वही दर्प है, जो पहले था। हम भाइयों

की तरह ही एक साथ रह रहे थे, जब तक आपने अनावश्यक रीतियों को बलपूर्वक हम पर थोपने का प्रयास नहीं किया। आपने हमारी भावनाओं या विचारों को समझने का कोई प्रयास नहीं किया, अपितु केवल अपनी विशिष्ट नियमावली को ही एकमात्र सत्य माना। आपके इसी व्यवहार ने हमें सुर से असुर बनने के लिए विवश कर दिया। असुर अर्थात् अस्पृश्य सुर। हम एक लंबे समय तक अपनी पहचान बनाने के लिए जूझते रहे और विषम परिस्थितियों से लड़ते रहे, लेकिन हममें क्षमताएँ थीं। हमने इस राज्य का निर्माण किया। यदि हम अंधभाव से आपके या आपकी संहिता के ही अनुयायी बने रहते तो प्रगति के इस शिखर पर नहीं पहुँच पाते।"

मित्र ने एक लंबा श्वास लेते हुए उत्तर दिया, "ठीक है। हम यहाँ आपसे युद्ध या आप पर अपनी संहिता थोपने नहीं आए हैं, लेकिन हम अपनी भूमि वापस चाहेंगे।"

महामाया अवज्ञापूर्वक हँसा, "तुम उन बर्बर आक्रांताओं के आक्रमणों को न झेल पाने के कारण कायरों की तरह भाग गए। हमने परिस्थितियों का वीरतापूर्वक सामना किया और धीरे-धीरे यत्नपूर्वक इस साम्राज्य का गठन किया। जो सुर यहीं रह गए थे, उनके साथ हमने कोई भेदभाव नहीं किया। इस साम्राज्य में असुर सत्ता में विश्वास व्यक्त करनेवाले सभी विचारधारा के लोग निवास करते हैं। आप भी असुर सत्ता में विश्वास व्यक्त करके यहाँ रह सकते हैं।"

"इतना उदार बनने का प्रयास न करो, महामाया," मित्र अब अपने स्थान पर खड़े हो गए थे, "तुमने सुरों को इस राज्य में सामान्य अधिकारों से वंचित रखकर उन्हें द्वितीय श्रेणी का नागरिक बनाकर रखा है। भूमि पर उनके अधिकार नहीं हैं। मैं इसी असंगति की ओर आपका ध्यान आकर्षित कर रहा था, लेकिन आपसे इस विषय पर वार्त्ता व्यर्थ है।"

यह कहकर मित्र अपने साथियों के साथ वहाँ से चल दिए।

***

अभी उषा काल हुआ ही था। सूर्य की लालिमा पूर्वी क्षितिज पर फैलना प्रारंभ हो गई थी। मित्र अपने सहयोगियों के साथ बैठकर अगली रणनीति पर विमर्श कर रहे थे कि अचानक शिविर पर बाण-वर्षा प्रारंभ हो गई। इसके पूर्व कि वे कुछ समझ पाते, अनेक सुर बाणों से घायल हो गए।

"अपने को बचाओ," सरना चिल्लाया, "हम संख्या में बहुत कम हैं और वे बहुत अधिक हैं। हम कोई भी क्षति सहन करने की स्थिति में नहीं हैं।"

मित्र के मन में क्रोध था तो हृदय में व्यथा। उनके मुँह से निकला, "असुरों से

हमें कोई आशा रखना व्यर्थ है। इनके न तो कोई नैतिक मूल्य हैं और न ही सिद्धांत। उन्होंने कायरों की भाँति हम पर आक्रमण किया है। उनकी समृद्धि ही उनकी इस अनैतिकता का मूल कारण है। मेरे वीर साथियों, उनको इस आक्रमण का समुचित उत्तर देकर अपनी शक्ति का परिचय दो।"

सुर-सेना ने अविलंब शिविर की सुरक्षा के लिए व्यूह-रचना कर ली और बड़ी झाड़ियों एवं टीलों की ओट लेते हुए प्रत्याक्रमण प्रारंभ कर दिया। उनके तीक्ष्ण बाण शत्रु का भेदन करने लगे। उनके अचूक लक्ष्यों से असुरों को अनपेक्षित क्षति हो रही थी।

इस बीच अश्व-सेना भी तैयार हो गई। अश्वारोही दल एक हाथ में ढाल और दूसरे में खड्ग लेकर युद्धस्थल में उतर आया। उन्होंने या तो हाथों में भाले लिये हुए थे या धनुष-बाण। दूर तक खुला समतल मैदान अश्वों के लिए आदर्श युद्धस्थल था।

सरना के नेतृत्व में अश्वसेना असुरों की अग्रिम पंक्ति को चीरती हुई अंदर तक घुस गई। अश्वों की चपलता और उन पर आरोही सुरों के कुशल नियंत्रण ने असुर-सेना में विध्वंस-लीला प्रारंभ कर दी। अश्वारोही बिना बाधा के कहीं भी घुसे जा रहे थे। असुर समझ नहीं पा रहे थे कि वे स्थिति को किस प्रकार नियंत्रित करें। उनके लिए अश्वों का युद्ध में प्रयोग एक आश्चर्य था।

अभी असुरों को एक और कड़ा वार झेलना शेष था। खूँखार अर्वा सैनिकों के दल ने भी सुरों के समर्थन में युद्ध-क्षेत्र में प्रवेश कर लिया। वे गदा और हथौड़ों से असुरों का संहार करने लगे। असुरों को स्थिति को नियंत्रण में लाना असंभव दिख रहा था। सांध्यकाल तक असुर निरुत्साहित हो चुके थे। उनमें भगदड़ मचने लगी। सभी ओर मृतक और घायल असुर सैनिक गिरे पड़े थे।

मित्र अत्यंत चिंतित थे। सुरों की सेना की क्षति असुरों की तुलना में काफी कम हुई थी, किंतु सुर-सेना संख्याबल में असुरों की सेना का एक अंशमात्र थी। सरना को भी पीठ में काफी चोट आई थी। यदि दो सुर सैनिकों ने अपने जीवन की चिंता किए बिना सरना को नहीं बचाया होता तो सरना की मृत्यु निश्चित थी। उसे अविलंब चिकित्सा शिविर में ले जाया गया।

***

मित्र को ऐसा प्रतीत हो रहा था कि इस युद्ध का लंबा चलना सुरों के लिए अहितकारी होगा। उन्होंने निर्णय लिया कि अगले दिन वे स्वयं अग्रिम पंक्ति में रहकर सेना का नेतृत्व करेंगे और युद्ध का निर्णय उसी दिन करने का प्रयास करेंगे। सूर्योदय

होते ही सुर-सेना रणभूमि में उतर गई, लेकिन असुर-सेना का कोई चिह्न नहीं था।

सभी आश्चर्यचकित से असुरों की प्रतीक्षा कर रहे थे। अंत में यज्न ने मित्र को कहा, "श्रेष्ठ, लगता है कि कायर असुर-सेना भाग गई है, अब हमें महालोक पर आक्रमण कर देना चाहिए।"

"नहीं यज्न, हम यहाँ निर्दोषों के प्राण लेने या उन्हें लूटने नहीं आए हैं। हममें और असुरों में अंतर है।"

अभी ये बातें ही कर रहे थे कि उन्होंने दूर पर धूल उड़ती हुई देखी। कुछ समय में ही आकृतियाँ स्पष्ट होने लगीं। कुछ रथ तेजी से उनकी ओर आ रहे थे। ये रथ बैलों द्वारा खींचे जा रहे थे। मध्य के रथ पर महामाया बैठा था। उसके अंगरक्षक अन्य रथों पर उसके चारों ओर चल रहे थे।

यज्न असमंजस में था। "यह क्या है श्रेष्ठ, क्या ये हम पर आक्रमण करने आ रहे हैं?"

"यज्न, ये रथ हैं। ये राजाओं और धनाढ्य व्यक्तियों के आवागमन के लिए प्रयोग में लाए जाते हैं। हम जिस पर्वतीय क्षेत्र से आए हैं, वहाँ ये संभव नहीं हैं।"

मित्र ने उनका एक बार पुनः निरीक्षण किया और विचार व्यक्त किया, "यह आक्रमण नहीं है। असुरराज महामाया अपने अंगरक्षकों के साथ आ रहा है। संभवतः वह युद्ध को बंद करना चाहता हो।"

***

रथ सुर-सेना से कुछ दूरी पर रुक गए। महामाया अपने रथ से उतरा और सुर-सेना की ओर देखकर खड़ा हो गया। उसका एक अंगरक्षक आगे बढ़कर मित्र के पास पहुँचा। उसने अभिवादन के पश्चात् कहा, "श्रेष्ठ, असुरराज महामाया सुरों और असुरों के मध्य इस युद्ध को अनावश्यक मानते हैं और इसे बंद करना चाहते हैं।"

मित्र अपने अश्व से उतरे और उत्तर दिया, "आप जाकर असुरराज से कहिए कि हम भी युद्ध नहीं चाहते। हम चाहते हैं कि सुर और असुर, दोनों साथ-साथ एक कुटुंब की तरह रहें, लेकिन इसे सुनिश्चित करने के लिए हम एक संधि करना चाहेंगे, जिसके अंतर्गत हमारी भूमि भी हमें वापस मिलनी चाहिए।"

अंगरक्षक पुनः अभिवादन करके लौट गया।

यज्न मित्र के निर्णय से हतोत्साहित था और कुछ क्षोभ से बोला, "श्रेष्ठ, हमें तो इन दुष्ट असुरों को कुचल देना चाहिए था। वे हमारे सामने टिक नहीं सकते।"

"अति उत्साहित मत बनो, यज्न! विजेता को उदार और सहृदय होना चाहिए।

हम श्रेष्ठ हो सकते हैं, लेकिन हमारी सेना उनकी तुलना में बहुत छोटी है। शांति-संधि ही हमारे लिए उपयुक्त है।"

शीघ्र ही दोनों पक्षों के मध्य एक सहमति हो गई। महामाया ने सिंधु के तट पर महालोक के ऊपर की भूमि सुरों को देना स्वीकार कर लिया।

***

कुछ ही दिनों में सुर-सेना ने अपनी भूमि में शिविर लगा लिये। अपने आत्मसम्मान की पुनर्स्थापना से उनके उत्साह का कोई छोर न था। मित्र ने उन्हें संबोधित करते हुए कहा, "आपके कौशल और विधाता के प्रति समर्पण के कारण ही सुरों को अपना खोया हुआ सम्मान मिला है। आज अरांस की पर्वत-शृंखला से असुर राज्य की सीमाओं तक हमारा आदेश मान्य हो गया है। आइए, इस अवसर पर सर्वप्रथम हम उनका स्मरण करें, जिन्होंने इस पुनीत कार्य के लिए अपने प्राणों की आहुति दी है और विधाता से प्रार्थना करें कि वह उनकी आत्माओं को स्वीकार करे।"

वीरगति प्राप्त योद्धाओं को श्रद्धांजलि देने के उपरांत मित्र ने आगे कहा, "यह एक नए युग का आरंभ है। यह ऐसा समय है, जब एक नए दर्शन और सिद्धांत की आधारशिला रखी जा रही है। हमें इसके लिए अपने को तैयार करना होगा। हमारे कई सुर भाई सिंधु के आसपास विभिन्न स्थानों पर बिखरे हुए अज्ञात सा जीवन व्यतीत कर रहे हैं। हमें अपने उन सुर भाइयों को पुनः संगठित करके मुख्यधारा में जोड़ना होगा। वे हमारे साथ अपनी भूमि में रहें और सुर-कुल के सिद्धांतों और उसके उत्थान के हेतु योगदान दें। हमारे संदेशवाहक स्थान-स्थान पर जाकर उनसे संपर्क करें और हमारे आह्वान से उन्हें अवगत कराएँ। मैं गुरुकुल के आचार्यों से भी शीघ्र ही भेंट करना चाहता हूँ।"

"श्रेष्ठ, यहाँ के गुरुकुलों के बारे में हमें विस्तार से बताएँ," यज्न ने आग्रहपूर्वक कहा।

"गुरुकुल सुर-कुल की मर्यादा और ज्ञान के मंदिर हैं," मित्र ने उत्तर दिया। "हमारे आचार्यों ने प्रकृति के रहस्यों को समझने के लिए अविराम कार्य किया है। यहाँ भी अरांस की तरह गुरुकुल शिक्षण के केंद्र थे, जहाँ सुर-बालकों को ज्ञान-प्राप्ति के हेतु भेजा जाता था। वहाँ पर ज्ञान के प्रति समर्पित शिक्षक उन्हें पढ़ाते थे।" फिर उन्होंने एक लंबा श्वास लेते हुए आगे कहा, "वर्तमान में इन गुरुकुलों की स्थिति का मुझे कोई ज्ञान नहीं है। मैं शीघ्र ही गुरुकुलों में जाकर आचार्यों से मिलकर उन्हें प्रणाम करना चाहता हूँ।"

कुछ क्षण रुककर मित्र ने फिर कहा, "हमें अपनी सेना को पुनः सुदृढ़ करके इसे पहले से भी अधिक शक्तिशाली बनाना होगा। एक सशक्त सैन्य शक्ति के बल पर ही हम अन्य राज्यों और कबीलों को अधीनता स्वीकार करने हेतु बाध्य कर सकते हैं और सामान्यतः तभी वे हमारे सिद्धांतों को मानेंगे। इसके लिए हमें काफी मात्रा में शस्त्र, अश्व और सैनिकों की आवश्यकता है। हमें अविलंब ड्यूस को संदेश भेजना चाहिए कि वह सभी उपलब्ध शस्त्र, अश्व और प्रशिक्षित सुरयुवकों को लेकर यहाँ आए। तब तक हम यहाँ पर महान् सुर-राज्य की स्थापना का कार्य प्रारंभ करते हैं।"

"हमें नए राज्य का नाम 'सुरलोक' रखना चाहिए," सरना ने प्रस्ताव किया।

सबने हाथ उठाकर इसका अनुमोदन किया।

मित्र ने सुरलोक पर शासन के लिए एक पृथक् 'सुर परिषद्' का गठन किया। इसमें सरना और अन्य वरिष्ठ सुर नामांकित किए गए।

***

सरना ने अगले ही दिन एक युवा सुर-दल के साथ अरांस के लिए प्रस्थान कर दिया। इस बार यात्रा लंबी अवश्य थी, लेकिन आनंददायी थी। उस मार्ग पर अब समस्त कबीले सुरों के साथ थे। उन्होंने सुरों के दल का विनम्रता और सम्मानपूर्वक स्वागत किया तथा उनके सुख-साधनों का ध्यान रखा। एक माह में सरना अरांस में था। जब उसने सामान्य जनसभा आयोजित कर पूरा वृत्तांत सुनाया तो पूरा अरांस उल्लास में उन्मत्त हो गया।

शीघ्र ही मित्र के पास कई सहस्र का सैन्यबल तैयार था। आसपास बिखरे हुए सुरों ने 'सुरलोक' में आना प्रारंभ कर दिया। एक वर्ष के अंदर ही सहस्रों की संख्या में सुर सुरलोक पहुँच चुके थे। सुरों को अपना खोया हुआ मान-सम्मान वापस मिल चुका था और नई व्यवस्था की स्थापना प्रारंभ हो चुकी थी।

□

5

आगंतुक

यह भूमि मित्र और कुछ वरिष्ठ सुरों को छोड़कर बाकी सबके लिए नई थी। ये वरिष्ठ सुर अपने बाल्यकाल की कहानियों को सुनाते और युवा सुर उत्सुकतापूर्वक उनको सुनने बैठ जाते।

उन्होंने सर्वप्रथम यह जानना चाहा कि उनके द्वारा दशकों पूर्व इस भूमि से चले जाने के पश्चात् वहाँ छूटे हुए सुरों की स्थिति अब कैसी थी? मित्र की प्रसन्नता का ठिकाना न रहा, जब उन्हें ज्ञात हुआ कि जंगलों के मध्य अभी भी गुरुकुल चल रहे थे। आचार्यों ने तमाम कठिनाइयों का दृढ़ता से सामना किया और गुरुकुलों में शिक्षण तथा अनुसंधान कार्य करते रहे। इन गुरुकुलों का विद्यास्तर देखते हुए कुछ असुर परिवारों ने भी अपने बालकों को वहाँ भेजना प्रारंभ कर दिया था।

"यह अत्यंत संतोष की बात है कि असुरों ने कहीं-न-कहीं सुरों की श्रेष्ठतर बुद्धि को स्वीकारा है, तभी तो वे अपने बालकों को सुरों द्वारा संचालित गुरुकुल भेज रहे हैं," मित्र ने मंद हास के साथ कहा, "हमें इन गुरुकुलों में जाना चाहिए। मुझे यह भी विश्वास है कि वहाँ पर मुझे बचपन का कोई-न-कोई साथी भी मिल जाएगा।"

अभी मंत्रणा चल ही रही थी कि तेजस ने आकर मित्र को बताया, "एक आगंतुक बाहर खड़े हैं। श्वेत वस्त्रों में सज्जित वह आपसे मिलने के लिए व्याकुल से प्रतीत होते हैं। मैंने जब उनका नाम जानना चाहा तो उन्होंने मात्र यही कहा कि मित्र से कहो कि वह अपने पुराने घनिष्ठ मित्र को याद करे।"

प्राय: धीर-गंभीर दिखनेवाले मित्र उल्लास से अपने स्थान से उछलकर खड़े हो गए और बाहर की ओर भागे। मित्र का इस प्रकार मंत्रणा कक्ष से उठना अकल्पनीय था। सब उनकी ओर असमंजस से देख रहे थे।

"ओ अंगिरस!" मित्र ने द्वार से निकलते हुए हर्षनाद किया, "तुम्हें अभी भी गुरुकुल की ओट में खड़े होकर नटखटपने में किए गए वे कार्य याद हैं?"

"कहो तो सबके समक्ष वे गुप्त भेद खोल दूँ?" अंगिरस ने मित्र को अपनी बाँहों में जकड़ते हुए कहा, फिर दोनों काफी देर तक खिलखिलाकर हँसते रहे। उनके गले मिलने और बात करने में आज भी वही बाल्यपन वाली उन्मुक्तता थी।

दिन भर उनके पास कभी न समाप्त होनेवाली असीमित बातों का भंडार था। वहाँ उपस्थित सुर मित्र के व्यक्तित्व में प्रथम बार एक चुलबुलाहट देख रहे थे। बाल्यावस्था के साथी से मिलने की प्रसन्नता ने उनके बचपन को जाग्रत् कर दिया था।

"तुमको यहाँ के वर्तमान के बारे में अधिक ज्ञान नहीं होगा," अंगिरस ने कहा, "सात्त्विक के नेतृत्व में तुम सबके चले जाने के पश्चात् यहाँ बचे हुए सुरों ने एक नए मुखिया का चयन किया। उन्होंने असुरों के साथ वार्त्ता करके उन्हें इस बात के लिए सहमत कराया कि वे हमें हमारे नियमों और सिद्धांतों का पालन करने देंगे। पर इसके प्रतिदान में हमें इस भूमि पर अपना अधिकार छोड़ देना पड़ा। यह अत्यंत कष्टकारी निर्णय था, लेकिन इस निर्णय के कारण हम अपनी संस्कृति और अपने ज्ञान के भंडार की रक्षा कर पाए। इसी कारण हम अपनी गुरुकुल प्रणाली को भी जीवित रख पाए और उन्हें असुरों के हस्तक्षेप से दूर रख पाए। उधर असुरों को इस बात का संतोष था कि उनसे श्रेष्ठ सुर उनकी सेवा करने के लिए बाध्य थे। हमें इस प्रकार अपने आप को बचाए रखने में सफलता मिली। यहाँ रह रहे सुरों की एक गुप्त संस्था भी है और हम आपस में मिलते रहते हैं। हम सुरों के सिद्धांतों को जीवित रखे हुए हैं। वर्तमान में मैं इस गुप्त सभा का अध्यक्ष हूँ। इसके साथ ही मैं गुरुकुल परिषद् का अध्यक्ष भी हूँ।"

"अंगिरस, मैं बता नहीं सकता कि इन विषम परिस्थितियों में गुरुकुल प्रणाली को बचाकर तुमने सुरों पर कितना बड़ा उपकार किया है," मित्र ने संतोष के भाव के साथ कहा, "नहीं तो यह अपूरणीय क्षति होती। मुझे यह जानकर अत्यंत प्रसन्नता हो रही है कि मेरा बाल्यकाल का मित्र इस गुरुकुल परिषद् का अध्यक्ष है, साथ ही सुरों की संस्था का संचालक भी है। विधाता की कृपा अपरंपार है। हमें गुरुकुल संस्था को और अधिक सुदृढ़ बनाने तथा इसके विस्तार की आवश्यकता है। हम अपने अधीनस्थ सभी कबीलों और राज्यों में इसे स्थापित करना चाहेंगे, जिससे वहाँ के वासी बाल्यावस्था से ही हमारे ज्ञान का लाभ लें और हमारी श्रेष्ठता उनके कोमल मस्तिष्क में निर्विवाद रूप से बैठ जाए।"

दोनों ने एक-दूसरे को प्रशंसा-भाव से देखा।

"मैंने सुना है कि तुमने अरांस के पर्वतों में एक विशेष अयस्क खोजा है, जिससे

एक नई धातु का निर्माण हुआ है। यह काफी रोचक होगा?" अंगिरस के प्रश्न में उत्सुकता थी।

"यह सत्य है। इसका श्रेय युवा ड्यूस को जाता है, जिसकी अटूट लगन से यह संभव हो सका। मुझे लगता है कि वहाँ की चट्टानों में कुछ अन्य धातुओं का भी मिश्रण है, जिस कारण नई धातु कठोर हो जाती है। इस प्रकार की चट्टानें अन्यत्र नहीं मिलती हैं।"

"उत्तम! जब ड्यूस यहाँ आएगा, तब मैं उससे अवश्य मिलूँगा। मेरे पास भी तुम्हें दिखाने के लिए कुछ रहस्य हैं। मैं चाहूँगा कि तुम कल आश्रम आकर गुरुकुल को देखो।"

"इससे अच्छा आमंत्रण और क्या हो सकता है!" मित्र ने सहमति दी।

उस रात्रि अंगिरस वहीं रुके और उषाकाल में ही वे दोनों गुरुकुल के लिए प्रस्थान कर गए।

***

गुरुकुल नगर से काफी दूरी पर था। उन्हें अश्व से जाने पर भी लगभग दो प्रहर का समय लग गया। वन्य क्षेत्र साफ करके कुटियाँ बनाई गई थीं। अनेक छात्र विभिन्न वृक्षों के नीचे बैठकर आचार्यों से ज्ञानार्जन कर रहे थे।

अगले दिन अंगिरस ने उनका परिचय एक युवक से कराया, "यह अग्नि है, हमारे सर्वोत्तम भावी आचार्यों में से एक। ये हमारे विज्ञान अनुसंधान के प्रमुख भी हैं।"

अग्नि ने हाथ जोड़कर मित्र का सादर अभिवादन किया, "श्रेष्ठ, मैं अपनी प्रयोगशाला में आपको कुछ दिखाना चाहता हूँ। मुझे विश्वास है कि आपको इसमें रुचि होगी।"

मित्र भाँति-भाँति के उपकरणों से सजी प्रयोगशाला देखकर अति विस्मित हुए।

"स्वाहा!" अग्नि ने एक युवती को संबोधित किया, जो एक कोने में एक छलनी से कुछ सामग्री छान रही थी। युवती ने उठकर सादर मित्र का अभिवादन किया।

"स्वाहा उन कतिपय कन्याओं में से है, जिन्होंने इसी गुरुकुल में शिक्षा प्राप्त की है। यह न केवल एक विदुषी शोध-छात्रा है अपितु वर्तमान में यह अग्नि को भी सुधार रही है।" यह कहकर अंगिरस जोर से हँसकर बोले, "गत माह इन दोनों का विवाह हो गया है।"

मित्र ने मंद हास के साथ युगल को आशीर्वाद दिया।

अग्नि एक पारदर्शी स्फटिक निकालकर लाया और उसने बाहर सूखी घास के

ऊपर उसे इस प्रकार केंद्रित किया कि उस पर सूर्य की सीधी किरणें पड़ें। मित्र के आश्चर्य का ठिकाना न रहा, जब कुछ देर बाद घास में आग लग गई।

"यह एक विशेष प्रकार का स्फटिक है, जो स्वाहा ने एक निर्जन स्थान पर पाया था। इसे एक विशेष दूरी और कोण पर रखने से सूर्य की किरणें एक बिंदु पर केंद्रित हो जाती हैं। इससे इतनी ऊर्जा उत्पन्न होती है कि घास में आग लग जाती है," अग्नि ने विस्तार से बताया, "इस स्फटिक की एक अन्य विशेषता है कि इसके माध्यम से देखने पर वस्तु बड़े आकार की दिखाई देती है। आजकल हम इस पर अपना शोध कर रहे हैं। यह एक गोपनीय शोध है और प्राचार्य के अतिरिक्त आप एकमात्र व्यक्ति हैं, जिन्हें इसके बारे में बताया गया है।"

मित्र स्तब्ध थे। कुछ देर बाद उन्होंने अंगिरस के पास जाकर उनके कान में फुसफुसाया, "अग्नि और स्वाहा की जोड़ी अपने आप में संपूर्ण है। मुझे यह जानने का कौतूहल है कि ये किस प्रकार आपस में मिले?"

"यह एक रोचक प्रेमकथा है। मुझे पूरी तरह तो ज्ञात नहीं है, लेकिन इस स्फटिक का इस प्रेमकथा में विशेष योगदान है," अंगिरस ने मुसकराते हुए कहा।

अंगिरस के कथन से मित्र का कौतूहल और अधिक बढ़ गया। वह बोले, "प्रकृति के अपने विलक्षण उपाय होते हैं। मस्तिष्क और हृदय के मिलन के पीछे अवश्य ही विधाता की इच्छा रही होगी।"

लजाती हुई स्वाहा एक कोने में पैर के अँगूठे से भूमि कुरेद रही थी। अग्नि भी थोड़ा घबराया हुआ सा खड़ा था, लेकिन उसने अपने भावों को मुख पर नहीं आने दिया। उन दोनों के मस्तिष्क में वे दिन घूम रहे थे, जब वे विवाह से पूर्व एक-दूसरे के साथ एकांत में समय व्यतीत करते थे।

***

"माँ प्रकृति की हर गतिविधि का अध्ययन करो। आपके सभी प्रश्नों का उत्तर इसी में छिपा है। आपको इनमें से सही संदेश पकड़कर सही विवेचना करनी है," अग्नि छात्रों को पढ़ा रहा था। "सूर्य ही ऊर्जा का स्रोत है और ऊर्जा से ही जीवन चलता है। यदि हम इस ऊर्जा के एक छोटे से अंश का भी सही उपयोग कर पाए तो उसका लाभ हमारी कल्पना से बहुत अधिक होगा। यह एक मौलिक सिद्धांत है कि प्रकृति के साथ जियो, प्रकृति के साथ आनंद लो और प्रकृति से शिक्षा ग्रहण करो।"

अग्नि ने अपने उत्साही शिष्यों में प्रकृति के रहस्य जानने की जिज्ञासा भर दी थी। उनमें ज्ञान के लिए एक भूख थी, जो उनकी आँखों में झलकती थी। उन जिज्ञासु

शिष्यों में एक अन्वेषणशील छात्रा स्वाहा भी थी। स्वभाववश वह हर बिंदु को गहराई तक जाकर समझती थी।

***

उस दिन अग्नि प्रातः व्यायाम से निवृत्त होकर नदी में स्नान करने गया था। वह सूर्य को देवता मानता था। वह यह मानता था कि सूर्य से प्राप्त ऊर्जा ईश्वर का मानव के लिए उपहार है। इसीलिए वह प्रतिदिन उषाकाल में नदी में खड़े होकर सूर्य की उपासना करके अपनी अंजलि से जल का अर्पण करता था।

जब वह सूर्य को जल अर्पण कर पलटा तो उसने स्वाहा को तट पर अपनी प्रतीक्षा करते हुए पाया। मध्यम काठी, तीखे नयन-नक्श और सलोनी त्वचा वाली स्वाहा सरल स्वभाव और तीक्ष्ण बुद्धि की प्रतिमूर्ति थी। प्रातः की शीतल बयार में उसके मुख पर उड़ते केश उसकी छवि को और मोहक बना रहे थे। उसके विशाल नयनों में कुछ विशिष्ट था, जो अग्नि को उसकी ओर आकर्षित कर रहा था।

अग्नि को उसके गालों पर उड़ते हुए बालों की लटें सँवारने की प्रबल उत्कंठा हुई। किसी प्रकार उसने स्वयं को रोका। मंत्रमुग्ध सा वह नदी से बाहर आया और पूछा, "स्वाहा, इतनी प्रातः यहाँ आकर मुझसे मिलने का कोई विशेष अभिप्राय? ऐसा प्रतीत होता है कि तुमने रात्रि में नींद भी पूरी तरह से नहीं ली।"

"आचार्य, कल कुछ ऐसा अद्भुत हुआ, जिसने मुझे रात भर सोने नहीं दिया। मुझे पूरी तरह तो समझ नहीं आ रहा, लेकिन मुझे लगता है कि जो कुछ मैंने देखा है, उससे सूर्य की किरणों पर कुछ नियंत्रण अवश्य हो सकता है।"

वह उत्तेजनावश इतनी शीघ्रतापूर्वक बोल रही थी कि अग्नि को कुछ समझ में नहीं आया। वह उसके उत्साह पर मुसकराया। स्वाहा भी कुछ झेंप गई और फिर उसने धीरे-धीरे अपनी बात दोहराई, लेकिन उसके लिए अपनी उत्तेजना सँभालना कठिन हो रहा था।

"मेरे पास के एक स्फटिक के किनारे से इस प्रकार चिप्पियाँ निकल गई थीं कि वह बीच से मोटा और किनारों पर पतला हो गया था। मैंने देखा कि सूर्य की किरणें जब इसमें से गुजरती हैं तो एक बिंदु पर केंद्रित होने लगती हैं। इस बिंदु पर इतनी ऊर्जा हो जाती है कि उस पर सूखे पत्ते रखने पर उनमें आग लग जाती है। फिर मैंने स्फटिक को अपनी हथेली की ओर किया। यदि मैं इसे एक निश्चित दूरी पर रखती हूँ तो मेरी हथेली में जलन सी होने लगती है, लेकिन दूरी को घटाने या बढ़ाने से इसका कोई विशेष प्रभाव नहीं पड़ता है।"

अग्नि की उत्सुकता काफी बढ़ गई थी, लेकिन अभी तक सूर्य की किरणें इतनी प्रखर नहीं हुई थीं। उन्हें कुछ प्रतीक्षा करनी थी, तभी अग्नि को क्षुधा का अनुभव हुआ।

"ओह! स्वाहा ने भी अभी तक कुछ नहीं खाया होगा!" यह सोचकर वह स्वाहा को आश्रम में ले गया। इसके कुछ समय पश्चात् वे देर तक परीक्षण पर चर्चा करते रहे। विमर्श करते हुए अग्नि को स्वाहा की असीम मेधावी शक्ति का अनुभव हुआ। उसके साथ ज्ञान चर्चा का आनंद रोमांचकारी था। उसके अंदर कुछ विशिष्ट था, जो अग्नि को उसकी ओर खींच रहा था।

सूर्य अब ऊपर तक आ गया था और उसकी किरणें काफी तीव्र हो गई थीं। अग्नि ने स्वाहा के स्फटिक से परीक्षण प्रारंभ किया। उसकी प्रसन्नता का ठिकाना न रहा, जब स्फटिक से निकलती किरणों ने एक बिंदु पर केंद्रित होकर सूखी घास को जला दिया।

अग्नि और स्वाहा ने इस परीक्षण को भिन्न-भिन्न स्थानों पर अलग-अलग परिस्थितियों में कई बार दोहराया, लेकिन निष्कर्ष वही था।

"स्वाहा!" अग्नि अत्यंत उत्तेजित था, "यह अविश्वसनीय है। ऐसा प्रतीत होता है कि स्वयं सूर्यदेव इस स्फटिक के माध्यम से पृथ्वी पर उतर आए हैं। तुमने प्रकृति के महत्त्वपूर्ण रहस्य को खोजा है। इससे मानव जीवन में अतुलनीय विकास आ सकता है। आग जलाना अब अत्यंत आसान हो जाएगा।"

उसने स्वाहा को तीव्र उत्कंठा के साथ देखा। उसकी हथेली पर रखे स्फटिक से किरणें फूट रही थीं, लेकिन उससे अधिक किरणें उसे उसके मुख के आभामंडल से फूटती दिखाई दे रही थीं।

"स्वाहा, इस स्फटिक में कुछ विशिष्ट है और तुममें भी," वह धीरे से सूखे गले से किसी प्रकार फुसफुसाया। स्वाहा मौन खड़ी रहकर आँखें नीची कर पैर के अँगूठे से भूमि कुरेदती रही। फिर वह अचानक बिना कोई उत्तर दिए प्रयोगशाला छोड़कर चली गई।

अग्नि अत्यधिक तनाव में था। उसे लगा कि उसने आचार्य पद की गरिमा और स्वाहा की अस्मिता को ठेस पहुँचाई थी। पूरी रात्रि उसे एक पल भी नींद नहीं आई। वह रात भर अपनी कुटिया के चारों ओर चक्कर लगाता रहा।

प्रातः जब वह स्नान के लिए जा रहा था, उसे अपनी देह में कोई बल प्रतीत नहीं हो रहा था। उसकी आँखें सूजी हुई थीं। जब वह सूर्यदेव को अर्घ्य देकर मुड़ा तो

उसे सामने स्वाहा अपनी चिरपरिचित मुसकान के साथ खड़ी दिखाई दी। उसके हाथ में वही स्फटिक था।

"स्वाहा, तुम यहाँ पर?"

स्वाहा मौन खड़ी उसे देखती रही। उसकी आँखों में अग्नि को आमंत्रण दिख रहा था। उसने पास आकर अपने हाथों को बढ़ाया, जिसे स्वाहा ने थाम लिया।

दिन मधुरतापूर्वक बीत रहे थे। दोनों में आपसी समझ और तालमेल का बंधन बैठ रहा था। यह सब अंगिरस की दृष्टि से छिपा न रह सका। अंगिरस ने दोनों को आशीर्वाद देकर एक शुभ मुहूर्त में उन्हें विवाह के बंधन में बाँध दिया। यह आश्रम में विरल अवसरों में से एक था।

***

मित्र ने गुरुकुल के आश्रम में कुछ दिन बिताए। उसे यह एक आदर्श गुरुकुल लग रहा था, जहाँ युवा सुर लगन के साथ ज्ञानार्जन में लगे हुए थे। उस गुरुकुल में कई विशेष प्रकोष्ठ भी थे। गुरुकुल का निरीक्षण कराते हुए अंगिरस एक पृथक् कक्ष के पास रुके, "यहाँ हम आकाश में स्थित नक्षत्रों की गति का अध्ययन करते हैं। हमारे छात्र रात्रि भर जागकर नक्षत्रों को देखते हैं। हमने यह पाया है कि कुछ नक्षत्र समूह में चलते हैं और कुछ समय पश्चात् आकाश में उन नक्षत्र-समूहों की स्थिति बदल जाती है।"

मित्र यह सब तल्लीनतापूर्वक सुन रहे थे। उनके मुँह से निकला, "प्रकृति रहस्यों से भरी है और हम सब इस रहस्यमयी समग्रता से जुड़े हैं।"

"हाँ मित्र, हमें तो यह भी लगता है कि इन नक्षत्रों की चाल और मानव व्यवहार में भी कोई संबंध है। अभी हम इससे पूरी तरह भिज्ञ नहीं हैं, लेकिन ऐसा प्रतीत होता है कि नक्षत्रों की विशिष्ट स्थिति में कुछ विशिष्ट प्रकार की घटनाओं की अधिक पुनरावृत्ति होती है।"

"हाँ, मेरे विचार में ब्रह्मांड की इस निरंतरता में समरूपता विद्यमान है," मित्र ने टिप्पणी की, "विधाता हमें ब्रह्मांड को समझने की शक्ति दे।"

इसके बाद वे खेतों में पहुँचे, जहाँ क्यारियों में विभिन्न प्रकार के पौधे लगे हुए थे।

"ये विशिष्ट प्रकार की वनस्पतियाँ हैं। हमने इन्हें गहन अनुसंधान के बाद चिह्नित किया है। इनमें औषधीय गुण हैं। चिकित्सा विज्ञान के हमारे छात्र वनों में जाकर विभिन्न वनस्पतियों के मूल, छाल, पुष्प, फल आदि का अध्ययन करते हैं और

उनके रस निकालकर विभिन्न प्रयोग करते हैं। छात्र इस बात का भी अध्ययन करते हैं कि इनका सेवन वन के पशु किस प्रकार करते हैं। उदाहरण के रूप में, यदि कोई पशु घायल होने पर किसी विशिष्ट लता को खाता है तो हम उस लता के गुणों का अध्ययन करते हैं कि उस लता में ऐसा क्या है कि उससे घाव जल्दी भरते हैं। इस प्रकार हम अपने प्रयोगों को लिपिबद्ध करते रहते हैं, जिससे उस वनस्पति के उपयोग के संबंध में अंतिम निर्णय तक पहुँचा जा सके।"

"यह वास्तव में गहन अध्ययन का विषय है," मित्र ने कहा।

लौटते समय मित्र ने अंगिरस को प्रस्ताव दिया, "अंगिरस, आपके गुरुकुल में किए जा रहे कार्य की जितनी प्रशंसा की जाए, कम होगी। मेरा प्रस्ताव है कि शासन का गुरुकुल से निरंतर संवाद और संपर्क बना रहना चाहिए, जिससे जनसाधारण और राज्य को गुरुकुल के ज्ञान-भंडार और मेधा का लाभ मिल सके।"

"आपकी क्या योजना है, श्रेष्ठ?" अंगिरस ने उत्सुकता से पूछा।

"मैं चाहता हूँ कि आपके एक या दो सर्वोत्तम स्नातक सुर सभा में रहकर राज्य की सहायता करें। मेरा निवेदन है कि इस प्रकार की प्रशासनिक एवं राजनीतिक सेवाओं के लिए उपयुक्त स्नातकों को आप चिह्नित कीजिए।"

"अवश्य श्रेष्ठ, मैं शीघ्र ही अपने प्रस्ताव को लेकर आपके पास आऊँगा," अंगिरस ने मित्र को आश्वस्त किया।

कुछ समय वहाँ रूकने के बाद, मित्र सुरलोक चले गए।

***

प्राचार्य अंगिरस ने आचार्यों की नियमित समीक्षा बैठक बुलाई।

"हमारे प्रत्येक छात्र में विविध मेधाएँ हैं। मैं चाहता हूँ कि आप सब गोपनीय रूप से इन छात्रों की क्षमताओं का आकलन करें। मैं विशेष रूप से इस प्रकार के छात्रों के बारे में जानने के लिए इच्छुक हूँ, जिनमें नीतिगत या प्रशासनिक क्षेत्रों में कार्य करने की क्षमता हो। अब सुरलोक की स्थापना के पश्चात् हमारा यह दायित्व है कि हम भविष्य के मार्गदर्शकों और नेतृत्व को पहचानें तथा उसे निखारें। आपके मत और सहयोग से ही यह संभव है।"

कुछ समय तक मौन छाया रहा। अंत में आचार्य स्तंभ ने इस मौन को तोड़ा, "प्राचार्य, हमारे गुरुकुल में इस प्रकार के दो ही उत्कृष्ट और मेधावी छात्र हैं और दोनों ही कुछ वर्षों में स्नातक हो जाएँगे।" स्तंभ ऊर्जा से ओतप्रोत थे।

"उन दोनों का नाम बृहस्पति और शुक्र है। दोनों ही जटिलतम समस्याओं को

सरलतम उपायों से हल कर सकते हैं। दोनों में ही दुर्लभ दूरदर्शिता है। मुझे विश्वास है कि दोनों की मेधाएँ अतुलनीय हैं।"

"क्या आप यह सब पूरे विश्वास और परखने के बाद कह रहे हैं, आचार्य?" अंगिरस ने पूछा। उन्हें अपने पुत्र बृहस्पति का नाम सर्वोत्तम छात्र के रूप में सुनकर असीम हर्ष का अनुभव हो रहा था, लेकिन उन्होंने अपने को संयत रखा।

"हाँ प्राचार्य," स्तंभ ने उत्तर दिया, "लेकिन एक समस्या है, जिसे मैं आपके सम्मुख रखने के लिए काफी समय से विचार कर रहा हूँ।" उनके स्वर में एक असमंजस था।

"आचार्य, आप मुझे पूरा विवरण दें।" अंगिरस के स्वर में चिंता प्रतीत हो रही थी।

"प्राचार्य, उनकी मेधाओं ने उनके अंदर एक-दूसरे के प्रति अस्वीकार्य प्रतिस्पर्धा की भावना भर दी है। वे हमेशा एक-दूसरे को नीचा दिखाने का प्रयास करते रहते हैं। शुक्र निरंतर असंतुष्ट रहता है और भेदभाव के अभियोग लगाता है। उसे लगता है कि बृहस्पति के आपका पुत्र होने के कारण उसके साथ पक्षपात होता है, यद्यपि यह सत्य नहीं है, लेकिन शुक्र के हृदय में यह बात अंदर तक बैठी हुई है।"

स्तंभ ने आगे कहा, "शुक्र में किसी भी विषय का ज्ञान बृहस्पति की तुलना में अधिक गहरा है और वह नीतियों के मूल ढाँचे को बनाने में अद्वितीय है, लेकिन उसके स्वभाव में आवश्यक लचीलेपन की कमी है, जबकि बृहस्पति की बुद्धि अधिक स्थिर है और स्वभाव में लचीलापन है। इस कारण वह राजनीतिक और सामाजिक परिवेश को देखते हुए अधिक व्यवहार-कुशल है।"

"ओह!" अंगिरस ने एक लंबी साँस छोड़ी, "दो मेधावियों के मध्य इस प्रकार की प्रतिस्पर्धा अच्छे लक्षण नहीं हैं। हमें इस स्थिति पर नियंत्रण पाना होगा।"

"प्राचार्य, बृहस्पति अपेक्षाकृत अधिक शांत और मित्रवत् है। शुक्र प्रतिभावान है, लेकिन उसके व्यवहार में उद्दंडता है। उसके अधिकांश मित्र असुर छात्र हैं, जो अध्ययन में शुक्र की सहायता लेते हैं।"

अंगिरस के माथे पर बल पड़ गए; वे बोले, "यह एक गंभीर विषय है। उसे असुर छात्रों के साथ अपना भविष्य नहीं देखना चाहिए। सुरलोक का विकास ही हमारा एकमात्र लक्ष्य होना चाहिए।"

***

गुरुकुल के छात्रों को आश्रम के प्रतिदिन के कार्यों में योगदान करना अनिवार्य था। एक दिन वे पशुओं के लिए चारा और जलाने की लकड़ी एकत्र करने के लिए

वन में गए थे। लौटते समय शुक्र के पैर में एक लंबा काँटा घुस गया। काँटा तो निकाल लिया गया, पर उसके पैर में अभी भी पीड़ा हो रही थी। शुक्र के लिए सिर पर लकड़ी के गट्ठर का बोझ लेकर चलना दुष्कर हो रहा था। उसने अपने एक असुर साथी से उसका गट्ठर लेकर चलने के लिए कहा, जिसे उसने सहर्ष स्वीकार कर लिया। बृहस्पति ने इसे शुक्र से बदला लेने का एक अच्छा अवसर माना।

आश्रम पहुँचते ही उसने संबंधित आचार्य से बढ़ा-चढ़ाकर शुक्र की शिकायत की, "आचार्य, शुक्र सबको अपने अधीनस्थ समझता है और वह अपना श्रम कार्य भी दूसरों से कराता है। आज तो उसने अपना गट्ठर भी किसी और से उठवाया।"

उस पर सहज विश्वास करके आचार्य ने शुक्र को बुलाया और उसके स्पष्टीकरण को न मानते हुए उस पर अपना क्रोध व्यक्त कर दिया, "शुक्र, मैं यह देख रहा हूँ कि तुम अपने पर आश्रित असुर छात्रों को अपने अधीनस्थ सा मानते हुए व्यवहार करते हो।"

फिर वह उस असुर छात्र की ओर मुड़े और बोले, "प्रत्येक को अपना कार्य स्वयं करना चाहिए। शुक्र का बोझ उठाकर तुमने आश्रम का अनुशासन तोड़ा है। इसकी पुनरावृत्ति होने पर तुम दंड के भागी होगे।"

शुक्र आचार्य के समक्ष तो मौन रहा, लेकिन उसने बृहस्पति पर अपना आक्रोश व्यक्त किया, "बृहस्पति, तुमको मुझसे इतनी जलन क्यों होती है ?"

बृहस्पति ने शांतिपूर्वक उत्तर दिया, "मैं केवल आश्रम के अनुशासन को बनाए रखने में सहायता करता हूँ।"

शुक्र को क्रोध आ गया, "नहीं, तुम इस मद में हो कि तुम्हारे पिता प्राचार्य हैं।"

"तब तो मेरा और भी दायित्व हो जाता है कि आश्रम की नियमावली का पूर्णत: पालन हो।"

"नहीं यह केवल तुम्हारा अहंकार है। तुम्हारे प्राचार्य पुत्र होने के कारण आचार्य भी मेरे प्रति पूर्वाग्रह से ग्रसित हैं। अन्यथा तुम मेरे समक्ष कुछ भी नहीं हो," शुक्र ने दु:ख से कहा।

***

एक अन्य दिन की घटना से शुक्र की सहनशीलता और धैर्य की सभी सीमाएँ पार हो गईं। वह बाकी छात्रों के साथ गायों को चराने के लिए वन में गया हुआ था। उसकी कुछ गायें वन में अंदर जाकर भटक गईं। वह और उसका साथी उन्हें इकट्ठा कर ही रहे थे कि वन के अंदर से कहीं एक शेर ने दहाड़ मारी। भय से उनका एक-

एक रोम खड़ा हो गया। उसका साथी तो एक वृक्ष पर चढ़ गया, लेकिन शुक्र साहस का परिचय देते हुए वन के अंदर प्रवेश कर गया और सभी गायों को सुरक्षित आश्रम ले आया। इस कारण उसे लौटने में देर हो गई। आश्रम के सभी साथी उसके साहस की प्रशंसा कर रहे थे, लेकिन बृहस्पति अपने वाक्प्रहार के साथ तैयार था, "शुक्र, तुम्हारे ध्यान न रखने के कारण ही गायें वन के अंदर चली गई थीं। तुम्हारा यह उद्दंड और उत्तरदायित्वहीन व्यवहार आश्रम को एक दिन संकट में डाल देगा।"

सभी छात्र बृहस्पति के इन अनपेक्षित कठोर वाक्यों से स्तब्ध रह गए। शुक्र मौन रहा, लेकिन उसने निश्चय कर लिया कि वह इस आश्रम में नहीं रहेगा।

उसने वहीं अपने कतिपय साथियों के समक्ष शपथ ली, "मैं अपनी माता 'काव्या' की शपथ लेता हूँ कि मैं इस आश्रम में तभी आऊँगा, जब मुझे विश्व के सर्वश्रेष्ठ अध्येता के रूप में जाना जाने लगेगा।"

उसे समझाने के सभी प्रयास विफल रहे। साथी छात्रों ने उसे सांत्वना देने का प्रयास किया। आचार्य स्तंभ ने भी उसे शांत करने का प्रयास किया, लेकिन कोई भी शुक्र के हृदय में धधकती ज्वाला को ठंडा नहीं कर पाया। उसने प्राचार्य अंगिरस का गुरुकुल छोड़ने का निर्णय कर लिया।

***

अगले दिन शुक्र एक अन्य गुरुकुल के प्राचार्य गौतम के समक्ष पहुँच गया। गौतम एक छोटे, लेकिन प्रतिष्ठित गुरुकुल के प्राचार्य थे। राजनीति शास्त्र में गौतम को महापंडित माना जाता था। वे अति गंभीर और कठोर प्राचार्य थे। कहा जाता था कि उन्हें हँसते देखना एक दुर्लभ दृश्य होता था। इस कारण छात्र और आचार्य, दोनों ही उस गुरुकुल में जाने में संकोच करते थे।

गौतम की पहली प्रतिक्रिया नकारात्मक थी, "प्राचार्य अंगिरस का गुरुकुल मेरे इस गुरुकुल से अधिक प्रतिष्ठित है। तुम वहाँ से बीच में ही शिक्षा छोड़कर यहाँ इस छोटे से गुरुकुल में क्यों आना चाहते हो, यह मेरी समझ से परे है। मुझे तुम्हारे परिवाद और तर्क असंगत लगते हैं। मैं तुम्हें यहाँ प्रवेश देने में असमर्थ हूँ।"

शुक्र अत्यंत निराश होकर जाने लगा। उसके मन में द्वंद्व चल रहा था। आचार्य गौतम ने उसे पुनः समझाया, "अब रात्रि अधिक हो गई है। तुम आज यहीं रुको। कल तुम्हें पुनः आचार्य अंगिरस के आश्रम में जाना चाहिए और उनसे अपना प्रतिवेदन करना चाहिए।"

शुक्र का मस्तिष्क उस समय कुछ भी नहीं सोच पा रहा था। वह मौन रहकर

आचार्य का अभिवादन कर अतिथि कक्ष में आ गया। *"मैं शारीरिक श्रम करके जीवनयापन कर लूँगा, लेकिन अंगिरस के गुरुकुल नहीं जाऊँगा।"* अभी तक उसका यही दृढ़ मत था।

लेकिन नियति कुछ और थी। गौतम को यह सूचना मिली कि उनके आश्रम में आचार्य स्तंभ आए हैं और उनसे भेंट करने के प्रार्थी हैं।

"आप अकस्मात् यहाँ कैसे?" गौतम ने स्तंभ का स्वागत करते हुए पूछा, "क्या आप शुक्र के विषय में कुछ कहना चाहते हैं?"

आचार्य स्तंभ ने गौतम को विस्तारपूर्वक पूरे घटनाक्रम का विवरण देते हुए अंगिरस का संदेश दिया, "प्राचार्य अंगिरस का आपसे यह निवेदन है कि आप शुक्र का उत्तरदायित्व लें। शुक्र अत्यंत मेधावी छात्र है। भविष्य में मानव समाज उसका नाम आदर से लेगा, लेकिन उसमें कुछ उच्छृंखलता का अंश होने के कारण उसे अपनी प्रखरता का लाभ नहीं मिल रहा है। उसे आप जैसे कठोर विद्वान् की शरण में जाने की परम आवश्यकता है। केवल आप ही उसकी प्रतिभा को निखार सकते हैं।"

गौतम ने उसी समय शुक्र को बुलाया। वह आचार्य स्तंभ को अनपेक्षित रूप से वहाँ देखकर आश्चर्यचकित रह गया। वह कुछ भी कहने में असमर्थ था। उसने आचार्य स्तंभ का चरणस्पर्श किया और एक कोने में सिर झुकाकर चुपचाप खड़ा हो गया।

आचार्य स्तंभ ने प्रेमपूर्वक उसके कंधे पर हाथ रखते हुए कहा, "शुक्र, मुझे और प्राचार्य अंगिरस को अपना हितैषी ही मानो। हम सबकी यही कामना है कि तुम विश्व के महानतम अध्येता बनो। आज से आचार्य गौतम ही तुम्हारे गुरु होंगे।"

शुक्र अभिभूत होकर आचार्य स्तंभ के समक्ष घुटनों पर बैठ गया और हाथ जोड़कर अपना सिर उनके चरणों में रख दिया।

"आचार्य, मेरे लिए गुरु का स्थान उच्चतम रहा है। मैं अपने आपको आपके गुरुकुल के अनुकूल नहीं बना पाया, इसके लिए में क्षमाप्रार्थी हूँ। मैं सर्वदा आपका ऋणी रहूँगा। मैं शपथ लेता हूँ, मैं आपकी आशाओं के अनुरूप बनूँगा।"

आचार्य स्तंभ ने शुक्र के सिर को सहलाकर उसे आशीर्वाद देकर वहाँ से प्रस्थान कर दिया।

गौतम ने शुक्र को कड़ी चेतावनी के साथ अपने गुरुकुल में प्रवेश दिया, "शुक्र, यह ध्यान रहे कि मैं गुरुकुल के नियमों के उल्लंघन को क्षमा नहीं करूँगा। आज से मेरी दृष्टि तुम पर रहेगी।"

कुछ ही समय में शुक्र की प्रतिभा और लगन ने गौतम के हृदय को जीत लिया। *"अंगिरस सत्य कह रहे थे। शुक्र जैसे मेधावी कई पीढ़ियों में जन्म लेते हैं। यह विश्व इतिहास में अमरत्व को प्राप्त करेगा। मैं सौभाग्यशाली हूँ कि इसने मुझे गुरु रूप में चुना।"* आचार्य गौतम को कुछ ही दिन में यह विश्वास हो गया।

***

शुक्र इस बात के लिए सजग था कि इस बार गुरु से उसे किसी प्रकार का उलाहना सुनने को न मिले। बृहस्पति के विरुद्ध घृणा उसके अध्ययन में उत्कृष्ट बनने का एक विशिष्ट कारण थी। उसने इस घृणा को पनपने दिया।

कुछ वर्ष इसी प्रकार व्यतीत हो गए। शुक्र को गौतम के गुरुकुल का सबसे उत्कृष्ट छात्र तो घोषित किया ही गया, साथ ही उसे उसके विलक्षण ज्ञान के लिए आचार्य की पदवी भी दी गई। यह संभवतः प्रथम बार था कि किसी नए स्नातक को यह पदवी मिली थी।

गौतम ने भावावेश में शुक्र को अपनी बाँहों में ले लिया। उनके मुखमंडल पर वह दुर्लभ मुसकान प्रकट हुई, जो अति विशिष्ट अवसरों पर ही देखी गई थी। गौतम ने शुक्र की पीठ थपथपाते हुए कहा, "शुक्र, तुमने आज गुरुकुल परिवार के प्रत्येक व्यक्ति को गौरवान्वित किया है।"

फिर उन्होंने एक भेद भरी मुसकान के साथ कहा, "यह जानकर तुम्हें प्रसन्नता होगी कि सुर परिषद् ने तुम्हें अपनी सभा में मानद सदस्य नामित किया है।"

शुक्र के अंदर उल्लास की तरंग दौड़ गई। उसने गौतम के चरणों में अपना सिर रख दिया, "गुरुवर, यह सब केवल आपके आशीर्वाद से ही संभव हो सका कि मेरे अंदर की प्रतिभा सबके समक्ष आई।"

यह कहते-कहते उसने गौतम के मुख पर एक अपरिचित सी हिचकिचाहट देखी। "गुरुवर आपने संभवतः संपूर्ण समाचार नहीं सुनाया है। कृपया बताइए कि परिषद् में और विशेष क्या हुआ है?"

"शुक्र! मित्र ने गुरुकुलों से दो सर्वश्रेष्ठ स्नातक परिषद् में लेने का निर्णय लिया है। बृहस्पति को दूसरे श्रेष्ठ स्नातक के रूप में परिषद् में स्थान मिला है।"

शुक्र लंबे समय तक शांत रहा। उसे अंगिरस और मित्र की मित्रता का ज्ञान था। अंगिरस को मित्र ने परिषद् में सलाहकार के पद पर नियुक्त किया हुआ था। उसे लग रहा था कि अंगिरस के संबंधों और बृहस्पति के व्यवहार-चातुर्य एवं उससे प्रतिस्पर्धा के रहते वह पुनः अपमानित हो सकता था।

उसने धीर स्वर में अपने शब्दों पर मंथन करते हुए कहा, "गुरुवर, आप मेरे लिए सर्वदा अभिनंदनीय रहेंगे। यह मेरे जीवन का संभवतः सबसे बड़ा निर्णय होगा। मेरी यह प्रार्थना है कि मुझे सोचने के लिए कुछ समय दीजिए।"

आचार्य गौतम को अधिक आश्चर्य नहीं हुआ। उन्हें शुक्र के हृदय में बृहस्पति के लिए बैठे हुए भावों का पूर्ण ज्ञान था। शुक्र पूरी रात्रि मनन करता रहा। उसे इस बात की भी आशंका होने लगी थी कि कुछ समयोपरांत बृहस्पति को उससे ऊँचा पद दिया जा सकता था।

"नहीं, यह बहुत जटिल स्थिति है। मैं राजनीतिक षड्यंत्रों में नहीं पड़ूँगा। मैं अपना इतिहास स्वयं बनूँगा।" यह निश्चय करके जब शुक्र को नींद आई तो भोर होने में कुछ ही समय शेष था।

प्रातः उसने आचार्य गौतम को अपना निर्णय सुनाया, "आचार्य, मैं सुर परिषद् के प्रस्ताव के लिए उनका अनुगृहीत हूँ, लेकिन मुझे अध्ययन में अधिक रुचि है। यदि आपकी अनुमति हो तो मैं आपके ही आश्रम में आगे अध्ययन और शोध कार्य करना चाहता हूँ। मैं अपना अल्प ज्ञान छात्रों में बाँट सकता हूँ।"

गौतम ने स्नेहपूर्वक शुक्र को देखा। दो दिन में दूसरी बार उनके मुख पर मुसकान आई। उन्होंने प्रेम भरे स्वर में कहा, "शुक्र, मैं तुम्हारे निर्णय का स्वागत करता हूँ। इसे अपना ही आश्रम समझो।"

उस दिन से शुक्र ने अपने आप को पूर्ण रूप से अध्ययन और शोधकार्यों के लिए समर्पित कर दिया। कुछ ही वर्षों में उसकी मेधा ने राजनीतिक और प्रशासनिक पद्धतियों के लिए एक नए सिद्धांत को जन्म दिया, जिसे 'शुक्रनीति' नाम से जाना गया। इस नीति में राजा और राज्य के कर्तव्यों, नीतियों, अधिकारों और प्रशासनिक दायित्वों को परिभाषित किया गया। उसने यह मत रखा कि राजा को स्वयं अनुशासनप्रिय होना चाहिए और अपराधियों को कठोर दंड देना चाहिए, जिससे अपराध के प्रति भय की भावना बनी रहे।

उसकी अनेक नीतियाँ सुर सिद्धांतों से अलग थीं, जो समग्र शासन के समर्थक थे और अपराधी को सुधरने का अवसर देने के पक्षधर थे, लेकिन शुक्राचार्य ने इसके विरुद्ध अकाट्य तर्क दिए थे। शुक्रनीति ने शुक्र को निर्विवाद रूप से शीर्षस्थ आचार्यों की श्रेणी में पहुँचा दिया। छात्रों के लिए शुक्र एक आदर्श बन चुके थे। उन्हें सार्वजनिक रूप से 'शुक्राचार्य' नाम से जाना जाने लगा।

***

शुक्र के विषय में जानकर असुरराज महामाया उनसे मिलने आश्रम आया, "आचार्य, आपसे मिलना मेरे लिए गर्व की बात है। मुझे आपसे एक निवेदन करना है कि हम असुरों ने पर्याप्त समृद्धि प्राप्त कर ली है, लेकिन समस्त आचार्य अभी तक ज्ञान के विषय में हमें सुरों से हीन मानते हैं। जब तक हमें आप जैसे आचार्यों का आशीर्वाद न मिले, हम अपनी कमियाँ दूर नहीं कर सकते।"

"लेकिन इसके लिए असुरों को आचार्यों का उचित आदर-सम्मान करना चाहिए," शुक्राचार्य ने सोचते हुए कहा।

"यह कटु यथार्थ है, आचार्य," महामाया ने सहमति व्यक्त करते हुए कहा, "मैं मानता हूँ कि असुरों की यही कमी उनके लिए घातक रही है। मैं इस स्थिति को बदलना चाहता हूँ और इसके लिए मेरी आपसे एक प्रार्थना है।"

"असुरराज, आपको जो कुछ कहना है, निःसंकोच कहिए।"

"यह असुरों का सौभाग्य होगा, यदि आप हमारे मंत्रणाकार बनने के लिए सहमति दें। यद्यपि आप आयु में समकालीन आचार्यों से छोटे हैं, तथापि आपकी मेधा आपको एक युगपुरुष के रूप में स्थापित करती है। असुरों का यह सौभाग्य होगा, यदि आप उनका मार्गदर्शन करें।"

शुक्राचार्य मौन रहकर विचारमंथन करने लगे। यह प्रस्ताव उनके लिए अनपेक्षित था। वे कुछ समय तक असमंजस में रहे।

"बृहस्पति और अंगिरस के रहते सुर मुझे कभी उस स्थान पर नहीं पहुँचने देंगे, जिसका मैं अधिकारी हूँ। मुझे सर्वदा बृहस्पति से निचले स्थान पर रखा जाएगा। जो सम्मान मुझे असुर राज्य में मिलेगा, वह सुर मुझे कभी नहीं देंगे।" यह सोचकर उन्होंने एक निश्चय किया और अपने मौन को तोड़ निर्णय सुनाया, "असुरराज महामाया, मुझे आपका प्रस्ताव तो स्वीकार है, लेकिन इसमें एक कठिनाई है। मैं इस आश्रम में अध्येता का कार्य कर रहा हूँ और यह कार्य मेरे हृदय के निकट है। यदि आप मुझे आश्रम में रहते हुए मेरे वर्तमान कार्य के साथ ही मंत्रणाकार का पद देते हैं तो मुझे कोई आपत्ति नहीं है। आप या आपके मंत्रिगण यहाँ निर्बाध आकर मुझसे विमर्श कर सकते हैं। आवश्यकतानुसार मैं भी राजभवन आ सकता हूँ।"

महामाया ने करबद्ध खड़े होकर प्रसन्नतापूर्वक कहा, "आचार्य, आपका कहा हमारे लिए आज्ञा है। असुर आज से आपको 'गुरु शुक्राचार्य' के नाम से संबोधित करेंगे।"

***

जब मित्र को शुक्र द्वारा असुरों के गुरु का पद स्वीकार करने का समाचार मिला, तो उन्हें पहले तो कुछ चिंता हुई। उन्हें शुक्र की अपूर्व बुद्धि का पूर्ण ज्ञान था। पर काफी विचारोपरांत उन्होंने निष्कर्ष निकाला कि शुक्राचार्य के लिए इन परिस्थितियों में कुछ अन्य संभव भी नहीं था।

"शुक्र के असुरों का गुरु होने पर मुझे चिंतित नहीं होना चाहिए। शुक्र एक सुर हैं और वह सुरों के हितों के विरुद्ध नहीं जा सकते। अपितु वह असुरों को सुरों के अनुकूल ही रखने का प्रयास करेंगे।" यह सोचकर उन्होंने स्वयं को सांत्वना दी।

लेकिन वह अपने आकलन में आंशिक रूप से ही सही थे। उन्होंने शुक्र की बृहस्पति के प्रति धधकती क्रोध की ज्वाला को नहीं आँका था। इस ज्वाला ने शुक्र के हृदय में सुरों के लिए एक दूरी बनाए रखी।

□

6

साम्राज्य विस्तार

"आगे क्या?"

यह विषय था सुर परिषद् की बैठक का। मित्र बैठक की अध्यक्षता कर रहे थे। सभाकक्ष सदस्यों से भरा हुआ था। ड्यूस और गेया अरांस से सभा में भाग लेने हेतु आए थे। वे प्रथम पंक्ति में अपना स्थान ग्रहण किए हुए थे और उनके मध्य में बैठा यज्न दीर्घकाल के पश्चात् अपने माता-पिता के सान्निध्य का आनंद ले रहा था। यद्यपि यज्न इस परिषद् का सदस्य नहीं था, तथापि वह मित्र के सहायक के रूप में वहाँ उपस्थित था।

मित्र ने सभा में अपने विचार रखे, "कुछ वर्ष पूर्व हमने यहाँ आकर अपनी खोई हुई भूमि प्राप्त करके नए राज्य की स्थापना की थी। अब हम एक अत्यंत सुदृढ़ स्थिति में हैं, लेकिन यह हमारे अभियान का प्रथम चरण ही है। हमें सब दिशाओं में आगे बढ़ना चाहिए और जहाँ कहीं भी अधर्म का शासन है, उसे उखाड़कर दैविक नियमों और सिद्धांतों के अनुरूप शासन-व्यवस्था सुनिश्चित करनी चाहिए। इस विषय में मेरा यह मत है कि ड्यूस अरांस में रहकर केंद्रीय व्यवस्था देखता रहेगा, जिससे सुर-सेना को निर्बाध रूप से शस्त्र तथा अश्व मिलते रहें। हमें शीघ्र ही अपना अभियान प्रारंभ करना होगा।"

कुछ सदस्य साम्राज्य के प्रभाव क्षेत्र के विस्तार के पक्ष में थे, जबकि अन्य अभी वर्तमान राज्य को ही और सुदृढ़ करने के पक्ष में थे। उनका तर्क था, "यही समय है अपने साम्राज्य को और सुदृढ़ करने और विकसित करने का, न कि नई भूमि और नई सभ्यताओं की अंधी दौड़ में लगे रहने का। प्रथम बार सुरों ने स्थायी जीवन का आनंद उठाया है। युद्धों और आक्रमणों का भय भी अभी नहीं है। हमारे पास समृद्धि के पर्याप्त साधन हैं। अब हमें एक चिरस्थायी शांति चाहिए।"

दूसरे पक्ष का कहना था, "वर्तमान हमें एक मायाजाल में बाँध रहा है। बुराई

का अंधकार अभी भी विश्व के एक बड़े भू-भाग पर आच्छादित है, जहाँ अभी भी मानवता को दुष्ट शक्तियों के राज से मुक्त कराना है। सुरों को अंधकार को छाँटकर अपना प्रभुत्व बढ़ाना चाहिए। यदि वे ऐसा नहीं करते तो यह दैविक आदेशों के विरुद्ध होगा।"

बृहस्पति का मत अभियान को आगे बढ़ाने के पक्ष में था। उन्होंने कहा, "जो अपने वर्तमान आनंद से ऊपर उठकर कार्य नहीं करते, वे जीवन के चक्र में पीछे छूट जाते हैं। हमें जो मिला है, उसी से संतुष्ट नहीं हो जाना चाहिए। जिस प्रकार सरिता का जल एक छोटे तालाब में जाकर अपनी शुद्धता खो देता है, उसी प्रकार अकर्मण्यता पतन की ओर प्रेरित करती है।"

***

तभी सभा में अंगिरस ने प्रवेश किया। उनके साथ एक पतले बदन का, गेरू धोती से सज्जित प्रसन्नचित्त ऋषि था। उनके एक हाथ में वीणा थी और आँख में बाल-सुलभ चपलता। सारे सभासद उन्हें कौतूहल से देख रहे थे।

अंगिरस ने ऋषि का परिचय दिया, "यह मेरे विद्वान् शिष्य नारद हैं। यह विश्व बंधुत्व के संदेश को फैलाते हुए सतत यात्रा करते रहते हैं। ये बैकुंठ निवासी विष्णु के अनुयायी हैं। अभी ये बैकुंठ से सुरलोक के निवासियों के लिए विष्णु की शुभकामनाएँ लेकर आए हैं।"

नारद ने हाथ जोड़कर मित्र और सभासदों को प्रणाम किया। सभी ने खड़े होकर नारद का अभिवादन किया।

"भगवन् विष्णु ने सुरलोक के निवासियों को सुरलोक की स्थापना के लिए बधाई दी है। उन्हें विश्वास है कि सुर धर्म के मार्ग पर चलते रहेंगे।"

आगे के अभियान पर निर्णय करने के लिए विचारार्थ सभा को अगले दिन तक के लिए स्थगित कर दिया गया।

***

अगले दिन सभा में अंगिरस खड़े हुए, "माननीय सभासदों, हमारे राज्य के पूर्व में ब्रह्मावर्त और उसके प्रभाव वाला क्षेत्र है। इस क्षेत्र पर ब्रह्मा का नियंत्रण है। इसी प्रकार उत्तर में बैकुंठ विष्णु द्वारा शासित है। ब्रह्मावर्त के बाद पूर्व दिशा में आगे जाकर गंगा और उसकी सहायक नदियों द्वारा सिंचित क्षेत्र है, यह क्षेत्र शिव के नियंत्रण में है। ब्रह्मा, विष्णु और शिव इस क्षेत्र में अपने 'सर्वजन हिताय' सिद्धांत के कारण पूज्य हैं और उन्हें देव कहा जाता है, अतः मेरा मत है कि हमें इन दिशाओं में कोई अभियान

नहीं करना चाहिए। उधर अभी तक हमने अरांस के पश्चिम में कोई अभियान नहीं किया है। सुना जाता है कि अरांस के पश्चिम में व्याघ्रा[6] नदी और इससे भी पश्चिम में अनेक सभ्यताएँ हमारी प्रतीक्षा में हैं। मैंने यह भी सुना है कि वहाँ के लोग कोई फसल उगाते हैं, जो कोटि-कोटि मानवों की क्षुधा मिटा सकती है।"

यज्न ध्यानपूर्वक अंगिरस को सुन रहा था। उसने खड़े होकर कहा, "श्रेष्ठ, तब तो हमें वापस अरांस के पश्चिम में कूच करना चाहिए और उस उपज के बारे में भी पता करना चाहिए।"

मित्र भीतर से आह्लादित हो गए, *"यही बालक कल सुरों का नेतृत्व करेगा।"*

***

अभियान का निर्णय हो चुका था। ड्यूस को वापस जाकर सुर सैन्य शक्ति के लिए अतिरिक्त साधनों की व्यवस्था करनी थी। अरांस लौटने के समय गेया ने यज्न को अपनी बाँहों में समेट लिया। किशोर यज्न अब एक हृष्ट-पुष्ट युवा बन चुका था। गेया उसकी मांसपेशियों की मजबूती का अनुभव कर गर्व से फूल रही थी। उसने यज्न के माथे को चूमकर कहा, "मुझे वचन दो कि तुम मुझसे मिलने आया करोगे।"

यज्न ने माता का हाथ कोमलता से थामकर उसे सांत्वना दी और अपने माता-पिता का चरण स्पर्श करके उनसे आशीर्वाद लिया।

गेया की आँखों में विदाई के आँसू थे। उसे आभास था कि यज्न का जन्म दैविक योजनाओं के अनुसार हुआ है और भविष्य में उसका नाम विश्व के सर्वकालीन श्रेष्ठ व्यक्तित्वों में होगा।

दो माह के उपरांत मित्र के नेतृत्व में पाँच सहस्र की सुर-सेना ने भी पश्चिमी दिशा के लिए प्रस्थान कर दिया। मार्ग में स्थानीय कबीलों ने उन्हें अरांस के पश्चिम में स्थित समृद्ध वरेण्यम राज्य के विषय में बताया।

"हमें सीधे वरेण्यम जाना चाहिए," यज्न का यह सुझाव मित्र को स्वीकार्य था।

***

अनजाने पर्वतों और घाटियों से होते हुए, मार्ग में नदियों और झरनों को पार करते हुए वे तेजी से आगे बढ़ रहे थे। अधिकतर भूमि घास और झाड़ियों से आच्छादित थी, जिस पर कहीं-कहीं इक्के-दुक्के वृक्ष दिख जाते थे। रातें शीतल थीं और दिन उष्ण। पर सुर अपने अभियान के प्रति दृढ़ थे।

चलते-चलते लगभग दो माह की यात्रा के उपरांत वे एक घाटी में पहुँचे,

---

6. लेखकों ने पश्चिम एशिया की टाइग्रिस नदी को व्याघ्रा नाम दिया है।

जिसके बीच एक नदी बह रही थी। नदी का जल बहुत स्वच्छ था। नदी का बहाव तली के पत्थरों से टकराकर उछाल मार रहा था। पानी के कण स्फटिक की भाँति चमक रहे थे। बहती शीतल वायु, कलरव करता नदी का जल और दोनों ओर घास के मैदान—दृश्य मनोरम और मंत्रमुग्ध करने वाला था।

"अतिसुंदर श्वेत नदी[7]!" मित्र के ओष्ठों से अनायास ही प्रस्फुटित हुआ, "आज हम यहीं शिविर लगाएँगे।"

वह रात्रि अत्यंत आनंददायी थी। प्रात: की शीतल वायु अभी उन्हें कुछ देर और सोने के लिए बाध्य कर रही थी। तभी प्रहरी योद्धाओं की तुरही के अनपेक्षित नाद से शिविर गूँज गया। प्रहरी दल के प्रमुख ने भागते हुए मित्र के कक्ष में प्रवेश कर उन्हें सूचित किया, "एक बड़ा अपरिचित सैन्य दल तीव्रता से शिविर की ओर बढ़ रहा है।"

"सब अविलंब युद्ध के लिए तत्पर होकर अपनी स्थिति ग्रहण करें," मित्र ने आदेश दिया।

इतनी देर में ही उन पर बाण-वर्षा होने लगी। वे उत्कृष्ट कोटि के बाण थे, जिनके शिराग्र पैने और लंबे थे। इसके थोड़ी देर बाद ही उन पर सीधा आक्रमण हो गया। सुसज्जित कवचधारी शत्रु लंबे भाले, बरछे और खड्ग लिये हुए थे। सुर-सेना ने शस्त्र उठाकर तुरंत शिविर के चारों ओर एक सुरक्षात्मक व्यूह-रचना बना डाली।

***

सुरों पर यह आक्रमण वरेण्यम की सेना का था। वरेण्यम एक समृद्ध राज्य था, जिस पर प्राय: बाहरी हमले होते रहते थे। आक्रमणकारी बहुधा घुमक्कड़ बर्बर जंगली जातियों के होते थे, जो उनके राज्य में लूटपाट के उद्देश्य से आते थे। उनसे बचाव के लिए वरेण्यम के राजा शैलेशन ने राज्य की सीमा पर अपने गुप्तचर और प्रहरी दल को नियुक्त किया हुआ था, जो किसी भी संदेहास्पद गतिविधि पर दृष्टि रखता था।

जब शैलेशन को यह सूचित किया गया कि एक बड़ी अपरिचित सेना अज्ञात कारणों से उनकी ओर बढ़ रही थी, तो शैलेशन ने राज्य परिषद् की आपातकालीन बैठक आहूत की। इस बैठक में शत्रु-सेना पर आगे बढ़कर अकस्मात् आक्रमण करने का निर्णय लिया गया।

शैलेशन को गुप्तचरों ने सूचित किया था, "वे अश्वों की पीठ पर सवारी करते हुए आगे बढ़ रहे हैं। वे शैतान लगते हैं। इन जंगली जानवरों को वश में करना

7. सेफिद रुद, 'श्वेत नदी' ईरान के अल्बोर्ज पर्वतों से निकलकर कैस्पियन सागर में मिलती है।

मानवीय शक्ति के बस का नहीं है। जिस गति से वे बढ़ रहे हैं, वे शीघ्र ही हम तक पहुँच जाएँगे।"

वरेण्यम का अपनी सैन्य शक्ति और धनुर्धारियों पर अटूट विश्वास था, लेकिन वे यह नहीं जानते थे कि उनके समक्ष जो सेना आ रही थी, वह शस्त्र बल, शौर्य और क्षमता में उनसे बहुत उन्नत थी।

***

सुर-सेना अविलंब अपना सुरक्षा कवच बनाकर प्रत्याक्रमण के लिए तैयार हो गई। "उनके धनुर्धारी लंबी घास और झाड़ियों के पीछे छिपे हैं, उन्हें बाहर निकालो," मित्र ने आदेश दिया।

ढालों से वार बचाते हुए सुरों की सेना अब आक्रमण की स्थिति में आ गई। मैदान में फैली विरल वनस्पति उनकी अश्वसेना के लिए कोई बाधा नहीं थी। अश्वों की गति उन्हें तेजी से प्रहार करने की क्षमता प्रदान करती थी। शीघ्र ही वे वरेण्यम की सेना पर भारी पड़ने लगे। वरेण्यम के सेनाध्यक्ष ने इतने उच्च कोटि के शत्रुओं की कल्पना नहीं की थी। न ही वे अश्वों और उन पर बैठे सुर सैनिकों को लक्ष्य बना पा रहे थे। यह बराबरी का युद्ध नहीं था। वरेण्यम के सैनिक बड़ी संख्या में मारे जाने लगे, फिर उनके पास युद्धस्थल से भागने के अतिरिक्त और कोई उपाय नहीं था।

"राजन, वे अमानवीय शक्तियों के धारक हैं। न केवल उन्होंने अश्वों को अपना दास बना रखा है, उनके शस्त्र भी दैविक प्रतीत होते हैं। हम युद्ध में उनके सामने नहीं टिक सकते," सेनाध्यक्ष ने शैलेशन को बताया।

हतोत्साहित शैलेशन ने आत्मसमर्पण का निर्णय लिया। उसके दूत राजा का संदेश लेकर श्वेत ध्वजा फहराते हुए मित्र के पास गए। मित्र ने दूतों को पूरा सम्मान देते हुए शैलेशन का युद्धविराम का प्रस्ताव स्वीकार कर लिया। इसके पश्चात् शैलेशन अपने मंत्रियों के साथ सुर-शिविर में पहुँचा। वहाँ उसे मित्र के पास ले जाया गया।

शैलेशन ने झुककर मित्र का अभिवादन किया और कहा, "हमें आपके विषय में अज्ञानता थी। हमें ज्ञात हुआ है कि आप सुसंस्कृत और सभ्य हैं। हम आपके बारे में मिथ्याबोध के लिए क्षमाप्राथी हैं। वरेण्यम राज्य अपनी पराजय स्वीकार करता है। इस राज्य के द्वार आपके लिए खुले हैं। हम आपका स्वागत करते हैं।"

***

सुरों की सेना का नगर में सौहार्दपूर्वक स्वागत किया गया। सुरों को एक पराजित राज्य से इस प्रकार के व्यवहार की आशा नहीं थी। सुर-वाहिनी के लिए

एक पहाड़ी के नीचे के समतल हिस्से पर शिविर लगाया गया। मैदान घास से भरे थे, जिससे अश्वों को भी पर्याप्त चारे की उपलब्धता थी। वरेण्यम के आतिथ्य भाव से सुर आह्लादित हो गए।

सायंकाल शैलेशन जब मित्र से मिलने आया, आकाश कुछ समय की बूँदा-बाँदी के बाद साफ हो चुका था। वह झिलमिलाते तारों से भर गया था। पर्वत के पीछे से गिरती किरणें चंद्रोदय की घोषणा कर रही थीं। इस बार उसके साथ सुर-सेना के लिए उपहारों से भरे थाल थे, जिन्हें सुंदर युवतियाँ लाई थीं। शैलेशन ने काफी समय पहले तो मित्र के साथ सामान्य वार्त्ता में बिताया, जिससे वह मित्र के उद्देश्यों को समझ सके। उसके पश्चात् उसने उपहार मित्र के समक्ष प्रस्तुत किए।

"कृपया वरेण्यम की ओर से ये उपहार स्वीकार करके हमें अनुगृहीत करें। ये युवतियाँ भी आपकी ही सेवार्थ हैं।"

कुछ समय के लिए वहाँ पर एक निस्तब्ध कर देने वाल मौन छा गया। शैलेशन ने मित्र के मुख पर आए अटपटे भावों को भाँपते हुए निवेदन किया, "श्रेष्ठ, क्या हमसे कुछ त्रुटि हुई है ?"

मित्र ने शालीनतापूर्वक उत्तर दिया, "राजन, हम सब आपके स्वागत और आतिथ्य के लिए आभारी हैं, लेकिन आप यहाँ तक हमारे आने के प्रयोजन से अनभिज्ञ हैं। हम आपको पराधीन कर अपना सेवक बनाने या आपकी महिलाओं को अपनी सेवा में लेकर आपको अपमानित करने नहीं आए हैं। हम एक पवित्र अभियान के अंतर्गत हैं, जिससे विश्व में विधाता के नियमों पर आधारित सु:शासन व्यवस्था लागू की जा सके। यह व्यवस्था सत्य और मानवता के सिद्धांतों पर आधारित होगी। हमारा निवेदन है कि आप सब उस विधाता के लिए सर्वदा कृतज्ञ रहें, जिसने इस सृष्टि का निर्माण किया है और हमें जन्म दिया है।"

शैलेशन अभिभूत था। उसने भाव-विभोर होकर कहा, "श्रेष्ठ, हम धन्य हैं कि हमें आप जैसे दिग्दर्शक मिले। हम इस अभियान में पूर्णरूपेण आपके साथ हैं।"

मित्र ने शैलेशन को गले लगा लिया और आगे कहा, "राजन्, हम प्रत्येक महिला का सम्मान करते हैं। हमें आपकी युवतियाँ नहीं चाहिए। आपके राज्य में इस व्यर्थ के युद्ध में अनेक योद्धाओं ने अपने प्राणों की आहुति दी है। उन सब घरों में दु:ख और शोक छाया होगा। इन महिलाओं के घरों में भी संताप छाया होगा। मेरी प्रार्थना है कि आप इन युवतियों को ले जाएँ, जिससे उनके परिजनों में हर्ष का संचार हो सके।"

वरेण्यम का शासक भाव-विभोर हो गया, "आप प्रभु हैं। अभी तक हमने केवल आक्रांताओं का सामना किया था, जिनका उद्देश्य हमारी महिलाओं का शोषण और युवकों को दास बनाना था। वे यहाँ हमारे पशुओं को मारते थे और हमारी संपदा को लूटते थे। आज प्रथम बार हमें आप जैसा महान् विजेता मिला है। मैं अपने मिथ्याबोध के लिए सच्चे हृदय से क्षमाप्रार्थी हूँ।"

"हम सबको उस कृपालु विधाता का ऋणी होना चाहिए, जिसने हमें प्रेरणा दी है।" यह कहते हुए मित्र का हाथ शैलेशन के कंधे पर था।

"वरेण्यम राज्य का यह प्रस्ताव है," शैलेशन ने आगे कहा, "वरेण्यम आपके पवित्र अभियान में पूरी तरह साथ रहेगा। साथ ही मेरी आपसे एक विनती है कि सुर सैन्य शक्ति वरेण्यम राज्य को बर्बर आक्रांताओं से सुरक्षित रखने में हमारी सहायता करे और अपने उत्कृष्ट कौशलों से हमें प्रशिक्षित करे।"

इस प्रकार शैलेशन ने वरेण्यम को सुरों द्वारा सुरक्षा कवच देने के बदले में उनका प्रभुत्व स्वीकार कर लिया। यह एक ऐसी संधि थी, जिसमें दोनों पक्ष विजेता थे।

***

सुर-सेना में कई ऐसे थे, जो इस लंबी यात्रा और युद्ध के पश्चात् थका हुआ एवं ऊर्जाविहीन अनुभव कर रहे थे। कुछ लोग वापस सुरलोक जाना चाहते थे, जबकि कुछ वहीं, उस नई भूमि पर बस जाना चाहते थे, लेकिन मित्र 'अभियान' को जारी रखना चाहते थे।

शिविर में आगे की कार्रवाई के लिए नायक दल की बैठक हुई। मित्र अति उत्साहित थे। उन्होंने अपना संबोधन प्रारंभ किया, "यह सब विधाता का आशीर्वाद है कि हमें वरेण्यम जैसा सहयोगी मिला। इसके पूर्व हमारी मुठभेड़ें अविकसित जातियों से हुई थीं, जो अज्ञानतावश दुष्ट शक्तियों के प्रभाव में थीं, लेकिन वरेण्यम दुष्ट शक्तियों के प्रभाव में नहीं है। यहाँ के निवासी उदार हृदय और प्रगतिशील हैं तथा शासक बुद्धिमान है। प्रकृति ने भी यहाँ अपने उपहार उदारता से दिए हैं। हरे-भरे पर्वत, झरने, विस्तृत चरागाह, फलों से लदे नाना प्रकार के वृक्ष, सभी कुछ है यहाँ पर। हम कुछ दिन यहाँ रुककर आगे के लिए प्रस्थान करेंगे। मुझे आशा है कि आप आगे की यात्रा के लिए तैयार हैं।"

दल के सदस्यों के बीच सन्नाटा छा गया। जब बहुत देर तक कोई उत्तर नहीं आया, तो मित्र ने पूछा, "आप सब इस प्रकार चुप क्यों बैठे हैं?"

इस पर सरना बोला, "श्रेष्ठ, यह भूमि हमारे राज्य की भूमि से अधिक उत्तम है। हममें से कुछ का विचार है कि हमें यहाँ स्थायी रूप से रहने का विचार करना चाहिए, न कि आगे की यात्रा के बारे में।"

"स्थायी रूप से यहाँ?" मित्र ने प्रश्न भरी निगाह से सरना से पूछा।

"हाँ श्रेष्ठ, हममें से बहुत से लोग लंबी यात्रा से थक गए हैं और कुछ तो बीमार पड़ गए हैं," सरना ने अपना पक्ष प्रस्तुत करते हुए कहा।

तभी यज्न उठ गया। उसने सरना की ओर देखते हुए तीखे स्वर में कहा, "थकने का अर्थ लौटना या यहाँ बसना तो नहीं। ज्येष्ठ! आगे की यात्रा को छोड़ना हमारे दैवीय अभियान पर कुठाराघात होगा।"

यज्न आगे बोलना चाहता था, पर मित्र ने उसे रोक दिया। उनके माथे पर चिंता की लकीरें खिंच गईं। उन्हें प्रतीत हो रहा था कि उनकी सेना मानसिक और शारीरिक रूप से थक चुकी थी। लगातार यात्राएँ और नए स्थानों की अनिश्चितता ने उनका मनोबल कम कर दिया था। केवल उनका अहं उनको अपनी बात कहने की अनुमति नहीं दे रहा था, लेकिन बहुत सारे सुर या तो वापस जाना चाहते थे या वरेण्यम में रुककर इस राज्य में बसने के इच्छुक थे।

प्रत्येक योद्धा मित्र की ओर देख रहा था कि वे उनके संताप के विषय में कुछ कहेंगे। शिविर में एक लंबा मौन छाया हुआ था।

मित्र ने अंत में अपना मौन तोड़ा, "आज मैं आपको अपने विश्वास और उद्देश्य के विषय में सबकुछ बताऊँगा। अरांस में इस पवित्र अभियान का निर्णय लेने से पूर्व एक रात्रि जब मैं सो रहा था, मुझे लगा कि कोई शक्ति मुझे खींचकर ले जा रही है। कुछ समय बाद मैं धवल उज्ज्वल प्रकाशित बादलों में से उड़ रहा था, फिर मैंने स्वयं को एक सुनहरे प्रकाश वाले पर्वत के शिखर पर पाया। मेरे समक्ष मानव के आकार की आकृति थी, जिसका इतना तेज आभामंडल था कि उसका मुख देखना असंभव था। उसकी आवाज हृदय को अंदर तक शीतल करनेवाली थी। मेरी अंतरात्मा ने मुझे सूचित किया कि मैं विधाता के समक्ष हूँ।"

मित्र ने श्रोताओं की ओर देखा और आगे बोले, "विधाता ने मधुर शब्दों में कहा कि पृथ्वी दुष्ट शक्तियों के वशीभूत होकर नष्ट हो रही है। बुराइयों ने मानव मस्तिष्क को दूषित करके उसे बर्बर, स्वार्थी और झगड़ालू बना दिया है। मानव मानवता के मूल सिद्धांतों से हट रहा है। उन्होंने मुझसे कहा कि सुरों पर इस बुराई को समाप्त कर मानवता के सिद्धांतों पर आधारित शासन-व्यवस्था लागू करने का पवित्र उत्तरदायित्व

है। उन्होंने आदेश दिया कि मैं अरांस से बाहर निकलकर इस अभियान का नेतृत्व करूँ।"

सभी मित्र के भाषण को सुन रहे थे। वहाँ पूर्ण मौन छाया हुआ था। केवल बीच-बीच में वनों से आती जानवरों की आवाजें ही नीरवता को भंग कर रही थीं।

मित्र ने पात्र से थोड़ा जल पिया और आगे कहा, "यह मात्र स्वप्न नहीं था। इस दृश्य की कई बार पुनरावृत्ति हुई है। मैंने आपको इस विषय में पहले कभी नहीं बताया, लेकिन पिछले कुछ वर्षों का अनुभव इस बात का सूचक है कि विधाता के आदेशानुसार ही हम अरांस के अज्ञातवास से सफलता की इन ऊँचाइयों तक पहुँचे हैं। आज मैंने आप सबकी आँखों में एक लालसा देखी है, जिससे यह प्रतीत होता है कि आप कष्टों को त्याग सुखपूर्वक रहना चाहते हैं। इसलिए इस दशा में सफलता के रहस्य से आपको अवगत कराना आवश्यक था।"

फिर मित्र ने अकल्पनीय आदेश दिया, "सरना, मैं विश्राम करना चाहता हूँ। मेरा आदेश है कि आज रात्रि मेरा श्रेष्ठ वाला वस्त्र तुम धारण करो।"

वहाँ पर एक विकल मौन छा गया। सरना का मुख पीला पड़ गया। किसी प्रकार वह उठकर मित्र के पीछे उनके शिविर तक गया। कुछ देर पश्चात् जब वह बाहर आया तो वह श्रेष्ठ का वस्त्र धारण किए हुए था।

सरना अत्यंत व्यग्र था। उसे समझ नहीं आ रहा था कि क्या मित्र ने उसके वरेण्यम में बसने या लौटने के प्रस्ताव को अनुशासनहीनता का परिचायक माना था और क्रोध में अपना पद छोड़ दिया था। यह विचार बार-बार उसे ग्लानि और चिंता से पीड़ित कर रहा था।

सभा समाप्त हो चुकी थी और सभी अपने शिविरों में विश्राम हेतु चले गए थे। सरना भी थके पगों से अपने शिविर की ओर चल दिया। उसे अभी भी अपराधबोध हो रहा था। शयन से पूर्व उसने किसी प्रकार इस नकारात्मक विचार को बाहर झटकने की चेष्टा की।

शीघ्र ही वह गहन निद्रा में खो गया। उसे लगा कि कोई अलौकिक शक्ति उसकी आत्मा को उसकी देह से खींच रही थी। अगले ही पल उसने अपने को श्वेत-धवल बादलों में से उड़ता हुआ अनुभव किया। बादलों के प्रचंड आलोक में उसकी आँखें चौंधिया गईं, लेकिन यह यात्रा अवर्णनीय रूप से सुखद थी। शीघ्र ही उसने अपने आपको एक प्रकाशमय पर्वत शिखर पर पाया, जहाँ एक निर्मल पारभासी आकृति दिख रही थी। उस आकृति से हर दिशा में किरणें फूट रही थीं।

उसे आभास हो गया कि वह विधाता के सम्मुख था। विधाता के स्वर अग्नि के समान सरना के हृदय में समाते जा रहे थे, "आपमें से जो वीर और दृढ़प्रतिज्ञ हों, वही सुर आगे बढ़ने के पात्र हैं। जब तक विश्व में सु:शासन नहीं स्थापित हो जाता, आप विश्राम नहीं कर सकते।" विधाता की ध्वनि गूँज रही थी।

अचानक ही प्रकाश विलुप्त हो गया और चारों ओर गहन अंधकार छा गया। सरना को लगा कि वह डूब रहा था। तभी एक झटके से उसकी आँख खुल गई और उसने स्वयं को अपनी शय्या पर पाया। उसका हृदय अभी भी जोर से धड़क रहा था और इस शीत में भी उसकी पूरी देह पसीने से तर हो गई थी। उसकी आँखें धुँधला गई थीं। अपनी आँखों को मलते हुए वह शिविर से बाहर आया। हलकी वर्षा हो रही थी। काले बादलों से पूरा आकाश आच्छादित था। तभी जोर से बिजली कड़की और तेज वर्षा प्रारंभ हो गई। सरना इसी प्रकार काफी देर तक खड़ा रहा। ऐसा अनुभव उसे पहले कभी नहीं हुआ था।

"मैं कायर नहीं हूँ। इस अभियान को आगे बढ़ने से कोई नहीं रोक सकता।" इस विचार ने उसके मन को शांति दी। वह जब वापस शय्या पर लेटा तो उसे गहन निद्रा में जाने में क्षणिक भी विलंब नहीं हुआ। जब उसकी आँख खुली तो बादल छँट चुके थे और सूर्योदय हो रहा था। स्वच्छ वातावरण में पक्षी अपनी दिनचर्या हेतु घोंसलों से निकलकर चहचहा रहे थे।

***

सरना के पैर उद्वेग में मित्र के शिविर की ओर मुड़ गए। वहाँ पहुँचकर वह घुटनों के बल बैठ गया और बोला, "श्रेष्ठ, क्षणिक दुर्बलता के लिए मुझे क्षमा करें। मेरी तुच्छ बुद्धि में यह आ गया है कि विधाता ने सुरों को महान् कार्यों के लिए चुना है। मैं वचन देता हूँ कि किसी भी प्रकार की विपरीत परिस्थितियाँ मुझे अपने कर्म के मार्ग से नहीं डिगा सकतीं।"

मित्र मौन रहे। उनके मुखमंडल पर एक स्मिति आ गई। कुछ देर बाद यज्न और अन्य सेनानायक भी आ गए। वे सब मित्र के समक्ष भूमि पर ही बैठ गए।

"मुझे लगता है कि मैं थक चुका हूँ। आयु के कारण अब मुझमें अधिक ऊर्जा नहीं बची है और मैं अपने उत्तरदायित्वों के निर्वहन में कठिनाई अनुभव कर रहा हूँ," मित्र ने उपस्थित व्यक्तियों को संबोधित करते हुए कहा, "अत: मैं आगे इस अभियान का नेतृत्व नहीं करना चाहूँगा। मेरी आपसे प्रार्थना है कि मुझे इस उत्तरदायित्व से मुक्त कर दिया जाए।"

मित्र के इस कथन से सभी स्तब्ध रह गए। कुछ पल पश्चात् सबने एक स्वर में मित्र से अपने निर्णय पर पुनर्विचार करने का निवेदन किया, लेकिन मित्र का निर्णय अटल था। अपराह्न में उन्होंने वरेण्यम में उपस्थित सुरों के सम्मलेन को आहूत किया। इसका एकमात्र उद्‌देश्य नए नेतृत्व का चयन करना था।

मलिन भाव से सुर उस सभा में मौन बैठे रहे। उन्हें उत्सुकता थी, नए मुखिया के नाम की घोषणा की, लेकिन मित्र ने कहा, "मेरा प्रस्ताव है कि नए नेतृत्व का चयन आप सब मिलकर करें।"

वहाँ पर मौन छा गया।

कुछ समय पश्चात् मित्र ने पुन: आह्वान किया, "मेरे साथियों, मुझे प्रत्येक सुर की बुद्धिमत्ता और विवेक पर विश्वास है। मुझे यह भी विश्वास है कि इस पद के लिए आप सबसे योग्य सुर का ही चयन करेंगे।"

जब बहुत देर तक मौन छाया रहा, तब सरना ने उठकर कहा, "श्रेष्ठ, यज्न आयु में कम है, लेकिन वह विलक्षण प्रतिभावान है। उनकी नेतृत्व-शक्ति परिपक्व और दूरदर्शिता युक्त है। हम सबने उनकी अपूर्व बुद्धि और शौर्य को देखा है। मेरा प्रस्ताव है कि उनके नाम पर मुखिया के लिए विचार किया जाए।"

कुछ देर की मंत्रणा के बाद वहाँ उपस्थित पाँच सहस्त्र सुरों ने अपने हाथ उठाकर यज्न को अपना मुखिया बनाने का समर्थन किया। सुर इतिहास में इतनी कम आयु के व्यक्ति का मुखिया चुना जाना आश्चर्यजनक था।

"आयु नहीं, योग्यता ही निर्णायक होगी।" सभी ने एक स्वर में दोहराया। यज्न को इस प्रकार निर्विरोध चुने जाते देखकर मित्र ने संतोष की श्वास ली और सरना की ओर प्रशंसा-भाव से देखा।

मित्र ने मुखिया के वस्त्र और शस्त्र यज्न को धारण कराए तथा हाथ उठाकर यज्न को आशीर्वाद दिया। इसके पश्चात् सभा की अनुमति लेकर मित्र अपने शिविर में चले गए। सभा भंग हो चुकी थी।

***

अगली प्रात: यज्न मित्र के शिविर में गए। मित्र स्वभाव के विपरीत अभी तक निद्रामग्न थे। उनका प्रात: अपने हाथों से अपने अश्व को चारा देने का अटूट कार्यक्रम रहता था।

"श्रेष्ठ आज कार्यभार से मुक्त होकर शांति से सो रहे प्रतीत होते हैं। मुझे उनकी निद्रा में विघ्न नहीं डालना चाहिए।" यह सोचकर यज्न शिविर से बाहर आ गए।

अभी वह शिविर से कुछ पग ही आगे आए थे कि उनके हृदय में एक विचित्र सी भावना उठी। उन्होंने वापस शिविर में पहुँचकर मित्र को आवाज दी। मित्र ने जब कोई उत्तर नहीं दिया तो यज्न ने पास जाकर मित्र को स्पर्श किया। मित्र का शरीर ठंडा था और उसमें जीवन का लक्षण नहीं था, लेकिन उनके मुखमंडल पर एक दैविक आभा व्याप्त थी।

यज्न की आँखों से आँसू गिरने लगे। *"श्रेष्ठ को इस बात का पूर्वाभास था?"*

मित्र की मृत्यु का समाचार दावानल की तरह पूरे शिविर में फैल गया। समूचा सुर समुदाय अश्रुपूरित नेत्रों के साथ मित्र को श्रद्धांजलि देने पहुँच गया।

मित्र एक महान् आत्मा थे। उनकी देह को समाधिस्थ मुद्रा में भूमि के अंदर एक गड्ढा खोदकर बिठाया गया और उस गड्ढे को मिट्टी से समतल कर दिया गया। समाधि-स्थल पर एक स्मारक बना दिया गया। समूचा वरेण्यम शैलेशन के नेतृत्व में दिवंगत आत्मा को श्रद्धांजलि देने वहाँ पर उपस्थित था।

***

शोक की अवधि पूरी होने के उपरांत सुर आगे की योजना पर विचारार्थ पुनः एकत्र हुए। मंत्रणा से पूर्व सबने यज्न में अपनी निष्ठा व्यक्त की। इस गोष्ठी में तेजस ने सूचित किया, "वरेण्यम राज्य में शैलेशन ने स्थायी सुर-शिविर हेतु भूमि उपलब्ध करा दी है। इसके अतिरिक्त उन्होंने अपने मंत्रिपरिषद् में दो सुर प्रतिनिधि भी समाविष्ट करने का प्रस्ताव दिया है, जिससे दोनों राज्यों के मध्य सामंजस्य बना रहे और दोनों राज्य चिरकाल तक मित्रवत् रहें।"

"यह अत्यंत शुभ समाचार है, तेजस," सरना ने बाहर चाँदनी रात में अत्यंत रम्य प्रतीत हो रहे पर्वतों को देखते हुए कहा, "विधाता की यही इच्छा है कि सुर इन सुंदर घाटियों को समाहित करें।"

"आप सत्य कह रहे हैं, श्रद्धेय," यज्न ने कहा, "वरेण्यम के प्रजाजन और राजा अत्यंत सभ्य और आदर के योग्य हैं। हमें यहाँ शिविर तो स्थापित करना चाहिए, पर यह हमारी आगे की यात्रा में बाधा नहीं बनना चाहिए। हमें शीघ्र ही अगले पड़ाव की ओर प्रस्थान करना चाहिए, जहाँ हमें नई भूमि और नई सभ्यताएँ मिलेंगी।"

सरना ने इस पर कहा, "मैं भी इस बात से सहमत हूँ। हम शैलेशन का प्रस्ताव स्वीकार कर यहाँ स्थायी शिविर स्थापित करें। इसे आगे की यात्रा के लिए अपना मूल केंद्र बनाएँ। इस प्रकार हमें अनेक लाभ मिलेंगे। इसके अतिरिक्त हमारे रुग्ण साथी यहाँ रुककर चिकित्सा सुविधा का लाभ उठा सकेंगे।"

"यही सही होगा," यज्न ने निर्णय लिया। यह भी निर्णय लिया गया कि सरना सुरों के स्थायी प्रतिनिधि के रूप में वरेण्यम में रहेंगे और यहाँ पर सुरों का हित देखेंगे। सरना एक सैन्य-शक्ति अपने साथ रखेंगे। यह सेना वरेण्यम पर किसी बाहरी आक्रमण के समय सहायता देगी। इसके अतिरिक्त सरना सुरलोक तथा वरेण्यम के बीच सामाजिक, राजनीतिक और वाणिज्यिक संबंधों को सुदृढ़ करेंगे।

***

"मुझे वरेण्यम की राजपरिषद् से ज्ञात हुआ है कि दक्षिण-पूर्व दिशा में रागा जाति रहती है। ये खेती के विशेषज्ञ हैं और प्रचुर मात्रा में अन्न उत्पादन करते हैं," तेजस ने यज्न को समाचार दिया।

"यह तो अत्यंत उत्सुकता बढ़ाने वाला समाचार है। हमें वहाँ के लिए प्रस्थान करना चाहिए," यज्न ने संजीदगी से उत्तर दिया।

"आप सही कह रहे हैं, लेकिन मुझे बताया गया है कि वहाँ पहुँचने का मार्ग अति दुष्कर है," तेजस के स्वर में चिंता का अंश था।

"हम सुर हैं। मार्ग की दुर्गमता हमें हतोत्साहित नहीं कर सकती। यदि हम वरेण्यम तक आ सकते हैं तो रागा भूमि पर पहुँचने से भी हमें कोई बाधा नहीं रोक सकती। हमें मित्र के स्वप्न को पूरा करना है और यह देवाज्ञा भी है," यज्न के स्वर में दृढ़ता थी।

सेनानायकों की सभा में यज्न का प्रस्ताव सर्वसम्मति से स्वीकार किया गया। अभियान की तैयारियाँ प्रारंभ कर दी गईं। पिस्ता, बादाम, अखरोट वरेण्यम की भूमि को प्रकृति का उपहार थे। बड़े थैलों में सूखे मेवे भरे गए। सुरलोक से अश्वसेना और शस्त्रों की नई खेप पहुँच गई थी।

"नए शस्त्रों के आने से हम पहले से अधिक शक्तिशाली हो गए हैं," यज्न ने प्रसन्नता से कहा।

यात्रा में वरेण्यम की सेना के नौजवानों की एक टुकड़ी साथ थी, जो उनको मार्गदर्शन एवं अन्य प्रबंधन में सहायता कर रही थी। सेना को मार्ग में कठिन सँकरी घाटियों में से जाना पड़ रहा था। दोनों ओर ऊँची खड़ी पर्वत-श्रृंखलाएँ थीं। वृक्षों पर नए फल आ चुके थे। वे इस रम्यता का आनंद लेते हुए आगे बढ़ते रहे।

इसी प्रकार लगभग एक माह चलने के उपरांत वे उस स्थान पर पहुँचे, जहाँ ऊँचे पर्वतों ने एक हलके ढलान के साथ चौड़ी घाटी को स्थान दे दिया था। घाटी में बीच-बीच में छोटे-छोटे टीले उभरे हुए थे। चारों ओर घास के मैदान और उनके मध्य

झाड़ियाँ तथा इक्के-दुक्के पेड़ दिखते थे। उनके मध्य चरती हुए भेड़-बकरियाँ अत्यंत मनोरम दृश्य प्रस्तुत कर रही थीं।

"हम रागा राज्य में प्रवेश कर गए हैं," वरेण्यम की सेना के नायक ने सूचित किया।

सुरों ने इससे पूर्व इतनी बड़ी संख्या में भेड़-बकरियों के झुंड नहीं देखे थे।

"इतने पशु देखकर आश्चर्यचकित न होइए," वरेण्यम के एक सैनिक ने मंद हास के साथ कहा, "ये पशु रागा के निवासियों की जीवन-शैली के अंग हैं। ये उन्हें दूध, आहार तथा चर्म देते हैं। वास्तव में इन्हीं कारणों से रागा जीवन-पद्धति औरों से भिन्न है। वे स्वयं को बाहरी सभ्यताओं से कुछ अलग रखने में भी विश्वास रखते हैं।"

यज्न ने उसी स्थान पर शिविर स्थापित करने का निर्णय लिया और रागा प्रमुख राघेस के पास तेजस को कुछ सैनिकों के साथ अपने दूत के रूप में भेजा। उसके साथ वरेण्यम के दो पथ-प्रदर्शक और कुछ सुर-सैनिकों का दल अंगरक्षक के रूप में गया।

***

रागा जनजाति शताब्दियों से भेड़-बकरियाँ चराते हुए घुमक्कड़ जीवन बिताती थी। 'राघेस' के प्रमुख बनने के उपरांत उसने अपनी जाति को इस घाटी में स्थायी रूप से बसाकर पशुपालन के साथ-साथ व्यापक रूप से खेती हेतु मना लिया था।

अजेय सुरों की कहानियाँ सब ओर फैल चुकी थीं। रागा ने भी उनके विषय में सुना था। ये कहानियाँ कुछ इस प्रकार चलती थीं, "वे लुटेरे नहीं हैं। वे अपने विधाता के सिद्धांतों पर चलते हैं और दूसरों को भी उसका पालन करने को कहते हैं। जो विधाता को मानने से मना करता है, वही उनके कोप का भागी होता है।"

राघेस ने निर्णय लिया कि सुर-सेना से शत्रुता का कोई लाभ नहीं है। *"हमारे पास खोने के लिए कुछ विशेष नहीं है। हो सकता है, हमें मित्रता का कुछ लाभ ही मिल जाए।"*

***

एक छोटी पहाड़ी पार करते ही तेजस को रागाओं का ग्राम दिखाई देने लगा। सब ओर से कटोरेनुमा पहाड़ियों के मध्य एक समतल भूमि पर छप्पर वाले घर साफ दिखाई दे रहे थे। उसके चारों ओर कम ऊँचाई वाले पेड़ और उसके बाद दूर-दूर तक खेत थे। तेजस को ग्राम की विशालता देखकर आश्चर्य हुआ। वह इतने बड़े ग्राम की अपेक्षा नहीं कर रहा था।

राघेस ने अपनी बाँहों में लेकर सुरों के दूत का स्वागत किया। वह उसे अपने कक्ष में ले गया और अपने बराबर एक आसन पर बैठने हेतु अनुरोध किया। आसन तराशे गए श्वेत पत्थर का बना था और उस पर बकरी की चर्म मढ़ी गई थी। दोनों ओर हाथ टिकाने हेतु भेड़ की मूर्तियाँ लगाई गई थीं।

"रागाओं की भूमि पर आपका स्वागत करते हुए हमें प्रसन्नता हो रही है। कृपया अपना स्थान ग्रहण कीजिए," राघेस का स्वर विनम्र था, "हमने सुरों के पवित्र अभियान के विषय में सुना है। रागा दुष्ट शक्तियों का नाश करने के हर प्रयास में आपका सहयोग करेंगे। हम स्वयं दुष्ट शक्तियों के प्रतीक लुटेरी जातियों के आक्रमणों से पीड़ित हैं।"

इस बीच तेजस और अन्य सैनिकों के सम्मुख पारंपरिक बकरी के दुग्ध और सूखे मेवों से भरा थाल रखा गया। राघेस ने अपनी बात जारी रखी, "रागा समाज सुरों की श्रेष्ठता को, उनके शौर्य को और उनके ज्ञान को नमन करता है।"

तेजस राघेस के विनयभाव से अत्यंत प्रभावित था।

***

इसके पश्चात् राघेस स्वयं प्रतिष्ठित सभासदों के साथ यज्न को आमंत्रित करने गया। रागा निवासी मृदंग और वाद्ययंत्र बजाते आगे-आगे चल रहे थे।

यज्न से मिलने पर राघेस ने विनम्रतापूर्वक कमर तक झुककर कहा, "आपका रागा भूमि पर स्वागत करना हमारा सौभाग्य है। इसके लिए हम आपके आभारी हैं।"

जब उसने सुरों की दुर्जय सेना को देखा तो उसे संतोष हुआ कि इस शक्ति के सम्मुख समर्पण का उसका निर्णय सही था।

यज्न रागा के वाद्य यंत्रों से निकलते मधुर संगीत और मृदंग की ताल से अत्यंत प्रभावित हुए। यह एक अलौकिक धुन थी, जिसमें दैविकता का अनुभव हो रहा था। अभी तक सुरों का संगीत बहुधा तुरही, बाँसुरी और ढोल तक सीमित था। रागा यंत्र और संगीत हर प्रकार से उनसे अधिक श्रेष्ठ थे।

उस संध्या को सुरों के स्वागत में एक संगीत और नृत्य से परिपूर्ण कार्यक्रम का आयोजन किया गया। इसमें विभिन्न प्रकार के स्वादिष्ट शाकाहारी और सामिष भोज्य पदार्थ परोसे गए। यज्न रागा जनजाति के सत्कार से अत्यंत प्रभावित थे, उन्हें सबसे अधिक आश्चर्य तो भोजन में प्रचुर मात्रा में गेहूँ की रोटियाँ परोसने पर था। रागा जनजाति ने बड़े स्तर पर गेहूँ की खेती करने का कौशल प्राप्त कर लिया था।

***

सुर गेहूँ की खेती सीमित रूप में करते थे। गेहूँ की खेती उनके लिए मात्र एक अनुष्ठान जैसा था। उन्होंने इस विषय में योजनाबद्ध तरीके से कभी सोचा ही नहीं था।

"आपकी रोटियाँ बहुत स्वादिष्ट हैं राजन, नरम और उत्तम," यज्न ने प्रशंसा भाव से राघेस की ओर देखते हुए कहा, "हम आपके कृतज्ञ हैं, आपने यह संध्या हमारे लिए एक स्मरणीय बना दी है।"

राघेस के मुख पर एक बड़ी मुसकान आ गई, "श्रेष्ठ, हमें अत्यंत प्रसन्नता है कि आपको हमारा भोजन रुचिकर लगा। हमारे लोग खेतों में कठोर श्रम करके गेहूँ उगाते हैं। फसल पक जाने के बाद हम उसे काटकर उसमें से गेहूँ निकालकर अन्न-भंडारों में रखते हैं। हमें एक बार में पूरे वर्ष की आवश्यकता से कुछ अधिक ही मिल जाता है।"

यज्न ने जिज्ञासावश पूछा, "क्या मैं आपके खेतों को देख सकता हूँ?"

"अवश्य, हम कल प्रातः ही खेतों में जाएँगे। हमारी फसल पककर तैयार है और हमने इसे काटना प्रारंभ कर दिया है।"

जब अगले दिन यज्न खेतों के निरीक्षण हेतु गए तो वहाँ के दृश्य ने उनका मन मोह लिया। सभी ओर गेहूँ की सुनहरी बालियाँ लहरा रही थीं। लगता था कि पूरी भूमि ही स्वर्णमय हो गई हो। रागा स्त्री और पुरुष गीत गाते हुए कटाई करने में मग्न थे।

"फसल को काटने के उपरांत इसकी बालियों को पीटकर गेहूँ के दानों को निकाला जाएगा और भंडारों में रखा जाएगा। आवश्यकतानुसार गेहूँ को पीसकर इनका आटा बनाया जाएगा, जिससे गूँधकर रोटी बनेगी," राघेस ने यज्न को बताया।

यज्न के मस्तिष्क में मंथन चल रहा था, "यह तो भविष्य में भोजन की समस्या दूर कर सकता है।" अभी तक सुर प्रमुखतया ज्वार तथा बाजरा आदि अन्न, शाक और दूध से बने भोज्य पदार्थ खाते थे। उन्होंने जाना कि गेहूँ की खेती अन्न का एक नया और महत्त्वपूर्ण साधन हो सकती थी।

उन्होंने उसी संध्या अपने नायकों की एक गोष्ठी बुलाई और कहा, "साथियों, रागा जनजाति अत्यंत दूरदर्शी और गुणी है। इन्होंने अपनी जीवन-शैली को योजनाबद्ध तरीके से नियोजित और आनंददायी बनाया है। इनसे हमें बहुत कुछ प्राप्त हो सकता है, विशेष रूप से इनके गेहूँ उगाने की कला से। मेरे विचार में यदि हम इनकी इस विशेषज्ञता का लाभ ले पाते हैं तो हमें भोजन के मूल आधार की प्राप्ति हो जाएगी। सबसे विशेष बात यह है कि हम गेहूँ का लंबे समय तक संग्रहण कर सकते हैं। यह

विश्व की क्षुधा शांत करने का साधन बन सकता है। मेरा सुझाव है कि हमें बिना समय गँवाए लौटकर अपने खेतों में गेहूँ उगाने का प्रयास करना चाहिए।"

***

दो माह बाद वे वापस सुरलोक में थे। इस यात्रा में उन्होंने सुर साम्राज्य का विस्तार कर नए सहयोगी राज्य जोड़े थे और उनके अनुकरणीय ज्ञान को साथ लाए थे। सुरलोक में उनका स्वागत किया गया। यद्यपि मित्र के देहावसान के कारण स्वागत में बहुत भव्यता नहीं थी।

यज्न ने सबको संबोधित करते हुए कहा, "हम श्रेष्ठ को कभी विस्मृत नहीं कर सकते। यह हमारी अपूरणीय क्षति है। हम हमेशा उनके बताए हुए पथ पर आगे बढ़ेंगे। उनकी पुण्यात्मा सर्वदा हमारा मार्गदर्शन करती रहेगी। हम शपथ लेते हैं कि श्रेष्ठ के स्वप्नों को साकार करेंगे। उन्होंने जिस अभियान को प्रारंभ किया, हम उसमें रुकेंगे नहीं, अपितु उस शिखर तक पहुँचेंगे, जिसे उन्हें स्वयं विधाता ने दिखाया था।"

सबने मित्र को भावभीनी श्रद्धांजलि दी। यज्न को महासभा में विधिवत् सुर प्रमुख के पद के लिए चुना गया। यज्न के नाम का प्रस्ताव बृहस्पति और अग्नि ने किया। सभा में नए प्रमुख के चुनाव के अवसर पर पुष्पवर्षा की गई और जल छिड़का गया। सुरलोक के बढ़ते प्रभाव-क्षेत्र को देखते हुए सुर-प्रमुख को 'राजन' पदनाम दिया गया।

प्राचार्य अंगिरस ने इस अवसर पर विशेष रूप से राज्य और प्रजाजनों की समृद्धि हेतु बनाया गीत गाया—

"विधाता की कृपा सभी जीवों पर रहे,
सभी पर उसकी दया रहे,
चाहे राजा हो या प्रजाजन,
विश्व बुरी शक्तियों से मुक्त हो,
सभी स्वस्थ और निरोगी हों,
सब ओर शांति और प्रेम का संचार हो।"

□

7

असुर राज्य में विद्रोह

मित्र की सेना से अपमानजनक पराजय ने असुरराज महामाया का मनोबल तोड़ दिया था और उसकी स्थिति कमजोर होने लगी थी। उसके सभासद उसकी अवज्ञा करने लगे। पुलोमा महामाया का एक प्रमुख सभासद था। उसने महामाया के विरुद्ध खुला विद्रोह करने का निर्णय ले लिया। सभासदों का बहुमत भी पुलोमा के पक्ष में होता जा रहा था।

अंतिम निर्णय के लिए उसने अपने समर्थक सभासदों की एक गुप्त बैठक बुलाई। मंत्रणा-कक्ष भरा हुआ था। सभी पुलोमा को सुनने के लिए आतुर थे। वह क्रोधावेश में कक्ष में आगे-पीछे चहलकदमी कर रहा था। अचानक वह रुका और संबोधन प्रारंभ किया—

"नवीनतम समाचार यह है कि सुरों ने वरेण्यम के पश्चात् रागाओं के राज्य पर भी विजय प्राप्त कर ली है," यह कहते हुए पुलोमा के नथुने क्रोध से फड़क रहे थे, "महामाया ने गौरवशाली असुरों को अवमानना और दीनता के अंतिम छोर तक पहुँचा दिया है। सुरों ने हमें पराजित कर हमसे हमारे राज्य का एक बड़ा हिस्सा छीन लिया है, पर असुरराज अपनी हीनता दिखाने के अतिरिक्त कुछ न कर सके। इस पराजय ने महामाया को इतना कायर और डरपोक बना दिया है कि वह किसी भी प्रकार का मार्गदर्शन करने के योग्य नहीं रह गया है। दूसरी ओर सुर द्रुतगति से प्रगति के मार्ग पर अग्रसर हैं। सिंधु से लेकर कश्यप पहाड़ों तक के क्षेत्र में उनकी जय-जयकार हो रही है। इस परिक्षेत्र की प्रत्येक जनजाति, राज्य या तो सुरों से पराजित हो गए हैं या उन्होंने बिना युद्ध किए ही उनकी अधीनता स्वीकार कर ली है। यदि ऐसा ही चलता रहा तो सुर पूरे भू-भाग पर अधिकार कर लेंगे, यहाँ तक कि हमारे बचे-खुचे राज्य पर भी।"

"पुलोमा, हमें शुक्राचार्य से बात करनी चाहिए और असुर राज्य की स्थिति

पर अपनी चिंता व्यक्त करते हुए उन्हें पूरी तरह से शासन में रुचि हेतु प्रेरित करना चाहिए," एक सभासद ने मत व्यक्त किया।

इस पर पुलोमा का कनिष्ठ भ्राता विप्रचित्ति बोला, "महामाया ने विगत वर्षों में एक ही कार्य सही किया है और वह है शुक्राचार्य को गुरुपद पर आसीन करने का। लेकिन मुझे प्रतीत होता है कि यदि महामाया राजा बने रहते हैं तो शुक्राचार्य भी कुछ नहीं कर पाएँगे। सुर विजय-पथ पर अग्रसर हैं और हम एक अयोग्य राजा के कारण अपमान झेल रहे हैं।"

"मेरे विचार में यदि हमें असुरों की स्थिति बदलनी है तो सर्वप्रथम राजा को बदलना होगा," एक अन्य सभासद ने मत दिया।

"उसके स्थान पर पुलोमा जैसा ओजस्वी राजा चाहिए," सभासद निर्णायक बिंदु पर पहुँच गए थे।

कुछ पल के मौन के बाद सबने पुलोमा को अगला राजा चुनने का निर्णय ले लिया।

***

सभासदों की इस गुप्त गोष्ठी का समाचार मिलने पर महामाया असमंजस में पड़ गया। जब उसे कुछ नहीं सूझा तो वह गुरु शुक्राचार्य से परामर्श करने हेतु उनके आश्रम में पहुँचा।

शुक्राचार्य ने सारी बात सुनने के पश्चात् कहा, "राजन, मेरा यह कर्तव्य है कि मैं आपके हितैषी के रूप में आपको उचित सुझाव दूँ। वास्तविकता यह है कि आपने असुरों को समृद्धि के शिखर तक पहुँचाने में अमूल्य योगदान दिया है। आपका शासन भी अधिकतर भेदभाव रहित और विवेकपूर्ण था, लेकिन वास्तविकता यह भी है कि सुरों से पराजय असुरों के गौरव पर एक कलंक है। इसे न तो आप भुला पा रहे हैं और न ही आपके सभासद। आप स्वयं हीन भावना से ग्रसित हो चुके हैं और यह हीनता आपके स्वभाव में आ गई है। प्रजा एक शक्तिशाली, दृढ़ राजा में विश्वास करती है तथा आप वह विश्वास खो चुके हैं। मेरे वचन आपको कटु लग रहे होंगे, लेकिन मेरा निवेदन है कि आप इस विषय पर आत्ममंथन करें।"

महामाया की समझ में आ गया कि उसके सभी द्वार बंद हो चुके थे। कुछ देर सोचने के बाद वह बोला, "आपका सुझाव मेरे लिए आदेश है, गुरुदेव! यह मुझे शिरोधार्य होगा।"

शुक्राचार्य ने सुझाव दिया, "मैं चाहूँगा कि राज्य-सत्ता का हस्तांतरण गरिमापूर्ण

होना चाहिए। मैं आपको वचन देता हूँ कि आपको एवं आपके परिवार को पूर्ण सम्मान दिया जाएगा और कोई आपको किसी प्रकार की क्षति पहुँचाने का प्रयास नहीं किया जाएगा। मेरा आपसे निवेदन है कि बिना विलंब के आप सभासदों को बुलाकर अपना पद छोड़ने की घोषणा करें।"

निरुपाय महामाया ने लौटकर विशेष सभा को संबोधित किया, "सभाजनों, आप सब सर्वदा मेरे साथ मिलकर असुर राज्य के विकास के हेतु कार्य करते रहे। आज असुरों का राज्य समृद्ध एवं वैभवशाली है और यह आप सबके सहयोग से ही संभव हो सका है। लेकिन अब स्वास्थ्य और अधिक आयु के कारण राज्य के शासन का दायित्व उठाने में मैं स्वयं को असमर्थ पा रहा हूँ। मैंने इससे सेवानिवृत्ति का निर्णय लिया है, अब मेरा आपसे एक निवेदन है कि आप अपने में से एक परिपक्व सभासद को नया राजा चुनकर मुझे कार्य-मुक्ति दें। कोई भी आवश्यकता होने पर मैं राज्य की सेवा में उपलब्ध रहूँगा।"

कुछ देर तक वहाँ असमंजस छाया रहा। उसके बाद विप्रचित्ति ने खड़े होकर कहा, "राजन, आपके नेतृत्व में असुर राज्य समृद्धि की ऊँचाइयों तक पहुँचा है, पर यह भी सत्य है कि हम युद्ध में सुरों से हारे हैं। हमें एक ऐसा राजा चाहिए, जो सुरों को चुनौती दे सके।"

इसके पश्चात् सर्वसम्मति से पुलोमा को नया राजा चुना गया।

***

राज सँभालने के पश्चात् पुलोमा ने कुछ समय अपनी स्थिति और सत्ता पर अपनी पकड़ मजबूत करने में लगाया। जब उसे इस बात का विश्वास हो गया कि राज्य में उसका कोई विरोधी नहीं है और सभी सभासद उसे असुरराज के रूप में स्वीकार करने लगे हैं, तब उसने सभासदों की विशेष सभा आहूत की और कहा, "इसके पूर्व कि सुर-शक्ति दानव का आकार ले ले, हमें उन्हें वास्तविक असुर शक्ति का अनुभव दिलाना आवश्यक है। आइए, आज हम यह शपथ लें कि हम सुरों को सिंधु नदी परिक्षेत्र से दूर खदेड़ देंगे।"

फिर विप्रचित्ति की ओर देखते हुए वह बोला, "यह असुरों के लिए संभवतः सबसे कठिन अभियान होगा। मैं तुम्हें सुरों के विरुद्ध इस अभियान का प्रबंध सौंपता हूँ।"

शीघ्र ही पाँच सहस्र क्षमता की पूर्ण प्रशिक्षित असुर-सेना सुरों पर आक्रमण के लिए तैयार थी।

कई असुर सभासद सुरों के साथ युद्ध के विरुद्ध थे। उन्हें युद्ध के विपरीत परिणाम की आशंका थी, लेकिन वे पुलोमा का विरोध करने में अक्षम थे। उन्होंने पुलोमा को प्रस्ताव दिया, "हमारे विचार से हमें गुरु शुक्राचार्य से भी इस विषय पर परामर्श कर लेना चाहिए।"

पुलोमा के दर्प और सुरों के प्रति क्रोध ने इस विषय पर उसके सोचने-समझने की शक्ति को नष्ट कर दिया था। वह सुरों से हुए असुरों के मान-मर्दन का प्रतिकार लेने हेतु दृढ़ संकल्प था। उसका विचार था, *"मैं शुक्राचार्य और उनकी विद्वत्ता का आदर करता हूँ, लेकिन वे अभी कम आयु के हैं। इस विषय का उन्हें कोई अनुभव या ज्ञान नहीं है और न ही वे असुरों की इस पीड़ा को समझ सकते हैं।"*

कुछ सभासद शुक्राचार्य से मिले तो उनका कहना था, "पुलोमा इस विषय पर अपना विवेक खो चुका है। असुर-सेना सुरों की अश्वारोही सेना और श्रेष्ठ अस्त्रों का सामना नहीं कर सकती। मेरा विचार है कि आपको इस विषय पर प्राचार्य अंगिरस के पास जाना चाहिए। वे ज्येष्ठ हैं और दोनों पक्ष उनका सम्मान करते हैं।"

सभासद अंगिरस के पास पहुँचे। सारा वृत्तांत जानने के बाद अंगिरस इस निश्चय पर पहुँचे कि यह युद्ध किसी भी परिस्थिति में रोका जाना चाहिए। वह तुरंत पुलोमा के पास गए और युद्ध न करने का परामर्श दिया, "युद्ध दोनों पक्षों के लिए हानिकारक होगा। महामाया और मित्र के मध्य हुई संधि के अनुसार दोनों राज्य एक-दूसरे पर आक्रमण न करने की लिए वचनबद्ध हैं। मेरे विचार में दोनों पक्षों में और अधिक समरसता की आवश्यकता है।"

"प्राचार्य!" पुलोमा का क्रोध जाग चुका था, "मैं आपका आदर करता हूँ, इसलिए प्रार्थना करता हूँ, कृपया इस विषय पर आगे बात न करें। सुर और असुर पृथक्-पृथक् दिशाओं में आगे बढ़ चुके हैं। जब एक धारा दो धाराओं में विभाजित होकर अलग-अलग दिशाओं में चली जाती है तो वह फिर कभी नहीं मिलती।"

"लेकिन युद्ध केवल विनाश ही लाता है। असुरों में भी अधिकतर इस युद्ध के पक्ष में नहीं हैं," अंगिरस ने आग्रह किया।

"आपके शब्द मेरे निर्णय पर प्रभाव नहीं डाल सकते, प्राचार्य! मुझे कुछ कायरों के मत की चिंता नहीं है," पुलोमा किसी तर्क को सुनने की लिए तैयार नहीं था।

लेकिन अंगिरस ने बिना क्रोध किए शांत भाव से प्रस्तावित किया, "ठीक है, यदि आपको सुरों को हराना ही है तो यह कार्य आप बिना रक्तपात के भी कर सकते हैं। मेरा सुझाव है कि आप सुर-श्रेष्ठ यज्न को द्वंद्वयुद्ध की चुनौती दें। यदि वह यह

चुनौती स्वीकार नहीं करता या पराजित हो जाता है तो सुरों को यह भूमि छोड़नी होगी या आपकी अधीनता स्वीकार करनी होगी। इस प्रकार आपका प्रतिकार भी पूरा हो जाएगा तथा आपका आत्मसम्मान पुनः प्राप्त करने का उद्देश्य भी बिना रक्तपात के पूरा हो जाएगा। लेकिन इस द्वंद्वयुद्ध के लिए आपमें आत्मविश्वास होना आवश्यक है।"

पुलोमा ने कुछ समय तक सोचा, फिर उत्तर दिया, "मुझे उस बालक से युद्ध करने में कोई संकोच नहीं है। अपितु मुझे तो उस पर मेरे हाथों होनेवाली दुर्गति के विषय में सोचकर दया आ रही है। मैं आपके प्रस्ताव का अनुमोदन करता हूँ। कृपया यज्न के पास जाकर उससे भी सहमति ले लें।"

अंगिरस वहाँ से सीधे यज्न के पास गए। जब उन्होंने यज्न को पुलोमा द्वारा सुरों पर आक्रमण के विचार और फिर द्वंद्वयुद्ध के निर्णय के विषय में बताया तो यज्न के मुख पर चिंता का कोई भाव नहीं आया। वह बोले, "प्राचार्य, सुरों की वास्तविक शक्ति उनके सिद्धांतों में है और वे किसी भी स्थिति का सामना कर सकते हैं। यदि इससे व्यर्थ का रक्तपात बचता है तो मैं इसके लिए तैयार हूँ। मुझे इसके लिए केवल आपका आशीर्वाद चाहिए।"

अंगिरस ने उत्तर दिया, "मुझे सुर-शक्ति में पूर्ण विश्वास है। युद्ध दोनों ओर विनाश और मृत्यु ही लाएगा। इसीलिए मैंने द्वंद्वयुद्ध का प्रस्ताव किया। इस युद्ध के कुछ नियम होंगे। विजयी पक्ष इस भूमि का शासक होगा। हारनेवाले पक्ष को विजयी पक्ष के सम्मुख आत्मसमर्पण करना होगा।"

"प्राचार्य! मैं आपके इस परामर्श के लिए कृतज्ञ हूँ। जो द्वंद्वयुद्ध सहस्रों के जीवन को बचा सकता है, उससे उत्तम उपाय श्रेष्ठता सिद्ध करने के लिए कोई और हो ही नहीं सकता।"

***

दोनों राज्यों की सीमा पर सिंधु के तट पर द्वंद्वयुद्ध के लिए मैदान तैयार किया गया। दोनों योद्धाओं को नियमावली सुनाई गई, "आप दोनों अपना-अपना शस्त्र चुनने के लिए स्वतंत्र होंगे। आप इस प्रकार लड़कर विजय प्राप्त करने का प्रयास करेंगे कि प्रतिद्वंद्वी को मारक घाव न लगें। यदि कोई योद्धा अपनी पीठ के बल गिर जाता है या शस्त्रविहीन हो जाता है या अपने हाथ खड़े करता है, तो उस अवस्था में उसका प्रतिद्वंद्वी उस पर प्रहार नहीं करेगा। पीछे से प्रहार करना पूर्ण वर्जित है।"

यह भी निर्देश दिया गया कि सुर और असुर एक ही कुटुंब के हैं और दोनों ही पक्ष वीरों से भरे हैं, अतः दर्शक एक-दूसरे के विरुद्ध आपत्तिजनक शब्दों का प्रयोग नहीं करेंगे और एक-दूसरे की मर्यादाओं को ठेस नहीं पहुँचाएँगे।

***

लेकिन मैदान में उतरने के पश्चात् पुलोमा आचारनीति भूल गया। उसने यज्न पर घृणित निगाह डालते हुए कहा, "यज्न, सुरों के प्रमुख, मित्र ने धूर्ततापूर्वक भोली-भाली जनजातियों पर विजय पाकर अपने को सर्वश्रेष्ठ समझ लिया था। पर आज के इस युद्ध में तुम्हारी नियति के विषय में सोचकर मुझे दुःख का अनुभव हो रहा है।"

यह कहकर पुलोमा ने रुककर यज्न की आँखों में अपनी बात का प्रभाव देखने का प्रयास किया। विशालकाय पुलोमा यज्न के समक्ष पहाड़ जैसा खड़ा था। उसके खुले बाल वायु के वेग में उड़ रहे थे। उसकी आँखों से क्रोध की ज्वाला निकल रही थी।

यज्न पुलोमा के इस प्रकार उकसाने पर हँस रहा था और पुलोमा यह देखकर और उत्तेजित हो रहा था। वह दहाड़ते हुए बोला, "मेरा तुम्हें परामर्श है कि यदि तुम अपने शस्त्र फेंककर मेरे सामने घुटनों के बल बैठ जाते हो तो मैं तुम्हारे साथ नरमी बरतूँगा। यदि हम एक ही कुटुंब के नहीं होते तो अब तक तुम्हारे टुकड़े-टुकड़े कर दिए गए होते।"

यज्न के मुख से मुसकान लुप्त हो गई। क्रोध से उसने उत्तर दिया, "जनजातियों और राज्यों ने किसी दमन के कारण हमें स्वीकार नहीं किया है। ये जनजातियाँ हमारे अधीनस्थ नहीं हैं अपितु हमारी सहअस्तित्व की परंपरा की प्रतीक हैं।"

क्रोध से दाँत पीसते हुए पुलोमा और जोर लगाकर दहाड़ा, "यज्न, इतनी कम आयु में भी तुममें वही घमंड है, जो एक सुर को रक्त में उत्तराधिकारी के रूप में मिलता है। यदि तुमने थोड़ी सी भी बुद्धि का प्रयोग किया होता तो मुझे इस प्रकार अपने प्राण हरण के लिए न उकसाते।"

द्वंद्वयुद्ध प्रारंभ हो गया। मैदान के एक ओर सुर और दूसरी ओर असुर बैठे थे। प्राचार्य अंगिरस अपने सहयोगियों के साथ इस तनावपूर्ण वातावरण को सँभालने का कार्य कर रहे थे। पुलोमा ने दर्पपूर्वक अपनी गदा हाथ में ले कंधे के ऊपर उसे घुमाते हुए द्वंद्व हेतु बनाए गए क्षेत्र में प्रवेश किया। उसकी लंबी विशाल देह के समक्ष यज्न वामन जैसा प्रतीत हो रहा था। असुर पुलोमा की विजय के प्रति निश्चिंत थे और

उसकी जय-जयकार कर रहे थे। दूसरी ओर सुर भी यज्न का उत्साहवर्धन कर रहे थे, लेकिन दोनों की काठी में अंतर को देखते हुए अंदर से आशंकाग्रस्त थे।

यज्न को भलीभाँति ज्ञात था कि पुलोमा को शक्ति परीक्षण के आधार पर हराने का प्रयास आत्मघाती होगा। वह पुलोमा की निर्बलता को पहचानने का प्रयास कर रहा था। उसे ज्ञात था कि शारीरिक शक्ति में कमतर होने पर भी पुलोमा के विरुद्ध उसकी स्फूर्ति उसकी सबसे बड़ी शक्ति थी।

पुलोमा दाँत पीसते हुए यज्न की ओर बढ़ा और पूरे वेग से अपनी गदा से प्रहार किया। यज्न ने उसका प्रहार रोकने का कोई प्रयास नहीं किया, अपितु प्रहार की दिशा और वेग का पूर्वानुमान लगाते हुए क्षणांश में उछलकर पीछे हट गया और पुलोमा के प्रहार को खाली जाने दिया। पुलोमा ने अविलंब घूमते हुए दूसरा वार किया। इस बार भी यज्न ने एक ओर झुकते हुए वार को खाली जाने दिया। पुलोमा अपनी ही झोंक में आगे तक निकल गया। उसने अपने आप को सँभाला और यज्न को क्रोध से घूरा, जो अपनी चिरपरिचित चिढ़ाती हुई मुसकान के साथ खड़ा था। इस प्रकार वार खाली जाते देखकर पुलोमा क्रोधांध हो रहा था। वह एक बार फिर यज्न पर पूरी शक्ति लगाकर लपका। इसके पूर्व कि पुलोमा प्रहार कर सके, यज्न ने हवा में ऊँचा उछलकर पुलोमा के वक्ष पर पैरों से शक्तिशाली प्रहार किया। पुलोमा लड़खड़ाया और किसी प्रकार अपने को गिरने से बचाया। एक अंतराल तक इसी प्रकार द्वंद्वयुद्ध चलता रहा। यज्न पुलोमा के ताबड़तोड़ प्रहारों से झुककर, किनारे या पीछे कूदकर या छल करके स्वयं को बचाता रहा। उसके सामने पुलोमा निष्प्रभावी और मंदबुद्धि लग रहा था।

असुर पक्ष से जयकार की ध्वनि कम होने लगी थी। लगातार खाली प्रहारों से पुलोमा को कुंठा हो रही थी। उसका आत्मविश्वास डगमगा रहा था। अब वह अपना मानसिक संतुलन खोकर द्वंद्व के नियमों के विरुद्ध प्रहार करने लगा था। अब उसका एकमात्र उद्देश्य उद्दंड यज्न को मारना था।

पुलोमा ने निर्णय लिया कि यज्न की स्फूर्ति के समक्ष गदा उपयोगी नहीं होगी। इस प्रकार वह थक जाएगा। उसने तलवार उठाई और पुनः यज्न पर आक्रमण प्रारंभ कर दिया। इस बार यज्न ने अपनी तलवार से उसका वार रोका। कुछ पल तक दोनों टकराई हुई तलवारें हवा में एक-दूसरे का शक्ति परीक्षण करती रहीं, फिर अकस्मात् ही पुलोमा ने अपनी तलवार हटाकर यज्न के पेट में घोंपने का प्रयास किया।

यज्न के बचते-बचते भी तलवार यज्न के कंधे पर एक चीरा लगा गई। यज्न पीड़ा से झुक गया। उसकी पीठ पुलोमा की ओर थी, लेकिन पुलोमा ने उस पर पुनः प्रहार करने हेतु हाथ उठाया। यह प्रहार द्वंद्व के नियमों के विरुद्ध था। अंगिरस ने अपने स्थान पर खड़े होकर द्वंद्व रोकने का आदेश दिया, लेकिन पुलोमा ने उनके आदेशों को अनसुना कर दिया। उसकी आँखों से अंगारे बरस रहे थे। आशंकित अंगिरस अपने सहयोगियों के साथ उन दोनों की ओर लपके।

घाव ने यज्न का मनोबल नहीं तोड़ा था। उसने एक ओर छलाँग लगाते हुए पुनः अपने को पुलोमा की तलवार के अगले वार से बचा लिया। पुलोमा ने इस वार में अपनी सारी शक्ति झोंक दी थी और वह अपनी ही झोंक में आगे तक चला गया। यज्न के लिए यह एक स्वर्णिम अवसर था। नियम पीछे छूट चुके थे और यह जीवन-मरण का विषय था। उसकी तलवार बिजली की तरह हवा में कौंधी, इसके पूर्व कि पुलोमा अपना संतुलन बना पाता, तलवार उसके पेट में पूरी तरह घुस गई। पुलोमा एक चीख के साथ मैदान में गिर गया। जब तक अंगिरस आकर युद्ध रोक पाते, युद्ध समाप्त हो गया था।

***

पुलोमा पीड़ा से कराह रहा था। उसके घाव से रक्त के झरने फूट रहे थे। यज्न वहीं शांत खड़ा था। उसके कंधे के घाव की पीड़ा अब असहनीय होने लगी थी। वह द्वंद्व के परिणाम से खिन्न था। उसे ज्ञात था कि अपने को बचाने के लिए ही उसे पुलोमा को मारना पड़ा था।

सब पुलोमा के चारों ओर एकत्र हो गए। उसकी आँखें बंद होने लगी थीं। उसके होंठ काँप रहे थे। वह कुछ कहना चाहता था। शुक्र ने अपनी गोदी में उसका सिर रखकर उसे सहलाया। पुलोमा ने प्रयत्नपूर्वक अपनी आँखें खोलकर आचार्यों के समझाने के उपरांत भी सुरों से वैमनस्यता रखने के लिए क्षमा माँगी।

अचानक ही पुलोमा के मुख से समस्त पीड़ा के चिह्न गायब हो गए और उसका मुख निर्विकार हो गया।

***

इन अवसरों पर शत्रुता भुला दी जाती है। यज्न ने घोषणा की कि हम असुर राज्य पर कोई अधिकार नहीं माँगेंगे। हम प्रार्थना करेंगे कि विधाता असुरों को इस महान् क्षति को सहने की शक्ति दे। भविष्य में किसी प्रकार की आवश्यकता होने पर सुर सर्वदा उनके साथ खड़े होंगे।

पुलोमा का परिवार उसकी निष्प्राण देह के पास बैठा था। उनमें एक अत्यंत आकर्षक लड़की भी थी, जिसका मुख इस अवसाद की वेला में भी शांत था। उसमें ऐसा कुछ था, जो यज्न को अपनी पीड़ा भुलाकर उसे देखने के लिए विवश कर रहा था। उसने सामान्य ऊनी अँगरखा एवं घाघरा पहना हुआ था। उसके काले केश हवा में उड़ रहे थे और उसका गरिमापूर्ण मुख अपराह्न की धूप में चमक रहा था। उसकी बड़ी चमकती आँखें दुःख से भरी हुई थीं।

यज्न को बताया गया, "यह लड़की पुलोमा की बेटी शचि है। यह अत्यंत बुद्धिमान और सुशील है। यह सुर-असुर वैमनस्य के विरुद्ध है। इसने अपने पिता को समझाने का प्रयास भी किया था, लेकिन पुलोमा के अहंकार ने उसे किसी भी सही परामर्श को नहीं सुनने दिया।"

शचि कुछ समय तक पिता की मृत देह के पास बैठी रही। उसने सावधानी से अपनी लंबी उँगलियों से उसके चेहरे पर पड़ी धूल साफ की और उसकी आँखें बंद कीं। यद्यपि शचि का मुख अवसाद से भरा था, उसकी आँख से एक भी अश्रु नहीं निकल रहा था। तभी उसने वहाँ खड़े यज्न को देखा। वह खड़ी हो गई और यज्न की आँखों में आँखें डालकर बोली, "ओ सुर श्रेष्ठ! मेरे पिता के प्राण हरने के बाद तुम यहाँ क्या कर रहे हो?"

यज्न को इस प्रकार के प्रश्न की आशा नहीं थी।

"मेरे पास कोई विकल्प नहीं था," उसने सूखे गले से अपनी सफाई देने का प्रयास किया, "द्वंद्व के नियमों का पालन न होने के कारण इसकी दुःखद परिणति हुई।"

"मैंने तुम्हारी सफाई नहीं माँगी थी," शचि ने उसे बीच में ही रोक दिया, "तुम शूर हो, इसी कारण तुमने मेरे पिता की चुनौती स्वीकार करने का साहस किया, लेकिन क्या एक कुटुंब में व्याप्त वैमनस्यता इस प्रकार मिट सकती है? क्या किसी एक को अपने को श्रेष्ठ घोषित करने से भविष्य श्रेष्ठ होगा?"

"सुर इस वास्तविकता से भिज्ञ हैं; उन्होंने कभी असुरों पर अपनी श्रेष्ठता लादने का प्रयास नहीं किया, अपितु तुम्हारे पिता ने ही सुरों को चुनौती दी थी," यज्न ने संजीदा भाव से उत्तर दिया।

शचि ने एक बार यज्न की आँखों में देखा। वह इस विषम परिस्थिति में भी शांत थी, फिर उसने मुड़कर असुर सैनिकों को अपने राजा के शव को अंतिम संस्कार के लिए ले जाने को कहा। एक बड़ी चिता पर शव रखकर उसे अग्नि दी गई। सुर और

असुर दोनों ने मृतक की आत्मा की शांति के लिए प्रार्थना की।

विप्रचित्ति को सर्वसम्मति से पुलोमा का उत्तराधिकारी चयनित किया गया। यद्यपि विप्रचित्ति का पुलोमा की भाँति सुरों से कोई द्वेष नहीं था, लेकिन घटनाचक्र ने उनके पास सीमित विकल्प छोड़े थे।

□

8

मिलन

पुलोमा की मृत्यु हुए अभी कुछ ही दिन हुए थे। असुरराज का परिवार अंतिम क्रिया संस्कार के बाद भी कुछ दिन के लिए वहीं सिंधु के तट पर शिविर लगाकर रह रहा था। पूरे प्रकरण की संवेदनशीलता को देखते हुए यज्न ने भी वहीं रुकने का निर्णय लिया।

उस दिन यज्न आखेट हेतु निकला था। उसे एक शूकर दिखाई दिया। उसका पीछा करते हुए वह वन में अंदर तक चला गया। अभी शूकर को लक्ष्य बनाकर उसने भाला उठाया ही था कि सिंह की दहाड़ ने उसे हतप्रभ कर दिया। एक क्षण के लिए उसका हाथ ठहर गया। उसका अश्व रुक गया और पिछले पैरों पर अपने को उठाकर जोर-जोर से हिनहिनाने लगा। यज्न ने तभी देखा कि सिंह सामने की एक झाड़ी से निकला और उसकी ओर क्रोध से देखकर गुर्राने लगा। स्पष्ट था कि वनराज को उसके राज्य में किसी के अनधिकृत प्रवेश से घोर आपत्ति थी।

यज्न को अपनी असावधानी पर क्रोध आया। उसने हिरणों के झुंड को बचाव की मुद्रा में कान ऊपर करके खड़े देखा था। वानरों ने भी उछल-कूद और शोर मचाकर चेताया था। यह सब एक बड़े शिकारी जानवर की उपस्थिति के लक्षण थे। उसने सतर्कता के चिह्नों को अनदेखा करके वन के नियमों के पालन में ढिलाई की थी।

उसका अश्व विचलित हो रहा था, पर वह दृढ़तापूर्वक उस पर बैठे हुए अपने को गिरने से बचा रहा था। सिंह अपने अगले पंजों से भूमि कुरेदता हुआ अपने लक्ष्य पर छलाँग लगाने की तैयारी के लिए अंतिम अवस्था में था। यज्न एक निराशाजनक स्थिति में था।

इसके पूर्व कि सिंह छलाँग लगा पाता, झाड़ियों में से सनसनाता हुआ एक तीर आया और उसकी गरदन में घुस गया। इस अकस्मात् प्रहार की पीड़ा से वनराज ने

पलटकर जोरदार दहाड़ मारी। इस प्रक्रिया में वह एक पेड़ से टकराकर गिर गया। उसके घाव से रक्त का फव्वारा फूट पड़ा। अपने शिकार को भूलकर अब वह अपने पंजों से तीर को बाहर निकालने का असफल प्रयास करने लगा।

इतना समय यज्न को अपनी तलवार निकालने के लिए पर्याप्त था। अभी उसके पास उस तीर के स्रोत के विषय में सोचने का समय नहीं था, जो सिंह की गरदन में घुसा था। वह अश्व से नीचे कूदा। घायल सिंह ने एक बार फिर उसकी ओर आकर्षित होकर उस पर छलाँग लगा दी। सावधान यज्न ने अपने को बचा लिया। सिंह अपने ही आवेग में आगे तक निकल गया। इसके पूर्व कि सिंह पलटकर वार कर पाता, 'शूँ' की आवाज के साथ एक और तीर आकर सिंह की कनपटी में घुस गया। धनुर्धारी ने दोनों बाण बड़ी निपुणता और बुद्धिमत्ता से छोड़े थे। इन बाणों के लक्ष्य-भेदन के कारण ही सिंह वेदना से कराह रहा था। दूसरे घाव से भी रक्त निकलने लगा। कुछ क्षण तो यज्न इस घटनाक्रम से किंकर्तव्यविमूढ़ खड़ा रहा, फिर उसने अपना भाला उठाकर सिंह की गरदन को लक्ष्य बनाया। अगले ही पल सिंह नीचे गिरा पड़ा था। लक्ष्य इतना सटीक था कि बिना अधिक पीड़ा के सिंह के प्राण उड़ गए।

यज्न निर्जीव सिंह के पास गया तो वह सिंह की विशालता देखकर आश्चर्य में पड़ गया। *"इसकी लंबाई छह हस्त होनी चाहिए। इतने आकर्षक सिंह के मारे जाने का मुझे दुःख है।"*

यज्न ने चारों ओर उस देवदूत को देखने का प्रयास किया, जिसने उसके प्राणों की रक्षा की थी। तभी एक वृक्ष से उसने शचि को उतरते देखा। उसके एक हाथ में धनुष और पीठ पर विभिन्न बाणाग्रों वाला तूणीर था। उसका ध्यान सिंह पर केंद्रित था और उसका हाथ किसी भी समय एक और तीर चलाने के लिए तत्पर था। सिंह को भेदनेवाले दोनों बाण उसकी निपुणता के परिचायक थे। पहला बाणाग्र नुकीला था। वह सिंह के शरीर को अंदर तक भेद गया था। दूसरा बाणाग्र तीन फलोंवाला था, जिसने उसकी मांसपेशियाँ काट दी थीं। यज्न कृतज्ञ था। पुलोमा की पुत्री द्वारा जीवन-रक्षा उसकी कल्पनाओं से परे थी। एक तो वह इस विचित्र स्थिति से स्तब्ध था, दूसरा शचि की उपस्थिति ने उसकी बोलने की सारी शक्ति हर ली थी। उसका गला सूख गया।

वह उसके समक्ष खड़ी थी। उसकी कनपटी से स्वेद बह रहा था, जो उसके गालों से होता हुआ बदन में लुप्त हो रहा था। यज्न ने एक बार फिर उसे देखा। उसका शरीर एकदम तराशा हुआ था। धूप में चमकती दोषरहित त्वचा! वह सर्वांग-

सुंदरी थी। उसके मुख पर स्वेदकण ऐसे प्रतीत हो रहे थे, जैसे श्वेत बालू तट पर बिखरे मोती।

उसने अपने लंबे बालों को पीछे करके बाँध रखा था। उसके मुख पर एक हलकी व्यंग्यात्मक मुसकान थी। यज्न को लगा कि वह ब्रह्मांड की सबसे आकर्षक सुंदरी है। यज्न अपनी कृतज्ञता व्यक्त करने में भी असहायता का अनुभव कर रहा था। तभी शचि ने हाथ के संकेत से उन्हें मौन रहने के लिए कहा, फिर वह बोली, "एक पल के लिए भी यह विचार न लाना कि मैं युद्ध में भी सुरों पर ऐसी दया दिखाऊँगी, लेकिन आज मेरा यह कर्तव्य था कि मैं एक शौर्यवान सुर योद्धा को सिंह के पंजों से बचाऊँ। इससे मेरे इस विचार पर कोई अंतर नहीं पड़ेगा कि तुम भी इस भूमि पर चल रही उथल-पुथल के कारणों में से एक हो।"

शचि के आक्षेप से यज्न में एक हलचल हुई, "यह न्यायोचित नहीं है। तुम मुझे इस विवाद का कारण नहीं बना सकतीं और यदि तुम्हें यही लगता है कि मैं इसके लिए उत्तरदायी हूँ तो तुम्हें मुझे मेरे हाल पर छोड़कर सिंह को अपने पिता की मृत्यु का बदला लेने देना चाहिए था।"

शचि ने व्यंग्य में हँसकर यज्न को देखा और कहा, "तुम्हें सिंह का शिकार बनने देने से प्रतिशोध लेने का उद्देश्य पूरा नहीं होता। सुर-असुर कुटुंब के एक अन्य शूरवीर की इस प्रकार मृत्यु उचित नहीं होती!"

"सुर-असुर कुटुंब?"

"तुम जानते हो कि हम एक ही कुटुंब से हैं। अहं भाव और विचारों की भिन्नता ने मतभेद उत्पन्न किए, जो समय के साथ-साथ बढ़ते गए। अब दोनों पक्ष अपनी श्रेष्ठता सिद्ध करने में लगे हैं।"

"मैं यह मानता हूँ, लेकिन समय के साथ-साथ यह वैमनस्य इतना अधिक बढ़ गया है कि मुझे इससे मुक्ति पाने के सार्थक उपाय समझ नहीं आ रहे हैं।"

"क्योंकि इस दिशा में साथ बैठकर मंथन नहीं किया गया।"

"यह बुद्धिमती तो है ही, विवेकशील भी है।" यज्न ने मन-ही-मन शचि को सराहते हुए उसे प्रशंसा भाव से देखा। उसका मुखमंडल शांत था और उस पर एक आकर्षक मुसकान थी। वह एक मोहिनी थी, जिसका साथ पाने के लिए यज्न सबकुछ भूल सकता था।

उन्हें पता ही नहीं चला कि वे कितनी देर तक बात करते रहे। जब उन पर वर्षा की बूँदें पड़ीं तो वे चौंक गए। अपराह्न अपने अंतिम ढलान पर था। सूर्य बादलों में

छुप गया था और हलकी बूँदाबाँदी प्रारंभ हो गई थी। यज्न ने शचि के रेशमी गालों पर फिसलती बूँदों को देखा। वह भावावेश में उन्हें पोंछने के लिए तत्पर अपने हाथों को बड़ी कठिनाई से रोक पाया। *"यदि समय किसी प्रकार रुक पाता।"* तभी शचि की आवाज ने उसे विचारों से बाहर ला दिया।

"अरे, वर्षा हो रही है। मुझे जाना चाहिए," यह कहते हुए शचि उठकर जाने लगी।

"यदि तुम सहमत हो तो मैं अश्व पर तुम्हें छोड़ सकता हूँ," यज्न ने हिचकिचाते हुए कहा।

"धन्यवाद यज्न! मैं स्वयं पैदल जा सकती हूँ। मैं इसी प्रकार आई थी।"

यज्न का हृदय बैठ गया। वह उसके साथ होना चाहता था और वह उसके साथ दिखना भी नहीं चाहती थी, लेकिन उसने भी यज्न में एक आकर्षण अनुभव किया था। वह सुर-असुर के मध्य इस वैमनस्य को समाप्त करना चाहती थी, जो उसके पिता की मृत्यु का कारण था।

"यज्न सम आयु है और पूर्वाग्रह से ग्रसित नहीं है।" यह सोचकर वह यज्न की ओर मुड़ी और बोली, "लेकिन हम पुनः मिलेंगे।"

"कब···कहाँ?" यज्न ने अपने भाव छुपाने का असफल प्रयास किया।

"यदि तुम कल कुछ बात करना चाहते हो तो मैं इसी समय इस ओर आ सकती हूँ।"

"अवश्य, कल का पक्का रहा। सुर और असुर के मध्य संबंधों का सुधार मेरी सर्वोच्च प्राथमिकता होगी," यज्न ने उत्साहपूर्वक कहा।

"विधाता ने मेरे लिए आज का दिन अत्यंत शुभ बनाया है। शचि का साथ और राजनीति," यज्न ने सोचा।

***

इसी प्रकार उनके मिलापों में सुर-असुर संबंध, कुटुंब के वैमनस्य और स्थायी शांति को लेकर बातें होती रहीं। वे एक ऐसे नए विश्व की कल्पना कर रहे थे, जो परस्पर प्रेम और सहयोग से बँधा हो। इस प्रकार बातें करते-करते शचि को ज्ञात ही नहीं हुआ कि वह कब यज्न के प्रति आकर्षित होने लगी। वह शूर और बुद्धिमान था।

वे दोनों सबसे छुपकर उस वन की गहराइयों में, वृक्षों की छाँव में, पत्तों की चादरों पर, नदी के किनारे और गुफाओं में मिलते रहे। यज्न मग्न होकर शचि को देखते हुए उसकी बातें सुनता था और शचि उसके धीरज की परीक्षा लेती थी।

"सुर और असुर कब तक इस प्रकार से वैमनस्य रखते रहेंगे?" एक दिन शचि ने पूछा।

यज्न ने अपनी बाँहें फैलाईं, "जब तक हम एक नहीं हो जाते।"

उनके हृदय और मन मिल गए थे। एक-दूसरे की बाँहों में आने में उन्हें लेशमात्र भी देर नहीं हुई। वे क्षण अविस्मरणीय थे। ऐसा प्रतीत हो रहा था कि इस परम आनंद के क्षणों में सारा विश्व उनके साथ झूम रहा था। पक्षी मधुर गीत गा रहे थे, सुगंधित हवाओं से उत्पन्न पत्तियों की सरसराहट संगीत लहरियाँ उत्पन्न कर रही थी।

***

यज्न का प्रतिदिन आखेट के लिए अकेले वन में जाना सुरों के लिए जिज्ञासा का विषय था। "संभवतः पुलोमा की मृत्यु के राजनीतिक परिणामों ने यज्न को व्यथित किया हुआ है। कुछ समय बाद वह सामान्य हो जाएँगे।" ऐसा सुरों का विचार था। उन्हें वन में चल रही प्रेमकथा का कोई ज्ञान न था।

उस दिन वे एक वृक्ष के नीचे बैठे थे। शचि ने वृक्ष के तने पर अपनी पीठ टिका रखी थी और यज्न का सिर उसकी गोद में था। शचि यज्न के बालों में प्यार से अपनी उँगलियाँ फेर रही थी।

"हमें विधाता ने जन्म-जन्मांतर तक एक-दूसरे के लिए ही बनाया है। हमें इसे स्वीकार करके इस जीवन को सफल बनाना चाहिए," यज्न ने शचि से कहा।

"लेकिन बिना असुर परिषद् की सम्मति के यह कैसे संभव है? तुम्हें भी सुर परिषद् को विश्वास में लेना होगा," शचि ने आशंकित भाव से कहा।

"मुझे पता नहीं सुर इस संबंध को किस प्रकार लेंगे," यज्न ने असमंजस भरे स्वर में कहा।

शचि ने यज्न का सिर उठाकर उसे बैठा दिया और समझाते हुए कहा, "लेकिन हमें अपनी-अपनी परिषदों को यह विश्वास दिलाना होगा कि हमारा विवाह दोनों के मध्य स्थायी शांति और समृद्धि के लिए आवश्यक है। यदि एक राजकुमारी अपने पिता के हत्यारे से विवाह करती है तो असुरों के लिए अपनी शत्रुता भुला देने का स्वर्णिम अवसर होगा। इसके साथ ही सुर भी असुरों को अपने समकक्ष मानने के लिए बाध्य हो सकेंगे।"

यज्न ने शचि को अपनी बाँहों में भर लिया। उसके साथ ने यज्न का मनोबल बढ़ा दिया था। दोनों ने अपने-अपने कुलों में इस विषय पर बात करने का निर्णय लिया।

***

शचि सीधे अपनी माँ मैत्रिके के पास गई और लाड़ से उसके गले में बाँहें डाल दीं। माँ का मुख गंभीर था। उस पर उदासी छाई हुई थी। उसे अभी भी इस बात का विश्वास नहीं हो पा रहा था कि पुलोमा जैसा दुर्दांत योद्धा एक कम अनुभवी युवक से द्वंद्व में अपने प्राण गँवा सकता था। जब शचि ने उसे द्वंद्व के नियम और पुलोमा द्वारा उन्हें तोड़ने के विषय में बताया तो उसका सिर लज्जा से झुक गया था।

"माँ!" शचि धीरे-धीरे माँ के गालों को सहला रही थी, "मैं भी पिता के लिए आप जितनी ही पीड़ित हूँ। अब मैं सोचती हूँ कि इसका स्थायी हल सुरों और असुरों के बीच पीढ़ियों से चली आ रही शत्रुता को समाप्त करना ही है।"

"विगत में इस हेतु किए गए सभी प्रयास निष्फल रहे। दोनों पक्षों में ऐसे लोग हैं, जो इस वैमनस्य को कम करने के हर प्रयास में बाधक हैं," मैत्रिके ने उत्तर दिया।

"मेरे पिता भी उनमें से एक थे," शचि ने एक गहरा श्वास लेकर कहा, "इसका एक समाधान हो सकता है कि दोनों के मध्य एक अटूट बंधन हो जाए।"

"कैसा अटूट बंधन? मैं तुम्हारी बात नहीं समझ पा रही हूँ," मैत्रिके ने सशंकित दृष्टि से शचि को देखते हुए कहा।

"यदि दोनों का एक ही इतिहास है तो दोनों के मध्य विवाह-संबंध भी होने चाहिए।"

"लेकिन इसे राजा सहित कोई नहीं मानेगा।"

"यदि उनकी समझ में यह नहीं आता है तो हम सब निरंतर पतन के लिए तैयार रहें।" शचि की आवाज तेज हो गई थी।

"लेकिन पुत्री, तुम इतनी उत्तेजित क्यों हो रही हो? तुम्हारे पिता की मृत्यु का शोक भी पूरा नहीं हुआ है और तुम दोनों पक्षों के मध्य विवाह-संबंध की बात कर रही हो। यदि तुम्हारे चाचा विप्रचित्ति को यह ज्ञात हो गया तो वे हमको राज्य से बाहर निकलवा देंगे। सबसे बड़ी बात तो यह है कि इन परिस्थितियों में कौन असुर एक सुर से विवाह करना चाहेगा?"

"मैं, माँ, मैं!" शचि ने धीमी आवाज में उत्तर दिया, "मैं एक सुर से विवाह करूँगी।"

मैत्रिके की आँखों के समक्ष अँधेरा छा गया। वह सिर पकड़कर वहीं बैठ गई। कुछ देर बाद उसने अपने आप को सँभाला और शचि की आँखों में झाँकते हुए पूछा, "कौन है वह सुर, मेरी बच्ची?"

"यज्न, सुर प्रमुख।"

"तुम्हारा आशय अपने पिता के हत्यारे से है?" मैत्रिके चीखते हुए खड़ी हो गई, "तुम अपने पिता के हत्यारे से विवाह करना चाहती हो?"

शचि ने कुछ उत्तर नहीं दिया। उसने इस अवसर पर मौन ही रहना उचित समझा। मैत्रिके सिर झुकाए उत्तेजना में कक्ष के चक्कर लगाने लगी। उसे शचि से इस प्रकार के चौंका देनेवाले समाचार की आशा नहीं थी।

कुछ देर बाद थककर मैत्रिके अपना सिर पकड़कर बैठ गई और धीमे स्वर में शचि से पूछा, "पुत्री! तुम और तुम्हारे पिता एक-दूसरे से अत्यंत जुड़े हुए थे। तुम परंपरा के विरुद्ध उनके साथ युद्धस्थल भी गई थीं। मैं यह नहीं समझ पा रही हूँ कि तुम ऐसे व्यक्ति से विवाह का निर्णय कैसे ले सकती हो, जिसने तुम्हारे पिता को मारा हो?"

शचि ने यज्न से वन में मिलने की पूरी कहानी सुनाई, "माँ, यह सत्य है कि अन्य पुत्रियों की भाँति मेरा भी अपने पिता से अपार लगाव था, लेकिन यह भी सत्य है कि मेरे पिता ने ही द्वंद्व के नियम तोड़े। यज्न ने अपने को बचाने हेतु पिता को मारा। द्वंद्व में यज्न को दोषी मानना नैतिक नहीं है। हमें यह भी देखना होगा कि विजय के पश्चात् न केवल उसने असुरों से गरिमापूर्ण व्यवहार किया, अपितु वह हमारे शोक में भी सम्मिलित हुआ।"

"मैं तुम्हारे पिता की मृत्यु की परिस्थितियों की बात नहीं कर रही। पर वास्तविकता यही है कि यज्न हंता है। मुझे आशंका है कि यदि तुमने उससे विवाह किया तो कुछ समय पश्चात् तुम्हें उसमें अपने पिता का हत्यारा दिखाई देगा और तुम जीवन भर विक्षोभ की ज्वाला में जलती रहोगी।"

"माँ, मैंने यह निर्णय बहुत सोच-विचार करके लिया है। वह सुर प्रमुख है। इससे दोनों राज्यों में मधुर संबंध बनेंगे।"

मैत्रिके कुछ समय तक सोचती रही। वह धीरे-धीरे शांत हो रही थी।

"शचि का विचार तर्कसंगत है। दोनों पक्षों के मध्य शांति आवश्यक है। यह विवाह दोनों पक्षों के शासक परिवारों के मध्य होगा। संभवत: विवाह संबंध दोनों पक्षों को अपने पूर्वाग्रहों से उठकर एक नया विकल्प प्रदान करे, जिससे चिरकालिक मधुर संबंध प्रारंभ हो सकें। संभवत: प्रारब्ध यही हो।" यह सोचकर अपना मौन तोड़ते हुए उसने शचि को समझाया, "पुत्री, लेकिन तुम्हें यह समझना होगा कि इस विषय पर मुझे तुम्हारे चाचा से बात करनी होगी। उनके और परिषद् की सहमति के पश्चात् ही यह संबंध संभव है।"

"माँ, मुझे विश्वास है, मेरे चाचा बुद्धिमान हैं और इस विषय को समझने की क्षमता रखते हैं।"

***

सायंकाल जब विप्रचित्ति असुर सभा से वापस आए तो मैत्रिके ने उनके कक्ष में जाकर उनको वस्तुस्थिति से अवगत कराया।

विप्रचित्ति की प्रथम प्रतिक्रिया आशानुरूप थी। वे क्रोधावेश में अत्यंत उत्तेजित थे और चिल्लाते हुए बोले, "शचि ने अपना मानसिक संतुलन खो दिया है। हमारी राजकुमारी का विवाह उसके पितृहंता के साथ कायरता और अपनी हीनता स्वीकार करने का प्रतीक होगा। मैं असुरों पर ऐसा धब्बा नहीं लगने दूँगा।"

"लेकिन यह विवाह एक स्थायी शांति और परस्पर सहयोग का नया युग लेकर आएगा, जिसमें न कोई हीन होगा और न ही कोई उच्च।"

"शांति?" विप्रचित्ति ठठाकर हँसा, "असुर इसके लिए कभी सहमत नहीं होंगे। मैं भी जब तक सुरों का समूल नाश नहीं कर दूँगा, शांति से नहीं बैठूँगा।"

"मेरे पति ने भी यही प्रण लिया था। सत्य यह है कि हममें से कोई भी अपना विनाश किए बिना दूसरे को नष्ट नहीं कर सकता। दोनों राज्य इस समय शक्तिशाली और बराबरी के हैं। अहं और वैमनस्य दोनों के लिए विनाशकारी होगा। यह ऐसा युद्ध होगा, जिसमें कोई राज्य वास्तविकता में विजयी नहीं होगा।"

"बस भाभी, बस करो। अपने विचारों पर संयम रखो। तुम उससे अपनी पुत्री के विवाह की बात कर रही हो, जिसने तुम्हारे पति को मारा है," विप्रचित्ति अब क्रोध से चीख रहे थे। भावावेश में उनके नथुने फड़क रहे थे।

"विप्रचित्ति!" मैत्रिके ने शांत और दृढ़ शब्दों में कहा, "तुम्हारा क्रोध न तो शचि के निर्णय को बदल सकता है और न ही मेरे। यदि तुमने इस संबंध के लिए सहमति नहीं दी तो मैं और शचि राजभवन छोड़ देंगी।"

मैत्रिके की दृढ़ता ने विप्रचित्ति को अंदर तक हिला दिया। सामान्य विचारों वाली उसकी माँ समान भाभी का यह रूप उन्होंने प्रथम बार देखा था।

उनकी आवाज नरम हो गई, "भाभी, मैं तुमसे सहमत नहीं हूँ, लेकिन तुम्हारा निर्णय मेरे लिए आदेश है। मैंने अभी-अभी राज्य का दायित्व लिया है। इस विषय पर मैं सर्वप्रथम गुरु शुक्राचार्य से विमर्श करूँगा। उसके बाद मेरे प्रति निष्ठावान सभासदों को विश्वास में लेने के पश्चात् ही असुर परिषद् में इस विषय को लाऊँगा।"

"मुझे तुम पर पूर्ण विश्वास है, विप्रचित्ति। इसका परिणाम चाहे जो हो, असुरों

के इतिहास में तुम एक ऐसे नायक के रूप में जाने जाओगे, जिसने इस क्षेत्र में शांति लाने के लिए अप्रतिम प्रयास किए। मैं भी तुम्हारे साथ शुक्राचार्य के आश्रम चलूँगी और बाद में असुर परिषद् की बैठक में भी भाग लेना चाहूँगी।"

***

शुक्राचार्य पुलोमा के मारे जाने से व्यथित थे। उन्हें स्पष्ट दिख रहा था कि इससे असुरों में हीनता और वैमनस्य की भावना बढ़ेगी और यह उनके लिए घातक होगा। जब विप्रचित्ति ने उन्हें यह प्रकरण बताया तो उन्होंने आँख बंद कर देर तक मनन किया।

"यही असुरों के लिए उत्तम होगा," शुक्राचार्य की प्रतिक्रिया थी, "इससे कम-से-कम वर्तमान काल में तो शांति आएगी ही, साथ ही असुरों को विकास और समृद्धि के मार्ग पर आगे बढ़ने का एक ठोस वातावरण मिलेगा। वे सुरों के ज्ञान का लाभ उठाएँगे। असुर मूलतः बुद्धिमान और मेहनती हैं। कोई कारण नहीं है कि असुर राज्य सुरों से आगे न निकल जाए।"

"लेकिन यदि हमारी अपेक्षाएँ गलत निकलीं तो असुरों का मानमर्दन तो होगा ही, शचि का जीवन भी दुष्कर हो जाएगा।"

"उसकी चिंता न करो। शचि असुरों में सर्वाधिक बुद्धिमान युवतियों में से है। तुम अगली बार शचि को साथ लाना। मैं उससे राजनीतिक युक्तियों के विषय में वार्त्ता करना चाहूँगा।"

निष्ठावान सभासदों को विश्वास में लेकर विप्रचित्ति ने असुर परिषद् की बैठक बुलाई। कई दिनों के सघन वाद-विवाद के बाद यह निश्चित हुआ कि यदि सुरों की ओर से सम्मानपूर्वक कोई प्रस्ताव आता है तो विप्रचित्ति उसे स्वीकार कर सकते हैं।

जब शचि ने यज्न को यह समाचार सुनाया तो उन्होंने कहा, "यह एक शुभ लक्षण प्रतीत होता है। मुझे लगता है कि हमारे संबंध को ईश्वर का आशीर्वाद प्राप्त है।"

उधर यज्न ने इस विषय पर सुर सभा में परामर्श किया तो किसी ने इस संबंध का प्रतिरोध नहीं किया और इसे निर्विरोध सहमति मिल गई। प्राचार्य अंगिरस ने यज्न की पीठ थपथपाई और कहा, "यज्न, शचि भाग्यशाली है कि उसने तुम्हें जीवनसाथी के रूप में चुना। तुम दोनों के प्रेम के माध्यम से विधाता ने दोनों राज्यों को साथ लाने का कार्य किया है। यह संबंध शांति का वाहक बनेगा।"

"संबंधों का प्रारंभ हमें ही करना होगा, क्योंकि मैं शचि के पिता के हत्यारे के रूप में देखा जाता हूँ," यज्न ने समस्या रखी।

अंगिरस बोले, "मैं स्वयं विप्रचित्ति के पास यह संबंध लेकर जाऊँगा। यदि असुर इस संबंध से सहमत होते हैं तो इससे पीढ़ियों से चली आ रही शत्रुता समाप्त हो जाएगी। हमें असुरराज के पास जाकर शचि का हाथ माँगने में तनिक भी संकोच नहीं करना चाहिए।"

यज्न ने उठकर अंगिरस के चरणों में अपना सिर रख दिया, "गुरुवर, मैं सौभाग्यशाली हूँ कि इस राज्य में आप जैसा पितृतुल्य गुरु है।"

"लेकिन इस हेतु तुम्हें अरांस में भी सुर सभा का आयोजन करना होगा और अपने माता-पिता से भी बात करनी होगी।"

"नि:संदेह गुरुवर!"

***

अगले ही दिन यज्न एक छोटी सी सैन्य टुकड़ी के साथ अरांस के लिए निकल गया। गेया ने यज्न को बाँहों में लेकर चूमा और ड्यूस ने उसके सिर पर हाथ रखकर उसे आशीर्वाद दिया। जब यज्न ने आने का कारण बताया तो अरांस में खुशी की लहर दौड़ गई। इस विवाह-संबंध को अरांस सुर-सभा में भी सर्व-सम्मति से स्वीकृत कर लिया गया। कई दिन तक वहाँ उत्सव का वातावरण रहा। कुछ दिनों के बाद जब यज्न वापस लौटा तो ड्यूस और गेया उसके साथ थे।

***

शीघ्र ही अंगिरस ड्यूस और गेया के साथ विप्रचित्ति से मिलने गए। विप्रचित्ति अभी भी शांत नहीं थे, फिर भी उन्होंने राजनीतिक परिपक्वता दिखते हुए अंगिरस, ड्यूस और गेया का विधिवत् स्वागत किया।

पुलोमा को श्रद्धांजलि अर्पित करके और विगत घटनाक्रम पर दु:ख प्रगट करने की औपचारिकताओं के बाद अंगिरस ने विप्रचित्ति से कहा, "राजन, आज मैं सुरों के प्रतिनिधि के रूप में एक याचना करने आया हूँ।"

इसी क्षण गेया अपने स्थान से उठकर मैत्रिके के समक्ष पहुँची और अपना आँचल फैलाकर बोली, "मैत्रिके, आज मेरे आँचल में खुशियाँ डाल दो।"

उनके इस व्यवहार से पूरी सभा अभिभूत हो गई। विप्रचित्ति ने उठकर अंगिरस के चरणों में अपना सिर रख दिया और कहा, "गुरुवर, अब और अधिक लज्जित न करें। मैं वचन देता हूँ कि मेरे प्राण भी आपके ही निमित्त रहेंगे।"

उधर मैत्रिके गेया को गले लगा रही थी, "मेरी खुशी आज से आपकी है।"

***

"शचि वधू के वेश में कैसी लगेगी?" यज्न अपने कल्पनालोक में खोया हुआ था। उसे अंदर से एक भय सा भी लग रहा था। वह एक नया उत्तरदायित्व लेने जा रहा था।

प्राचार्य अंगिरस ने विवाह के लिए एक शुभ मुहूर्त निकाला। यज्न की बारात असुर राजभवन पहुँच गई। सुर प्रसाधिकाएँ पहले ही राजभवन पहुँच चुकी थीं और असुर प्रसाधिकाओं के साथ शचि को इस पुनीत अवसर के लिए तैयार कर रही थीं।

शचि के शरीर पर विभिन्न लेपों से उबटन लगाया गया। उसके बाद उसे सुवासित जल से स्नान कराया गया। उसने घाघरा और कमर तक लंबी चोली पहन रखी थी। एक महीन वस्त्र की लंबी ओढ़नी कटिस्थल पर स्वर्ण की रत्नजटित बँधनी से बाँधी गई थी। एक तृणमणि-जटित कंठहार उसकी कोमल गरदन पर था। उसके घने बाल ओढ़नी के अंदर छुपे थे। सिर पर एक पतला माणिक्य-जटित मुकुट था। दमकती हुई त्वचा वाली शचि लावण्य की प्रतिमूर्ति दिख रही थी। ऐसा प्रतीत होता था कि एक दिव्य सुंदरी अपने रूप की छटा बिखेरने वहाँ आई हो।

यज्न ने सामान्य वस्त्र पहने थे। एक लंबा उत्तरीय उसके शरीर को लपेटे हुए था।

पवित्र अग्नि प्रज्वलित की गई। अंगिरस, मैत्रिके, गेया, ड्यूस, विप्रचित्ति और अन्य सबके समक्ष शचि और यज्न ने शपथ लेकर विवाह संस्कार को पूरा किया। शपथ लेते समय शचि ने एक और शपथ ली कि वह अपनी असुर पहचान बनाए रखने के लिए एक अन्य नाम 'पुलोमी' भी धारण करेगी। यज्न ने भी शपथ ली कि उसे 'शचिपति' के नाम से भी संबोधित किया जा सकता था, जिससे उसे असुर अपने संबंधी के रूप में पहचानें। उसने यह भी शपथ ली कि वह सुर और असुर, दोनों को पास लाने का निरंतर प्रयास करेगा, जिससे सुर-असुर के मध्य मतभेद सदा के लिए समाप्त हो जाए।

दो दिन के पश्चात् सुर बारात नववधू को लेकर सुरलोक वापस आ गई। शचि सुर और असुर राज्यों में युवतियों की आदर्श बन गई थी। उसने एक ऐसी प्रेमकथा को जन्म दिया था, जो हर युवा हृदय को रोमांचित कर देती थी।

शचि और यज्न एक पूर्ण युगल थे। मन और विचारों से वे एक-दूसरे के पूरक थे। शचि जीवंत थी। उसके उर्वर मस्तिष्क में निरंतर नए विचार प्रस्फुटित होते रहते थे। उसमें ऊर्जा का असीम भंडार था। यज्न को एक ऐसी ही जीवनसाथी की आवश्यकता थी, जो उसकी प्रेरणा बन सके।

□

9

साम्राज्यों का उत्थान

विप्रचित्ति अभी भी अशांत थे। रात्रि को वह अपनी पत्नी सिंघिका के साथ शय्या पर लेटे थे, लेकिन उनकी आँखों से नींद गायब थी। उन्होंने शचि और यज्न के विवाह के लिए सहमति दे दी थी और इसे भव्यता के साथ संपन्न कराने में पूरा योगदान दिया था, पर उनका मन अभी तक इस संबंध को स्वीकार नहीं कर पा रहा था।

कई असुर सभासद मौन रहे थे, लेकिन उनकी टिप्पणियों और कृत्यों से स्पष्ट था कि वे इस संबंध से असहमत थे। यह एक चिंता का विषय था। किसी भी अवसर पर यह असहमति विप्रचित्ति के प्रति अवज्ञा या विद्रोह का कारण बन सकती थी।

वे कक्ष से बाहर जाकर कुछ देर शीतल वायु में घूमने के विचार से उठे, लेकिन अँधेरे में एक पात्र से उनका पैर टकरा गया और पात्र के गिरने की ध्वनि से सिंघिका की निंद्रा भग्न हो गई।

"क्या बात है विपु? तुम सोए नहीं?" सिंघिका ने चिंतित स्वर में पूछा।

विप्रचित्ति मलिन मुख शय्या पर बैठ गए और अपनी पत्नी की ओर देखा। सिंघिका कई दिनों से चल रहे उनके तनाव को समझ रही थी। उसने प्रेम से विप्रचित्ति का हाथ अपने हाथों में ले लिया।

"विपु, प्रारब्ध के नियम निराले होते हैं। तुम्हें ध्यान होगा कि हमारा विवाह तुम्हारे भाई के विरोध के कारण लगभग रुक गया था। बाद में उन्होंने अनमनेपन से सहमति दे दी थी। उनकी आशंकाओं के विपरीत हम सुखी दांपत्य जीवन बिता रहे हैं। हमें नहीं ज्ञात कि भविष्य के गर्भ में क्या छिपा है। तुम असुरराज हो, इस प्रकार चिंतित होकर नींद खराब करना तुम्हारे पद और प्रतिष्ठा को शोभा नहीं देता। स्मरण रहे, तुमने ही पवित्र अग्नि के समक्ष शचि और यज्न का विवाह संपन्न कराया था। इस विवाह को गुरु शुक्राचार्य का भी आशीर्वाद प्राप्त है। मेरा निवेदन है कि तुम कल ही पुनः गुरु शुक्राचार्य के पास जाकर उनसे परामर्श करो।"

सिंघिका के शब्दों ने विप्रचित्ति पर मंत्र का कार्य किया। अब वह शांति का अनुभव कर रहे थे। सिंघिका ने उन्हें अपने पास खींचकर अपनी कोमल बाँहों में जकड़ लिया। वह अब भी उतनी ही आकर्षक थी, जितनी कि विवाह की प्रथम रात्रि को। सिंघिका से प्रथम भेंट के दृश्य विप्रचित्ति की आँखों के समक्ष घूम गए।

***

लगभग बीस वर्ष पूर्व की बात थी, जब पुलोमा असुर सभासद था। उसने विप्रचित्ति को राज्य की सीमाओं में प्रवेश करने वाले आगंतुकों की निगरानी का उत्तरदायित्व दिया हुआ था। एक प्रातः विप्रचित्ति को अग्रिम शिविर के नायक ने सूचित किया कि यात्रियों का एक दल सीमा पर है, "वह लगभग बीस व्यक्तियों का व्यापारी दल है और हमारे राज्य में व्यापार के अवसर देखने का इच्छुक है।"

उसने दल प्रमुख के व्यवहार के विषय में कुछ इस प्रकार कहा कि विप्रचित्ति ने उत्सुकतावश उसे प्रस्तुत करने के लिए कहा।

"श्रीमंत मेरा नाम हिरण्यकशिपु है और मैं व्यापारी-दल का प्रमुख हूँ," लगभग पच्चीस वर्ष का लंबा और सुडौल देह का एक आकर्षक युवा उसके समक्ष सिर झुकाकर विनीत भाव से अपना परिचय दे रहा था, "आपने मुझे अपने समक्ष उपस्थित होने का अवसर दिया, इसके लिए मैं आपका अनुगृहीत हूँ। हम सुदूर मूलस्थान[8] के निवासी हैं। हम सूखे फलों का व्यापार करते हैं। हमें विश्वास है कि असुरों को हमारे फल स्वादिष्ट लगेंगे।"

विप्रचित्ति व्यापारी दल के सदस्यों की कद-काठी और व्यवहार से बहुत प्रभावित हुआ। हिरण्यकशिपु ने विप्रचित्ति को सूखे मेवों से सजी हुई ताँबे की एक प्लेट उपहारस्वरूप प्रस्तुत करते हुए कहा, "श्रीमंत से प्रार्थना है कि इन फलों के स्वाद और सुरसता का स्वयं परीक्षण कर अपना निर्णय दें।"

एक फल उठाते हुए विप्रचित्ति ने हिरण्यकशिपु पर दृष्टिपात किया और उसे ऊपर से नीचे तक देखा। वह भेड़ के बालों के बने हुए वस्त्रों को सुरुचिपूर्वक पहने हुए था।

"तुम्हारे फलों में अद्वितीय स्वाद है," विप्रचित्ति ने कहा।

हिरण्यकशिपु की आँखों में चमक आ गई, "मैं धन्य हूँ, जो श्रीमंत को हमारे फल स्वादिष्ट लगे। अब मैं श्रीमंत से प्रार्थना करूँगा कि वे राज्य में व्यापार की अनुमति देकर हमें अनुगृहीत करें।"

---

8. पाकिस्तान का मुल्तान नगर।

अपने घुमक्कड़ जीवन में हिरण्यकशिपु ने शिष्टाचार में अद्वितीय दक्षता प्राप्त की थी। वह अल्पशिक्षित था, लेकिन तीक्ष्ण बुद्धि का धनी था। विप्रचित्ति ने प्रभावित होकर न केवल उसे व्यापार की अनुमति दी, अपितु उसे सपरिवार सायं भोजन पर भी आमंत्रित किया।

वह एक मनोरम चाँदनी रात थी। स्फूर्तिदायक शीतल वायु बह रही थी। विप्रचित्ति ने अपने सेवकों को उत्तम कोटि के व्यंजन बनाने हेतु आदेश दिया था। हिरण्यकशिपु अपने छोटे भाई हिरण्याक्ष और छोटी बहन सिंघिका के साथ आया था। उसने विप्रचित्ति को रत्नों से भरी एक थैली भेंट की।

"श्रीमंत, यह मेरी बहन सिंघिका है और ये हैं मेरे भाई हिरण्याक्ष," उसने अपने बहन और भाई का परिचय कराते हुए कहा, "हम लोग पहले परियात्रा पर्वतों के निवासी थे। हमारे पिता एक संत पुरुष हैं और एक स्थान से दूसरे स्थान भ्रमण करते रहते हैं। वह एक बार नई भूमियों की खोज में मूलस्थान पहुँच गए। यह उनको इतना पसंद आया कि उन्होंने वहाँ भी एक घर की स्थापना कर ली।"

विप्रचित्ति उनके परिचय से बहुत प्रभावित हुआ। साथ ही उसकी दृष्टि सिंघिका पर अटक गई थी। उसकी आँखें सिंघिका के त्रुटिहीन रूप का रसास्वादन कर रही थीं। सिंघिका की जीवंत आँखें, उसकी श्वेत वस्त्रों में सज्जित दमकती काया, उसके लंबे बाल, जो उसके कटिप्रदेश तक आ रहे थे और उसके भरे हुए गुलाबी ओष्ठ, विप्रचित्ति उनमें खो गया था। उसे पता ही नहीं चला कि कब उसके हाथों से पेय जल का पात्र फिसलकर नीचे गिर गया। पात्र के नीचे गिरने की ध्वनि ने उसे चौंकाते हुए वास्तविकता में लौटा दिया। इस घटना से लज्जित विप्रचित्ति के मुँह पर कुछ इस प्रकार के हास्यास्पद भाव आए कि सिंघिका अपने को नहीं रोक पाई और खिलखिलाकर हँस दी। सिंघिका के इस प्रकार हँसने से हिरण्यकशिपु घबरा गया कि इसे विप्रचित्ति अपना अपमान न समझ ले। उसने सिंघिका को बुरी तरह झिड़कते हुए विप्रचित्ति से क्षमायाचना की।

सिंघिका ने लज्जा से सिर झुका लिया। उसके मुख की चमक बुझ गई और आँखें अश्रुपूरित हो गईं। वह चुपचाप एक कोने में बैठ गई और अपना मुँह अपने दुशाले में छिपा लिया। विप्रचित्ति कुछ समय तक स्तब्ध खड़ा रहा। इतनी सुंदर युवती की आँखों में अश्रु उससे देखे नहीं जा रहे थे। भाई की झिड़की ने जितनी पीड़ा सिंघिका को दी थी, विप्रचित्ति को उससे अधिक पीड़ा हो रही थी। हिरण्यकशिपु का प्रत्येक शब्द उसके लिए कृपाण के वार से कम नहीं था।

अपने को संयत करते हुए विप्रचित्ति ने सिंघिका के पास जाकर नम्रतापूर्वक कहा, "यह दु:ख का नहीं, अपितु आनंद उठाने का समय है। आइए, सब मिलकर भोजन करते हैं।"

फिर वह हिरण्यकशिपु की ओर मुड़ा और बोला, "विश्वास करो, मुझे कोई अप्रसन्नता नहीं हुई। मेरे अनुसार सिंघिका का आशय मुझे अपमानित करने का नहीं था।"

जब सिंघिका ने उठने का कोई उपक्रम नहीं किया, तो विप्रचित्ति सबको आश्चर्यचकित करते हुए स्वयं भोजन-पात्र सजाकर सिंघिका के पास ले गया। सिंघिका ने मौन रूप में उसका अनुग्रह स्वीकार करते हुए भोजन-पात्र उसके हाथ से ले लिया। चुपचाप भोजन करते समय दोनों एक-दूसरे को कनखियों से देख रहे थे। हिरण्यकशिपु यह सब देखकर विवशता में चुप रहा। भोजन के उपरांत वे मौन के साथ विदा हो गए।

अगली प्रात: ही हिरण्यकशिपु अपने द्वार पर एक असुर दूत को देखकर चकित था।

"श्रीमंत ने आपको सादर स्मरण किया है," दूत ने नम्रता से कहा।

हिरण्यकशिपु आशंकित था। उससे विप्रचित्ति का सिंघिका के प्रति आकर्षण छिपा नहीं था। वह यह सोचकर भयभीत था कि विप्रचित्ति सिंघिका को रखैल बनाने का आदेश देनेवाला है, लेकिन जो विप्रचित्ति ने कहा, वह उसके लिए अविश्वसनीय था, "यदि आपका आशीर्वाद हो और सिंघिका सहमत हो तो मैं सिंघिका को अपना जीवनसाथी बनाना चाहता हूँ!"

"श्रीमंत, मुझे यह सम्मान देकर आपने धन्य कर दिया। मैं अपनी बहन की सहमति लेकर आपको अवगत कराता हूँ," यह कहकर वह प्रसन्नता से अपनी बहन की ओर भागा।

शिविर में पहुँचकर उसने आशंकित सिंघिका को बाँहों में उठा लिया, "सिंघिका, विधाता ने हम पर असीम कृपा की है। हम सबके भाग्य बदल गए।"

सिंघिका तो यह सुनकर स्वप्नलोक में खो गई। उसको ऐसा प्रतीत हो रहा था कि वह आकाश में बादलों की शय्या पर राजकुमारी की वेशभूषा में बैठी है और उसका सिर विप्रचित्ति के वक्षस्थल पर टिका है।

लेकिन यह सब इतना सहज नहीं था। पुलोमा एक असुर सभासद था। उसने इस संबंध के लिए मना कर दिया। "हम असुर उदार हृदय हैं, लेकिन इतने भी नहीं कि मैं

तुम्हारा विवाह एक साधारण घुमक्कड़ परिवार में करने की अनुमति दे दूँ। यह एक असुर सभासद की गरिमा के विरुद्ध है," उसने क्रोध भरे स्वर में कहा।

पुलोमा हठी भी था। उसे अपने निर्णयों पर पुनर्विचार करने का अभ्यास नहीं था। विप्रचित्ति ने अपनी भाभी मैत्रिके की सहायता लेने का निश्चय किया। वह उसकी महास्त्र थी। वह भाभी के पास गया और निवेदन किया, "मैं उसके बिना नहीं रह सकता। उसमें मेरे प्राण बसते हैं। मेरी प्रत्येक श्वास में उसी का नाम है।" विप्रचित्ति मैत्रिके का आँचल पकड़कर बालकों की भाँति हठ कर रहा था। उसे ज्ञात था कि इसी प्रकार मैत्रिके को वह मना सकता था।

पहले तो मैत्रिके ने मना कर दिया, लेकिन विप्रचित्ति की कामना की प्रखरता ने उसे पिघला दिया। उचित अवसर पर उसने पुलोमा से बात की। पुलोमा के मना करने पर मैत्रिके ने विप्रचित्ति का पक्ष रखते हुए अपना तर्क रखा, "तुम्हारा मिथ्या अहं उसे हमसे दूर कर देगा। तुम्हें प्रसन्नता होनी चाहिए कि हम असुर परिवार में एक सदस्य की बढ़ोतरी कर रहे हैं। विवाह के पश्चात् सिंघिका एक असुर के रूप में ही जानी जाएगी।"

पुलोमा को निर्विकार देखते हुए उसने सीधे प्रहार किया, "मेरे समक्ष तुम्हारी हठधर्मिता नहीं चलेगी। एक दिन तुम्हारी यही प्रवृत्ति तुम्हारे भविष्य के स्वप्नों के लिए भी बाधक होगी।"

पुलोमा पत्नी के इस व्यवहार के लिए तैयार नहीं था। उसने कुछ पल सोचने के पश्चात् उसके समक्ष आत्मसमर्पण कर दिया, "जैसा तुम उचित समझो।"

इस पर मैत्रिके ने उसे विजयी भाव से देखा। पुलोमा की बड़ी मूँछों के नीचे भी एक जीवंत मुसकान आ गई। विप्रचित्ति उसके लिए पुत्र के समान था। एक पिता अपने पुत्र से कैसे रुष्ट हो सकता था!

***

सिंघिका एक आदर्श पत्नी थी। घुमक्कड़ जीवन से प्राप्त उसका उन्मुक्त, स्वच्छंद और हँसमुख स्वभाव, पति के प्रति अटूट श्रद्धा, पुलोमा और मैत्रिके के प्रति माता-पिता के समतुल्य आदर, इस सबने कुछ ही समय में उसे परिवार का सबसे प्रिय सदस्य बना दिया। यद्यपि शासकीय कार्यों से वह विरक्त थी, लेकिन समय-समय पर उसकी नैसर्गिक बुद्धिमत्ता पति को एक अनबूझा मार्ग दिखा जाती थी। उसकी सबसे प्रमुख विशेषता अपने पति को किसी भी समस्या से उत्पन्न तनाव से मुक्ति दिलाने की कला थी।

समय आने पर उसने 'स्वरभानु' को जन्म दिया। वह अब चौदह वर्ष का किशोर था। यद्यपि वह बुद्धिमान था, तथापि उसका संवेगशील और शक्की स्वभाव विप्रचित्ति को चिंता में डाल देता था।

सिंघिका से मिलन की मधुर यादें इतनी मोहक थीं कि उन्होंने विप्रचित्ति को उषाकाल की किरणों तक अपने साथ विचरण कराया। उसने मुड़कर सिंघिका को देखा, जो पति को तनाव रहित कर शांति से सो रही थी। उसने प्यार से सिंघिका के गाल पर हलकी सी थपकी दी। सिंघिका ने आधी आँखें खोलकर उनींदेपन से उसे प्रश्नवाचक नजर से देखा। विप्रचित्ति बोले, "सिंघिका, तुमने उचित परामर्श दिया था। मुझे नकारात्मक विचारों से ऊपर उठना होगा। मैं गुरु शुक्राचार्य से विमर्श करने जा रहा हूँ। उनके आशीर्वाद के बिना असुरों का उत्थान संभव नहीं है।"

सिंघिका उठकर बैठ गई और अपना सिर विप्रचित्ति के कंधों पर रखकर बोली, "मुझे तुम पर गर्व है। मैं असुर राज्य में एक नया सूर्योदय देख रही हूँ।"

***

विप्रचित्ति सूर्योदय के साथ ही शुक्राचार्य के आश्रम के लिए प्रस्थान कर गए। वहाँ पहुँचकर उन्होंने गुरु को साष्टांग दंडवत् प्रणाम करके कहा, "गुरुवर, मैंने कुछ समय पूर्व ही राज्य का उत्तरदायित्व सँभाला है और मुझे अभी अपनी स्थिति सुदृढ़ करनी है। मुझे आशंका है कि शचि का विवाह मेरे प्रतिद्वंद्वियों द्वारा मेरी स्थिति दुर्बल करने के प्रयासों में प्रयुक्त होगा।"

"तुम्हारी आशंका ठीक है। तुम्हें राजा के पद पर अपनी योग्यता सिद्ध करनी होगी। मेरा सुझाव है कि तुम्हें ऐसे कार्य करने चाहिए, जिससे तुम असुरों के निर्विवाद नेता बन सको और असुरों के उद्धारकर्ता के रूप में जाने जाओ।"

"लेकिन मुझे ऐसा क्या करना चाहिए, गुरुवर?"

"सुरों से सीखो। मित्र के एक दैविक आदेश ने सुरों में नवचेतना का संचार कर दिया था। तुम्हें भी उसी पथ पर चलना होगा। तुम एक अभियान चलाकर, सुरों को छेड़े बिना नई भूमि जीतो और राज्य का विस्तार करो।

मेरा दूसरा सुझाव है कि राज्य के प्रशासन-तंत्र का इस प्रकार पुनर्गठन करो, जिसमें सभासदों की भागीदारी हो। जिससे वे तुम्हारी शक्ति में ही अपने को शक्तिशाली अनुभव कर सकें।"

अगले दिन विप्रचित्ति ने राज्य परिषद् की बैठक बुलाई। शुक्राचार्य उनके दाईं ओर बैठे थे। विप्रचित्ति ने सभा के आयोजन का कारण बताते हुए कहा, "सुरों के

आने के पश्चात् असुरों के लिए परिस्थितियाँ विपरीत चल रही हैं। राज्य में स्थायित्व के कारण हम सर्वदा घुमक्कड़ सुरों से अनेक प्रकार से आगे रहे, फिर भी आज हम पराभव का अनुभव कर रहे हैं। हममें एक नवसंचार की आवश्यकता है और यह नवसंचार हमें राज्य-विस्तार से मिलेगा। मैं गुरु शुक्राचार्य से भी प्रार्थना करता हूँ कि वे इस विषय पर हमें आगे परामर्श दें।"

"समय आ गया है कि असुर अपनी पराक्रम क्षमता का परिचय दें," शुक्राचार्य ने अपना संबोधन प्रारंभ किया, "आप शौर्य में अद्वितीय हो, लेकिन समृद्धि से उत्पन्न आत्मसंतोष ने आपके अंदर की प्रगति की ज्वाला को दबा दिया है। आप अपने राज्य का विस्तार करें, इससे असुर शौर्य पुनः प्रखर होगा।"

सभी सभासद शुक्राचार्य को ध्यानपूर्वक सुन रहे थे। "मेरा दूसरा सुझाव है कि राजा, सभासद और परिषद् मिलकर प्रशासन तंत्र को इस प्रकार संगठित करें कि पूरा प्रशासन-तंत्र स्वयं में परिपूर्ण हो और इसे एक समग्र प्रारूप में ढाला जा सके। इस प्रशासन-तंत्र के तीन अंग होंगे। इसलिए मैं इसे 'त्रिशिर' का नाम देना चाहूँगा। प्रथम अंग पर कृषि और व्यापार का उत्तरदायित्व होगा। दूसरा अंग प्रशासन व्यवस्था देखेगा। ये दोनों तीसरे अंग, जो राजा की अध्यक्षता में असुर परिषद् होगी, उसके प्रति उत्तरदायी होंगे।"

***

शुक्रनीति ने अपना परिणाम दिखाना प्रारंभ कर दिया। असुरों में नवऊर्जा का संचार हो रहा था। उनमें राज्य के विस्तार के लिए अभियान चलाने को लेकर अपूर्व उत्साह था। विप्रचित्ति ने अभियान को दक्षिण-पश्चिम दिशा से प्रारंभ करने का निर्णय लिया।

सुरों ने भी इस अभियान में असुरों का साथ दिया। उनके द्वारा खोजी गई कांस्य धातु का असुरों द्वारा प्रथम बार शस्त्र बनाने में प्रयोग किया गया। इसके अतिरिक्त प्रथम बार अश्व-सेना असुर-सेना के अभियान का भी अंग बनी। असुर अश्वारोहियों को सुर-सेना के समकक्ष ही प्रशिक्षण दिया गया।

उनका अभियान बिना किसी बड़ी अप्रत्याशित घटना के संपन्न हुआ। मार्ग में अधिकतर बिखरे हुए अल्प साधनों वाले कबीलों से ही उनका सामना हुआ, जिन्हें बिना किसी विशेष प्रतिरोध के समर्पण करने पर बाध्य कर दिया गया। विप्रचित्ति को प्रसन्नता थी कि इस अभियान ने असुरों को उनका आत्मविश्वास लौटा दिया था और शासन पर विप्रचित्ति का अब निर्विरोध नियंत्रण था। इस अभियान का एक विशेष लाभ यह भी हुआ कि शारीरिक रूप से सुदृढ़ कबीलों के युवक अब असुरों की सैन्य

शक्ति का अंग बन गए थे। असुरों ने जीते हुए क्षेत्रों में नवीन संरचनाओं के निर्माण का कार्य किया, जिससे वहाँ विकास कार्य करके प्रशासन को सुचारु रूप से चलाया जा सके। इस पूरे घटनाक्रम में वे स्थानीय कबीलों का विश्वास जीतने में भी सफल रहे।

***

विप्रचित्ति अपने अभियान से संतुष्ट थे। उन्होंने वापस आकर कुछ दिन आराम करने का निश्चय किया, लेकिन अगले ही दिन शुक्राचार्य अगली योजना के साथ उनके पास पहुँच गए और बोले, "विप्रचित्ति, अभी आराम का समय नहीं आया है। तुम्हें अगले लक्ष्य को चुनकर उसकी योजना पर कार्य करना चाहिए। इस समय मेरे पास तुम्हारे लिए एक सुझाव है।"

"गुरुदेव, कृपया आदेश करें," विप्रचित्ति ने विनीत भाव से निवेदन किया।

"वरुण से मिलो!"

"गुरुदेव, क्या आपका आशय उन वरणा नामवाले नाविकों के मुखिया से है?" विप्रचित्ति चकित थे, "मैं सेना भेजकर उसे बुला लेता हूँ।"

"राजन, तुम्हें ऐसा कदापि नहीं करना चाहिए," शुक्राचार्य ने सुझाव दिया, "इसके दो कारण हैं। प्रथम, वे समुद्र-यात्रा और व्यापार में अतुलनीय हैं। वे सागरों पर राज करते हैं। यदि भविष्य में तुम्हें समुद्र में दूरस्थ द्वीपों तक जाना है तो उनकी आवश्यकता होगी। द्वितीय कारण यह है कि यह सहायता मित्रवत् ही लेनी चाहिए। उनके साथ शक्ति-प्रदर्शन घातक हो सकता है। उन्हें उनके कौशल के उपयोग के लिए बराबरी के स्तर पर ही मित्र बनाना होगा।"

विप्रचित्ति ने वरुण से मिलने हेतु अपना दूत भेजा। नाविकों का मुखिया दूत का स्वागत करते समय विप्रचित्ति के उद्देश्यों के प्रति आशंकित था। "सर्वशक्तिशाली असुरों का मुझसे क्या कार्य हो सकता है?" वरुण का प्रथम प्रश्न था।

"राजन का मत है कि हमें विकास के मार्ग पर चलने के लिए सम्मिलित प्रयास करना चाहिए। उनकी यह नीति गुरु शुक्राचार्य के सुझाव पर बनाई गई है।"

"गुरु शुक्राचार्य!" वरुण के स्वर में आदरभाव आ गया। "तब मैं अविलंब जाकर असुरराज से भेंट करता हूँ।"

शीघ्र ही वरुण ने महालोक की यात्रा की। उसका वहाँ यथोचित स्वागत किया गया। विप्रचित्ति ने उसके साथ एक संधि करके नाविकों के क्षेत्र की चिर स्वतंत्रता का वचन दिया। वरुण ने भी असुरों को उनके किसी भी सामुद्रिक अभियान में सहायता देने की सहमति दी।

विप्रचित्ति ने शुक्राचार्य की दूरदर्शिता के लिए मन-ही-मन उनका नमन किया। यज्न और शचि के विवाह ने दोनों राज्यों के मध्य शांति ला दी थी तथा अब राज्य का विस्तार, वरुण से मित्रता, इस सबने पूरे क्षेत्र में समृद्धि की नींव रख दी।

सिंधु घाटी का विशाल क्षेत्र सुर और असुर राज्यों ने सम्मिलित रूप से विकसित किया। जैसे-जैसे नई फसलें उगने लगीं, असुरों के भी भाग्य का उदय होता जा रहा था। वे सुरों से साथ-साथ निरंतर समृद्धि की ओर अग्रसर थे। उन्हें सुरों के साथ शांति से रहने का मूल्य समझ आ गया था।

***

उधर यज्न ने प्रशासन के नवीन तंत्र की स्थापना की। राज्य के कार्यों का उत्तरदायित्व क्षेत्र विशेष के विद्वानों को दिया गया। 'धन्वंतरि' को स्वास्थ्य विभाग दिया गया। उन्होंने सूक्ति दी, *'स्वास्थ्य वास्तविक निधि है।'* उनके शिष्यों ने अलग-अलग खाद्य पदार्थों का स्वास्थ्य पर पड़नेवाले प्रभाव का अध्ययन किया। वे जंगलों में जाते और जड़ी-बूटियों का अध्ययन करते। इन सब प्रयोगों के लिए धन्वंतरि ने प्राचार्य अंगिरस के आश्रम में एक प्रयोगशाला भी स्थापित की।

एक दिन बृहस्पति ने कहा, "यज्न, हम खाद्य आवश्यकता को खेती के द्वारा पूरा करने में सक्षम हो गए हैं। नहरों द्वारा सिंचन प्रणाली ने कृषि में क्रांति ला दी है, जो सुरों की उपलब्धि है। मैं तुम्हें इंद्र की उपाधि से सुशोभित करना चाहूँगा, जिसका अर्थ है, वह जो वर्षा और जल की बूँदों का अधिपति हो।"

यज्न की सहमति के बाद अगली महासभा में बृहस्पति ने सुर प्रमुख का पदनाम 'इंद्र' रखना प्रस्तावित किया, जिसे सर्वसम्मति से स्वीकार कर लिया गया।

सबका विश्वास था कि यज्न दैविक शक्ति से संपन्न थे, जिन्हें विधाता ने सुरों पर प्रसन्न होकर उनके मध्य भेजा था।

"हमारे महानायक इंद्र चिरजीवी हों!" की जयकार से पूरी महासभा गूँज गई।

***

इंद्र को सुर प्रमुख बने चार वर्षों से अधिक का समय हो चुका था। सुरलोक अपना आकार लेता जा रहा था। निर्माण विभाग के प्रमुख 'विश्वकर्मा' ने सुरलोक को नए स्वरूप में विकसित करने हेतु एक महत्त्वाकांक्षी प्रारूप विकसित किया, जिसके अंतर्गत सार्वजनिक स्थान, ललित कलाओं के लिए उपयुक्त व्यवस्था और ढाँचागत आवासीय योजनाएँ विकसित की गईं।

इंद्र ने गायों के संरक्षण और संवर्धन पर विशेष ध्यान दिया, क्योंकि गायें

भोज्य पदार्थों की मुख्य स्रोत थीं। गायों के लिए विशेष चरागाह बनाए गए। प्रजनन द्वारा अधिक दूध देनेवाली प्रजाति को विकसित किया गया। बृहस्पति ने गायों की उपयोगिता को देखते हुए इस पूरी योजना को 'कामधेनु' का नाम दिया।

यज्न इंद्र की उपाधि से सुशोभित होकर प्रसन्न थे और बृहस्पति के लिए कृतज्ञ थे। उनके सुझावों ने इस महाकार्य के निष्पादन में महान् योगदान दिया था, अत: उचित अवसर पर उन्होंने 'बृहस्पति' को गुरु के पद से सम्मानित कर उन्हें अपना मुख्य परामर्शदाता बना लिया।

***

इस मध्य हिरण्यकशिपु ने भी मूलस्थान पर स्थायी रूप से बसने का निर्णय लिया। असुरों के साथ संबंधों और असुरराज के प्रभाव के कारण वह शीघ्र ही एक नई शक्ति बन गया।

परियात्रा पर्वतों का क्षेत्र हिंसक कबीलों के कब्जे में था। रक्त बहाना उनके लिए उत्सव की तरह था। ब्रह्मावर्त इनके निशाने पर रहता था। इन हिंसक कबीलों के लोग ब्रह्मावर्त के गाँवों में घुस जाते और वहाँ रह रहे देवों द्वारा किए जा रहे अनुष्ठानों को भंग कर देते और उन्हें लूटकर जंगलों में गायब हो जाते।

ब्रह्मा ने परेशान होकर देवों का आह्वान किया, "स्वयं की रक्षा आपका धर्म है। शस्त्र उठाओ और हमलावरों का सामना करो।" गाँववालों ने शस्त्र उठाए, आक्रमण कम हुए पर समाप्त नहीं हुए।

तब हिरण्यकशिपु ब्रह्मा के पास एक प्रस्ताव लेकर गए। "भगवन्, मैं इस भूमि को आक्रमणकारियों से मुक्त कराने के लिए आपका आशीर्वाद लेने आया हूँ। कृपया मुझे इस क्षेत्र पर अधिकार दें, मैं उन हिंसक कबीलों के लोगों को यहाँ घुसने भी नहीं दूँगा।"

ब्रह्मा ने अपनी सहमति दे दी। "हिरण्यकशिपु, तुम्हारी आँखों में वो ज्वाला है जो मैं देखना चाहता था। मैं तुम्हें आशीर्वाद देता हूँ। जाओ और हिंसक कबीलों को दबा दो।"

हिरण्यकशिपु ने अपनी नई सेना बनाई, जिसमें बड़ी संख्या में असुर युवक सम्मिलित थे। धीरे-धीरे हिरण्यकशिपु और उसके भाई हिरण्याक्ष ने हिंसक कबीलों का दमन कर दिया। फिर उन्होंने मूलस्थान नाम से नए साम्राज्य की स्थापना की। यह ब्रह्मा द्वारा दी गई भूमि तक विस्तृत था। लेकिन इस विजय ने हिरण्यकशिपु में दंभ भर दिया।

"मैं अजेय हूँ," उसने घोषणा की। "ब्रह्मा मेरे आराध्य हैं। उनके आशीर्वाद से मैं एक दिन सुरों पर भी विजय प्राप्त कर लूँगा।"

□

10

नारद का संदेश

इंद्र प्रायः असुर साम्राज्य के वैभव के विषय में सोचते रहते थे। "हम स्वयं को श्रेष्ठ मानते हैं, लेकिन महालोक की भव्यता से हम तुलना नहीं कर सकते। हमने निरंतर अन्य स्थानों पर भटकते हुए प्रकृति के रहस्यों का अनावरण किया हैं, सारे कष्टों के साथ सफलताएँ प्राप्त की हैं, लेकिन भौतिक प्रगति में कहीं पीछे छूट गए हैं।"

एक दिन उन्होंने अपने विचारों को शचि से बाँटा, "मेरी आकांक्षा है कि सुरलोक विश्व का सबसे समृद्ध राज्य बने।"

"प्रिये! मैं भी यही चाहती हूँ," शचि ने मंद हास से उत्तर दिया, "सुर बुद्धिमान, कर्मठ और वीर हैं, लेकिन परिस्थितिवश उन्हें एक स्थान पर रहकर समृद्धि के विषय पर ध्यान देने का अवसर नहीं मिला है, जबकि असुर इस विषय में भाग्यशाली रहे हैं।"

शचि के शब्दों ने इंद्र की इच्छा को और दृढ़ कर दिया। अगली सुबह वह अंगिरस के पास पहुँच गए। "प्राचार्य, मैं सुरलोक को ऐसा बना देना चाहता हूँ, जिसके वैभव की तुलना न हो सके। जहाँ प्रसन्नता और समृद्धि सर्वव्यापी हो।"

प्रेमपूर्वक इंद्र का हाथ पकड़ते हुए अंगिरस ने कहा, "सुरों को देवों के साथ मिलकर काम करना चाहिए, जिससे सिंधु से सरस्वती और गंगा तक के संपूर्ण क्षेत्र का विकास किया जा सके। नारद यहाँ आए हुए हैं, आपके लिए विष्णु का संदेश लेकर।"

नारद अपनी यात्राओं और उनसे जुड़ी कहानियों को सुनाने के लिए प्रसिद्धि प्राप्त कर चुके थे। "इंद्र, भगवान् विष्णु ने आपको बैकुंठ भ्रमण पर बुलाया है," नारद ने इंद्र को विष्णु का संदेश देते हुए कहा।

बैकुंठ सामान्य व्यक्ति के लिए प्रतिबंधित क्षेत्र था, जिससे वहाँ के पवित्र दैवीय

वातावरण और आभामंडल को नकारात्मकता से दूषित होने से बचाए रखा जा सके। वहाँ प्रवेश के लिए केवल गिने-चुने व्यक्तियों को ही अनुमति मिलती थी। इंद्र प्रसन्न थे कि विष्णु ने उन्हें बैकुंठ आने के लिए चुना था।

"इंद्र, बहुत कम लोगों ने बैकुंठ देखा है," नारद के इन शब्दों ने इंद्र की बैकुंठ जाने की इच्छा को और तीव्र कर दिया। उन्हें विष्णु के निमंत्रण पर गर्व का अनुभव हो रहा था।

"बैकुंठ जाते हुए, मार्ग से कुछ हटकर हम गांधार भी जा सकते हैं," नारद ने आगे कहा।

"गांधार!" इंद्र रोमांचित हो उठे थे। कुभा और सुवास्तु के संगम के ऊपर का भूभाग वहाँ के रहनेवाले गंधर्वों के नाम से गांधार कहा जाता था। संगीत उनकी नसों में बहता था। शचि ने इंद्र से कई बार गांधार जाने के लिए कहा था। "मैंने सुना है कि गंधर्व संगीत में बहुत निपुण हैं। उनकी वीणाओं से निकली धुनों पर प्रकृति भी नृत्य करने लगती है।"

"ऋषिवर, क्या आपने गांधार-भ्रमण किया है?" इंद्र ने नारद से पूछा।

"नारद निरंतर गांधार जाते हैं और अब तो इन्होंने गांधार में गुरुकुल भी स्थापित कर दिया है," अंगिरस ने बीच में हस्तक्षेप करते हुए कहा। "कुछ वर्ष पूर्व जब आप लोग अरांस में रहते थे, मैंने कुछ शिष्यों के साथ गांधार क्षेत्र का भ्रमण किया था। नारद के सुझाव पर हम सुवास्तु के किनारे-किनारे उसके उद्‌गम की ओर बढ़े। नदी के दोनों ओर ऊँचे-ऊँचे पर्वत हैं और पर्वतों के ढाल घने हरे-भरे वनों से आच्छादित हैं। घाटियाँ नरम मुलायम घास और फूलों की झाड़ियों से भरी हैं। सामने हिमाच्छादित पर्वत शिखर सूर्य की किरणों के प्रकाश में दमकते हैं। वास्तव में यह इस नश्वर विश्व से पृथक् एक अलौकिक स्थान है। नारद तो इतना प्रभावित हुआ कि उसने कुछ और साथियों के साथ वहाँ रुककर एक आश्रम स्थापित करने का निर्णय ले लिया। मैं उसके तपस भाव से इतना प्रभावित हुआ कि मैंने इसे वहीं 'ऋषि' की पदवी दे दी, जो इस आयु के स्नातकों में विरल है।"

अंगिरस का रहस्योद्‌घाटन इंद्र के लिए अकल्पनीय था। इंद्र ने सराहनापूर्वक नारद को देखते हुए कहा, "ऋषि नारद, सुरलोक आपके कार्य और सुर-संस्कृति को गांधार में ले जाने के लिए आपका आभार व्यक्त करता है। हम विष्णु के आमंत्रण को स्वीकार करते हैं और शीघ्र ही वहाँ जाएँगे।"

***

उस दिन सायं जब सभी कार्यों से निवृत्त होकर इंद्र शयन-कक्ष में लेटे हुए थे तो उन्होंने शचि से इस विषय पर विमर्श किया। वह सिमटकर इंद्र के और पास आई और अपना सिर हौले से उनके कंधे पर टिका दिया। उसके बाल इंद्र के वक्षस्थल पर थे और बाँहें इंद्र को अपने अंदर समेटने की चेष्टा कर रही थीं।

"प्रिय," वह अपनी कनिष्ठा इंद्र के वक्ष पर इस प्रकार घुमा रही थी, जैसे कोई आकृति बना रही हो, "मेरे विचार में विष्णु एक पालक के रूप में जाने जाते हैं। मुझे लगता है कि उनका निमंत्रण सुरों के लिए एक शुभ संकेत है।"

***

दो दिन पश्चात् जब सुर सभा की गोष्ठी हुई तो उसमें नारद ने बैकुंठ यात्रा की योजना प्रस्तुत की, "गांधार होते हुए बैकुंठ पहुँचने में एक माह का समय लगेगा। यह यात्रा ऊँचे पर्वतों के मध्य, वन मार्गों से होते हुए करनी होगी। बैकुंठ से सूचना आई है कि उनके पथ-प्रदर्शक गांधार से हमारे साथ चलेंगे।"

"आपको इतनी शीघ्र बैकुंठ से सूचना किस प्रकार मिल गई?" इंद्र ने कौतूहल से पूछा।

"बैकुंठ ने सूचना केंद्रों का एक व्यापक तंत्र बनाया हुआ है, जिसमें पक्षियों के माध्यम से सूचनाओं का आदान-प्रदान होता है। इसके अतिरिक्त वहाँ पर ऐसे व्यक्ति भी हैं, जिन्होंने साधना द्वारा दैविक शक्तियों को जाग्रत् कर लिया है, जो मानसिक तरंगों के माध्यम से कहीं भी संपर्क कर सकते हैं।"

"असंभव ऋषि नारद, यह अविश्वसनीय है। आपको कोई भ्रांति है।" तेजस के मुँह से अनायास यह वाक्य निकला। सभा में स्तब्धता छा गई। कहने के पश्चात् ही तेजस को अपने कथन का आभास हो पाया था।

"ऋषि मिथ्या प्रचार नहीं करते, तेजस!" अंगिरस के स्वर में तेजस के कथन के लिए क्षोभ था। उन्होंने यह भाँप लिया था कि इंद्र सहित अधिकांश सभासद नारद की इस बात को स्वीकार नहीं कर पा रहे थे कि सुदूर उत्तर में स्थित बैकुंठ की सभ्यता और उसके शासक विष्णु सुरों से अधिक श्रेष्ठ हैं।

इंद्र ने स्थिति को यह कहते हुए सँभाला, "मैं तेजस के कथन के लिए क्षमा चाहता हूँ, ऋषि नारद। हम सुर अपने को सर्वश्रेष्ठ मानते थे। हमारे लिए इस बात पर विश्वास करने में कठिनता है कि कोई अन्य सभ्यता हमसे इतनी अधिक विकसित हो सकती है। कृपया आप आगे बताएँ।"

नारद खिलखिलाकर हँस दिए, "नहीं इंद्र, आपको क्षमाप्रार्थी होने की

आवश्यकता नहीं है। प्रारंभ में मुझे भी उनकी प्रणाली और तंत्र समझ में नहीं आए थे, लेकिन मैं वहाँ होने के कारण उनकी क्षमताओं का अनुभव कर सकता था। उनकी आत्मिक शक्तियों की तुलना सुरों की शक्तियों से नहीं की जा सकती। उनकी शस्त्र विद्या भी हमसे कई पीढ़ी आगे है, लेकिन उनके द्वारा यह शस्त्र विकास किसी आक्रमण के लिए नहीं, अपितु आत्मरक्षा के लिए किए गए हैं। वे सब संतोषी प्रवृत्ति के हैं।"

सभा में एक मौन सा छा गया था। कुछ देर उपरांत इंद्र ने यात्रा की योजना को स्वीकृति देते हुए सभा की समाप्ति की घोषणा की।

***

एक पक्ष पश्चात् इंद्र के नेतृत्व में सौ सुरों का दल बैकुंठ के लिए प्रस्थान कर गया। इस दल में बृहस्पति, अग्नि, धन्वंतरि, विश्वकर्मा, तेजस आदि अनेक सदस्य थे। इस दल के साथ एक सैन्य बल भी था, जो किसी भी प्रकार के शत्रु से निबटने में सक्षम था।

गांधार में उनके लिए भव्य स्वागत की तैयारी की गई थी। गंधर्वराज की अगुआई में बड़ी संख्या में गंधर्वों ने एक शोभायात्रा में नृत्य और संगीत के साथ उनकी अगवानी की, जैसे ही सूर्य ढला और अंधकार का साम्राज्य फैलने लगा, मृदंग और दुंदुभी की धुनें घाटी में गूँजने लगीं। मोम की मशालों ने मैदान के एक कोने में बने रंगमंच को प्रकाशित कर दिया। मंच के पीछे देवदार के ऊँचे वृक्ष थे, जो विशाल पर्वतों में व्याप्त अंधकार में लुप्त होते से लगते थे। मृदंग की ध्वनि के बीच में कभी-कभी दूर बहती सुवास्तु नदी के कल-कल बहते जल की क्षीण आवाज सुनाई दे रही थी।

गंधर्व मंच पर उसी प्रकार का तारयंत्र बजा रहे थे, जैसा कि नारद के हाथ में रहा करता था, लेकिन ये यंत्र अधिक बड़े थे। मृदंग और वीणा की सम्मिलित संगीत-बंदी उतार-चढ़ाव के साथ एक तान में बजते हुए चाँदनी रात्रि को रोमांचक और सुरम्य बना रही थी, लेकिन उत्सव का चरमोत्कर्ष अभी शेष था।

कुछ समय में जब रात्रि के अंधकार ने परिदृश्य को अपनी चादर में पूरी तरह समेट लिया, झिलमिलाती, बलखाती युवतियाँ उस अंधकार से निकलीं। वे लाल और पीले वस्त्र धारण किए हुए थीं और स्वर्णाभूषणों से सजी थीं। वे गांधार की सुंदरी अप्सराएँ थीं, जो सम्मोहक संगीत की लय में झूम-झूमकर मादकता के साथ नृत्य कर रही थीं।

कुछ समय बाद इन अप्सराओं ने इंद्र और अन्य सुरों को भी मंच पर खींच

लिया। संगीत की लय अब चरमोत्कर्ष पर थी। युवतियों की लचीली कोमल काया तेज होते संगीत के साथ चपलता से बिना किसी अवरोध के इस प्रकार थिरक रही थीं, जैसे कि भौतिक एवं आत्मिक विश्व का मिलन हो रहा हो। नृत्य की मोहिनी इतनी प्रभावी थी कि सभी संगीत की धुन में झूमने लगे। सुर भी संगीत की धुनों पर थिरक रहे थे। वे भूल चुके थे कि वे विश्व के महान् समुदाय थे। वे सभी उन क्षणों में समाहित हो जाना चाहते थे, जैसे उस पल के अतिरिक्त बाकी विश्व उनके लिए अर्थहीन था।

यह उत्सव अर्धरात्रि तक चलता रहा। इसके पश्चात् वे पूरी तरह निढाल होकर उन छप्परों वाले घरों की नरम मुलायम शय्याओं में अपने-अपने स्वप्नलोक में खो गए।

***

अगले दिन वे यात्रा के अगले चरण पर निकल गए। बैकुंठ के मार्गदर्शक उनके साथ चल रहे थे। मार्ग के प्रत्येक ग्राम में सुरों का स्वागत हो रहा था।

उनका कारवाँ घुमावदार पर्वतीय मार्ग से आगे बढ़ रहा था। दूर से इंद्र को पहाड़ की चोटी पर एक संरचना का आभास हुआ, जो एक छायाचित्र जैसा प्रतीत हो रहा था, जैसे-जैसे वे आगे बड़े, आकृति और स्पष्ट होती गई। इंद्र ने अश्व की लगाम खींचकर उसे रोका और चारों ओर का दृश्य देखा। सब ओर पर्वत और घाटियाँ घने जंगलों से ढके थे। उसके मध्य एक पर्वत का समतल स्कंध निकला हुआ था। वहीं पर एक मंदिर और उस पर फहराता हुआ केसरिया ध्वज हलके बादलों के मध्य धुँधला सा दिख रहा था।

"वह हमारे बैकुंठ के मार्ग का प्रथम विष्णु मंदिर है। हम आगे बढ़ने से पूर्व आज रात्रि वहीं विश्राम करेंगे," पथ-प्रदर्शक ने कहा।

सायंकाल से पूर्व वे मंदिर तक पहुँच गए। यह पत्थरों का बना हुआ भव्य ऊँचा भवन था। इसके शिखर पर ॐ के चिह्न वाला एक केसरिया ध्वज लहरा रहा था। मंदिर के पीछे एक दोमंजिला भवन था, जिसमें रुकने के लिए कक्ष बने हुए थे। सुरलोक छोड़ने के बाद इंद्र ने यह पहला दोमंजिला भवन देखा था।

पथ प्रदर्शक ने बताया, "मंदिर में ब्रह्मांड के सृजक परमेश्वर की प्रतिमा है। पीछे का भवन पुजारियों, कार्मिकों और यात्रियों के प्रयोग हेतु है। यात्री प्रायः बैकुंठ के निवासी वैष्णव होते हैं। कभी-कभी पड़ोसी ब्रह्मावर्त और गांधार से भी यात्री यहाँ आ जाते हैं।"

मुख्य पुजारी ने सुरों का केंद्रीय कक्ष में स्वागत किया। पूरा कक्ष अगरु की गंध

से सुवासित था। एक कोने में एक संगीतकार वीणा से मन को शीतल करती मधुर धुन बजा रहा था। इंद्र ने मूर्ति के समक्ष हाथ जोड़कर कुछ समय तक आँखें बंद कर अर्चना की।

"यहाँ से आप एक सप्ताह में बैकुंठ पहुँच जाएँगे," पुजारी ने उन्हें बताया।

वहाँ रात्रि विश्राम कर वे उन सर्पीले उतार-चढ़ाव वाले मार्गों, नदियों और झरनों को पार करते हुए आगे चल दिए। इंद्र ने यह पाया कि प्रत्येक संध्या वे उसी प्रकार के एक दोमंजिले विश्रामगृह वाले मंदिर तक पहुँच जाते थे, जिसके शिखर पर बैकुंठ का ॐ चिह्न वाला केसरिया ध्वज फहरा रहा होता था। जब भी इंद्र ने सृजक की प्रतिमा देखी तो उनको अपनी अंतरात्मा में एक अनोखी अनुभूति हुई, जैसे कि वह विधाता की इच्छानुसार एक पुनीत कार्य हेतु बैकुंठ जा रहे थे।

सातवें दिन वे एक सँकरी घाटी पार कर रहे थे। मार्ग के एक उच्च-कोणीय घुमाव के बाद सहसा उन्होंने अपने समक्ष एक चौड़ी घाटी को पाया। उनके सामने एक ऊँचे चौरस स्थल पर एक अन्य मंदिर था। यहाँ से मार्ग के दोनों ओर मंदिर तक नुकीली पत्तियों वाले वृक्ष पंक्तिबद्ध खड़े थे। जैसा कि पुजारी ने बताया था, आज सातवीं संध्या थी।

"हम बैकुंठ की सीमा पर हैं। यहाँ पर बैकुंठ का आप्रवासी कार्यालय है," यह कहते हुए नारद की आँखों में चमक आ गई। उनका पथ-प्रदर्शक उनसे आगे बढ़कर मुख्य द्वार तक पहुँच गया था।

यह मंदिर आकार में अधिक बड़ा था। इसके साथ बने हुए भवनों की संख्या भी अधिक थी। परिदृश्य में भव्य उद्यान थे, जिनमें फूलदार पौधों का चहुँ ओर फैलाव था। बीच-बीच में सुरुचिपूर्ण प्रकार से वृक्ष लगाए गए थे। दो छोटी कृत्रिम झीलें भी थीं, जिनमें हंस और बत्तखें तैर रही थीं। पास के एक झरने से नहर खोदकर इन झीलों को जल की आपूर्ति की जा रही थी। पक्षियों के कलरव से पूरा वातावरण जीवंत था। मंदिर का द्वार खुला और माथे पर तिलकधारी वैष्णवों का एक समूह सुरों के स्वागत के लिए बाहर आया।

"हमने अपनी सीमा पर आते हुए प्रत्येक मार्ग पर आप्रवासी शिविर स्थापित किए हैं, जिससे अवांछित व्यक्ति बैकुंठ में प्रवेश न कर पाएँ। बैकुंठ में प्रवेश केवल आमंत्रण द्वारा ही संभव है। असीमित आप्रवासियों के प्रवेश से हमें सांस्कृतिक और आचार-संबंधित समस्याएँ हो सकती हैं। हम इस आशंका के तनाव से दूर रहना चाहते हैं," परिसर के अध्यक्ष ने बताया।

इंद्र वहाँ की त्रुटिहीन संचार और स्वागत शिष्टाचार व्यवस्था से अत्यंत प्रभावित थे। परिसर अध्यक्ष ने आगे बताया, "आपको क्षीर सागर स्थित अधिष्ठाता के निवास स्थान तक पहुँचने में अभी एक दिवस का समय और लगेगा। यहाँ से आप कल प्रातः प्रस्थान करेंगे। आज रात्रि आप परिसर के अतिथिगृह में विश्राम कर हमें अनुगृहीत करें।"

वायु में शीतलता थी, लेकिन यह शीतलता सुहावनी और स्फूर्तिदायक थी। पर्वतों की चोटियाँ हिमाच्छादित थीं।

"माँ प्रकृति की ग्रीष्म ऋतु में बैकुंठ पर अपार दया रहती है," मुख्य पुजारी ने बताया।

अगले दिन वे आगे की यात्रा पर चल दिए। कारवाँ घाटी से निकल रहा था। मार्ग में छोटे-छोटे ग्राम थे, जहाँ के निवासी उनका भरपूर स्वागत कर रहे थे। सायं वे एक नदी के किनारे पहुँचे।

"यह वितस्ता[9] है। यह घाटी में पर्वतों के साथ घूमते हुए बहती है और आगे जाकर सिंधु में समाहित हो जाती है," पथ-प्रदर्शक ने अश्व को आगे बढ़ाते हुए कहा।

कुछ देर में वे नदी पर लकड़ी के कुंडों से बने एक सेतु पर पहुँच गए। अश्वों ने धीरे-धीरे सेतु को पार किया। अब वे एक झील के समक्ष थे। झील की सागर सदृश विशालता का परिदृश्य सुरों के लिए अभूतपूर्व था। दूर क्षितिज तक जल ही जल और उस पर उड़ते हुए जल पक्षी। एक बार पुनः इंद्र को एक विशिष्ट प्रकार की दैविक अनुभूति हुई।

"यह क्षीर सागर है," पथ-प्रदर्शक ने सूचित किया।

झील में दूर जहाँ उसका जल क्षितिज से मिल रहा था, एक महल जल पर तैरता हुआ दिख रहा था।

"यही अधिष्ठाता विष्णु का आवास है," पथ-प्रदर्शक के स्वर में विष्णु का उल्लेख करते समय श्रद्धा स्पष्ट थी।

तभी नारद ने एक रहस्योद्घाटन किया, "इंद्र, पूर्व में यह विशाल भूमि पूरी तरह जलमग्न थी। इस पवित्र स्थान के चारों ओर पर्वतों पर अनेक ऋषि-मुनियों ने अपनी साधना हेतु निवास बना रखे थे, फिर 'जलोद्भव' नाम का एक राक्षस कहीं से आकर जलाशय के निकट गुफाओं में रहने लगा। उसने इस स्थल की शांति भंग कर दी। वह

---

9. कश्मीर घाटी में झेलम नदी।

ऋषि-मुनियों को तो कष्ट देता ही था, उनकी साधना भी भंग कर देता था।

एक बार शिव और विष्णु यहाँ पर यात्रा करते हुए आए। तब कश्यप ऋषि के नेतृत्व में ऋषियों ने शिव और विष्णु से जलोद्भव के विषय में बताते हुए उससे मुक्ति की प्रार्थना की। शिव के कहने पर विष्णु ने जलोद्भव को ललकारा, लेकिन वह कहीं छुप गया था।

क्रोधित विष्णु की सेना ने पहाड़ का एक हिस्सा तोड़ दिया। इससे जलाशय का बहुत सारा जल एक धार बनाते हुए निकल गया। कोई उपाय शेष न होने के कारण जलोद्भव ने गुफा से निकलकर विष्णु पर आक्रमण किया, लेकिन विष्णु ने सुदर्शन चक्र का प्रयोग करके जलोद्भव का सिर काट दिया।

सभी ऋषियों ने विष्णु का कीर्तिगान करते हुए उनसे यहीं अपना आवास बनाने की प्रार्थना की। अब तक बहुत सारा जल बह जाने के कारण एक विशाल घाटी प्रकट हो गई थी। विष्णु ने उनकी प्रार्थना स्वीकार करते हुए इस घाटी को अपना निवास बनाया।"

***

नारद उत्साहित थे। वह प्रसन्नता से बोले, "यह अकेली झील नहीं है, इससे लगी हुई एक और झील है।"

"हाँ श्रेष्ठ, इससे तनिक दूर एक अन्य झील भी है, जो फैलाव में इससे छोटी है। इसे 'नाग झील' कहते हैं। दोनों स्थानों के वासी भी पृथक् हैं। क्षीर सागर क्षेत्र में वैष्णव रहते हैं, जबकि नाग झील के क्षेत्र में स्थानीय नाग जनजाति निवास करती है," पथ-प्रदर्शक ने आगे बताया।

"वितस्ता नदी का उद्गम यहाँ से उत्तर-पूर्व में ऊँचे पर्वतों पर स्थित जल स्रोतों से हुआ है। नाग जाति पहले वहीं रहती थी। एक बार अधिष्ठाता विष्णु उस क्षेत्र में देशाटन हेतु गए। वहाँ पर इतनी ऊँचाई पर एक कबीले को देखकर वे आश्चर्य में थे। वर्ष के अधिकांश समय वह भूक्षेत्र हिमाच्छादित रहता था। जीवन के साधन अत्यंत सीमित थे, लेकिन उस कबीले के लोग उस वातावरण में सभी प्रतिकूल परिस्थितियों में भी अपनी जीवंतता नहीं भूले थे। अधिष्ठाता उनसे अत्यंत प्रभावित हुए कि उन्हें समझाकर यहाँ पर बसा दिया। आज नाग जाति हमारी सैन्य शक्ति और आंतरिक सुरक्षा प्रणाली का भाग है। इनके मुखिया को 'शीर्षनाग' की पदवी दी गई है और वह अधिष्ठाता का मुख्य अंगरक्षक है। कल जब हम अधिष्ठाता से मिलने जाएँगे, आपकी भेंट शीर्षनाग से भी होगी।"

इंद्र ने अपने चारों ओर देखा। सूर्य पहाड़ों के पीछे छिप गया था और अंधकार शनैः-शनैः घाटी को अपने अंदर समेट रहा था। जल में तैरता राजमहल दीपकों के प्रकाश में दूर से झिलमिला रहा था।

पथ-प्रदर्शक ने कहा, "जहाँ ईश्वर है, वहाँ प्रकाश है।"

उन्हें लगा कि उनकी चेतना वातावरण की शांति के साथ एकरूप हो गई थी। वह रात्रि उन्होंने अगले दिन विष्णु के साथ होनेवाली भेंट के बारे में चर्चा करते हुए अतिथिगृह में बिताई।

□

11

ब्रह्मभूमि

अगले दिन झील के किनारे एक नौका उनके लिए प्रतीक्षारत थी। नौका पर बैठकर वे महल तक पहुँचे, जहाँ विष्णु ने स्वयं बाहर आकर उनका स्वागत किया। लंबे, गठे हुए बदन के स्वामी, पीत वस्त्रधारी और स्वर्ण-आभूषणों से सुशोभित, विष्णु के रोम-रोम से ऊर्जा प्रस्फुटित हो रही थी। उनकी मनमोहक आँखें किसी को भी मंत्रमुग्ध करने के लिए पर्याप्त थीं। इंद्र को विष्णु से मिलते ही ऐसा प्रतीत हुआ, जैसे उन्हें अपने चिरप्रतीक्षित दिग्दर्शक की प्राप्ति हो गई थी।

उनके साथ एक लंबे वयोवृद्ध व्यक्ति भी थे, जिनकी धवल दाढ़ी के बाल उनके वक्षस्थल तक फहरा रहे थे। उनकी तीव्र दृष्टि उनकी बुद्धिमत्ता की परिचायक थी, जबकि उनके होंठों पर एक दिव्य मुसकान उनके विनम्र व्यक्तित्व की प्रतीक थी। उनकी आयु का अनुमान लगाना कठिन था, लेकिन उनके मुख पर असंख्य रेखाएँ इस बात का प्रमाण थीं कि इस व्यक्ति ने असीमित वसंत देखे होंगे। वह लंबा श्वेत वस्त्र धारण किए हुए थे। उनके चहुँओर एक दिव्य आभामंडल का अनुभव होता था।

जब इंद्र विष्णु और ब्रह्मा से गले मिल रहे थे, उसी समय वर्षा की एक हलकी बौछार और ठंडी वायु के झोंके के साथ क्षितिज पर इंद्रधनुष प्रकट हुआ। गंधर्वों द्वारा वीणा के तारों की थिरकन ने वातावरण को संगीतमय बना दिया।

इंद्र को मंत्रणा-कक्ष में ले जाया गया। कक्ष की काष्ठ सज्जित दीवारों पर जीवन-चक्र से संबंधित चित्र उकेरे गए थे। विष्णु के लिए एक कमल की आकृतिवाला सिंहासन था, जिस पर सप्त सिरों वाले नाग के आकार का छत्र लगा था। इंद्र और ब्रह्मा के लिए भी कुमुदनी की आकृति के सिंहासन लगे थे।

विष्णु ने इंद्र को स्नेहपूर्ण दृष्टि से देखते हुए कहा, "इंद्र! समस्त विश्व एक आत्मिक ऊर्जा से भरा है। इसी ऊर्जा के मूर्त रूप में परिवर्तित होने से भौतिक जीवन

फलीभूत होता है। जन्म से मृत्यु तक यह जीवन भौतिक विश्व के नियमों के आधार पर चलता है। समय अवधि पूर्ण होने पर यह आत्मिक ऊर्जा पुनः देहमुक्त हो जाती है। इसलिए इस पृथ्वी पर जन्म लेने के उपरांत हम भौतिक और आत्मिक दोनों रूपों में रहते हैं।"

इंद्र विष्णु से ब्रह्मांड का विश्लेषण सुनकर स्तब्ध थे। बैकुंठ में प्रवेश के साथ ही इंद्र और उनके साथियों ने एक विशिष्ट आंतरिक शांति का अनुभव किया था।

"जीवन के सुचारु संचालन के लिए आत्मिक और भौतिक, दोनों जगत् में संतुलन बनाए रखना आवश्यक है। मैं सुरों के धर्म पर आधारित साम्राज्य से बहुत प्रभावित हूँ। आपने भौतिक और आत्मिक दोनों क्षेत्रों में प्रगति की है। सिंधु क्षेत्र में सुरों द्वारा उपजाए गए अन्न ने इस क्षेत्र की कायापलट कर दी है। आप एक शक्तिशाली, समृद्ध और शांतिप्रिय राज्य की स्थापना के लिए प्रशंसा के पात्र हैं," विष्णु ने प्रेम और आदर के मिले-जुले भाव से इंद्र को देखते हुए कहा, "ब्रह्मावर्त के अधिष्ठाता आज बैकुंठ आए हैं, आपसे इसी प्रकार ब्रह्मावर्त के विकास में सहायता की आकांक्षा लेकर।" फिर उन्होंने ब्रह्मा की ओर देखते हुए कहा, "आदरणीय ब्रह्माजी, आगे की वार्त्ता कृपया आप करें।"

विष्णु को धन्यवाद देते हुए ब्रह्मा ने कहा, "इंद्र, ब्रह्मावर्त के निवासी, जिन्हें प्रायः 'देव' कहा जाता है, सरस्वती नदी के तराई एवं इसके ऊपरी भाग में बसे हैं। हिमालय से निकलकर अनेक नदियाँ ब्रह्मावर्त से होती हुई बहती हैं। इसमें सबसे बड़ी नदी सरस्वती है। सिंधु से भी बड़ी। इस क्षेत्र में देवों के साथ-साथ कई वनजातियों का भी निवास है। ये वनजातियाँ मानसिक और भौतिक दोनों प्रकार के विकास से वंचित हैं। यह हमारा नैतिक और मानवीय कर्तव्य है कि इनके जीवन-स्तर का उत्थान करें। हम मानते हैं कि ईश्वर ने हमें इस पुनीत कार्य के लिए चुना है, लेकिन कठिनाई यह है कि देव भी भौतिक विकास में अधिक रुचि नहीं लेते।"

ब्रह्मा के मुख पर व्यग्रता परिलक्षित हो रही थी, "विष्णु का आपको बैकुंठ आने का निमंत्रण और मेरे यहाँ आकर आपसे मिलने का मूल उद्देश्य आपसे ब्रह्मावर्त के भौतिक विकास के लिए सहायता का अनुरोध करना है।"

"प्रकृति द्वारा वरदान-स्वरूप प्रदत्त इतने संसाधनों के मध्य इस प्रकार की व्यथा और वेदना?" इंद्र ने कुछ देर सोचने के बाद कोमल स्वर में कहा, "आपके द्वारा सुरों के प्रति इस विश्वास-भावना से मैं गौरवान्वित हूँ, लेकिन इस विषय पर कोई

प्रतिबद्धता से पूर्व मुझे अपने साथियों के साथ मंत्रणा करना आवश्यक होगा।"

"मुझे तुम्हारे प्रयोजन की विशुद्धता पर विश्वास है। मैं तुम्हारे उत्तर की प्रतीक्षा करूँगा," ब्रह्मा ने शांतिपूर्वक कहा।

सुर-दल उसके पश्चात् अतिथिगृह वापस आ गया।

***

अतिथिगृह में सुरों को संबोधित करते हुए इंद्र ने कहा, "आप सब सुर साम्राज्य के प्रतिभाशाली प्रतिनिधि हैं। मैं ब्रह्मावर्त में सुरों के योगदान जैसे गंभीर विषय पर आप सबके विचारों के अनुसार ही निर्णय लेना चाहूँगा।"

सुर विष्णु के व्यक्तित्व से, उनके आभामंडल से और उनके प्रस्ताव से चमत्कृत थे। 'प्रत्यक्ष किं प्रमाणम्।' उन्होंने देखा था कि किस प्रकार विष्णु ने नाग समुदाय का कायाकल्प करके उसे बैकुंठ घाटी में लाकर एक सुखी सामुदायिक जीवन का वरदान दिया था।

ब्रह्मा के प्रस्ताव पर सर्वप्रथम बोलनेवाला अग्नि था, "किसी विचार मंथन से पूर्व कुछ बिंदुओं को संज्ञान में लेना आवश्यक है, जिससे उचित निर्णय लेने में सरलता रहे। ब्रह्मावर्त के निवासी सरस्वती की उपासना करते हैं। उनका विश्वास है कि सरस्वती के जल में अलौकिक शक्तियाँ हैं। सरस्वती नदी के तट पर रहनेवाले सामान्यतया नीरोगी रहते हैं और उनकी आयु भी अधिक होती है।"

इसके पूर्व कि सदस्य इस बात को पचा पाते, बृहस्पति ने एक अन्य विस्मयपूर्ण सूचना दी, जिसने सभी को स्तब्ध कर दिया। "ब्रह्मावर्त के वैज्ञानिकों की खगोल विद्या और ज्योतिष शास्त्र में अतुलनीय विशेषज्ञता है। उनकी भविष्यवाणियाँ कतिपय अपवादों के अतिरिक्त प्रायः वास्तविकता में परिवर्तित होती हैं।" बृहस्पति ने एक लंबा श्वास लिया और आगे कहा, "मेरे विचार में ब्रह्मा ने दूरदर्शितापूर्वक विचार किया है। उन्होंने हमें ब्रह्मावर्त में आमंत्रित करने से पूर्व हमारी क्षमताओं और दोषों की पूर्ण विवेचना की है। हमें यह मान लेना चाहिए कि विष्णु और ब्रह्मा जिस समाज का प्रतिनिधित्व करते हैं, वह मानसिक धरातल पर सुरों से अधिक विकसित है। उनका प्रस्ताव हमारे लिए गौरव का विषय है। हम न केवल इससे लाभान्वित होंगे, अपितु हमें दो श्रेष्ठ मित्र भी मिलेंगे, जिससे हमारी शक्ति में भी भारी वृद्धि होगी।"

इसके बाद चले गहन मंथन के उपरांत बृहस्पति ने निष्कर्ष निकाला, "इस क्षेत्र में कार्य करना हमारा सौभाग्य होगा। मुझे ऐसी अनुभूति हो रही है कि इस परिकल्पना

पर कार्य करना उतना ही क्रांतिकारी होगा, जितना मित्र द्वारा सुरों की अस्मिता की पुनर्स्थापना करना था।"

इंद्र ने अपना निर्णय दे दिया, "मैं अपने विद्वान् साथियों के निर्णय को स्वीकार करता हूँ।"

***

इंद्र जब विष्णु के पास लौटे तो उन्हें यह देखकर अत्यंत प्रसन्नता हुई कि ब्रह्मा अभी भी वहीं बैठे थे। "मुझे इतनी शीघ्रता से लौटते देखकर आप कुछ अचंभित होंगे," इंद्र के कथन में उल्लास था।

"हमें ज्ञात था कि तुम शीघ्र ही लौटोगे," ब्रह्मा का स्वर धीर था।

इंद्र को उनके वयोवृद्ध असंख्य झुर्रियों वाले मुख का रहस्यमय मंद हास सम्मोहक प्रतीत हो रहा था। उन्होंने कुछ पल रुककर कहा, "श्रद्धेय, सुर आपकी इस महत्त्वाकांक्षी लोकहितकारी परियोजना से जुड़ने से गौरवान्वित होंगे। हमारा विचार है कि कृषिक्षेत्र में हमारे ज्ञान और कौशल से सबको यहाँ अत्यंत लाभ होगा।"

ब्रह्मा अपने स्थान से उठकर इंद्र के पास पहुँचे और उन्हें गले लगाते हुए कहा, "इंद्र, सुरों का यहाँ की भूमि पर स्वागत है। ब्रह्मावर्त में इस परियोजना का नेतृत्व वैवस्वत मनु द्वारा किया जाएगा। वे मेरे सबसे विश्वसनीय शिष्यों में से एक हैं। वह ब्रह्मावर्त की प्रमुख नगरी पुष्पावती में रहते हैं, जो सरस्वती के किनारे मैदानी भाग में स्थित है।"

ब्रह्मा ने कुछ पल का विराम लेकर आगे कहा, "मैं एक बात और कहना चाहता हूँ। सरस्वती नदी सिंधु सागर में मिलती है। हम नदी के मुहाने पर लोथल के निकट एक पत्तन विकसित कर सकते हैं। भविष्य चाहता है कि हम सागरिक अभियान करें। यह पत्तन उसके लिए आवश्यक होगा।"

इंद्र स्तब्ध थे ब्रह्मा की दूरदर्शिता पर।

ब्रह्मा ने इंद्र को स्नेहभाव से देखा और कहा, "इंद्र, यह सब भविष्य के गर्भ में छुपा है। हमारे ऋषि भृगु ने कुछ ऐसी ही भविष्यवाणी की है।"

"ऋषि भृगु!"

"हाँ इंद्र, वे ब्रह्मावर्त के प्रतिष्ठित विद्वान् हैं। उन्होंने ज्योतिष विज्ञान का गहन अध्ययन किया है। उनका कहना है कि आप और हम मिलकर विश्व के कई रहस्यों को खोजेंगे। वह ब्रह्मावर्त के दल के नेता वैवस्वत मनु के परामर्शदाता के रूप में कार्य करेंगे।"

"मैं ऋषि भृगु से मिलना चाहूँगा," इंद्र के कथन में उत्सुकता थी, "हमारे किसी भी कार्य के लिए संयुक्त प्रयास में तारतम्य होना चाहिए। इसके लिए मैं ब्रह्मावर्त परिक्षेत्र को भलीभाँति देखना चाहूँगा।"

"तुम्हारे कथन का मैं स्वागत करता हूँ। मेरे अंगरक्षक तुम्हें भृगु के आश्रम तक ले जाएँगे। यहाँ से लगभग एक माह की यात्रा करके तुम ब्रह्मावर्त की प्रमुख नगरी पुष्पावती पहुँच जाओगे। ऋषि भृगु का आश्रम वहाँ से कुछ दूर ही है, लेकिन मेरा यह प्रस्ताव है कि तुम्हारा दल बैकुंठ में कुछ दिन रुककर हमारे दर्शन को भलीभाँति समझ ले। इससे हमारी विचारधारा एक समान होने में सहायता मिलेगी।"

***

"जीवन का उद्देश्य शुद्ध ज्ञान, अनुभव और अंतर्प्रज्ञा के द्वारा सत्य को पहचानना और उसे अंगीकृत करना है," विष्णु का धीर सम्मोहक स्वर कक्ष में गूँज रहा था। उन्हें यह देखकर संतोष हो रहा था कि सुर उनके दर्शन को ध्यान से सुन रहे थे।

"आसक्ति और लिप्सा आपके मस्तिष्क को हीनता के मार्ग पर ले जाते हैं। ये चिंता और दु:ख के मूल कारण हैं। ऐसे विचार आने के अनेक कारण हैं, जैसे—भ्रम, अज्ञानता, लोलुपता। यदि आप तनाव से मुक्त और ऊर्जावान बने रहना चाहते हैं तो आपको स्वयं को इस प्रकार के विचारों से दूर रखना होगा।"

"हम 'वसुधैव कुटुंबकम्', अर्थात् 'पूरा विश्व एक परिवार है' के सिद्धांत का पालन करते हैं। मेरा विश्वास है कि इस सिद्धांत को आत्मसात् करने से आपकी मानसिक शक्ति और प्रतिभा में गुणात्मक वृद्धि होगी।"

"विश्व में धर्म-आधारित व्यवस्था के मूल में अच्छाई है। बुराई बढ़ने और धर्म की हानि होने पर ईश्वर स्वयं पृथ्वी पर जन्म लेते हैं और पाप का विनाश करते हैं।"

***

विष्णु के प्रवचन एक सप्ताह तक चले। उसके पश्चात् इंद्र ने भृगु के आश्रम के लिए प्रस्थान कर दिया। उस समय क्षीर सागर का परिदृश्य बहुत मोहक था। वृक्षों पर रक्तिम पत्तियाँ आ गई थीं। ऋतु में परिवर्तन हो रहा था।

"हमें अपनी यात्रा में कुछ शीघ्रता करनी होगी, जिससे हम ऋषि के आश्रम तक शीघ्र पहुँच सकें," पथ-प्रदर्शक ने सुझाव दिया।

उन्होंने अपने अश्वों को एड़ लगाई और एक ही दिन में शंकुधर देवदार और चिनार के वृक्षों को पीछे छोड़ते हुए घाटी को पार कर लिया। कुछ ही दिनों में वे

सरस्वती के तट पर थे। वास्तव में यह नदी सिंधु से भी विशाल थी।

"यह तो विधाता का स्वयं का प्रदेश लगता है। इस पर माँ प्रकृति की अपार कृपा है। हमारा सौभाग्य है कि हमें यह सुअवसर मिल रहा है," इंद्र के मुँह से अनायास ही निकला।

एक सप्ताह सरस्वती के किनारे चलने के पश्चात् वे उस स्थान पर पहुँच गए, जहाँ पश्चिम से आ रही दृष्टावती नदी सरस्वती से मिल रही थी। इस क्षेत्र में एक नगर बसा हुआ था।

"भद्र, यह ब्रह्मावर्त का मुख्य नगर पुष्पावती है। यहाँ से हम दृष्टावती के किनारे चलते हुए दो दिन में भृगु आश्रम पहुँच जाएँगे।"

***

पुष्पावती एक सुनियोजित नगर था। नगर में चौड़े पथमार्ग एक-दूसरे को समकोण पर मिलते थे। मुख्य पथ से निकलकर छोटे पथ हर घर से जुड़े हुए थे। आवासों के आगे बगीचे थे, जिनके मध्य में यज्ञ-वेदिकाएँ बनी हुई थीं। प्रत्येक आवास की छत पर कमल के चिह्न वाले ध्वज फहरा रहे थे। ये ध्वज बैकुंठ के ॐ चिह्न वाले ध्वजों से भिन्न थे।

जब वे नगर में विचरण के लिए निकले, तब मार्ग में प्रत्येक व्यक्ति ने हाथ जोड़कर और सिर झुकाकर उनका अभिनंदन किया।

"यहाँ के निवासी अत्यंत विनयशील और शांतमन हैं। क्या इनमें झगड़े नहीं होते?" इंद्र ने पूछा।

"ऐसा नहीं है," पथ-प्रदर्शक हौले से हँसा और बोला, "हम सब भी मानवीय भावनाओं से भरे हुए हैं। प्रेम और विवाद दोनों ही जीवन का अंग हैं, लेकिन हमारे यहाँ नागरिकों के अनुपालन हेतु विधि और व्यवस्था की उचित संरचना की गई है। इसके अंतर्गत नागरिकों के अधिकारों और कर्तव्यों को स्पष्ट करते हुए विधि-सम्मत कार्य न करने पर उचित दंड व्यवस्था है," यह कहते हुए पथ-प्रदर्शक के स्वर में गर्व का अंश आ गया था।

पथ-प्रदर्शक उन्हें संगम पर स्थित वैवस्वत मनु के आश्रम तक ले गया। धवल दाढ़ी और चाँदी की तरह केशधारक श्वेत वस्त्रधारी एक वयोवृद्ध ने उनका स्वागत किया। सायंकाल में भोजनोपरांत वैवस्वत ने सुरों को ब्रह्मसमाज के विषय में बताया, "अहिंसा और आत्मसंयम ब्रह्मावर्त के मूल सिद्धांत हैं। सहअस्तित्व और शुचिता ब्रह्मसमाज के आधार-स्तंभ हैं। हम नैतिक और विधि के कार्यान्वयन हेतु बनाई गई

धर्मसंहिता का अनुपालन करते हैं। यह धर्मसंहिता पाठ्यक्रम का अंग है, जिससे प्रत्येक नागरिक को इसका विधिवत् ज्ञान हो। इस धर्मसंहिता में जीवन के प्रत्येक पक्ष को सँजोया गया है। पुरुष और महिला सबके अधिकारों व कर्तव्यों को नियत किया गया है। इसके अतिरिक्त हम ब्रह्मवासियों को उनकी योग्यता और प्रवृत्ति के अनुसार अपना-अपना व्यवसाय चुनने में सहायता करते हैं, जिससे उनका जीवन सुचारू रूप से चल सके।"

"राजा तथा योद्धाओं के क्या कर्तव्य हैं?" इंद्र ने पूछा।

"इंद्र, तुम्हें यह भलीभाँति ज्ञात है कि राजा के क्या कर्तव्य हैं और तुम इनका पालन भी कर रहे हो। युद्धकाल में प्रजा की रक्षा और शांतिकाल में उनकी समृद्धि में बढ़ोतरी, यही राजा के प्रमुख कर्तव्य हैं।"

इंद्र के मुख पर संतोष की चमक आ गई। उन्होंने अपने शब्दों में गंभीरता लाते हुए कहा, "हमारे ब्रह्मावर्त में किए जाने वाले प्रयास इतिहास में स्वर्णाक्षरों में लिखे जाएँगे।"

"इंद्र, हम इस प्रकार का कोई वृत्तांत लिपिबद्ध कर इतिहास नहीं लिखते। हम मात्र निमित्त हैं। हम केवल वैश्विक नियमों और उससे होनेवाले प्रभावों का अध्ययन करते हैं।"

इस प्रकार बात करते हुए उन्हें ज्ञात ही नहीं हुआ कि कब सूर्यास्त हो गया और कब आकाश नक्षत्रों से सज गया। उस रात्रि उन्होंने वैवस्वत मुनि के आश्रम में विश्राम किया। अगले दिन वे भृगु आश्रम के लिए चल दिए।

***

दृष्टावती के किनारे बहाव की दिशा के विपरीत दो दिन तक चलते हुए वे वधूसर और दृष्टावती के संगम पहुँच गए। वधूसर एक छोटी नदी थी, लेकिन दृश्य मनोरम था।

"ऋषि का आश्रम उस पहाड़ी के अंचल में है," पथ-प्रदर्शक ने अपनी कनिष्ठा से एक छोटी और हरी-भरी पहाड़ी की ओर इंगित करते हुए कहा। जब वे आश्रम पहुँचे तो उन्होंने ऋषि भृगु को स्वागतार्थ खड़े पाया।

आश्रम एक बड़े स्थल में फैला हुआ था। यहाँ कई स्थानों पर वेदिकाएँ बनी हुई थीं। सामान्य शिष्टाचार के बाद भृगु उन्हें पहाड़ की चोटी पर स्थित खगोल विज्ञान की वेधशाला में ले गए।

"यहाँ से हम आकाशीय पिंडों की गति का अवलोकन करके उनका अध्ययन

करते हैं। हमारे वैज्ञानिक सूर्य, चंद्र और नक्षत्रों का अध्ययन कर उनकी पृथ्वी और अन्य नक्षत्रों की तुलना में सापेक्ष स्थिति की जानकारी एकत्र करते हैं। हमने यह पाया है कि नक्षत्रों की सापेक्षता एक वैश्विक नियम से बँधी होती है। कुछ नक्षत्र समूह में चलते हैं और कुछ नक्षत्र बीच-बीच में एक निश्चित अंतराल के लिए विलुप्त हो जाते हैं और फिर आकाश में प्रकट हो जाते हैं। यह अंतराल कुछ दिवसों से लेकर कई वर्षों का हो सकता है।"

इंद्र ने अनुभव किया कि पहाड़ी की चोटी वेधशाला के लिए उपयुक्त स्थान था। उसके चारों ओर किसी दिशा में कोई अवरोध न होने के कारण अध्ययन में किसी प्रकार की बाधा नहीं थी। "आप नक्षत्रों की गति का अध्ययन इतनी सूक्ष्मता से कैसे कर लेते हैं?" इंद्र ने जिज्ञासा व्यक्त की।

"यह सुनियोजित रूप से किया जाता है। आप उन नलिकाओं को देखिए। इन्हें इन पर लगी छड़ों से घुमाया जा सकता है। इन नलिकाओं से हम नक्षत्रों को देखते हैं और फिर किसी भी नक्षत्र की एक विशिष्ट समय पर स्थिति चिह्नित कर लेते हैं। इस प्रकार हमने सहस्त्रों आकाशीय पिंडों के अभिलेख एकत्र किए हैं। प्रत्येक अध्ययन कई बार करने से त्रुटियों की संभावना कम हो जाती है।"

वापस लौटते हुए इंद्र ने वृक्षों की छालों पर लिखे अभिलेखों का संग्रह देखा।

"इंद्र, ये भोजपत्र हैं। ये भोज वृक्ष की छालें होती हैं। हम अपना लेखन इन्हीं पर करते हैं। वर्तमान में हम एक महत्त्वाकांक्षी परियोजना पर कार्य कर रहे हैं, जिससे हम किसी व्यक्ति के विषय में जानकर यह बता सकें कि उस व्यक्ति ने किन नक्षत्रों के संयोग काल में जन्म लिया था।"

वे भोजन के पश्चात् बैठकर वार्त्ता कर रहे थे। इंद्र को कई दिनों से अपने मन में घुमड़ रही बात को कहने का यह समय उचित अवसर लगा, "हमारे भविष्य के बारे में आपका अध्ययन क्या कहता है?"

भृगु को इस प्रश्न की अपेक्षा थी। उनके मुख पर मुसकान आ गई, वह बोले, "इंद्र, अपने भविष्य के निर्माता तुम स्वयं हो। तुम्हारे कर्म ही तुम्हारा भविष्य तय करेंगे। भविष्यवाणियों के विश्लेषण का विशेष लाभ नहीं होगा। उत्तम कार्यों के लिए किए गए तुम्हारे कर्म तुम्हारा भविष्य सुदृढ़ करेंगे और बुरे समय में यही कर्म तुमको सहारा देंगे।"

भृगु आश्रम में कुछ समय व्यतीत करने के पश्चात् वे पुष्पावती लौट आए। ब्रह्मा भी तब तक वहाँ पहुँच गए थे। उन्होंने पूछा, "इंद्र, मुझे आशा है कि आपको

ब्रह्मावर्त रुचिकर लगा होगा। यहाँ से सुरलोक की वापसी यात्रा में आप ब्रह्मावर्त के अन्य क्षेत्रों से होते हुए जाएँगे। हम ब्रह्मावर्तवासी आपके पुनः आगमन के लिए प्रतीक्षारत रहेंगे।"

"श्रद्धेय, आपको अधिक प्रतीक्षा नहीं करनी होगी। हम शीघ्र ही लौटेंगे," इंद्र ने वचन दिया।

***

सुरलोक पहुँचते ही इंद्र ने सुर परिषद् की सभा आयोजित की और सदस्यों से बैकुंठ तथा ब्रह्मावर्त की यात्रा का विवरण साझा करते हुए बताया, "देवों के साथ सहयोग करके सुर लाभान्वित होंगे। यह अभियान सिंधु से लेकर सरस्वती नदी तक सांस्कृतिक, भौतिक और आत्मिक विचारधाराओं को समाहित करते हुए एक नई सभ्यता का जनक होगा।"

सभा के प्रत्येक सदस्य ने प्रस्ताव का समर्थन किया। अगले कुछ ही दिनों में हजारों सुर युवा इस रोमांचक कार्य में सम्मिलित होकर ब्रह्मावर्त जाने के लिए तैयार थे। इस दल का नेतृत्व करने के लिए इंद्र ने चुना एक जुझारू सुर युवक 'चंद्र' को।

"हमारा यह प्रयोजन इतिहास में अनूठा होगा," इंद्र ने सुर युवकों का मनोबल बढ़ाते हुए कहा, "हम मित्र के बताए मार्ग पर आगे बढ़ेंगे और सुरों की परंपरा को आगे बढ़ाएँगे।"

संपूर्ण वातावरण जय-जयकार की ध्वनि से गूँज उठा।

***

कुछ माह के अंतराल पर सुरों का प्रथम दल चंद्र के नेतृत्व में सरस्वती के तट पर पहुँच गया। स्वयं वैवस्वत उनके स्वागत के लिए वहाँ उपस्थित थे। उनके साथ एक आकर्षक नवयुवती थी। उस युवती के मुख का आभामंडल और तेजस्वी आँखें उसकी बुद्धिमत्ता एवं अप्रतिम ऊर्जा की द्योतक थीं।

"यह भृगु-पुत्री भार्गवी है," वैवस्वत ने युवती का परिचय कराते हुए कहा, "यह ब्रह्मावर्त की सबसे प्रतिभाशाली युवतियों में से है। इसकी रुचियाँ मानव सेवा और सामाजिक विकास कार्य हैं। इसमें जनसाधारण को विश्वास दिलाने और कार्यों में स्वेच्छापूर्वक योगदान दिलाने की चमत्कारिक क्षमता है। यह आपके सहयोगी के रूप में कार्य करेगी।"

भार्गवी ने एक निष्कपट सरल मुसकान के साथ हाथ जोड़कर सबका स्वागत

किया और मधुर स्वर में बोली, "मैं तो मात्र एक प्रशिक्षु हूँ। मेरा यह सौभाग्य है कि मुझे सुर विद्वज्जनों के निर्देशन में कार्य करने का अवसर मिलेगा।"

"यह हमारे लिए अत्यंत प्रसन्नता का विषय है," चंद्र ने उसके दल में सम्मिलित होने पर प्रसन्नता व्यक्त करते हुए कहा।

***

भृगु और ख्याति को अपनी पुत्री पर गर्व था। भृगु के ज्योतिष आकलन के अनुसार भार्गवी का विवाह विश्व के सर्वश्रेष्ठ व्यक्ति के साथ होना था। अपने ज्योतिष ज्ञान पर विश्वास होने के बाद भी पिता होने के कारण भृगु उसके चंचल मन और अप्रत्याशित निर्णयों से चिंतित रहते थे।

"तुम्हारी बुद्धि में स्थिरता कब आएगी?" एक दिन ख्याति ने झुँझलाते हुए भार्गवी से कहा।

"माँ, तुम मुझे जीवन के आनंदों से वंचित रखना चाहती हो?" भार्गवी ने प्रतिवाद किया और अपनी बाँहें पिता के गले में डालते हुए इठलाकर कहा, "मुझे नए लक्ष्यों का पीछा करना एक स्फूर्ति देता है। एक लक्ष्य पूरा करते ही दूसरा लक्ष्य। मैं चलायमान रहना चाहती हूँ। मुझे लगता है कि वंचित वर्गों के लिए अभी बहुत कार्य शेष है। मुझे उनके लिए कुछ करने में आत्मिक संतोष की प्राप्ति होती है।"

भार्गवी को ज्ञात था कि पिता का उसके प्रति अपार स्नेह उसे माता के प्रतिरोध से बचाएगा।

भृगु ने प्यार से उसके गाल पर चपत लगाई, "तुम चतुर हो। तुम्हें ज्ञात है कि माता-पिता की भावनाओं को किस प्रकार नियंत्रित किया जाता है। मैं उस दिन की प्रतीक्षा में हूँ, जब तुम्हें कोई अपनाकर सही रास्ते पर ले आएगा।"

भार्गवी ने कृत्रिम रोष व्यक्त करते हुए अपनी नाक सिकोड़ी, "मैं भार्गवी हूँ। मैं अपने निर्णय स्वयं लेती हूँ।"

***

सुरों का दल ब्रह्मावर्त पहुँचकर शीघ्र ही अपने कार्य में लीन हो गया। सहस्रों श्रमिक, अभियंता और प्रबंधन विशेषज्ञों ने पूर्ण उत्साह और समर्पण भाव के साथ अपना कार्य आरंभ कर दिया। स्वयंसेवियों और प्रशिक्षुओं का निरंतर आगमन हो रहा था। इसके साथ ही नए आश्रमों को भी स्थापित किया जाने लगा।

सादगी भरा संयमित जीवन जीने वाले सुरों के निष्काम व्यवहार ने उनके प्रति आमजन में आदरभाव उत्पन्न कर दिया था। शिक्षा के अतिरिक्त आश्रम सामान्य

स्वास्थ्य संबंधी जागरूकता और सामाजिक कल्याणकारी कार्यक्रम भी आयोजित कर रहे थे।

***

सरस्वती नदी के किनारे बड़े-बड़े भूभागों की सफाई की गई। वहाँ उगे वृक्षों और झाड़ियों को हटाकर भूमि को समतल किया गया। सुर दलों ने ब्रह्मावर्तवासियों, यानी देवों के साथ मिलकर गेहूँ की बुवाई की। भूमि बहुत उपजाऊ थी। कुछ ही समय बाद गेहूँ की पौध निकल आई और पूरी भूमि पर हरी चादर बिछ गई।

सुनियोजित नगरों की रूपरेखा सरस्वती के तटों पर उभरने लगी थी। एक वर्ष के अंतराल में ही लोग वहाँ बसने लगे। नगरों को जोड़नेवाले मार्गों पर नए ग्राम विकसित किए गए, जिससे नगरों के मध्य संचार सुविधा बनी रहे। विश्वकर्मा ने पकी हुई ईंटों से नए आवास बनाए। नगरों में पत्थरों को काटकर चौड़े पथ बनाए गए। भूमिगत जल निकास प्रणाली का निर्माण किया गया। सभी कुछ अद्‌भुत था। ब्रह्मा के सुझाव के अनुपालन में सार्वजनिक स्नानगृह भी बनाए गए। यह एक ऐसे स्थल के रूप में विकसित किए गए थे, जहाँ पर देवों के साथ-साथ विभिन्न जनजातियों और समाज के विभिन्न वर्गों से आए लोग एक-दूसरे से मिल सकें। विभिन्न समाजों के एकीकरण की दिशा में यह एक अनूठा प्रयास था।

उन्होंने सरस्वती पर जलमार्गों का विकास किया और नावों द्वारा नदी के रास्ते एक स्थान से दूसरे स्थान जाना प्रारंभ कर दिया। सरस्वती के मुहाने पर समुद्र के निकट 'लोथल' पर एक जलपत्तन विकसित किया गया। इंद्र ने ब्रह्मा से कहा, "ऋषि भृगु की भविष्यवाणी सच हुई! उनको मेरा अभिनंदन!"

ब्रह्मा ने प्रसन्नतापूर्वक उत्तर दिया, "अभी तो बहुत कुछ होना बाकी है।"

सुरों की दक्षता और वैवस्वत के प्रबंधन-कौशल से क्षेत्र सुनियोजित रूप से विकसित हो रहा था। पूरी परियोजना आशा से अधिक सफल होती प्रतीत हो रही थी।

***

एक दिन इंद्र और ब्रह्मा सरस्वती के किनारे भ्रमण कर कृषि का निरीक्षण कर रहे थे। उन्हें लगा कि पिछले कई दिवसों से नदी का जलस्तर अप्रत्याशित रूप से कम हो रहा था।

"मैंने नदी का जलस्तर कभी इतना कम नहीं देखा," यह कहते हुए ब्रह्मा के स्वर में चिंता थी, "इसका कारण जानने के लिए हमें ऊपर की ओर एक खोजी दल

भेजना चाहिए। सरस्वती की अनेक सहायक नदियाँ हैं, किसी भी नदी का जल-स्रोत सूखना चिंताजनक होगा।"

लगभग उसी समय नारद का वहाँ आगमन हुआ। उन्होंने समाचार दिया कि 'वृत्तासुर' नामक असुर सरस्वती के जल को पहाड़ से मैदान में प्रवेश करने के स्थान पर नहर बनाकर दूसरी ओर मोड़ रहा था।

एक समय में शक्तिशाली असुर सभासद वृत्तासुर सुर और असुर मित्रता के विरुद्ध था। वह इस मित्रता को असुरों की मुक्त विचारधारा के लिए घातक मानता था। शचि और इंद्र के विवाह का विरोध करता हुआ वह परियात्रा पर्वतों की ओर भाग गया था और वहाँ रहकर अपना संगठन खड़ा कर रहा था। उसके अनुयायी धीरे-धीरे सरस्वती घाटी के ऊपरी स्थान तक फैल गए थे। उसने अपने छोटे-छोटे दुर्ग भी बना लिए थे। इंद्र और ब्रह्मा इन गतिविधियों से अनभिज्ञ थे। नारद का संदेश उनके लिए एक आघात था।

***

"सरस्वती की धारा को मोड़ दो," वृत्तासुर ने अपने अनुयायियों को आदेश दिया, "ब्रह्मावर्त के नगरों को जल के अभाव में उजाड़ दो।" वह क्रोध में अंधा था। इंद्र द्वारा पुलोमा का वध और उसका शचि से विवाह का स्मरण उसके विचारों को उद्वेलित कर रहे थे। उसने सरस्वती के तराई क्षेत्र में एक स्थान खोजा था, जहाँ सरस्वती का प्रवाह सँकरा था। उसने वहाँ से नहर खुदवाकर नदी का प्रवाह मोड़ दिया था। मुख्य धारा में जल अब न के बराबर रह गया था। "सुरों का ब्रह्मावर्त में खेती का अभियान टूटना चाहिए, जिससे उन्हें और उनके देव साथियों की फसलें बिना पानी के सूख जाएँ और उनका ब्रह्मावर्त में धान्य भंडार बनाने का स्वप्न टूट जाए।" ऐसे कुविचारों के साथ वह अपने साथियों को उकसा रहा था।

उसके अनुयायी सिंधु का भी जल प्रवाह मोड़ना चाहते थे, लेकिन वृत्तासुर ने उन्हें यह कहकर रोक दिया था, "सिंधु असुर क्षेत्र को भी सिंचित करती है। उसको अवरुद्ध करने से सुरों के साथ-साथ असुर भी प्रभावित होंगे।"

"मैं स्वयं वृत्त के विरुद्ध अभियान का नियंत्रण करूँगा," इंद्र ने घोषणा की, "न केवल वृत्त अपितु समस्त दस्यु प्रवृत्ति के दलों का समूल नाश करना आवश्यक है।"

***

शीघ्र ही एक सैन्य दल सरस्वती के ऊपरी क्षेत्रों में प्रवेश कर गया। इंद्र के साथ चंद्र भी इस दल के साथ था। अश्व और पैदल टुकड़ियाँ घने वनों से रास्ता बनाती हुई बढ़ रही थीं।

जैसी कि आशा थी, एक दिन उन पर अकस्मात् ही बाण-वर्षा प्रारंभ हो गई। इंद्र की सेना ने अपनी स्थिति ले ली, लेकिन शत्रु छुपकर प्रहार कर रहा था। इस कारण देव सेना हर प्रकार से उच्च होने के बाद भी उतनी प्रभावकारी नहीं हो पा रही थी। जल्दी ही उसने अपने कुछ सैनिकों को खो दिया।

"हमें वृत्त का सामना करने के लिए उपयुक्त स्थल खोजना होगा। अन्यथा इस प्रकार वह हमें क्षति पहुँचाता रहेगा," इंद्र ने मंतव्य दिया।

उन्होंने एक खुले मैदान पर अपना शिविर लगा लिया। रात्रि में जब वे शयन के लिए जा रहे थे, प्रहरी दल ने फुफकार मारते हुए बड़ी संख्या में बृहद् आकार के सर्पों को शिविर की ओर आते देखा। सैनिकों ने लंबे खड्ग निकाल लिये और इससे पूर्व कि वे सर्प हानि पहुँचा पाते, उन्हें मार दिया गया।

"यहाँ हमें अनेक आश्चर्यजनक खतरों का सामना करना पड़ सकता है," इंद्र ने सावधान किया, "ये साधारण सर्प नहीं थे, अपितु वृत्त के शस्त्र थे। मेरे विचार में शत्रुदल भी यहीं कहीं निकट ही होना चाहिए।"

उसी समय उन्हें भारी हलचल का आभास हुआ। इंद्र के सैनिकों ने वृक्षों के ऊपर अपनी स्थिति लेते हुए शिविर की ओर आते हुए शत्रुओं पर बाण-वर्षा प्रारंभ कर दी। शत्रु दल को भारी क्षति के साथ पीछे हटना पड़ा। तभी वृत्तासुर ने जोर से अट्टहास करते हुए कहा, "इंद्र, तुम्हारा दुर्भाग्य तुम्हें यहाँ ले आया है। तुम्हारी सेना यहाँ चारों ओर से घेर ली गई है और उसे पशुओं की भाँति काट दिया जाएगा।"

इंद्र ने चुनौती स्वीकार करते हुए वज्र को ऊपर उठा लिया और आगे बढ़कर वृत्तासुर को ललकारा, "वृत्त, तुम्हारे पाप क्षमा योग्य नहीं हैं। तुम्हें मृत्यु के उपरांत भी नर्क की अग्नि में जलना होगा।"

वृत्तासुर अट्टहास करते हुए अपनी गदा लेकर इंद्र की ओर लपका। उसकी विशाल देह क्रोध और उन्माद से काँप रही थी। इंद्र ने चपलता से अपने को बचाते हुए वज्र से पलटवार किया। वृत्तासुर अपने को बचाते-बचाते भी घायल हो गया। उसकी भुजा से खून बहने लगा, फिर भी अपनी सारी शक्ति लगाकर एक बार पुनः उसने इंद्र पर गदा से प्रहार करने का प्रयास किया। इंद्र ने स्वयं को बचाया, लेकिन गदा के किनारे से उनका जबड़ा कट गया। मुँह से रक्त की धार बह चली। पर वह विचलित नहीं हुए और वृत्तासुर के वक्ष पर वज्र से प्रहार किया। जोर से चिल्लाते हुए वृत्तासुर भूमि पर गिर गया। उसकी मृत्यु हो गई।

उदार इंद्र ने वृत्तासुर के सैनिको को क्षमादान दे दिया। सैन्यदल सरस्वती का प्रवाह सुनिश्चित करके वापस ब्रह्मावर्त आ गया।

***

माघ का मास था। शीत ऋतु की फसल खेतों में सूर्य की गरमी और अनुकूल हवाओं के मध्य पक रही थी। हरे पौधों में धीरे-धीरे पकती गेहूँ की बालियों से सुनहरे रंग की छटा आने लगी थी। विशाल खेतों का विहंगम दृश्य पूरे सम्मोहन के साथ चढ़ाव पर था। ऐसा प्रतीत होता था, जैसे किसी चित्रकार ने सुनहरी बालियों और पीली सरसों से धरती पर चित्रकारी कर दी हो।

"ईश्वर ने हमारे खेतों में स्वर्ण-वर्षा की है," ब्रह्मा ने उल्लासपूर्वक कहा। वह इंद्र के साथ सरस्वती के तट पर थे। "इंद्र, तुम ब्रह्मावर्त में समृद्धि का एक नया युग लेकर आए हो। अब से तुम्हें भी हमारी तरह देव ही संबोधित किया जाएगा। हमारे लिए अब सुरों और देवों में कोई अंतर नहीं है।"

इंद्र प्रसन्न भाव से खड़े थे। उन्हें ज्ञात था कि ब्रह्मावर्त में किए गए इस उद्यम ने सुरों को निर्विवाद रूप से समृद्ध और सर्वश्रेष्ठ बना दिया था।

***

भार्गवी अपने विचारों में स्वयं को स्वतंत्र मानती थी। इस कारण उसका अपने माता-पिता से प्रायः विवाद छिड़ा रहता था। एक दिन उसने घोषणा की, "मैं यहाँ के कबीलों की स्त्रियों की दशा सुधारने की दिशा में कार्य करूँगी।"

माँ ख्याति को कुछ समझ नहीं आ रहा था, "तुम्हारा तात्पर्य क्या है?"

"जब तक स्त्रियाँ ऊपर नहीं उठतीं, इन कबीलों में समृद्धि एक दिवास्वप्न रहेगी। उन्हें कमजोर माना जाता है। मैं यह धारणा बदल दूँगी।"

"एक दिन तुम अपने दुस्साहस के लिए पछताओगी। तुम्हारे विवाह के बाद ही मुझे शांति मिलेगी।" ख्याति झल्ला गई थी।

"माँ, आपसे बात करना असंभव है," कहते हुए भार्गवी ने ख्याति के गले में बाँहें डालते हुए विषयवस्तु का पटाक्षेप किया।

***

एक दिन भृगु जब घर लौटे तो उन्होंने भार्गवी को प्रतीक्षारत पाया। "पिताश्री, मैं स्थानीय बालिकाओं के लिए एक पृथक् गुरुकुल की स्थापना हेतु प्राचार्य से निवेदन करना चाहती हूँ। इसके बिना स्थानीय कबीले सदा अंधकार में रहेंगे।"

भार्गवी महिलाओं को स्वर्णाभूषण धारण करने और स्वर्ण के संचय के लिए

प्रोत्साहित करती थी, "आप पर परिवार की समृद्धि का उत्तरदायित्व है। आप स्वर्ण धारण करें। आवश्यकता होने पर यह आपके काम आएगा।"

शीघ्र ही वह समाज के हर वर्ग, स्त्री, पुरुष, युवा, वृद्ध, विद्वान्, सामान्यजन सबके लिए प्रेरणा का स्रोत बन गई थी। प्रतिभाशाली महिलाएँ आगे आ रही थीं और समाज की संरचना में योगदान दे रही थीं।

***

चंद्र भी एक ठोस कृषि प्रणाली के क्रियान्वयन में सफल हो रहा था। उसके सबसे साथ सहज भाव से मिलने के गुण ने विभिन्न जातियों और संस्कृति वाले इस समागम में उसकी स्वीकार्यता बढ़ा दी थी।

भार्गवी और चंद्र कार्यवश प्रायः एक-दूसरे के साथ रहते थे। एक दिन चंद्र ने भार्गवी की सराहना करते हुए कहा, "तुम अत्यंत ऊर्जावान और स्नेही हो। तुम जहाँ भी जाती हो, तनाव समाप्त हो जाता है और आनंद छा जाता है। कितना अच्छा होता, यदि मेरी तुम्हारे जैसी एक छोटी बहन होती।"

"मैं तुम्हारी बहन ही तो हूँ। मेरा सौभाग्य है कि मुझे तुम्हारे जैसा भाई मिला। मेरे जीवन की एक कमी पूरी हो गई," भार्गवी ने उत्तर दिया।

***

"भार्गवी को चंद्र के साथ ब्रह्मावर्त में कार्य करते हुए चार वर्ष का समय हो गया था। अपने योगदान से वह पूर्ण संतुष्ट थी। सारी प्रणाली और तंत्र स्थापित हो चुके थे। एक दिन सायं जब चंद्र और भार्गवी वार्त्तालाप कर रहे थे तो भार्गवी ने अपना दुखड़ा रोया, "मेरा एक लक्ष्य पूरा हो चुका है। अब मैं केवल सामान्य कार्य कर रही हूँ। इसमें कोई नयापन या चुनौती नहीं है।"

"तो तुम क्या करना चाहती हो?"

"इस पृथ्वी पर और भी सभ्यताएँ होंगी, जिन्हें हमारी आवश्यकता होगी। हमें उनकी सहायता करनी चाहिए," भार्गवी ने जोर देकर कहा।

चंद्र काफी देर तक भार्गवी के साथ तर्क करता रहा। उसका मानना था कि एक सीमा से अधिक अधैर्य अस्थिरता का परिचायक है, लेकिन भार्गवी अपने हठ पर बनी रही। थक-हारकर अंत में चंद्र ने सुझाव दिया, "मुझे ऐसा प्रतीत होता है कि तुम कार्य की एकरसता से थक गई हो और तुम्हें अवकाश की आवश्यकता है।"

"संभवतः तुम सही कह रहे हो। मुझे लगता है कि मुझे देशाटन करना चाहिए।

तुम्हारा क्या विचार है कि मुझे कहाँ जाना चाहिए," भार्गवी को चंद्र का प्रस्ताव रुचिकर लग रहा था।

"मैं समझता हूँ कि तुम्हें दक्षिण दिशा में समुद्री मार्ग से जाना चाहिए। तुम्हें सरस्वती के मुहाने से समुद्र में एक जलयान लेकर तट के किनारे-किनारे चलना चाहिए। यह यात्रा तुम्हें ऊर्जा से भर देगी।"

"और यदि तुम्हें स्वीकार हो तो मैं भी तुम्हारे साथ आना चाहूँगा," चंद्र ने हिचकिचाते हुए कहा, "मुझे तुम्हारा अकेले इस प्रकार अनजाने और अबूझे क्षेत्र में जाना उचित प्रतीत नहीं होता। अगर हम साथ रहेंगे तो यह यात्रा रोचक होगी।"

"मुझे इस विषय पर सोचने के लिए कुछ समय चाहिए।"

कुछ दिनों तक सोचने के बाद वह इस निष्कर्ष पर पहुँची कि वह चंद्र पर विश्वास कर सकती थी और उसका साथ उसके लिए उचित रहेगा। उसने चंद्र को अपने निर्णय से अवगत कराते हुए कहा, "यह भी संभावना है कि हम ऐसे क्षेत्र में पहुँच जाएँ, जो हमें पसंद आ जाए और हम वहाँ कुछ समय रुक सकें।"

***

भृगु और ख्याति भार्गवी के इस नए उद्यम से अत्यंत असहज थे। कुछ दिनों तक पिता-पुत्री में जोरदार वाक्युद्ध का वातावरण रहा, लेकिन भृगु अधिक तर्क नहीं रख सके। उन्हें ज्ञात था कि भार्गवी के भाग्य में दूर स्थलों पर जाकर अपार यश और कीर्ति अर्जित करना लिखा है और अब वह समय आ गया था।

अंत में ख्याति ने पिता-पुत्री के मध्य सेतु का कार्य किया, "अपनी पुत्री को तुमसे अधिक कोई नहीं जानता। तुम्हें उसका भूत, वर्तमान और भविष्य, तीनों ज्ञात हैं। तुम उसे हँसी-खुशी जाने क्यों नहीं देते? हमें प्रसन्नता होनी चाहिए कि चंद्र ने स्वयं साथ चलने का प्रस्ताव किया है।"

दोनों को विश्वास था कि चंद्र भार्गवी का पूरा ध्यान रखेगा।

□

भाग–2

समुद्र–मंथन

12

संदेश

हवाओं में शीत का प्रकोप कुछ कम हो गया था। सूर्य की धूप में ऊष्णता बढ़ने लगी थी। ठंड के कारण जमी और सख्त हुई भूमि में अब पुनः विगलन प्रारंभ हो गया था। मुलायम नरम नई घास की चादर ने भूमि को ढक लिया था। वृक्षों और झाड़ियों में कलियाँ प्रस्फुटित होने लगी थीं। सार्वजनिक स्थानों पर चहल-पहल बढ़ गई थी। सर्वत्र उत्सव का वातावरण था।

सुरलोक का राजोद्यान सामान्य जनता के लिए वसंत-महोत्सव हेतु खुल गया था। उद्यान में लगे भाँति-भाँति के वृक्ष, छोटे-छोटे ताल और उसमें तैरते हुए कमल-पुष्प शचि की कलात्मक रुचि के परिचायक थे।

पास के पर्वत के एक झरने से नहर निकालकर जल को उद्यान तक लाया गया था। नहर में छोटी-छोटी नौकाएँ तैर रही थीं, जिनमें रंग-बिरंगे वस्त्रों में सुसज्जित नागरिक वसंत का आनंद ले रहे थे। नहर एक छोटी सी झील पर जाकर समाप्त होती थी, जिसमें हंस और अनेक प्रकार के जलपक्षी विचरण कर रहे थे। नहर का अतिरिक्त जल नीचे घाटी में एक नाले में छोड़ दिया गया था। उद्यान में मोर, खरगोश, हिरन आदि छोटे जानवर निर्मुक्त भाव से विचरण कर रहे थे।

उत्सव का मुख्य स्थल एक अर्धवृत्ताकार मैदान था। वहाँ बैठने के लिए छोटी गोल मेजों के चारों ओर कुरसियाँ लगी थीं। उनके ऊपर धूप से बचने के लिए खंभों के सहारे छत्र लगाए गए थे। पत्थर के बने ये खंभे कलात्मक लकड़ी से मढ़े गए थे। मैदान का मध्य भाग कलाकारों के प्रदर्शन के लिए था।

***

उत्सव अपने अंतिम चरण में था, इस कारण उत्साह भी अपनी चरम सीमा पर था। अप्सराओं का एक दल अपनी नृत्य-नाटिका प्रदर्शित कर रहा था। उनके लचीले बदन गंधर्व संगीतकारों की धुनों के साथ थिरक रहे थे। अप्सराएँ राजभवन के प्रमुख

आकर्षणों में से थीं। सहयोगी राज्यों से इन्हें अल्पायु में ही चुन लिया जाता था। इन्हें ललित कलाओं में दक्ष कर राज्य-सेवा में रखा जाता था।

संगीत और गायन में तन्मय थिरकते मानस समुदाय को देखकर शचि को इस बात का गर्व था कि उसने विरोधों का सामना करते हुए भी सुरलोक में जिस कला और संगीत को प्रश्रय दिया, उसने राज्य संस्कृति में अपना विशेष स्थान प्राप्त कर लिया था।

नृत्य और संगीत को सुरलोक की मुख्य धारा में लाने का विचार उसके मन में इंद्र से एक दिन वार्त्तालाप के समय आया था। इंद्र उसे बैकुंठ के मार्ग में गंधर्वों के साथ हुए अनुभवों को बता रहे थे। उनके संकोचरहित नृत्य, उनकी ललित कलाएँ, संगीत और नृत्य के प्रति उनकी समर्पण भावना ने इंद्र को मुग्ध कर दिया था।

शचि ने सुरलोक में एक रंगशाला स्थापित की थी, जहाँ व्यावसायिक कलाओं का प्रशिक्षण दिया जाता था। समय के साथ-साथ सुरलोक के मेधावी प्रशिक्षु वहाँ आने लगे थे। प्रशिक्षुओं को राज्य सेवा में रहने के लिए वचनबद्ध होना पड़ता था। रंगशाला के कण-कण में नृत्य और संगीत रचा-बसा था। गांधार राज्य के अनुरूप नृत्यांगनाओं को 'अप्सरा' और संगीतकारों को 'गंधर्व' पदनाम ही दिया गया था।

***

मंच पर नृत्य नाटिका का मंचन हो रहा था। 'तिलोत्तमा' एक वियोग पीड़ित युवती की भूमिका में थी, जिसका पति एक योद्धा सैनिक था और उसे आकस्मिक युद्ध हेतु बुला लिया गया था। उसके अश्रुपूरित नयन और उदास भाव-भंगिमाएँ उसके बिछोह के दुःख को व्यक्त कर रहे थे। दृश्य परिवर्तन हुआ और उसका विजयी पति वापस लौट आया। उसके मुख से व्यथा और वेदना तिरोहित हो गई और उसका स्थान आमोद की किलकारियों ने ले लिया।

जनमानस उसके मोहक नृत्य में खोया हुआ था। तभी एक विचित्र ध्वनि ने नृत्य में बाधा डाल दी। संगीत बंद हो गया। तिलोत्तमा ठिठककर रुक गई। सब उसी ओर देख रहे थे, जहाँ से खट-खट की बेसुरी ध्वनि आ रही थी।

खट-खट! खट-खट!

उसके साथ ही लकड़ी की चरण पादुका पहने ऋषि नारद का पदार्पण हुआ। वह कार्यक्रम में आए व्यवधान से अप्रसन्न दर्शकों की फुसफुसाहट से पूर्णतया अप्रभावित थे। 'नारायण, नारायण!' नारद ने सबका अभिवादन किया।

इंद्र और बृहस्पति ने खड़े होकर उनका स्वागत किया। उधर दर्शक दीर्घा में

चरम शिखर पर पहुँचे नृत्य में ऋषि के आने से असामयिक व्यवधान को लेकर रोष उत्पन्न हो रहा था।

"जरा कल्पना करो कि तिलोत्तमा इस व्यक्ति के साथ नृत्य करते हुए कैसी लगेगी?" किसी दर्शक ने फुसफुसाया।

"ओह! मैं दाँव लगा सकता हूँ, जब तिलोत्तमा इसके चारों ओर थिरकेगी तो नारद भी 'नारायण-नारायण' के स्थान पर 'तिलोत्तमा-तिलोत्तमा' करने लगेंगे," उसके साथी ने व्यंग्यात्मक मुसकराहट से उत्तर दिया।

यद्यपि नारद ये फुसफुसाहटें स्पष्ट नहीं सुन पा रहे थे, उन्हें दर्शकों की रुष्टता का आभास हो रहा था। उन्होंने अपने आपको अधैर्य के लिए कोसा। उन्हें लगा कि उनको प्रात:काल तक प्रतीक्षा करके औपचारिक रूप से इंद्र से मिलने आना चाहिए था, लेकिन अब वह आ ही चुके थे।

उन्होंने इंद्र और बृहस्पति के अभिवादन का सम्मानपूर्वक उत्तर देते हुए कहा, "मेरा आगमन असामयिक है। मैं इस व्यवधान के लिए क्षमाप्रार्थी हूँ।"

फिर वह अप्रत्याशित रूप से तिलोत्तमा की ओर मुड़कर झुके और क्षमा-याचना के स्वर में बोले, "शुभ्रे, मुझे क्षमा करें। मेरा आपके इस दर्शनीय नृत्य में व्यवधान डालने का कोई आशय नहीं था। मैं सभा के इन आनंदमय पलों में रुकावट का कारण नहीं बनना चाहता हूँ।"

तिलोत्तमा सामान्यतया अपनी कमनीय काया पर टिकी कलुषित दृष्टियों की अभ्यस्त थी। नृत्य में व्यवधान से कुपित होने के बाद भी उसे यह अनुभव करके अच्छा लगा कि नारद ने उसे उपभोग की वस्तु की तरह नहीं देखा। वह नारद को एक नैसर्गिक मुसकान देकर आदर के साथ झुकी और एक कोने में जाकर खड़ी हो गई।

***

यद्यपि नारद सुर ऋषि थे, विष्णु से मिलने के बाद उनमें एक मूल परिवर्तन आ गया था। वह विष्णु को ईश्वर का अंश मानने लगे थे। अब उनका कुछ समय बैकुंठ में व्यतीत होता था और शेष समय में वह भ्रमण करते हुए विभिन्न कबीलों और समाजों में जाकर विष्णु के उपदेशों का प्रचार करते थे। उनके घुमक्कड़ स्वभाव के कारण उन्हें असीमित सूचनाएँ और समाचार मिलते रहते थे, जो इंद्र के लिए अत्यंत मूल्यवान होते थे। इस कारण इंद्र उनका अतिरिक्त सम्मान करते थे।

एक बार उनसे विष्णु ने कहा था, "नारद में नटखटपना और चंचलता आवश्यकता से अधिक हैं, लेकिन वह सरल हृदय हैं। मेरा सुझाव है कि तुम नारद के

बाल्योचित कार्यों को अनदेखा करो और उनके द्वारा दी जा रही सेवाओं का आकलन करो। मेरा यह भी सुझाव है कि उन्हें कभी भी और कहीं भी मिलने की अबाधित अनुमति प्रदान करो। उनका निडर व्यवहार सुरों के लिए अमूल्य होगा।"

इंद्र ने अपने उमड़ते रोष को प्रयत्नपूर्वक रोका, *"नारद को नाराज नहीं कर सकता।"* होंठों पर एक बड़ी मुसकान लाते हुए उन्होंने नारद से बैठने का अनुरोध किया।

"नारायण! नारायण!" नारद ने बैठते हुए कहा।

तेजस ने उत्सुकतावश पूछा, "ऋषिवर, आपका नारायण से क्या तात्पर्य है?"

नारद बहुत देर से इस प्रश्न के लिए प्रतीक्षारत थे। वे बोले, "नारायण, अर्थात् जो जल पर विश्राम करता है और जल जिसका प्रथम घर है। यह वास्तव में विष्णु का ही एक नाम है।"

फिर नारद ने अपने चारों ओर प्रकृति की सुंदरता का आनंद लेते हुए उपस्थित जनमानस को देखा और आगे कहा, "यह नारायण वही है, जो मानव को उनके लक्ष्य की प्राप्ति में सहायता करता है। विष्णु ने आत्मबोध प्राप्त करके ईश्वरीय ज्ञान पा लिया है। मैंने अपना शेष जीवन उनकी सेवा में अर्पण कर दिया है। हर बार उनका नाम लेने से मुझे आनंद का अनुभव होता है।"

उपस्थित सुर समुदाय स्तब्ध था कि नारद विष्णु को ईश्वर मानने लगे थे। कुछ समय बाद बृहस्पति ने कहा, "ऋषि नारद, हम आपके द्वारा विष्णु के व्यक्तित्व का एक नया आयाम बताने के लिए अनुगृहीत हैं। हम आपको एक ऐसा दूत मानते हैं, जो ब्रह्मांड में ईश्वर का प्रकाश फैला रहा है।"

नारद के मुख पर संतोष के भाव उभर आए। इसके पश्चात् इंद्र नारद को पृथक् स्थान पर ले गए और कहा, "ऋषि नारद, कृपया हमें बताइए कि आप विष्णु का क्या संदेश लाए हैं?"

नारद कुछ देर चुप रहे, फिर उन्होंने सीधा उत्तर न देते हुए विनोदपूर्ण स्वर में कहा, "इंद्र, पहले तो मैं आपको बधाई देना चाहता हूँ कि आपके नेतृत्व में सुर वैभव के शिखर पर पहुँच गए हैं। कभी-कभी मुझे प्रतीत होता है कि आपकी अप्सराओं के सम्मुख स्वर्ग की सुंदरियाँ भी लज्जित हो जाएँगी।"

इंद्र समझ गए कि नारद कोई विशिष्ट संदेश लाए हैं, जिसे वह एकांत में ही बताना चाहते थे। इसलिए वह सीधा उत्तर नहीं दे रहे थे। उन्होंने सावधानीपूर्वक कहा, "ऋषि नारद, हम विष्णु के आशीर्वाद के लिए अनुगृहीत हैं। मैं समझता हूँ कि आपके

आगमन के पीछे अवश्य ही कोई अति महत्त्वपूर्ण और पुनीत कारण है। आपसे अनुरोध है कि हम इस सांस्कृतिक कार्यक्रम से हटकर राजनिवास की ओर चलें।"

उन्होंने शेष सभासदों से कहा, "मैं और गुरु बृहस्पति आपसे अनुमति लेते हैं। आप शेष कार्यक्रम का आनंद लीजिए।"

***

इंद्र एक पैदल पथ से नारद को राजनिवास की ओर ले गए। इस पथ के दोनों ओर हरी-भरी बेलें फैली हुई थीं। रात्रि में पुष्पित होनेवाली इन बेलों की सुगंधि से वातावरण महक रहा था।

"इतना मोहक वातावरण अवश्य शचि की सुरुचि का परिचायक है।" नारद ने मन-ही-मन सोचा।

रास्ते में नारद को विष्णु के वे शब्द याद आ रहे थे, जो उन्होंने नारद से बैकुंठ से सुरलोक के लिए प्रस्थान करते समय कहे थे, *"मेरे लिए सुर अपने योजनाबद्ध और अनुशासनात्मक तरीके से कठोर परिश्रम के कारण प्रिय हैं। वे आधारभूत संरचना कर सामूहिक दायित्व की परंपरा से कार्य करते हैं। उनकी कार्यप्रणाली का यही अंतर उन्हें असुरों से श्रेष्ठ बनाता है। असुरों में गुरुकुल की तरह शिक्षा और आधारभूत ढाँचे को न बनाने की प्रवृत्ति के कारण वे सुरों से पिछड़ गए, लेकिन मुझे आशंका है कि सुरों के वैभव में होती गुणात्मक बढ़ोत्तरी और उनकी भौतिक सुविधाओं के प्रति बढ़ती लिप्सा सुर और असुर के मध्य एक न पटनेवाली खाई पैदा कर देगी। यह न तो उन दोनों के लिए ही लाभप्रद होगा और न ही मानवजाति के लिए। सुरों और असुरों के बीच संबंधों की समरसता स्थापित करने के लिए तुम्हें इंद्र तक मेरा एक संदेश ले जाना होगा।"*

***

सभाकक्ष सुरुचिपूर्ण तरीके से सजा हुआ था। एक ओर बलूत की लकड़ी से बनी गहरे रंग की पच्चीकारी से सज्जित सिंहासनों की दो पंक्तियाँ लगी थीं। प्रत्येक सिंहासन के समक्ष एक छोटी मेज थी। दूसरी ओर एक बड़ी मेज थी, जिसके चारों ओर लगभग पच्चीस व्यक्तियों के बैठने के लिए कुरसियाँ लगी हुई थीं। प्रवेश द्वार पर श्वेत संगमरमर से बनी योद्धाओं की मूर्तियाँ खड़ी थीं। खंभों पर लकड़ी की कारीगरी की गई थी, फिर उस पर स्वर्ण और ताँबे की नक्काशी की गई थी।

इंद्र ने नारद से स्थान ग्रहण करने के लिए निवेदन किया। नारद के बैठने के पश्चात् साथ वाले सिंहासन पर आराम से बैठकर उन्होंने प्रश्नवाचक दृष्टि से नारद की ओर देखा।

नारद स्वयं को दिए गए सम्मान से पूर्ण संतुष्ट थे। प्रसन्नतापूर्वक वे बोले, "देवराज, भगवन् विष्णु ने आपको अपना आशीर्वाद भेजा है। वे ब्रह्मावर्त परियोजना में सुरों द्वारा किए गए कार्यों से अत्यंत प्रसन्न हैं।" यह कहते हुए वह सहसा रुके और विनोदपूर्ण स्वर में बोले, "लेकिन आपकी अप्सराओं में हुई इस नई रुचि के विषय में उनके विचार के विषय में मैं निश्चित नहीं हूँ।"

नारद की इस असामयिक टिप्पणी से इंद्र स्तब्ध रह गए। उन्होंने किसी प्रकार अपनी झल्लाहट छिपाई। उन्हें याद आया कि शचि ने एक बार कहा था, *"नारद को अपनी अप्रिय टिप्पणियों से दूसरे को चिढ़ाने में आनंद आता है। इसका एकमात्र उपाय यही है कि उनकी टिप्पणियों को अनसुना किया जाए और उन्हें इस प्रकार के विकृत आनंद से वंचित रखकर स्वयं को विचलित होने से बचा जाए।"*

शचि को स्मरण करके इंद्र ने नारद की अप्सरा वाली टिप्पणी पर कोई प्रतिक्रिया न देते हुए कहा, "ऋषि नारद, मुझे भगवन् विष्णु के विषय में बातें करके आनंद मिलता है। इस समय मैं उनका कथन सुनने के लिए उत्सुक हूँ।"

नारद ने मुँह उठाकर कहा, "आप सत्य कहते हैं। हमें केवल नारायण के विषय में ही बात करनी चाहिए।"

फिर उन्होंने बगल से पात्र उठाकर उसमें से जल पीते हुए कहा, "नारायण का कहना है कि सुरों ने उनकी 'वसुधैव कुटुंबकम्' विचारधारा को साकार करने के लिए अद्वितीय योगदान दिया है।"

नारद ने अपने शब्दों का प्रभाव जानने के लिए इंद्र की ओर देखा। उनके निर्विकार मुख को देखकर नारद ने आगे कहा, "भगवन् का विचार है कि सुरों के ब्रह्मावर्त में किए गए कार्यों के परिणामस्वरूप सुर समृद्धि में असुरों से बहुत आगे निकल जाएँगे। ऐसे में दोनों के मध्य वैमनस्य उत्पन्न हो सकता है, अतः सुरों और असुरों के संबंधों में सरसता बनाए रखने के लिए यह आवश्यक है कि आप लोग कोई एक ऐसा क्षेत्र ढूँढें, जहाँ सुर और असुर एक साथ मिलकर कार्य करें, यानी कोई संयुक्त अभियान करें। इससे दोनों में आपसी व्यवहार सुदृढ़ होगा और दोनों विचारों से भी पास-पास आएँगे।"

नारद ने पुनः अपनी वाणी को विश्राम दिया, जिससे इंद्र उनके अब तक के कथन को ठीक से समझ सकें।

इंद्र मौन थे और विष्णु के प्रस्ताव पर मनन कर रहे थे।

"असुरों के साथ संयुक्त अभियान? क्या और कैसे?"'

"यह एक उत्तम विचार है, लेकिन यह किस प्रकार होगा, मेरी समझ में नहीं आ रहा है," इंद्र ने आत्ममंथन के उपरांत कहा।

नारद ने उत्तर दिया, "इसके लिए असुरों से भी विमर्श करना होगा। भगवन् स्वयं आकर इस विषय में वार्त्ता करना चाहते हैं। उनकी कुछ अवधारणाएँ हैं। वह यहाँ आकर इस विषय पर सम्मिलित वार्त्ता करेंगे।"

विष्णु के सुरों के साथ-साथ असुरों से भी वार्त्ता के विचार से इंद्र कुछ असहज हो गए। वह विष्णु पर अपना एकाधिकार मानने लगे थे। नारद इसे भाँपकर इंद्र के कुछ कहने से पूर्व ही बोले, "देवराज, आपको भगवन् पर विश्वास रखना चाहिए।"

इंद्र बुरी तरह झेंप गए और बोले, "ऋषि नारद, मैं विष्णु के निर्देशानुसार असुरों के पास उनका संदेश लेकर एक दूत को भेजूँगा।"

"नारायण! नारायण!" नारद के मुख से तनाव समाप्त हो गया और अगले दिन वह बैकुंठ के लिए प्रस्थान कर गए।

***

इंद्र ने असुरों तक संदेश ले जाने के लिए 'अश्विनी कुमार' का चयन किया। अश्विनी कुमार एक प्रख्यात चिकित्सक तो थे ही, साथ ही एक मृदुभाषी राजनयिक भी थे। इस प्रकार के कार्यों के लिए एक ऐसे शांत मन राजनयिक की आवश्यकता थी, जो विपरीत परिस्थितियों में अपना विवेक न खोए।

विप्रचित्ति ने सुर राजनयिक का पूर्ण राजकीय सम्मान के साथ स्वागत किया और उन्हें बैठने के लिए उचित आसन दिया। इसके बाद आदरवश थोड़ा झुककर विप्रचित्ति ने पूछा, "वैद्यराज, असुरराज की सभा में आपका स्वागत है। आप अपना यहाँ आने का प्रयोजन स्पष्ट करें।"

अश्विनी ने इंद्र का संदेश सुनाया, "राजन, मैं आपके द्वारा दिए गए सम्मान से धन्य हुआ। मैं विशेष रूप से आपको सुरलोक में बैकुंठ अधिपति विष्णु के साथ एक सम्मिलित गोष्ठी के लिए आमंत्रित करने आया हूँ। विष्णु का प्रस्ताव है कि सुर और असुर दोनों मिलकर कोई संयुक्त उपक्रम करें।"

विप्रचित्ति विष्णु का नाम सुनकर अपने सिंहासन से लगभग उछल गए।

"विष्णु!" उन्होंने दोहराया, "क्या आप यह कहना चाहते हैं कि विष्णु सुरलोक आ रहे हैं और वे कहते हैं कि हम भी वहाँ आएँ?"

"हाँ राजन, यह गोष्ठी भी विष्णु भगवान् की इच्छानुसार आयोजित की जा रही है।"

"विष्णु का इस प्रकार आने और संयुक्त उपक्रम के लिए आग्रह करने का कारण समझ नहीं आया?" विप्रचित्ति के स्वर में असमंजस था।

"उनके विचार में इस प्रकार का उपक्रम सभी पक्षों के लिए लाभप्रद होगा, साथ ही सुरों व असुरों को और पास आने का अवसर देगा। हमारे पास अभी पूरा विवरण नहीं है।"

"मैं आपके संदेश का आदर करता हूँ। मुझे इस पर अपने सभासदों से बात करनी होगी। मेरा अनुरोध है कि आप कुछ समय अतिथिगृह में विश्राम करें। मैं यथासंभव शीघ्र ही आपके इस प्रस्ताव का उत्तर दूँगा," विप्रचित्ति ने उत्तर दिया।

***

अगले दिन विप्रचित्ति ने त्रिशिर की सभा का आयोजन किया। उन्होंने पाया कि बहुमत सुरों के साथ सहयोग के लिए अनिच्छुक था।

"राजन," एक सभासद ने कहा, "हमें इंद्र के किसी भी आमंत्रण का सावधानीपूर्वक विश्लेषण करना चाहिए। यह प्रस्ताव विष्णु की ओर से हो सकता है, लेकिन हमें यह ध्यान रखना होगा कि सुर ब्रह्मावर्त में विष्णु की सहायता कर रहे हैं।"

"मैं अपने साथी से सहमत हूँ। मेरे विचार में सुर कपटी हैं और उनके साथ किसी प्रकार का संयुक्त उपक्रम असुरों के लिए हानिप्रद होगा," दूसरे ने कहा।

"मैं भी अपने सम्माननीय मित्रों से सहमत हूँ," तीसरे सभासद ने अपना पक्ष बताया।

अंत में विप्रचित्ति ने कुछ समय तक चिंतन करके अपना निर्णय दिया, "मेरा विचार आप सभी से भिन्न है। हमें सुरों के प्रस्ताव को समझकर ही निर्णय लेना चाहिए। यदि हमें लगेगा कि प्रस्ताव असुरों के हित में नहीं है तो बैठक में हम प्रस्ताव को नकार सकते हैं।"

इस प्रकार विष्णु के साथ संयुक्त बैठक में भाग लेने का निर्णय हुआ। अश्विनी कुमार दो माह के बाद की तिथि का निर्धारण करके सुरलोक लौट आए।

□

13

अभियान की स्वीकृति

इंद्र विष्णु का स्वागत एक महा-आयोजन के रूप में करना चाहते थे, जिससे वह विष्णु के प्रति कृतज्ञता व्यक्त कर सकें। उन्होंने बृहस्पति से आग्रह किया कि वह स्वयं विश्वकर्मा के साथ सारी व्यवस्था देखें और यह सुनिश्चित करें कि विष्णु और उनके दल को किसी प्रकार की असुविधा न हो।

संदेशवाहक के रूप में प्रशिक्षित कबूतर गांधार से सुरलोक तक मार्ग के मध्य स्थित प्रत्येक प्रहरी केंद्र और शासकीय परिसर तक इस विषय पर विशिष्ट दिशा-निर्देश ले जाने के लिए आकाश में छोड़ दिए गए। प्रत्येक परिसर प्रमुख को विष्णु के दल के प्रवेश के समय अपनी सीमा पर पहुँच उनका स्वागत करना था और अगली सीमा पर विदा भी करना था।

विष्णु का नियत दिन आगमन हुआ। उनके साथ उनके कुछ सभासद, नाग और गरुड़ सदस्य भी थे। इंद्र अपने सभासदों के साथ सुरलोक की सीमा पर बनाए गए स्वागत-द्वार पर उपस्थित थे। विष्णु ने अश्व से उतरकर इंद्र को गले लगा लिया और कहा, "सुरलोक आकर आप सबसे मिलने से जो प्रसन्नता हो रही है, उसे बताने के लिए मेरे पास शब्द नहीं हैं। मुझे विश्वास है कि मेरे इस प्रवास में मानवता के उत्थान के नए आयाम समक्ष आएँगे।"

"यह सत्य है भगवन्," इंद्र ने विनयपूर्वक कहा, "दो महान् संस्कृतियों के राज्याध्यक्षों के मिलने से मानवजाति के लिए नया अध्याय लिखा जाना अवश्यंभावी है।"

सात अश्वों द्वारा खींचे जानेवाला रथ विष्णु को राजप्रासाद ले जाने के लिए तैयार खड़ा था। धीरे-धीरे सारथी रथ को लेकर आगे बढ़ने लगा। अप्सराओं का एक समूह वाद्ययंत्रों की धुन पर नृत्य कर रहा था। मार्ग में स्थान-स्थान पर सम्मान हेतु द्वार बनाए गए थे। दोनों ओर जन-समुदाय विष्णु की जय-जयकार करते

हुए पुष्पवर्षा कर रहा था। विष्णु भी प्रसन्न थे। वे बीच-बीच में रथ से उतरकर जनसमुदाय के मध्य जाकर उनसे मिलते थे। राजप्रासाद पहुँचने तक विष्णु उन सबसे घुल-मिल गए थे।

***

राजप्रासाद का झील के सामने का भाग विष्णु के निवास के लिए तैयार किया गया था। हंस झील के नीले जल पर विचरण कर रहे थे। झील अनेक रंगों के कमल, नलिनी और कुमुद पुष्पों से सजी थी। जल की सतह पर फैले पौधों के बड़े-बड़े पत्रों ने एक स्वप्निल वातावरण बना दिया था। बैकुंठ के जलमहल से मिलता-जुलता एक छोटा जलमहल भी झील के एक कोने में बँधा हुआ खड़ा था, जिससे अतिथि की इच्छा होने पर वह झील पर समय बिता सकें।

"देवराज, मैं सुरलोक की सुंदरता और वैभव देखकर अचंभित हूँ, यह स्वागत समारोह मेरे लिए अविस्मरणीय रहेगा," विष्णु ने राजप्रासाद में प्रवेश करते हुए कहा।

इंद्र के मुख पर संतोष और गर्व के मिले-जुले भाव थे।

विप्रचित्ति का भी अपने मंत्रणा दल के साथ अगले दिन पहुँचने पर भव्य स्वागत किया गया। इंद्र ने इस बात की व्यवस्था की थी कि असुर उनके आतिथ्य से पूर्ण संतुष्ट रहें। राजप्रासाद का उद्यान की ओर का अंचल विप्रचित्ति और सिंघिका के लिए तैयार किया गया था।

"इंद्र, मैं असुरों के स्वागत और आतिथ्य से अत्यंत प्रभावित हूँ," विप्रचित्ति ने इंद्र को अपनी बाँहों में लेते हुए कहा। दूसरी ओर शचि अपनी चाची सिंघिका को उद्यान का भ्रमण करा रही थी।

सायंकाल में जब आकाश को चंद्रमा ने अपनी धवल शीतल किरणों से ओत-प्रोत कर दिया, गंधर्वों ने गाकर और अप्सराओं ने नृत्य कर अतिथियों के सम्मान में देर तक सांस्कृतिक कार्यक्रम प्रस्तुत किए।

***

अगले दिन सभाकक्ष में वे मंत्रणा हेतु मिले। विष्णु ने दोनों राज्यों के नीति-निर्धारकों को संबोधित करते हुए कहा, "सुर और असुर, शचि तथा इंद्र के वैवाहिक संबंधों से बँधे हैं। मेरा विचार है कि सुरों और असुरों के मध्य एक संयुक्त अभियान इन संबंधों को और प्रगाढ़ करेगा। यह अभियान आप दोनों राज्यों की सीमा से बहुत दूर समुद्र में होना चाहिए।"

सभाकक्ष में गहरी शांति थी। सभी तन्मयता से विष्णु को सुन रहे थे, "मेरे पास

संयुक्त अभियान से संबंधित कुछ विचार हैं, लेकिन अपनी बात कहने से पूर्व मैं आप सबसे इस विषय पर आपके विचार जानना चाहूँगा।"

असुरों में कुछ समय तक एक फुसफुसाहट होती रही। अंत में विप्रचित्ति खड़े हुए और बोले, "भगवन्, हमें इस विषय पर सुरों से मंत्रणा का अभी अवसर नहीं मिला है, तथापि हम आपके विचार सुनने के लिए उत्सुक हैं।"

"मैं आपके द्वारा व्यक्त विश्वास से अनुगृहीत हूँ। अभी तक आपने अपने आसपास की भूमि की खोज की है। क्या आपने कभी यह सोचा है कि सुदूर समुद्र के दूसरे छोर पर भी भूमि हो सकती है? क्या सागर असीमित है या उस पार नई भूमि है? इसे जानने के लिए क्यों न एक अभियान किया जाए? मुझे विश्वास है कि उस ओर एक सुंदर भविष्य अपने सही उत्तराधिकारी की प्रतीक्षा में है। मुझे यह भी विश्वास है कि आप नई भूमि, नई सभ्यताएँ ढूँढ सकेंगे और अपनी समृद्धि में बढ़ोतरी करेंगे।"

कुछ देर के मौन के पश्चात् इंद्र बोले, "भगवन्, आपने जो कहा है, वह अत्यंत रोमांचक है, लेकिन इस प्रकार के उपक्रम के लिए आवश्यक संसाधन हमारे पास नहीं हैं।" यह कहकर इंद्र ने विप्रचित्ति को प्रश्नवाचक दृष्टि से देखा।

इस पर विप्रचित्ति बोले, "अगर ऐसी नौकाएँ हों, जो सागर की तूफानी लहरों पर चल सकती हों और उनमें पर्याप्त यात्री तथा महीनों तक के लिए खाद्य सामग्री संगृहीत हो सकती हो, तभी इस उपक्रम पर विचार किया जा सकता है।"

विष्णु ने शांतिपूर्वक सबकी बात सुनी और अपना विचार दिया, "मैं मानता हूँ कि बिना तैयारी के इस प्रकार के उपक्रम संभव नहीं हैं। मैं समझता हूँ कि आप सब दक्षिण सागर तट पर निवास कर रहे वरणा नाविकों को भलीभाँति जानते हैं। मुझे विश्वास है कि वरणा नाविक अनुभव और आवश्यकताओं के अनुसार आपकी बुद्धिमत्ता और दक्षता से इतने बड़े अभियान के हेतु जलयानों का निर्माण कर लेंगे।"

इंद्र ने उत्साहपूर्वक उठकर कहा, "भगवन्, सुरों को आपके प्रस्ताव पर कोई आपत्ति नहीं है।"

विप्रचित्ति के मुख पर असमंजस स्पष्ट था, "भगवन्, यह एक अति उत्तम विचार है। अभी हम वहीं तक गए हैं, जहाँ तक हम जा सकते थे। वरणा हमारे सहयोगी हैं और हमें उन पर विश्वास है, लेकिन आपको इस प्रस्ताव का उत्तर देने से पूर्व हम आपस में विचार-विमर्श करना चाहेंगे।"

विष्णु ने यह स्वीकारा कि इतने बड़े निर्णय से पूर्व आंतरिक विमर्श अति

आवश्यक था। दोनों समूह इसके बाद आंतरिक वार्त्ताओं के लिए अलग-अलग हो गए।

***

असुरों ने सर्वदा विष्णु को सुरों के मित्र के रूप में माना था। इस कारण जो असुर सुरों से वैमनस्य भाव रखते थे, वे विष्णु के कृत्यों को सशंकित दृष्टि से देखते थे। 'वक्र' मंत्रिपरिषद् का एक ऐसा ही मुखर सदस्य था। उसने इस आंतरिक विमर्श में पहल की, "विष्णु ने ब्रह्मावर्त से हमें जोड़ने के लिए तो कभी विचार नहीं किया और अब वह सुरों के साथ हमें संयुक्त उपक्रम करने का सुझाव दे रहे हैं। मेरे विचार में यह पूरी अवधारणा अनिश्चितता और संभावित विपत्तियों से भरी है। विष्णु इस सबको देखते हुए साझेदारी में यह अभियान करना चाह रहे हैं।"

एक अन्य मंत्री, बेमि, जो अपनी अटूट राजभक्ति के लिए जाना जाता था, ने अपना मत इस प्रकार रखा, "हमें शचि और इंद्र के विवाह-बंधन को ध्यान में रखना चाहिए। इससे दोनों राजपरिवार भी एक बंधन में बँधे हैं। अभी तक आशंकाओं के अतिरिक्त कोई ऐसा ठोस कारण नहीं है कि हम यह मान लें कि विष्णु ने असुरों के हित को ध्यान में न रखते हुए प्रस्ताव दिया है।"

असीम वक्र के अधीनस्थ कार्यरत सभासद था और बेमि से उसको व्यक्तिगत द्वेष था। वह अपने स्थान पर खड़ा होकर बोला, "राज्यों की राजनीति परिवारों के संबंधों से ऊपर होती है। मेरे विचार में सुर अपने बल पर इतने बड़े अभियान को स्वयं सँभालने के लिए आश्वस्त नहीं हैं, इसीलिए वे हमें अभियान का अंग बनाना चाहते हैं। इस सबको देखते हुए मुझे भी यह प्रतीत होता है कि इस प्रस्ताव के पीछे कोई गुप्त योजना है।"

विप्रचित्ति देख रहे थे कि तर्क अंतहीन और कटु होते जा रहे थे। उन्होंने शुक्राचार्य को अपना परामर्श देने के लिए निवेदन किया।

शुक्राचार्य ने कुछ समय तक मनन किया और कहा, "यद्यपि मैं विष्णु का विशेष प्रशंसक नहीं हूँ, लेकिन मेरे विचार में वह ऐसा कोई प्रस्ताव प्रस्तुत नहीं करेंगे, जिससे भविष्य में दोनों राज्यों के मध्य वैमनस्य हो। मेरे विचार में उनका प्रस्ताव दोनों राज्यों के मधुर संबंधों और इनकी समृद्धि के हेतु सत्य चिंतन पर आधारित है। उन्होंने हमें एक मार्ग दिखाया है। इस पर चलना या न चलना हमारे निर्णय पर निर्भर है। असुरों के वरणा से संबंधों के कारण हम लाभदायक स्थिति में हैं। हमें यह भी स्वीकार कर लेना होगा कि हमारे मना करने पर सुर इस अभियान को अकेले ही कर

लेना चाहेंगे। मैं यह मानता हूँ कि यह अभियान अनिश्चितताओं से भरा है, लेकिन सुरों के अकेले सफल हो जाने पर असुर सर्वदा के लिए केवल पछताते रह जाएँगे। इस कारण मैं असुरों द्वारा इस अभियान से जुड़ने के पक्ष में हूँ।"

अगले दिन जब विप्रचित्ति ने असुरों का निर्णय सुनाया तो विष्णु ने इंद्र और विप्रचित्ति को अपने गले से लगा लिया और कहा, "मैं इस अभियान का नाम 'समुद्र-मंथन' रखता हूँ। मेरा यह भी अनुरोध है कि विप्रचित्ति और इंद्र दोनों एक साथ वरुण के पास जाकर उससे बात करें।"

पूरा सभाकक्ष तालियों की गूँज से भर गया।

***

वरणा नाविकों के जलयान दो मंजिले भवन तक ऊँचे होते थे। उन्होंने काष्ठ-शिल्प में निपुणता प्राप्त कर ली थी। दो बड़े-बड़े काष्ठ के टुकड़ों को काटकर वे इस प्रकार उन्हें जोड़ते थे कि वे टुकड़े एक-दूसरे में सुगमता से बैठ जाएँ। फिर वे इनको रस्सी से भलीभाँति बाँध देते थे। कांस्य की खोज उनकी दक्षता में गुणात्मक सुधार ले आया था। ये जलयान मस्तूलों और बड़े-बड़े चप्पुओं के सहारे चलते थे।

समुद्र में जीवन अस्थिर और कठिन था, लेकिन समुद्र उन वरणाओं को अपनी ओर खींचता था और वे इस स्वप्न को समेटे दौड़े चले जाते थे कि उनकी यात्रा रोमांचक होगी और उन्हें किसी चमत्कारिक संसार में ले जाएगी।

इस कठिन जीवन में उनकी साथी थी—वारुणी, एक मदिरा, जिसके वे स्वयं जनक थे और जिसके बनाने की प्रक्रिया में वे अद्वितीय थे। वयोवृद्ध और सेवानिवृत्त नाविक वारुणी के पात्र लिये मधुशालाओं में वृक्ष के नीचे पत्थर के आसनों पर दिन भर बैठे रहते थे। समुद्र की कथाएँ सुनने हेतु उत्सुक बालक भी उनके साथ होते थे। उनकी चटपटी कहानियाँ प्राय: सत्य के साथ-साथ मिथ्या धारणाओं और कपोल कल्पनाओं का मिश्रण होती थीं। ये कथाएँ इन बालकों को सागर की लहरों के अनूठे संसार में ले जाती थीं।

उस बाल्यावस्था के कोमल मन में उनके भविष्य के बीज जम जाते थे। ये कथाएँ उन्हें ऐसे युवकों के रूप में बड़ा करती थीं, जिनके लिए अनजाने रोमांचक अभियान के अतिरिक्त बाकी सब गौण था।

वरणाओं के मुखिया वरुण पत्थर के बने बड़े आवास में रहते थे और अनेक जलयानों के स्वामी थे। लंबे, सुडौल व्यक्तित्व वाले वरुण स्वयं एक अनुभवी नाविक थे और अपने समाज के लिए समर्पित थे। अपने निस्स्वार्थ भाव और परहितवादी

विचारों के कारण वह समस्त वरणा समाज में अत्यंत लोकप्रिय थे। उनका एकमात्र लक्ष्य वरणाओं को दारिद्र्य से मुक्ति दिलाना था। उनका समाज द्यूतक्रीड़ा, मदिरापान और व्यभिचार आदि बुराइयों से पीड़ित था, पर वरुण एक सशक्त नेता थे।

***

यह भी प्रतिदिन की तरह एक सामान्य दिन था। नाविक अपनी यात्राओं की तैयारी कर रहे थे और मछुआरे अपने जाल सँभाल रहे थे। तभी उन्होंने राजसी वस्त्रों में सुसज्जित अश्वारोहियों को बस्ती में आते देखा। वे सभासदों के साथ विप्रचित्ति और इंद्र थे। वरुण ने बस्ती के द्वार पर उनका स्वागत किया। अतिथि–सत्कार के पश्चात् वरुण ने अपनी जिज्ञासा व्यक्त की, "प्रभु, कृपया अपने आगमन का उद्देश्य बताने का कष्ट करें?"

"आप समुद्र के स्वामी हैं। आपको इस बात का अद्वितीय ज्ञान है कि सागर अपने अंदर क्या समेटे हुए है और सागर के उस पार क्या हो सकता है। हम इन्हीं रहस्यों को जानने के लिए एक अभियान करना चाहते हैं और यह केवल आपके सहयोग से ही संभव है।"

वरुण यह सुनकर अचंभित थे कि शक्तिशाली और समृद्ध राज्य के राजपरिवार के सदस्य अपने सुखी जीवन को छोड़कर सागर की अनिश्चितता की ओर जाना चाहते थे। *"इससे अधिक भ्रांत चित्त का उदाहरण क्या हो सकता है!"*

बहुत देर तक सोचकर उन्होंने प्रतिवेदन किया, "राजन, इस तरह के अभियानों में अकल्पनीय आशंकाएँ रहती हैं। आप सागर देव के क्रोध से परिचित नहीं हैं। आप वहीं तक जा सकते हैं, जहाँ तक उनकी अनुमति होती है। यदि उन्हें क्रोध आ गया तो वे सबकुछ अपनी गहराइयों में समा लेते हैं।"

इंद्र ने स्पष्ट किया, "हमारी यात्रा का उद्देश्य जनकल्याण है। हमें विश्वास है कि सागर देव हमारे इस अभियान के प्रयासों से प्रसन्न होंगे। हमें यह भी विश्वास है कि आपकी दक्षता और हमारे संसाधनों का उपयोग कर यह संयुक्त प्रयास मानवता के लिए एक वरदान होगा।"

वरुण कुछ समय सोचते रहे, फिर उन्होंने कहा, "आप संभवत: सत्य कहते हैं। विश्व के दो सर्वशक्तिमान राज्यों के द्वारा प्रेरित इस अभियान में वरुण चुनौती के लिए तैयार है।"

***

एक माह से अधिक समय तक वे इस अभियान के प्रारूप को अंतिम रूप देते

रहे। "हमारा सबसे पहला कदम इस कार्य के लिए विशिष्ट जलयानों का निर्माण है। ऐसे यान, जो इतनी लंबी यात्रा के लिए उपयुक्त हों," वरुण ने सम्मिलित सभा को सुझाव देते हुए कहा, "हमें लगभग सौ पोत तैयार करने होंगे। इसमें तीस रक्षक पोत होंगे। ये पोत पतले आकार के होंगे। इनमें बड़ी पतवारों की विशेष व्यवस्था होगी, जिससे आवश्यकता पड़ने पर पोतों की गति तेज बनी रहे। इसमें हमारा आयुध भंडार भी होगा। इसमें यात्रा कर रहे हमारे सैनिक किसी भी विपरीत या आकस्मिक स्थिति के लिए सर्वदा सजग रहेंगे। इन पोतों के दोनों कोनों में लंबे नुकीले शस्त्र लगे होंगे, जिससे आपातकाल में ये शस्त्र शत्रु के पोतों को भेदने में सक्षम हों।"

कुछ अंतराल देकर वरुण ने प्रस्ताव का अगला भाग कहा, "पचास पोत संग्रहण के लिए रहेंगे। ये दोमंजिले आकार के बड़े पोत होंगे। इस लंबी यात्रा के लिए इन पर सभी आवश्यक सामग्री होगी, जैसे खाद्य, जल, उपकरण, नए मित्रों के लिए उपहार आदि। सुरक्षा के लिए इन पर पूर्ण व्यवस्था होगी। ये पोत पत्थर फेंकने वाले यंत्रों से सज्जित होंगे।"

सबको तल्लीनता से सुनते देखकर वरुण के मुख पर मुसकान आ गई, "शेष बीस पोत यात्री पोत होंगे। ये पोत इतनी लंबी यात्रा के लिए यथासंभव सुविधाओं से सज्जित होंगे।"

इंद्र और विप्रचित्ति ने वरुण के कथन से सहमति के लिए अपना सिर हिलाया।

"लेकिन एक तकनीकी कठिनाई है। अभी तक हमारे पोत छोटे हैं और हम पाल का उपयोग करके नाविकों की पतवार चलाने की श्रम-शक्ति को कम करते हैं। अब हमारे पोत बड़े होंगे और गहरे सागर में होंगे। इतने बड़े पोतों को मानवशक्ति से चलाना संभव नहीं है। इनके लिए हमें पालों की तकनीक को उन्नत करके उसकी क्षमता बढ़ानी होगी, जिससे पोतों को त्वरित और नियंत्रित रूप में चलाया जा सके।"

इंद्र ने उठकर वरुण के कंधे पर हाथ रखा, "आपके विचार उत्कृष्ट हैं। मैं आपके विचारों की नवीनता के लिए आपको बधाई देता हूँ।"

अंत में यही निष्कर्ष निकला कि अभियान की सफलता इतने लंबी दूरी के पोतों के निर्माण पर निर्भर करती है। यह निर्णय लिया गया कि सुरों और असुरों की अभियंत्रण समितियाँ वरुण के साथ मिलकर इन विशिष्ट पोतों का परिकल्पन करेंगी।

***

उधर ब्रह्मावर्त में भृगु और ख्याति आश्रम में बैठे अपनी पुत्री के विषय में सोच रहे थे। चंद्र के साथ दक्षिण दिशा में उसको गए हुए दो ऋतुएँ बीत गई थीं, लेकिन

अभी तक उनका कोई समाचार नहीं मिला था।

"यह लड़की मुझे सदैव तनावग्रस्त रखती है," ख्याति ने कहा।

यद्यपि भृगु भी यही सोच रहे थे, पर वह अंदर से शांत थे। उनके आकलन के अनुसार भार्गवी के विश्व के सर्वोत्तम पुरुष से विवाह का समय निकट आ रहा था। इसके बाद उसे स्वयं मानवता के पटल पर सर्वकालीन श्रेष्ठ महिला के रूप में भी उभरना था।

"माँ सरस्वती से मेरी प्रार्थना है कि मेरी भविष्यवाणी को गलत न होने दें," भृगु ने एक गहरी श्वास लेकर कहा।

ख्याति अपने पति को दया और संदेह के भाव से देख रही थी। उसे पुत्री के साथ किए गए संवाद याद आ रहे थे, *"माँ, मेरी धमनियों में तुम्हारा और पिताश्री का रक्त बह रहा है। जब आप एक नई सभ्यता का निर्माण कर रहे हो तो मैं सामान्य बालिका कैसे हो सकती हूँ?"* उसने माँ की ओर उलाहने से देखते हुए कहा था।

अब उसे भी अपने पति की भविष्यवाणी के फलीभूत होने की प्रतीक्षा थी।

□

14

साधनों की संरचना

जैसे-जैसे दिन बीतते गए, वरुण को इतने महत्त्वपूर्ण उपक्रम में वरणा नाविकों की महत्ता समझ आने लगी थी। उन्हें विश्वास था कि दो महान् राज्यों के सहयोगी होने का वरणाओं को लाभ मिलेगा और संभवत: उनका वरणाओं की दरिद्रता दूर करने का स्वप्न साकार हो सकेगा।

वह प्रथम बार सुरों के साथ कार्य कर रहे थे। वह सुरों और असुरों के मध्य कार्य-पद्धति के अंतर को स्पष्ट देख रहे थे। असुर निपुण और परिश्रमी तो थे, लेकिन उनका अहंभाव और व्यक्तिवादी कार्य-पद्धति कार्य में कई बार व्यवधान डालते थे। दूसरी ओर सुर अपने दल के प्रत्येक सदस्य को योगदान के लिए प्रेरित करते थे और व्यर्थ के तर्कों से बचते थे। उनके व्यवहार से धीरे-धीरे असुरों में भी परिवर्तन आना प्रारंभ हो गया था।

"संबंधों की आचार-संहिता इतने महत्त्वपूर्ण अभियान के लिए अति आवश्यक है।" वरुण ने सोचा। दिन-प्रति-दिन सुरों के साथ कार्य करने में उनको आनंद आने लगा था।

सुरों को भी वरुण के प्रति अपनी अवधारणा परिवर्तित करनी पड़ी थी। अब तक वे वरणा नाविकों को जाहिल और कुव्यसनों में लिप्त निकृष्ट समाज मानते थे, लेकिन अब उन्हें वे मृदुभाषी और जिज्ञासु प्रवृत्ति के निष्कपट लोग लगने लगे थे। सुर इस बात से भी प्रभावित थे कि वरणाओं ने पोत-संचालन के लिए इतने परिष्कृत उपकरण तैयार किए थे।

***

एक दिन बृहस्पति ने इंद्र को वरणा समाज के विषय में रोचक सूचना दी, "तुम्हें यह जानकार आश्चर्य होगा कि वरणाओं में भी सुर रक्त दौड़ता है। समय के साथ-साथ छोटे-छोटे दल अनेक कारणों से सुरों के मुख्य दल को छोड़कर चले गए थे।

कारण था सुर परिषद् से मत-भिन्नता या अपने लिए अधिक उत्तम अवसरों की खोज। इसी प्रकार का एक दल यहाँ आकर समुद्र के किनारे बस गया। यहाँ के स्थानीय लोगों से संबंध बनाकर उन्होंने 'वरणा कुल' की स्थापना की।"

"तब तो हमें उनके लिए कुछ करना चाहिए," इंद्र ने कहा।

"उन्हें अपने में समाहित करने के लिए हमें उनके समुद्र-प्रेम को ध्यान में रखना होगा," बृहस्पति ने उत्तर दिया।

***

वरणा ग्राम में सुर-असुर अभियंताओं और यंत्रियों के रहने के लिए एक शिविर की स्थापना की गई। सुरों की ओर से युवा 'वोहू' को इस परियोजना के हेतु पोतों के परिकल्पन को साकार करने के लिए विशेष रूप से नियुक्त किया गया था। वोहू के मृदु और परिहासयुक्त स्वभाव ने उसे वरणा ग्राम में अल्प समय में ही लोकप्रिय बना दिया था। वह सायं को अपना कार्य समाप्त करके किसी पोत के पास नाविकों के मध्य एक अच्छा श्रोता बनकर बैठ जाता था, उनसे उनके चटपटे संस्मरण सुनता था और उनके साथ बैठकर वारुणी पीकर हास-परिहास करता था।

'आस्था' वरणा समाज के सबसे कुशल पोत यंत्रियों में से था। वह सुर और असुर अभियंताओं को पोत के निर्माण की प्रक्रिया को समझा रहा था, "गहरे समुद्र में पतवारों का उपयोग संभव नहीं है, अतः हम वायुशक्ति को पाल द्वारा नियंत्रित करके पोत को आगे बढ़ाते हैं। सामान्यतः इस प्रकार हमारे पाल एक दिन में चार योजन की दूरी तय करते हैं। सारी निपुणता इसी बात पर निर्भर करती है कि पाल की दिशा को किस प्रकार नियत किया जाए कि वायुशक्ति अधिकतम प्राप्त हो सके।"

"मैं प्रश्न पूछने की अनुमति चाहता हूँ," वोहू ने हाथ उठाकर कहा।

आस्था को वोहू प्रिय था, क्योंकि पूरे दल में केवल वह आस्था को आचार्य की भाँति भरपूर सम्मान देता था।

मेरा प्रश्न यह है कि हम पाल को तिकोना ही क्यों लगाते हैं? हम चौकोर पाल का प्रयोग क्यों नहीं करते? क्या इससे पाल की क्षमता में बढ़ोतरी नहीं होगी?"

"वोहू तुम सत्य कह रहे हो। यदि हम चौकोर पाल बना लें, जो नियंत्रित भी की जा सकती हो, तो पाल की क्षमता में क्रांतिकारी वृद्धि होगी। हमारा एक मेधावी अभियंता 'बिपाशु' इसी अवधारणा के साथ आया था और इस पर उसने काफी काम भी किया था, लेकिन प्रयोगों में तेज हवाओं से पाल अनियंत्रित घूमने लगती थी और

पोत हिचकोले लेने लगता था। अंत में हारकर हमने यह प्रयोग बंद कर दिया।"

"श्रीमन्, क्या मैं बिपाशु से मिल सकता हूँ? संभव है कि हम सब मिलकर बिपाशु द्वारा किए गए कार्य में जो कमी रह गई है, उसे पूरा कर पाएँ। यदि यह सफल हो गया तो पोत की गति में कई गुना वृद्धि होगी और यात्रा समय में भारी कमी आएगी।"

"लेकिन बिपाशु ने इन प्रयोगों में अपना धन, अपना आत्मविश्वास, अपना गौरव खो दिया है। जो वह नहीं कर सका, आप कैसे कर पाओगे?" आस्था ने पूछा।

वोहू ने आस्था के स्वर में कड़वाहट का अनुभव किया। उसने बात को सँभालते हुए कहा, "श्रीमन्, संभवतः आप मेरा आशय नहीं समझ पाए हैं। मेरे अनुसार बिपाशु ने अति महत्त्वपूर्ण कार्य किया है और किसी छोटे से बिंदु पर अटका हुआ है। यदि मैं उसकी कोई सहायता कर सका और यह प्रयोग सफल रहा तो यह मेरा सौभाग्य होगा।"

***

बिपाशु एक छरहरा और लंबे कद का व्यक्ति था। स्वप्निल आँखें, माथे पर झूलते बाल, लेकिन मुख पर हास्य का नितांत अभाव। उसकी भाव-भंगिमा एक ऐसे व्यक्ति की थी, जो अपना आत्मविश्वास खो चुका हो और जिसे लगता हो कि समाज उसे नाकारा मानता हो। उसके मित्रों, पत्नी और यहाँ तक कि वरुण के समझाने का भी उस पर कोई प्रभाव नहीं पड़ा था। उसने अवसाद को जैसे आत्मसात् कर लिया था।

वोहू से प्रथम भेंट में बिपाशु की कुंठा स्पष्ट थी। वह झुँझलाते हुए बोला, "तुम मुझसे क्या चाहते हो? मुझ पर तुम्हारी मीठी बातों का कोई असर नहीं होगा। तुम मुझे दुखी न करो।"

वोहू को समझ आ गया था कि बिपाशु को नकारात्मकता के मायाजाल से निकालने के लिए कड़वी औषधि की आवश्यकता है। उसने सोच-विचारकर कहा, "मैं तुम्हारे दुर्भाग्य या प्रतिष्ठा खोने के प्रति न तो सहानभूति प्रकट करने आया हूँ और न ही ढाढ़स बँधाने। मेरा विचार था कि यह मेरा सौभाग्य होगा कि मैं तुम्हारे अधूरे कार्य को पूरा करने में तुम्हारी सहायता कर सकूँ, लेकिन तुमसे मिलकर लगता है कि तुम मेधावी न होकर एक साधारण व्यक्ति हो, जिसे संयोगवश एक आधी-अधूरी अवधारणा मिल गई। मुझे तुम पर दया आती है।"

बिपाशु को इस कठोर कथन से आघात लगा और क्षोभ से उसने उत्तर दिया, "तुम किस आधार पर मुझे औसत और अक्षम कह सकते हो? मेरी असफलता तुम्हें

मुझे इस प्रकार हीन सिद्ध करने का अधिकार नहीं देती।"

"यह अधिकार तुमने स्वयं अपने आपको दे दिया है और तुम्हें इसका ज्ञान भी नहीं है। अपने ऊपर दया करना छोड़ो। अपने अधूरे कार्य को पूरा करो और सफलता के फलों का रसास्वादन करो। हम सब तुम्हारे सहायक बनकर कार्य करेंगे। चलो, तुम्हारी कार्यशाला में चलते हैं, उसके बाद पोत-पत्तन चलेंगे।"

बिपाशु ने ध्यानपूर्वक अपने नए साथी को देखा। उसने अपने अंतर्मन से एक आवाज आती सुनी, *"पुराने बिपाशु के पुनर्जीवित होने का समय आ गया है।"*

पुनः उसने एक बार अपने नए साथी के साथ अपने कार्य को पूरा करने के लिए प्रयास करने का निश्चय किया।

***

प्रथम सफलता पोत के कूपदंड के परिष्कृत परिकल्पन से मिली। इससे पाल का आसानी से परिचालन संभव हो सका। पाल को संबल देने हेतु समानांतर वक्राकार दंड लगाए गए और उनके ऊपर चौकोर पाल को स्थापित किया गया। कूप दंड के ऊपर तीन सतहों पर चौकोर पाल लगाए गए। अलग-अलग पाल लग जाने से दिशा का नियंत्रण आसान हो गया। अब वे घूम भी रहे थे और अधिक वायुशक्ति भी प्राप्त कर रहे थे। एक बार तीनों पाल लग जाने से पोत गहरे समुद्र में जाने के लिए तैयार थे।

बिपाशु का खोया हुआ आत्मविश्वास लौट आया था, अब उसे कार्य पर मुसकराते और गुनगुनाते देखा जा सकता था।

कार्यदल प्रत्येक प्रकार के पोत के अलग-अलग हिस्से के परिकल्पन पर कार्यरत था। पोतों में धनुर्धरों के बचाव के लिए काष्ठ की अस्थायी रोकें बनाई गईं। प्रत्येक पोत पर प्रक्षेपक लगाए गए, जिससे शत्रु पोतों पर अग्निपुंज फेंककर उन्हें पास आने से रोका जा सके। पोतों को दोनों ओर से ऊँचा करके मध्य में अवनत तल रखा गया, जिससे पोतों के अंदर यात्रियों के कक्ष में वायु और सूर्य का उचित प्रकाश पहुँच सके। इससे बड़े तीन मंजिले पोत का निर्माण भी संभव हो सका। यात्री पोतों में अन्य यथासंभव सुविधाएँ प्रदान की गईं। स्थान का पुनः उपयोग करके शयन और शौचालय की उत्तम व्यवस्था की गई।

नौ परिचालन खगोलीय नक्षत्रों की गतिविधि के आधार पर किया जाता था। इसके लिए परिचालन की नियमावली को औपचारिक रूप दिया गया। यात्रा काल में दिशा, समय, दूरी को यात्रा दैनिकी में अंकित करने की पद्धति को विकसित किया गया।

वरुण की सारी आशंकाएँ समय के साथ या तो समाप्त हो गईं या उन्होंने इन्हें

व्यक्त नहीं किया। उन्हें अब स्वयं पर विश्वास होता जा रहा था।

प्रत्येक प्रकार के पोत का निर्माण करके उसे समुद्र में परखा गया। वे आशाओं से अधिक सफल सिद्ध हुए।

बिपाशु को अब इन पोतों पर गर्व था। उसे विश्वास था कि पारंपरिक पोतों से ये पोत चार गुना अधिक तेजी से चल सकेंगे और एक दिन में पाँच से छह योजन से अधिक की दूरी पार करेंगे।

***

उस दिन बिपाशु मौन था। ऐसा प्रतीत होता था कि वह किसी विषय पर आत्ममंथन कर रहा था, लेकिन दिन की समाप्ति पर वह तनावमुक्त था, जैसे कि उसने कोई निर्णय ले लिया हो। सायंकाल में वह वोहू के पास आकर फुसफुसाया, "तुम पर मैं अपने से अधिक विश्वास कर सकता हूँ। मैं तुम्हें एक वस्तु दिखाना चाहता हूँ, जिससे पोतों के संचालन में क्रांति आ जाएगी।"

इन शब्दों के साथ उसने एक छोटी पेटिका निकाली। उस पेटिका में सुई के समान आकृति वाले दो काले पत्थर रखे थे। बिपाशु ने एक बड़े, लेकिन उथले थलवाला पात्र लेकर उसमें जल भरा। पात्र की तलहटी में समुद्रदेव की आकृति अंकित थी, जिसमें उनके चार हाथ चारों दिशाओं को इंगित कर रहे थे। फिर उसने काष्ठ के एक टुकड़े को पानी के ऊपर तैराकर उस पर वह सुईनुमा पत्थर रख दिया। काष्ठ ने निश्चित दिशा में एक स्थिति धारण कर ली।

"अब ध्यानपूर्वक देखो," बिपाशु उत्तेजित प्रतीत हो रहा था। बिपाशु ने काष्ठ को समकोण पर घुमा दिया, लेकिन आश्चर्यजनक रूप में काष्ठ घूमकर वापस पुरानी स्थिति में आ गया।

"अब तुम काष्ठ की दिशा परिवर्तन का प्रयास करो," बिपाशु ने वोहू से कहा। वोहू ने भी अनेक बार काष्ठ को घुमाया, लेकिन हर बार काष्ठ घूमकर पुरानी स्थिति में आ जाता था।

वोहू ने प्रश्नात्मक दृष्टि से बिपाशु को देखा, "क्या इस काष्ठ पर किसी रहस्यमय शक्ति ने मंत्र-सिद्धि की है?"

"मुझे यह मायावी खेल दिखाने वाले एक व्यक्ति से मिला था," बिपाशु ने बताया, "रहस्य काष्ठ में नहीं, इस पत्थर में है। उस व्यक्ति ने मुझे बताया था कि इस प्रकार के पत्थर प्राकृतिक रूप में मिल जाते हैं और खेल दिखाने के काम आते हैं। इन पत्थरों में कुछ प्राकृतिक शक्ति है, जो इन्हें उत्तर-दक्षिण दिशा में घुमा देती है।

मेरे विचार में इस प्रकार के पत्थर लंबी समुद्री यात्राओं में दिशा-ज्ञान के लिए अति उपयोगी होंगे।"

वोहू ने बिपाशु को अपनी बाँहों में भींच लिया, "बिपाशु, तुम अपूर्व बुद्धि के स्वामी हो। इस खोज से तुमने पोत-संचालन की तकनीक में क्रांति ला दी है।"

"मैं तुम्हारा कृतज्ञ हूँ। तुम्हारे कारण ही मैं अवसाद से निकलकर आज इस स्थिति में पहुँचा हूँ, जहाँ सब मुझे सम्मान से देखते हैं और मेरा आदर करते हैं," यह कहते हुए बिपाशु का गला भर्रा गया था।

"नहीं बिपाशु, तुम मुझे कुछ अधिक ही सम्मान दे रहे हो। वास्तव में तुम्हारी इस मौलिक प्रतिभा से मुझे अत्यंत लाभ हुआ है।"

तभी बिपाशु ने हिचकिचाते हुए कहा, "वोहू, तुम मेरे सबसे विश्वसनीय मित्र हो। मेरी पत्नी मुझमें आए परिवर्तन से बहुत प्रसन्न है। वह तुमसे मिलना चाहती है।"

***

बिपाशु का घर ग्राम के पश्चिमी छोर पर था। पारंपरिक मिट्टी की ईंटों से बने घर पर छप्पर की छत थी, लेकिन इस घर पर बनी लाल रंग की छत तक जाती ज्यामितीय आकृतियाँ इस घर को आसपास के नीरस रंगों वाले घरों से एक अलग विशिष्टता प्रदान करती थीं। चूल्हे में आग के जलने से पैदा हुए धुएँ की गंध और ताजी सिंकी रोटियों की सुवास उस घर में इस जीवंतता की प्रतीक थीं कि आज वहाँ कोई विशेष अवसर था।

'सुलि' ने द्वार पर उनका स्वागत किया। वह बड़ी आँखों वाली एक ऊर्जावान युवती थी। उसकी मीठी मुसकान उसके लावण्य को और आकर्षक बना रही थी। उसकी ताजगी भरी कमनीय काया किसी को भी अपनी ओर खींच सकती थी। तभी हवा के एक झोंके के साथ उसके लंबे बालों की एक लट उसके गालों पर लहरा गई, जिसे उसने हलकी खिलखिलाहट के साथ अपनी उँगली से हटा दिया।

"इन बड़ी आँखों में कोई भी खो सकता है।" वोहू ने मन-ही-मन बिपाशु के भाग्य को सराहा।

वोहू दीवार पर लटकी एक कलाकृति को देख रहा था। इसे श्वेत सीपी, शंख आदि खोलों से जोड़कर चरम पर चिपकाकर बनाया गया था। बीच-बीच में पकी हुई मिट्टी की रँगी हुई छोटी आकृतियाँ मिलाकर पूरी कलाकृति को एक कपड़े पर लगा दिया गया था। कुल मिलाकर वह एक रहस्यमयी और अपनी ओर ध्यान खींचने वाली कलाकृति थी।

"यह सुलि ने बनाई है। वह कलाप्रेमी है," बिपाशु ने वोहू को बताया।

सुलि अच्छी आतिथेय होने की साथ-साथ मधुरभाषी भी थी। वह स्वरचित विषय ढूँढकर चटपटे हास्य का सम्मिश्रण करते हुए अतिथि का मनोरंजन करती रही, लेकिन इस मध्य उसने घर में विशिष्ट अतिथियों के लिए रखे गए पात्रों में स्वादिष्ट भोजन को आग्रहपूर्ण प्रस्तुत करने में भी लेशमात्र ढील नहीं की।

वोहू को अपना ध्यान सुलि की चमकती आँखों से हटा पाना असंभव लग रहा था। उसने बार-बार अपनी दृष्टि को सुलि की लचीली काया के विभिन्न बिंदुओं से हटाने की असफल चेष्टा की।

"काश, यह मेरी हो सकती।" एक ही विचार उसके मस्तिष्क में चिपक गया था।

वोहू ने इस पापपूर्ण विचार को अपने मन से निकालने का प्रयास किया। वह उसके मित्र की पत्नी थी, लेकिन यह विचार उसके मन से निकल नहीं पा रहा था।

***

वोहू को पता ही नहीं चला कि कब मध्य रात्रि हो गई। वारुणी पेय के कई पात्र खाली हो चुके थे। उसने अपने शिविर लौटने की अनुमति माँगी, लेकिन बिपाशु ने उसे समझाया कि इतनी रात्रि में जाने की अपेक्षा उसे यहीं रुक जाना चाहिए और कल प्रात: यहीं से दोनों कार्यशाला साथ-साथ चलेंगे।

वोहू के लिए शय्या तैयार कर दी गई। उसने चादर को अपने ऊपर खींचकर अपनी आँखें बंद कर लीं और स्वप्नलोक में खो गया। अचानक ही उसने चादर के एक सिरे को उठाकर किसी के उसके अंदर आने का अनुभव किया।

"मैं संभवत: स्वप्नावस्था में हूँ।" उसने सोचा। तभी एक स्त्रियोचित सुगंध उसके नासिका पुटों में आई। अनायास उसके हाथ अतिक्रमी की ओर बढ़े। उसे एक नारी की कोमल देह के स्पर्श का अनुभव हुआ। वह उसके साथ लेट चुकी थी। हाथों का स्पर्श होते ही नारी उससे लिपट गई और अपना एक हाथ उसके कंधे पर रख दिया।

उसकी आँखें खुल गईं। उसने सुलि को कौतुक, विलास और आशा भरी दृष्टि से देखते हुए पाया। उसने कुछ कहने के लिए मुँह खोलना चाहा था, लेकिन सतर्क सुलि ने अपना हाथ उसके मुख पर रख दिया।

"शश···कुछ न कहो। मैं तुम्हें हमारा पुराना जीवन वापस लौटाने के लिए धन्यवाद देना चाहती हूँ। बिपाशु अपनी सफलता से अवसाद से बाहर आ गया है।

इसके पीछे तुम हो। मैं चाहती हूँ कि तुम मुझे आज रात अपनी बाँहों में जकड़ लो।"

इस प्रलोभन ने वोहू के विवेक को पराजित कर दिया। उसने अपने हाथों को खुला छोड़ दिया। रात्रि क्षणों में बीत गई। सूर्योदय से पूर्व सुलि चली गई। प्रातः बिपाशु और सुलि ने जब वोहू को सुप्रभात किया तो वोहू पूरी तरह स्तब्ध था।

***

दो माह उपरांत बिपाशु ने वोहू को पुनः अपने घर आमंत्रित किया। उसके साथ जाते हुए वोहू ने कम-से-कम सौ बार प्रण लिया कि वह इस बार अपनी कामेच्छाओं पर नियंत्रण रखेगा।

सुलि ने उसी सामान्य मित्रभाव से उसका स्वागत किया। वह वोहू के संकोच के बाद भी उतनी ही जीवंतता से आतिथ्य धर्म निभाती रही। जब बिपाशु ने पुनः रात्रि को रुकने का प्रस्ताव किया तो वोहू अत्यंत असहज था। उसने पाया कि वह स्वयं इस आमंत्रण के लिए अत्यंत व्याकुल था।

वह शय्या पर धड़कते हृदय से लेटा। कुछ ही समय बाद सुलि पुनः उसके साथ लेटी हुई थी। सुलि ने उससे धीमे स्वर में कहा, "वोहू, उस रात्रि के लिए मैं तुम्हारी कृतज्ञ हूँ। मैं यह बात भी तुम्हें बताना चाहती हूँ कि हमारे परिवार पर तुम्हारे आभार की कृतज्ञता के रूप में मेरी कोख में तुम्हारा बच्चा पल रहा है, यद्यपि यह बिपाशु का बच्चा कहलाएगा। मैं यह भी प्रार्थना करती हूँ कि हमारा संबंध इसके बाद समाप्त हो जाना चाहिए। हम अब नहीं मिलेंगे। हम सबके लिए यही उचित होगा।"

"कैसे? यह कैसे हो सकता है?"

"हम इतने लंबे वैवाहिक जीवन के उपरांत भी निःसंतान हैं। संभवतः बिपाशु में कुछ कमी है। मैं तुम्हारे प्रति कृतज्ञता व्यक्त करती हूँ। मैं अब एक संपूर्ण नारी बन सकी हूँ। जब मैंने तुम्हें पिछली बार बुलाया था तो मैंने अपने गर्भवती होने के लिए दिनों की संख्या गिनी थी। मेरी प्रार्थना है कि अब मुझसे मिलने का कभी प्रयास न करना। तुमने बिपाशु में पुनः आत्मविश्वास भरकर हमारे परिवार पर जो उपकार किया है और हमारे परिवार को पूर्ण करने के लिए जो उपहार हमें दिया है, उसके लिए हम सदैव तुम्हारे ऋणी रहेंगे।"

***

बिपाशु के घर की दीवार पर लगे दो कान उनकी बातें सुन रहे थे। यह एक अति-संवेदनशील सूचना थी, जो प्रशासन के समक्ष तुरंत लाई जानी आवश्यक थी। जब यह इंद्र के संज्ञान में आई तो वे मुसकराए और विश्वकर्मा को आदेश दिया कि

पोतों का निर्माण पूरा हो जाने के पश्चात् वोहू को उत्तरी सीमा पर भेज दिया जाए, जहाँ वह एक आयुधशाला के निर्माण में सहयोग देगा। वह ऐसा कोई कांड नहीं होने देना चाहते थे, जिससे सुरों और वरणाओं के संबंधों पर असर पड़े।

***

अगले छह माह में पोतों के प्रतिरूप समुद्र में परीक्षण हेतु तैयार हो गए थे। तीन तल वाले पोत अपनी पालों से वायुशक्ति का दोहन करके समुद्र में तैर रहे थे। पोतपत्तन पर भारी संख्या में जन समुदाय ने कर्मी दल का उत्साहवर्धन किया। समुद्र-मंथन दल के सदस्यों का चयन किया गया। निर्णय लिया गया कि सुर और असुर, दोनों पक्षों से चौवन-चौवन विशेषज्ञ अभियान में सम्मिलित होंगे। इसके अतिरिक्त बड़ी संख्या में सैनिक एवं सहयोगी भी दल के साथ जाने के लिए तैयार किए गए।

"ये एक सौ आठ विशेषज्ञ सुरों और असुरों के मध्य एक महत्त्वपूर्ण कड़ी होंगे," विप्रचित्ति ने टिप्पणी की।

कुछ समय वरेणी में बिताकर और अभियान की तैयारियों की समीक्षा कर इंद्र वापस सुरलोक आ गए, जबकि विप्रचित्ति महालोक पहुँच गए।

विष्णु भी सुरलोक में एक माह बिताकर बैकुंठ पहुँच गए थे। नारद के माध्यम से वे समुद्र-मंथन अभियान की तैयारियों की सब सूचनाएँ प्राप्त कर रहे थे।

□

15

रहस्योद्घाटन

इंद्र ने अपनी शय्या पर लेटे हुए अँगड़ाई लेकर लंबा श्वास छोड़ा। वह शचि को अपनी बाँहों में लेकर यात्रा की थकान भूल गए थे। शचि का सिर उनके पुष्ट वक्ष पर था और वह उँगलियों से इंद्र के बालों के गुच्छों को लपेटकर खोल रही थी। इंद्र एक दिन पहले ही वरणा से लौटे थे और अब शचि को वरुण से मिलने का वृत्तांत सुना रहे थे, "शचि, मुझे इस बात पर संदेह नहीं कि वरणा के नाविकों को समुद्र देव का आशीर्वाद प्राप्त है। उन्होंने यात्रा के लिए जैसे पोत हम चाहते थे, उनका निर्माण करने में सफलता प्राप्त कर ली है। वे अगले छह माह में ऐसे सौ पोत बना देंगे, जिससे हमारी यात्रा संभव हो सकेगी।"

शचि ने इंद्र के कंधे पर अपना हाथ रखकर कहा, "प्रिय, मुझे विश्वास है कि समुद्र-मंथन की इस यात्रा से बहुत से अबूझे तथ्य सामने आएँगे, जिनकी हमने कभी कल्पना भी नहीं की थी।"

इंद्र ने शचि को अपने पास खींचा, "लेकिन यदि तुमने मुझे नहीं समझाया होता तो मैं कभी भी विष्णु से मिलने बैकुंठ नहीं जाता और उनका ब्रह्मावर्त का प्रस्ताव स्वीकार नहीं किया होता। यह सब तुम्हारी दी गई प्रेरणा का ही परिणाम है।"

अभी जब वह इस प्रकार एकांत में बातें कर ही रहे थे, एक सेविका ने सूचना दी, "राजन, ऋषि नारद आए हैं और आपसे अभी मिलने की अनुमति चाहते हैं।"

इंद्र खीजते हुए बड़बड़ाए, "यह नारद सर्वदा ऐसे ही पलों में मुझे कैसे ढूँढ लेते हैं? मेरे आनंद के क्षण भंग करने में उन्हें आश्चर्यजनक दक्षता प्राप्त है।"

शचि ने नटखटपने से अपनी आँखें गोल करते हुए इंद्र को देखा और कहा, "राजन, संपूर्ण मानव सभ्यता तुम्हें बुराई के नाशक के रूप में देखती है। तुम्हारा कैसे कोई अपना अलग समय हो सकता है? चलिए, देखते हैं कि नारद किस कार्य से आए हैं।"

इंद्र अनमने भाव से उठकर आगंतुक कक्ष की ओर बढ़ गए।

***

"नारायण! नारायण! मुझे आशा है कि मैंने राजन और रानी के व्यक्तिगत क्षणों में विघ्न नहीं डाला।"

"ऋषि, आपका सदैव स्वागत है। कृपया बताएँ कि आप कहाँ से आ रहे हैं और आपके आने का क्या प्रयोजन है?"

"इंद्र, विष्णु ने कहा है कि सुर और असुर भगवन् शिव के पास जाकर एक बार उनसे समुद्र-मंथन के विषय में बात करके उनका आशीर्वाद अवश्य ले लें।"

"शिव भगवन्? क्या आप उन्हीं की बात कर रहे हैं, जिनके विषय में विष्णु ने कहा था कि वह एक योगी हैं और उनका निवास ब्रह्मावर्त के पूर्व में गंगा परिक्षेत्र में है?"

"हाँ राजन, वे गंगाक्षेत्र में पूजनीय हैं। इस समय वे हिमालय के तराई क्षेत्र मायापुर में निवास कर रहे हैं। विष्णु की इच्छा है कि सुर और असुर वहाँ पर ब्रह्माजी के साथ जाएँ। ब्रह्मा ब्रह्मावर्त से आपके साथ चलेंगे।"

इंद्र को स्मरण आया कि प्राचार्य अंगिरस ने उनसे एक बार कहा था, "ब्रह्मा, विष्णु और शिव की विचारधारा और कार्यशैली जीवन के तीन आयामों के प्रतीक हैं। ये सृजन, संरक्षण और रूपांतर का प्रतिनिधित्व करते हैं। शिव परिवर्तक हैं, अंतिम निर्णयकर्ता।"

इंद्र समुद्र-मंथन से पूर्व एक अन्य यात्रा पर जाने के अनिच्छुक थे। संकोच भरे स्वर में उन्होंने नारद से कहा, "इस समय हमारी समुद्र-मंथन यात्रा की तैयारी अंतिम चरण में है। इस समय मायापुर जाने में समय लगेगा और समुद्र-मंथन यात्रा इससे विलंबित हो जाएगी।"

नारद मुसकराते हुए बोले, "राजन, विष्णु द्वारा इस प्रकार के आग्रह का कोई विशेष उद्देश्य होगा, जिसे वे अभी नहीं बताना चाहते।"

"ठीक है, ऋषि नारद, मैं मायापुर जाऊँगा," इंद्र ने उत्तर दिया, "विष्णु इस अभियान के जनक हैं और हमें उनकी आज्ञा का पालन करना है।"

"विष्णु भगवन् का यह भी सुझाव है कि असुरराज विप्रचित्ति इस प्रतिनिधिमंडल का नेतृत्व करेंगे। विप्रचित्ति आपके ज्येष्ठ हैं और यह उनका अधिकार भी है।" नारद ने विष्णु का संदेश देते हुए इंद्र के भावों को पढ़ने की चेष्टा की।

"मैं विष्णु भगवन् के विचारों का आदर करता हूँ।"

"इंद्र, मैं आपकी बुद्धिमत्ता की सराहना करता हूँ। कूटनीति इसी में है कि व्यक्तिगत महत्त्वाकांक्षाओं से अभियान को दूर रखा जाए। हम सब को 'पुष्पावती' में एकत्र होना है। वहाँ से ब्रह्माजी भी हमारे साथ मायापुर के लिए चलेंगे।"

अगले दिन नारद विप्रचित्ति से मिलने के लिए निकल गए।

***

जब नारद ने विप्रचित्ति को विष्णु का संदेश दिया, उस समय शुक्राचार्य वहीं थे। उन्होंने टिप्पणी की, "विप्रचित्ति, यदि विष्णु ने सुझाव दिया है तो हमें अवश्य जाना चाहिए। विष्णु तीक्ष्ण बुद्धि के स्वामी हैं और वह असुरों की भावनाओं को पहचानते हैं। शिव के संयोग से हमें पूर्वी दिशा में नए अवसर मिलने की संभावना है। इस बार मैं भी तुम्हारे साथ जाऊँगा, जिससे मैं वस्तुस्थिति को समझ पाऊँ।"

विप्रचित्ति शुक्राचार्य से सहमत थे। शिव से मिलना एक विशेष अवसर था।

असुर प्रतिनिधिमंडल में किशोर युवराज स्वरभानु भी थे। "स्वरभानु को भी अब शासन के कार्यों से जुड़ना चाहिए।" सिंघिका का तर्क था।

इस तर्क को शुक्राचार्य का आशीर्वाद प्राप्त था।

***

ब्रह्मा पुष्पावती में सुर-असुर प्रतिनिधिमंडल के स्वागतार्थ उपस्थित थे।

"ब्रह्मावर्त में आपका स्वागत है," यह कहते हुए ब्रह्मा ने आगे बढ़कर विप्रचित्ति और इंद्र को अपनी बाँहों में ले लिया। "यह ब्रह्मावर्त का सौभाग्य है कि आज यहाँ पर सुर और असुर, दोनों राज्यों के अधिपति उपस्थित हैं।"

असुरों की यह पुष्पावती की प्रथम यात्रा थी। वे इस नगर का वैभव देखकर सम्मोहित हो गए। जब वे नगर से होते हुए अतिथि गृह की ओर जा रहे थे, नारद ने विप्रचित्ति को बताया कि किस प्रकार सुरों ने मिट्टी के घरों के साधारण नगर को भव्य सुविधाओं से परिपूर्ण स्थान में परिवर्तित कर दिया था।

अगली प्रातः ब्रह्मा ने सुरों और असुरों की सम्मिलित सभा में शिव के विषय में बताया, "शिव सभी प्रकार से सांसारिक सुखों से ऊपर एक परम योगी हैं। वे सभी राजाओं और योगियों से ऊपर हैं। संपूर्ण गंग प्रदेश उनकी पूजा करता है। शिव ब्रह्मांड के कल्याण के लिए आत्मिक चेतनावस्था के पक्षधर हैं। वे अन्याय के प्रति अत्यंत कठोर हैं और दुष्टों के नाश के लिए लेशमात्र भी संकोच नहीं करते हैं।"

***

अपराह्न में उन्होंने अश्वों पर मायापुर के लिए प्रस्थान किया। वर्षाकाल समाप्त

हो चुका था। आकाश में इक्के-दुक्के श्वेत बादल दिख जाते थे। चारों ओर हरियाली छाई हुई थी। थोड़ी नमी थी, लेकिन वातावरण आनंददायक था। वे घने जंगलों से होकर जा रहे थे, जो कई स्थानों पर तो इतने घने थे कि सूर्य की किरणें भी नीचे तक नहीं आ पा रही थीं। लंबी घास और नम भूमि के कारण वे अपेक्षित गति से आगे नहीं बढ़ पा रहे थे।

जंगल का वातावरण जीवंत था। पक्षियों की चहचहाहट और कीटों का गुंजन उनका हर पग पर स्वागत कर रहे थे। बीच-बीच में गहरे जंगल में किसी जानवर की आवाज, चित्तीदार हिरणों के झुंडों का उनकी राह से गुजरना, बिल से खरगोशों का अपनी बड़ी आँखों से उत्सुकता से उन्हें देखना और फिर झेंपकर झाड़ी में छिप जाना, ये सारे दृश्य यात्रा को मनोहारी बना रहे थे।

वे प्रतिदिन लगभग पाँच योजन चलते थे। अग्रिम दल शिविर हेतु जंगल के मध्य में खुला स्थान ढूँढते थे। जंगली जानवरों से बचाव के लिए आग जला दी जाती। अनुचर शिविर लगाने और भोजन व्यवस्था में जुट जाते। रात्रि में रक्षक दल सुरक्षा घेरा बना लेते।

***

वे उस दिन भी घने वन से होते हुए आगे बढ़ रहे थे। तभी उन्हें दूर से आते हुए शोर और चिल्लाने की आवाजें सुनाई पड़ीं। यह दोपहर बाद का समय था। विप्रचित्ति ने आदेश दिया कि कुछ सैनिक तेजी से आवाजों की दिशा में जाएँ और वस्तुस्थिति का पता लगाएँ।

सैनिकों की शस्त्रों से सुसज्जित एक टुकड़ी आवाज की दिशा में आगे बढ़ी। कुछ दूरी पर जंगल समाप्त हो गया। वहाँ एक गाँव था। घर मिट्टी के बने थे। उनके वहाँ पहुँचने तक आवाजें बंद हो चुकी थीं। सैनिक गाँव में घुस गए। उन्होंने पाया कि घर खाली थे। घरों के बाहर चूल्हे जले हुए थे और आसपास खाना बिखरा हुआ था। ऐसा लग रहा था, जैसे अभी कुछ समय पूर्व ग्रामवासी गाँव छोड़कर भाग गए हों।

"लगता है, ये सब डरकर वन की ओर भाग गए हैं," एक सैनिक ने अपना मंतव्य दिया, "हमें उन्हें खोजना चाहिए।"

इससे पहले कि सैनिक वन में घुस पाते, विप्रचित्ति तेजी से वहाँ पहुँचे और बोले, "उन्हें उनका जीवन जीने दो। हमें उसमें हस्तक्षेप नहीं करना चाहिए।"

इस बीच ब्रह्मा, इंद्र, शुक्राचार्य और बाकी सभी भी वहाँ पहुँच गए। ब्रह्मा ने

कहा, "विप्रचित्ति, मुझे तुम पर गर्व है। यह ग्राम, वन में रहनेवाली एक वनजाति का है, जिसने कभी किसी को हानि नहीं पहुँचाई है।"

***

अगले कुछ दिनों में वे एक चौड़े पाट वाली बड़ी नदी के तट पर थे।

"यह यमुना है," ब्रह्मा ने बताया, "इसे पार करने के लिए हमें लकड़ी का इतना बड़ा बेड़ा बनाना होगा, जो हमें अश्वों सहित उस पार ले जाए।"

उन्होंने नदी के किनारे शिविर लगा लिया। अगले दस दिनों में वृक्ष काटकर लकड़ी के लट्ठों का बेड़ा बनाया गया। यमुना पार करके अगले दो दिन में वे पुनः एक रेतीले तटवाली विशाल नदी के सामने थे।

"हम गंगा के तट पर पहुँच गए हैं," ब्रह्मा ने हर्षित स्वर में घोषणा की, "इस नदी का जल चमत्कारिक है और पात्र में रखने पर भी वर्षों तक खराब नहीं होता। यह नदी यहाँ से सैकड़ों योजन बहकर गंगासागर में समाहित होती है।"

ऊपर आकाश स्वच्छ और निर्मल था। कुछ योजन की दूरी पर एक पर्वत-शृंखला उभर रही थी। जैसे-जैसे वे आगे बढ़ रहे थे, पर्वतों की ऊँचाइयाँ स्पष्ट होती जा रही थीं।

"गंगा उन पर्वतों के हिम-शिखरों से निकलती है," ब्रह्मा ने पर्वतों की ओर इंगित करते हुए बताया।

पर्वतों से उतरकर नदी अनेक धाराओं में विभाजित हो गई थी। पूरा क्षेत्र साल, खैर, पलाश, पीपल, बरगद आदि विशाल वृक्षों से भरा था। वृक्षों की शाखाओं से निकली छोटी-छोटी टहनियाँ और उन पर चारों ओर पत्रगुच्छ, एक अद्‌भुत छटा थी।

***

मायापुर में शिव के मुख्य सहायक नंदी ने सभी का स्वागत किया और अतिथि-गृह तक ले गया। अतिथि-गृह कच्ची ईंटों का बना हुआ और छप्परवाला सामान्य भवन था। जमीन पर पकी हुई ईंटों को लगाकर चलने के लिए पथ बनाए गए थे। मोटी दीवारें उस प्रकाशित और खुली वायु वाले कक्ष के तापमान को नियंत्रित करने में सहायक थीं।

निवृत्त होने के पश्चात् उनको भोजन-कक्ष में ले जाया गया। वहाँ पर पंक्ति में कुश के आसन लगे थे और प्रत्येक आसन के समक्ष एक छोटा पटल रखा था। उन्हें पत्तलों में भोजन परोसा गया और मिट्टी के पात्रों में शीतल जल दिया गया। भोजन सादा उबले हुए शाक तथा अन्य अपरिचित वनस्पतियों से बना था। वह इतना

स्वादिष्ट था कि उन्हें पता ही नहीं चला कि कब उनका पेट भर गया।

उन्होंने ध्यान दिया कि इतनी हरियाली होने के बाद भी वहाँ मच्छर नहीं थे।

"यह पलाश के वृक्षों के कारण है," नंदी ने बताया, "इन वृक्षों के पास मच्छर नहीं होते। भोजन पत्तल भी इन्हीं वृक्षों के पत्रों के बने हैं, क्योंकि ये अत्यंत स्वास्थ्यकारी हैं। वनस्पतियाँ यहाँ की सभी आवश्यकताएँ पूरी करती हैं।"

"माँ प्रकृति महान् है," विप्रचित्ति ने यह कहते हुए पूछा, "हम शिव भगवन् से कब मिलेंगे?"

नंदी ने बताया, "शिव गंगा के किनारे ध्यान में बैठे हैं। ऐसे समय में हम उनसे संपर्क नहीं कर सकते, लेकिन उन्हें आपके आगमन का स्वत: ही ज्ञान हो गया होगा। इस बीच आप इस स्थान का भ्रमण करें।"

अगले तीन दिन उन्होंने आसपास भ्रमण में बिताए। इंद्र सोच रहे थे कि यह स्थान गुरुकुल स्थापित करने के लिए बहुत उचित था।

चौथे दिन नंदी ने बताया, "शिव ने सबसे पहले ब्रह्मा को संध्याकाल में मिलने के लिए बुलाया है। इसके बाद संभवत: कल प्रात: वे बाकी सभी से मिलेंगे।"

***

शिव और ब्रह्मा की मंत्रणा देर रात्रि तक चलती रही। शिव की पत्नी पार्वती भी इसमें सम्मिलित थीं। उन्होंने ब्रह्मावर्त के विकास से लेकर समुद्र-मंथन अभियान पर चर्चा की।

अगली प्रात: विप्रचित्ति, इंद्र और अन्य साथियों के साथ शिव से मिले। शिव एक शिला पर एक पैर नीचे लटकाकर व्याघ्रचर्म के आसान पर बैठे थे। एक अन्य व्याघ्रचर्म उनके कटिप्रदेश पर बँधा था। उनकी दोनों भृकुटी के मध्य एक बड़ा काला चिह्न एक अलग ही आकर्षण का बिंदु था। शिव ने अपना देदीप्यमान मुख उनकी ओर घुमाया। प्रत्येक उपस्थित व्यक्ति उनके आकर्षण में बँध गया।

"यह तो विचित्र प्रतीत होता है।" इंद्र कुछ ऐसा सोच रहे थे।

दूसरी ओर शुक्राचार्य में अलग भावना जाग्रत् हो रही थी, *"यह तो पूर्ण योगी हैं, त्याग और प्रेम की प्रतिमूर्ति। एक अंतिम वास्तविकता। इनका आशीर्वाद समुद्र-मंथन के लिए नितांत आवश्यक है।"*

विप्रचित्ति ने संक्षेप में यात्रा का उद्देश्य बताया और अंत में कहा, "भगवन्, हम आपके आशीर्वाद हेतु आए हैं।"

शिव ने आशीर्वाद स्वरूप अपना हाथ उठाया और कहा, "यह अभियान एक उत्तम विचार के साथ किया जा रहा है। यह अत्यंत दुष्कर और साहसिक कार्य है। मेरी शुभकामनाएँ तुम्हारे साथ हैं।"

फिर वह इंद्र की ओर मुसकराकर देखते हुए बोले, "मुझे आशा है कि तुम्हें अपने पुरखों की भूमि अच्छी लगी होगी।"

उनके इस कथन से सुर और असुर स्तब्ध रह गए।

"मेरे पुरखों की भूमि? भगवन्, मैं कुछ समझा नहीं?" इंद्र ने विनयपूर्वक कहा।

"हाँ, तुम्हें कैसे ज्ञात होगा। तुम्हारे पूर्वजों ने उस पाप के विषय में कभी अपने वंशजों को नहीं बताया होगा, जो उनका इस भूमि को छोड़ने का कारण बना।" शिव दूर क्षितिज में देख रहे थे।

"भगवन्, हम इस रहस्योद्घाटन से विचलित हो गए हैं। हमें इस विषय में कुछ ज्ञात नहीं है। कृपया उस पाप के विषय में हमें कुछ बताएँ।"

"इंद्र, तुम्हारे पूर्वज इसी भूमि की संतान थे। वे अपने को दूसरों से उच्च मानते थे और अपने रक्त की शुद्धता के लिए पागलपन की हद तक सजग रहते थे। करीब पाँच सौ वर्ष पुरानी बात है। उन्होंने वनवासियों की एक बस्ती पर आक्रमण करके उनके सभी पुरुषों को बंदी बना लिया। उन वनवासियों का अपराध इतना था कि उनके एक युवक ने एक सुर कन्या से प्रेम किया था। उस युवा युगल ने तो भय के कारण आत्महत्या कर ली, लेकिन तुम्हारे पुरखों ने उन सभी को उनके ग्राम से निकालने का आदेश दे दिया। उसी समय रुद्रदेव वहाँ पहुँच गए। उनके हस्तक्षेप से उन वनवासियों को ग्राम निष्कासन से बचाया गया।"

शिव ने एक लंबी साँस ली, फिर आगे कहा, "इंद्र, सुर अहंकार में धर्म के मार्ग से भटक गए थे। रुद्रदेव ने सुरों को ईश्वरीय आदेश को याद दिलाया। सुरों को विधाता ने प्रकृति के अलौकिक रहस्यों का ज्ञान विश्व में मानवता के हित के लिए कार्य करने हेतु दिया था। सुरों को अपनी गलती का अहसास हुआ। उनका एक बड़ा दल गंगाक्षेत्र से पश्चिम की ओर निकल चला। वे सिंधु और अन्य नदियों के किनारे बस गए।"

"रुद्रदेव कौन थे?" इंद्र ने उत्सुकतावश पूछा।

"रुद्रदेव, उस समय इस गंगाक्षेत्र के निर्विवाद नायक थे। वे महागुणी थे और सबको एक बराबर मानते थे। वे रक्त की श्रेष्ठता जैसे मिथ्या विचार पर विश्वास नहीं करते थे," शिव ने बताया।

"और वे सुर, जो यहाँ रह गए, अब कहाँ हैं?"

शिव हँसे और बोले, "उन्होंने उन वनवासियों के प्रति अपने दृष्टिकोण और सिद्धांतों में परिवर्तन किया। उनको भी मानवीय कुटुंब में समाहित किया। उनका सम्मान किया। इंद्र, यह वसुधा एक कुटुंब है!" फिर इंद्र पर एक गहरी दृष्टि डालते हुए वे बोले, "वसुधैव कुटुंबकम्, विष्णु का यह सिद्धांत इसी दर्शन से उपजा है।"

"तो क्या देव और सुर एक थे?" इंद्र ने जिज्ञासापूर्वक पूछा।

"वे एक थे और एक हैं। कालांतर में इन्हीं सुरों ने देव की उपाधि धारण की," शिव ने रहस्योद्घाटन किया।

इस पर ब्रह्मा बोले, "इंद्र! सुर, असुर और देव सभी का मूल एक ही है। विष्णु इसीलिए सुरों और असुरों के मध्य चिरस्थायी मित्रता चाहते हैं।"

शिव कुछ देर मौन रहकर टहलते रहे, फिर उन्होंने इंद्र से कहा, "दुर्भाग्यवश आपसी विवादों और रक्त की श्रेष्ठता के मिथ्या विचार ने आप लोगों को सुर और असुर में बाँट दिया। तुम्हारा और शचि का विवाह तथा वरुण को सहयोगी बनाना इस खाई को पाटने का उत्तम प्रयास है, लेकिन अभी बहुत कुछ किया जाना शेष है। समुद्र-मंथन इस दिशा में सुंदर प्रयास है और इसे बेकार नहीं जाने देना चाहिए।"

शिव ने नंदी की ओर देखा। गोष्ठी समाप्त हो चुकी थी।

***

मायापुर से वे सीधे 'वरेणी' की ओर चल दिए। इंद्र रास्ते भर यही सोच रहे थे, "गंगाक्षेत्र उनके पूर्वजों की भूमि है! वे और देव एक ही हैं।"

वरेणी में वरुण एक सौ पोतों और नाविकों के साथ उनकी प्रतीक्षा कर रहे थे।

प्रयाण का दिवस भी आ गया। विष्णु अपने नाग और गरुड़ अनुचरों के साथ आ गए थे। वरुण ने यात्रियों के लिए एक प्रशिक्षण शिविर लगाया, जिससे इतनी लंबी यात्रा के लिए वे मानसिक रूप से तैयार रहें।

खाद्य सामग्री, जल, औषधियाँ आदि यात्रा में प्रयुक्त होनेवाली प्रत्येक वस्तु का संग्रह किया गया। हर पोत में कुछ छोटी नावें ले जाने का भी निर्णय लिया गया। पोत को क्षतिग्रस्त होने की स्थिति में यात्रियों को बचाने के लिए इन्हें समुद्र में उतारा जा सकता था।

***

इंद्र अभी भी असुरों से आशंकित थे। उन्हें भय था कि किसी भी प्रकार की अप्रिय घटना से सुरों और असुरों के संबंध हमेशा के लिए समाप्त हो जाएँगे।

लेकिन विष्णु ने समझाया, "इंद्र, अपनी चिंता भूल जाओ और विप्रचित्ति के साथ अभियान पर ध्यान केंद्रित करो। विप्रचित्ति एक परिपक्व बुद्धिमान शासक है। इस अभियान की सफलता सुरों और उनके अधिपति के रूप में तुम्हें अमर कर देगी।"

□

16

महान् यात्रा

कार्तिक माह प्रारंभ हो चुका था। इस माह में तूफान आने की आशंकाएँ सबसे कम होने के कारण यह समुद्री यात्रा के लिए उत्तम समय था। विप्रचित्ति, इंद्र और वरुण यात्रा के मार्ग को अंतिम रूप दे रहे थे।

"यहाँ से पाँच दिवस की दूरी पर पूर्वी दिशा में समुद्री दस्युओं का आतंक है," वरुण ने बताया, "ये दस्यु, मार्ग में जानेवाले हमारे प्रत्येक पोत से सुरक्षा शुल्क के रूप में धन वसूलते हैं। इन्हें स्थानीय खूँखार 'इर्बी' जनजाति का संरक्षण मिला हुआ है। इसके बदले में वे लूटे गए धन का एक भाग इर्बियों को अर्पण करते हैं। कई बार हमने इर्बी मुखिया से संपर्क किया, लेकिन उसने कोई सहायता नहीं की। इन इर्बियों की एक अन्य विशेषता भी है। इनके अश्व अत्यंत श्रेष्ठ और अतुलनीय हैं।"

विप्रचित्ति वरुण की बात को बहुत उत्सुकता से सुन रहे थे, अंत में उन्होंने रोषपूर्ण स्वर में कहा, "इस प्रकार के दस्युओं का होना हमारे लिए अपमान का विषय है। हम इस समस्या का नाश करेंगे। या तो वे आत्मसमर्पण करेंगे या प्राण-समर्पण करेंगे। मैं उनके अश्वों के विषय में भी उत्सुक हूँ। इतने उत्तम अश्वों के उचित अधिकारी हम हैं, न कि वे लुटेरे।"

"मैं भी आपसे सहमत हूँ," इंद्र ने अपना मंतव्य स्पष्ट करते हुए कहा। "दस्युओं को समाप्त करके और इर्बियों को सबक सिखाने के बाद हम पूर्वी दिशा में आगे बढ़ेंगे। मुझे लगता है कि पूर्वी दिशा में बढ़ते हुए हम ब्रह्मावर्त में लोथल तक पहुँच सकते हैं।"

"लोथल?" वरुण ने आश्चर्य से पूछा।

"यह सरस्वती नदी के मुहाने पर बनाया गया पोत-पत्तन है। मेरी धारणा है कि जिस प्रकार हमने सुरलोक से ब्रह्मावर्त तक का भूमार्ग ढूँढा है, उसी प्रकार हमें वहाँ

तक पहुँचने का समुद्री मार्ग भी मिलेगा। संभवतः विष्णु के मन में भी कुछ ऐसा ही है।"

***

अभियान का लंगर उठाने का दिन आ गया। सुर और असुर राज्यों में उत्सव का वातावरण था। समुद्र तट पर दोनों राज्य के निवासी उमड़े पड़ रहे थे। वे दोनों राज्यों के प्रत्येक क्षेत्र से आए थे, अपने प्रतिनिधियों और प्रियजनों को विदा करने के लिए। ऐसा ही उत्साह वरणा में भी था। इंद्र और विप्रचित्ति उल्लास से भरी भीड़ की ओर हाथ हिला-हिलाकर उनका अभिवादन स्वीकार कर रहे थे।

आकाश स्वच्छ था। नर्म धूप खिली हुई थी। मंद-शीतल समीर बह रही थी। इस आदर्श वातावरण ने उत्साह को दोगुना कर दिया था। पूरे एक सौ, विभिन्न रंगों में रँगे, गर्वपूर्वक श्वेत ध्वजा फहराते पोतों के नायक यात्रियों के अंदर आने की प्रतीक्षा कर रहे थे।

पाल को यात्रा की दिशा के अनुसार नियत किया गया। शंखों की ध्वनि की गूँज में प्रथम पोत आगे बढ़ा। उसके पीछे-पीछे एक-एक करके सौ पोत आगे बढ़ गए और धीरे-धीरे क्षितिज में विलीन हो गए। किनारे पर खड़ी भीड़ जय-जयकार कर रही थी।

***

उन्हें पूर्वी दिशा में बढ़ते हुए तीन दिन हो चुके थे। वरुण दिशासूचक यंत्र पर दृष्टि रखे हुए थे। उन्होंने इसका ध्यान रखा था कि वे समुद्र तट से बहुत अधिक दूरी पर न चलें। समुद्री लहरों पर प्रथम बार यात्रा कर रहे यात्रियों को अब मिचली और वमन की समस्या होने लगी थी। पोत में स्थान की सीमितता कुछ यात्रियों में व्यग्रता बढ़ा रही थी। वरुण ने पूर्व में ही सतर्क किया था, "लंबी समुद्री यात्राओं का अभ्यस्त होने में कुछ समय लगता है।"

***

"कल हम दस्यु पीड़ित जलक्षेत्र में प्रवेश कर जाएँगे," वरुण ने चेतावनी दी।

विष्णु ने सुझाव दिया कि उन्हें न्यूनतम बल प्रयोग के साथ दस्युओं द्वारा आत्मसमर्पण कराने का प्रयास करना चाहिए।

पोतों की व्यूहरचना बदल दी गई। शिला और अग्निपुंज प्रक्षेपक यंत्रों से सज्जित दो मालवाहक पोत आगे चले। उनके पीछे पाँच रक्षक पोत थे। शेष पोतों को पीछे रोक दिया गया, जिससे वे सब दस्युओं की आँखों से ओझल रहें और उन्हें भ्रम में रखें।

जैसी कि आशा थी, दस्यु दल का आक्रमण हुआ। वे तेजी से काला ध्वज फहराती हुई बीस नौकाओं में आए और मालवाहक पोतों को घेर लिया। उन्हें रक्षक पोतों की कोई भनक नहीं थी।

"रुक जाओ, इस क्षेत्र में आकर तुम्हें अपनी जान बचाने के लिए हमें धन देना होगा। यही यहाँ का नियम है," उनका मुखिया चिल्लाया।

"यह खुला समुद्र है, तुम्हारी संपत्ति नहीं। मैं तुम्हें चेतावनी देता हूँ कि तुम मार्ग से हट जाओ, नहीं तो इसके परिणामों के लिए तुम स्वयं उत्तरदायी होगे," अग्रिम पोत के नायक ने चेतावनी दी।

दस्यु दल के मुखिया ने अट्टहास के साथ कहा, "प्रतीत होता है, तुम्हारे लिए तुम्हारी माँ प्रार्थना करना भूल गई है, अब या तो तुम लोग मृत्यु को प्राप्त होगे या आजीवन हमारे दास बनकर रहोगे।" फिर उसने मुड़कर अपने दल को आक्रमण का आदेश दे दिया।

दस्यु नौकाओं ने पोतों की ओर बढ़ना प्रारंभ कर दिया। पोतों के नायकों ने नौकाओं के पास आने की धैर्यपूर्वक प्रतीक्षा की। दस्यु चिल्लाते हुए आ रहे थे। काले वस्त्रों में, हवा में उड़ते बाल, कुल्हाड़ियाँ और तलवारें लहराते, पीले दाँतों से भंगिमाएँ बनाते वे अत्यंत खूँखार लग रहे थे।

जैसे ही वे पोतों के निकट पहुँचे, पोतों के नायकों ने भी आक्रमण का आदेश दे दिया। इसके साथ ही प्रक्षेपकों से अग्निपुंज निकलकर दस्यु नौकाओं की ओर उड़े। दस्यु अपनी आँखें मसलकर अपनी ओर बढ़ते हुए एक अविश्वसनीय दृश्य को देख रहे थे। उनकी दो नौकाएँ बचने के प्रयास में क्षतिग्रस्त हो गईं। उनमें पानी भरने लगा। उन पर सवार दस्युओं ने कूदकर किसी प्रकार अपनी जान बचाई।

वे समुद्र के इस भाग पर कई पीढ़ियों से राज कर रहे थे। पोतों को लूटना और उनसे वसूली करना उनका व्यवसाय था। वे उन आतंकित नाविकों के अभ्यस्त थे, जो उनसे दया की प्रार्थना करते थे। कभी-कभी आतंक और शक्ति-प्रदर्शन करने के लिए वे पोत को डुबा भी देते थे। दस्यु और नाविकों, दोनों ने इसे नियति मान लिया था। कई पोत तो इसके इतने अभ्यस्त थे कि वे दस्यु शुल्क तैयार रखते थे और दस्युओं से उनकी कुशल-क्षेम भी पूछते थे। ये दस्यु समुद्र तट पर बसे हुए थे और एक पारिवारिक जीवन व्यतीत करते थे।

समुद्र-मंथन के इन पोतों पर आक्रमण उनके अस्तित्व के लिए चुनौती बन गई थी। प्रारंभिक अनपेक्षित क्षति के बाद उन्होंने प्रत्याक्रमण कर शत्रुओं को नष्ट करने

का निश्चय किया। दस्यु दल के नायक ने कपोत उड़ाकर अपने संरक्षक इर्बियों को सहायता के लिए संदेश भेजा।

"इन दुस्साहसी नाविकों को ऐसा पाठ पढ़ाओ कि अन्य पोत इस प्रकार की चुनौती देने के लिए स्वप्न में भी कल्पना न करें," दस्यु मुखिया ने अपने साथियों को आदेश दिया, "इस बीच इर्बियों से भी सहायता आ जाएगी।"

दस्यु नौकाएँ एक बार पुनः तेजी से पोतों की ओर बढ़ीं, लेकिन जैसे ही वे प्रहार की सीमारेखा में आए, एक बार पुनः अग्निपुंज पोतों से प्रक्षेपित किए जाने लगे। इसके साथ ही दस्युओं ने देखा कि पोतों पर धनुर्धारी अपनी स्थिति ले रहे थे। किसी भी प्रकार के आक्रमण के लिए सजग, खड्ग और भालों से सज्जित सैनिक भी बाहर आ गए थे।

"निश्चित रूप से ये सामान्य पोत नहीं हैं। हमारे साथ धोखा हुआ है," दस्युओं के मुखिया ने कहा।

चिंतित दस्यु स्थिति को समझ नहीं पा रहे थे। वे घिर चुके थे। उन्होंने भागने का प्रयास किया, लेकिन पीछे से आ रहे रक्षक पोतों ने इसे विफल कर दिया। उनके पास लड़ाई या आत्मसमर्पण के अतिरिक्त कोई अन्य विकल्प नहीं था। उनके द्वारा फेंके जा रहे तीर और पत्थर लक्ष्य से दूर थे। रक्षक पोत के सैनिकों द्वारा की जा रही बाणवर्षा ने अपना प्रभाव दिखाना प्रारंभ कर दिया था। अनेक दस्यु मारे जा चुके थे। तभी अग्निपुंजों के पुनः प्रक्षेपण ने पाँच और नौकाओं को डुबो दिया। अब दस्युओं को आभास हो गया था कि इस प्रशिक्षित बल के आगे वे असहाय थे।

वे लगभग डेढ़ सौ थे और इनमें तीस या तो मारे जा चुके थे या खो गए थे। जो बचे थे, वे अभी भी विस्फारित आँखों से इस बुरे स्वप्न की भाँति दृश्य को देख रहे थे और व्याकुलता से इर्बी सहायता की प्रतीक्षा कर रहे थे।

अंत में सहायता न आती देख मुखिया ने निर्णय लिया कि अब लड़ना व्यर्थ था। उसकी नौका पर समर्पण का प्रतीक श्वेत ध्वज लहरा दिया गया। समुद्र-मंथन दल की कोई हानि नहीं हुई और उनका प्रथम अभ्यास पूर्ण सफल रहा। पोतों पर सवार विष्णु के नाग योद्धाओं के लिए यह गौरव का क्षण था।

जो दस्यु अपनी नौकाएँ डूब जाने के कारण अभी भी पानी में ही थे, उनके बचाव के लिए पोतों से नौकाएँ उतारी गईं। सभी दस्युओं को बंदी बना लिया गया।

समुद्र में पीछे एक योजन की दूरी पर खड़ा मुख्य बेड़ा समाचार की प्रतीक्षा में था। जब आकाश में विजयसूचक एक अग्निपुंज ऊपर जाते दिखा तो उन्होंने एक-

दूसरे को गले लगा लिया और पोतों को आगे बढ़ने का आदेश दिया। शीघ्र ही पूरा दस्यु क्षेत्र समुद्र-मंथन के पोतों से भर गया।

"ये दस्यु अकेले नहीं हैं। इर्बी इस कार्य में इनके साथी हैं और ये उनके साथ लूट का माल बाँटते हैं। दस्यु तट पर रहते हैं, जबकि इर्बी कुछ दूरी पर अपने अलग ग्रामों में रहते हैं। दस्युओं को शस्त्र-आपूर्ति इर्बी ही करते हैं," वरुण ने सभी का ध्यान आकर्षित करते हुए कहा।

विप्रचित्ति ने सैनिकों को अविलंब दस्यु बस्ती में जाने का आदेश दिया, "दस्युओं की समस्या हल करने के उपरांत हम इर्बी समस्या को भी दूर करेंगे।"

***

इर्बियों ने अपने सैन्य बल को दस्युओं की सहायता के लिए भेजा था, लेकिन जब उन्हें अहसास हुआ कि पोत सुर और असुर सेनाओं के हैं, तो उन्होंने इन शक्तिशाली राज्यों से किसी प्रकार के विवाद में न पड़ते हुए वापस लौटने का निर्णय लिया।

समुद्र-मंथन दल ने दस्यु बस्ती में प्रवेश कर लिया। पुरुषों को स्त्रियों और बच्चों से अलग करके बाँध लिया गया। सारे क्षेत्र को सुरक्षा घेरे में लिये जाने के बाद जब विप्रचित्ति और इंद्र वहाँ पहुँचे, कतारबद्ध पुरुष अपना सूखा मुँह लेकर प्राणों की भिक्षा माँग रहे थे।

"तुम्हारे लूटने के दिन अब समाप्त हो गए हैं," विप्रचित्ति ने घोषणा की, "हम तुम्हारे लिए एक पुनर्वास योजना बना रहे हैं, जिससे तुम्हें सभ्य समाज में सम्मिलित होने का एक अवसर मिलेगा। जो भी हमारी पुनर्वास योजना को मान लेंगे, उन्हें क्षमा करते हुए एक और अवसर दिया जाएगा। जो नहीं मानेंगे, उन्हें दंड मिलेगा।"

यह एक प्रस्ताव नहीं, शासनादेश था। दस्युओं के शस्त्र छीन लिये गए। पर उनको उनके मृतक साथियों के अंतिम संस्कार की अनुमति दी गई। पूरे गाँव पर एक विषादपूर्ण शांति छाई हुई थी।

विप्रचित्ति ने गाँव के लिए एक प्रशासक की नियुक्ति की और अगले चरण की घोषणा की, "अब हमें इर्बियों को नियंत्रित करना है। जब तक वे हमारी आज्ञाओं का पालन नहीं करेंगे, हमारा कार्य अधूरा रहेगा। उन्हें सही दिशा पर लाने के लिए हमें बल प्रयोग के स्थान पर कूटनीति का उपयोग करना होगा। प्रथम चरण में हम मित्रता का संदेश भेजेंगे। संदेशवाहक के लौटने तक हम यहीं रुकेंगे। आधी सेना पोतों में रहेगी और शेष यहीं किनारे पर रुकेगी।"

***

उधर इर्बी के सेनापति ने इर्बी सभा को सारी कहानी सुनाई। उसने विशाल संख्या में आए हुए पोतों का भी वर्णन किया, "वे केवल सुर और असुर ही नहीं हैं अपितु उनके साथ सुदूर भूमि से आए देव भी हैं। उन्होंने बिना किसी क्षति के दस्युओं को क्षणमात्र में पराजित कर दिया।"

कुछ देर पश्चात् समुद्र-मंथन दल के प्रतिनिधि भी वहाँ पहुँच गए। उन्होंने स्वयं को इर्बी सभा के समक्ष प्रस्तुत किया। इर्बियों को ज्ञात था कि शक्तिशाली सुर और असुर राज्यों के सम्मुख उनकी स्थिति तुच्छ थी।

उधर प्रतिनिधिमंडल के व्यवहार ने उन्हें आश्चर्यचकित कर दिया। सर्वप्रथम उन्होंने आदरपूर्वक इर्बियों के मुखिया को एक कढ़ाई किया हुआ सुंदर वस्त्र उपहार में दिया। इसके बाद उन्होंने संदेश सुनाया, "इर्बी के सभासदों, असुरराज विप्रचित्ति और सुरराज इंद्र ने आपको अपना प्रणाम भेजा है। उन्होंने कहा है कि दस्युओं को सहायता देना इर्बी के वीरों को शोभा नहीं देता। हमने दस्युओं को नियंत्रण में कर लिया है। आप धन्यवाद के पात्र हैं कि आपने इसमें कोई हस्तक्षेप नहीं किया। हम आपको मित्रता का संदेश भेजते हैं। एक नए सभ्य समाज का निर्माण हो रहा है। हम आपको इसमें सम्मिलित होने का निमंत्रण देते हैं। आप दोनों राज्यों के सुरक्षा-छत्र के नीचे स्वतंत्रतापूर्वक रह सकते हैं।"

इर्बी मुखिया ने नम्रतापूर्वक उत्तर दिया, "आपके द्वारा दिए गए सम्मान के लिए हम आपके आभारी हैं। हम इर्बी सभा गें प्रस्ताव पर विचार करके शीघ्र ही आपको सूचित कर देंगे।"

सभा अधिक देर नहीं चली। इर्बियों को उन शक्तियों के विरुद्ध अपने सीमित विकल्पों का आभास था। उन्हें इस बात की प्रसन्नता थी कि संदेश भेजते हुए उनकी प्रतिष्ठा का ध्यान रखा गया था।

"इस प्रस्ताव को अस्वीकार करना हमारे अस्तित्व और गौरव के लिए आत्मघाती होगा।" मुखिया ने निर्णय लिया।

***

अगले दिन मुखिया के पुत्र के नेतृत्व में इर्बी प्रतिनिधिमंडल विप्रचित्ति और इंद्र के सम्मुख प्रस्तुत हुआ। वह अपने साथ उत्तम प्रजाति के अश्व और सुंदर युवतियाँ उपहारस्वरूप लाया था।

"मेरे पिता आपके द्वारा भेजे गए सम्मान से अभिभूत हैं और मित्रता के प्रतीक के रूप में ये अश्व भेंट करते हैं। ये अश्व इर्बियों के मान के प्रतीक हैं। कृपया हमारा

उपहार स्वीकार करें। इसके साथ ही उन्होंने ये सुंदर दासियाँ भी आपकी सेवा में अर्पित की हैं।"

विष्णु, इंद्र और विप्रचित्ति उन ऊँची काठी के अश्वों को देखते रह गए। बीस की संख्या में चपलता से भरपूर श्वेत वर्ण के अश्व गौरव के साथ अपना सिर उठाए उनके सम्मुख खड़े थे। मुखिया के पुत्र ने एक अश्व की पीठ पर थपकी दी तो उसने अपने अगले पैर हवा में उठा लिये और पिछले पैरों पर खड़े होकर जोर-जोर से हिनहिनाने लगा।

"ये विश्व के सर्वश्रेष्ठ अश्व हैं। कोई अन्य अश्व गति में इनकी बराबरी नहीं कर सकता। इसके अतिरिक्त ये बुद्धिमत्ता, शक्ति और स्वामिभक्ति में भी अतुलनीय हैं," मुखिया पुत्र ने आगे कहा।

"मैं इन अश्वों को 'उच्छश्रेवा' नाम देना चाहता हूँ। यह इंद्र को उपहार है। साथ ही वह सारी दासियों को भी रख सकता है। उसकी सभा में इनकी सुंदरता को उचित सम्मान मिलेगा," विप्रचित्ति ने मंद हास के साथ कहा।

इंद्र ने विनम्रतापूर्वक इस प्रस्ताव को अस्वीकार करते हुए कहा, "असुरराज, आप ज्येष्ठ हैं और इस अभियान का नेतृत्व कर रहे हैं, अत: यह प्रथम उपहार आपको ही अर्पित होगा। मैं आपसे इन अश्वों की अगली पीढ़ी में से ही उपहार स्वीकार करूँगा।"

विप्रचित्ति जोर से हँसे और बोले, "इंद्र, मुझे आपकी नम्रता भा रही है। आपको यह भी ज्ञात है कि सुर और असुर, हम सब महिलाओं का आदर करते हैं और इन्हें उपभोग की वस्तु नहीं मानते। ये वापस अपने प्रियजनों से मिलें।"

उनके निर्णय से मुखिया के पुत्र की आँखें श्रद्धा से झुक गईं, "राजन्, हम आपके विचारों को जानकर अभिभूत हैं।"

शुक्राचार्य ने विप्रचित्ति को प्रस्ताव दिया, "आपने अत्यंत बुद्धिमत्ता का परिचय देते हुए दस्युओं और इर्बियों के साथ पृथक्-पृथक् व्यवहार किया है। इर्बी एक अलग जाति है और इनकी पृथक् संस्कृति है। मेरा सुझाव है कि दस्युओं का हम सिंधु नदी के किनारे खेतों में श्रमशक्ति के रूप में प्रयोग करें और इनके बच्चों के लिए शिक्षा का उचित प्रबंध करें, जिससे उनकी प्रवृत्ति में बदलाव आए।"

"और आचार्य, इर्बियों के लिए आपका क्या मत है?"

"मेरा विचार है कि हमें इन्हें सम्मानपूर्वक उनकी भूमि पर रहने देना चाहिए, लेकिन सावधानी के लिए हमें यहाँ सैनिकों की एक टुकड़ी भी छोड़ देनी चाहिए।

इनके अश्व वास्तव में उच्च कोटि के हैं। हमें यह सुनिश्चित करना चाहिए कि वे सुरों और असुरों के लिए इन अश्वों के प्रजनन और प्रशिक्षण का उत्तरदायित्व लें।"

"यह अति उत्तम विचार है। गुरुवर के प्रस्ताव त्रुटिहीन होते हैं," इंद्र ने अपना मत दिया।

***

अगले दिन विप्रचित्ति अस्वस्थ अनुभव कर रहे थे। उनके पेट में भयानक पीड़ा हो रही थी। यद्यपि कुछ दिनों पश्चात् उनके स्वास्थ्य में सुधार आ गया, लेकिन इस कारण आगे की यात्रा रुकी हुई थी।

"समुद्री यात्रा मेरे लिए सुविधाजनक नहीं है, फिर मैं आप सबसे पिछली पीढ़ी का भी हूँ और इतनी लंबी यात्रा में सामंजस्य की कठिनाई का अनुभव कर रहा हूँ। मेरा सुझाव है कि मैं यहाँ से वापस लौट जाऊँ और आगे दल का नेतृत्व इंद्र करें। असुरों का प्रतिनिधित्व मेरा पुत्र स्वरभानु करेगा और वह दल का उपनेता होगा," विप्रचित्ति ने प्रस्ताव रखा। उनकी पूरी देह में सूजन थी।

विष्णु को उनके इस निर्णय से निराशा हुई। अभी तक की यात्रा में उन्हें विप्रचित्ति की परिपक्वता और बुद्धिमत्ता पर विश्वास हो चला था। उनकी तुलना में स्वरभानु अपरिपक्व प्रतीत होता था, जिसमें विवेक की कमी थी।

"प्रार्थना करते हैं कि भविष्य सुखमय होगा," यह कहते हुए विष्णु ने एक लंबा श्वास लिया। वह समझ गए थे कि इन अपरिहार्य परिस्थितियों में कोई अन्य विकल्प नहीं था।

विप्रचित्ति इर्बियों के मध्य एक सैन्य टुकड़ी के साथ कुछ दिन और रुके। शुक्राचार्य भी उनके साथ वहीं रुक गए। उन्होंने महालोक लौटने से पूर्व उस क्षेत्र में असुर प्रशासन तंत्र की स्थापना कर दी। इर्बी अब असुर राज्य के उपनिवेश थे।

***

समुद्र-मंथन यात्रा अपने अगले चरण पर चल दी। पोतों ने पालों की दिशा का समायोजन किया। वे सतर्कतापूर्वक तट से कुछ दूरी पर चल रहे थे।

"मुझे प्रतीत होता है कि इस प्रकार हम लोथल पहुँच जाएँगे।" इंद्र उत्साहित थे।

यात्रा की एकरसता कम करने के लिए इंद्र ने पोत पर शारीरिक, मानसिक और सांस्कृतिक कार्यक्रमों की एक व्यस्त दैनिकी बना रखी थी। उनका प्रयास था कि प्रत्येक सदस्य की ललित कला की प्रतिभा को उभारा जाए। इन कार्यकलापों से सुरों और असुरों के मध्य मानसिक अवरोध कम हो रहे थे और आपस में प्रेमभाव बढ़ रहा था।

एक दिन जब एक सुर ने गायन प्रतियोगिता में एक असुर को अपना साथी चुना तो इंद्र के मन में अनायास ही विचार आया, *"विष्णु सत्य कहते हैं। सुरों और असुरों के बीच की दूरियाँ मिट रही हैं।"*

***

यात्रा आगे बढ़ रही थी। एक दिन उन्होंने एक ऐसा मत्स्य देखा, जो लगभग पोत के जितना बड़ा था। उसके नथुनों से जल के फव्वारे फूट रहे थे। वह तेजी से एक पोत के बराबर से निकला और फिर मुड़कर समुद्र की गहराइयों में खो गया। मत्स्य के कारण उठी लहरों ने पूरे पोत को झिंझोड़ सा दिया।

वरुण ने हाथ जोड़कर प्रार्थना की, "यह त्रिमिंगिल[10] मत्स्य पवित्र आत्माएँ होते हैं। ये समुद्र के रक्षक हैं। इनका कार्य पापियों का नाश करना है। ये अन्य मत्स्यों की तरह जल में नहीं, अपितु वायु में श्वास लेते हैं और बच्चे पैदा करते हैं। हमें मार्ग में अनेक बार ये मत्स्य मिलेंगे। प्रार्थना कीजिए कि ये किसी पोत से न टकरा जाएँ।"

***

तीसरे दिन सायंकाल वरुण चिंतित दिख रहे थे। वातावरण में वायु प्रवाह नगण्य हो गया था और नमी बढ़ गई थी। ये भारी वर्षा के संकेत थे। बीच समुद्र में नाविकों के लिए इतने बड़े पोत को सँभालने की परीक्षा का समय आ गया था। पाल उतार दी गईं। पोतों को दूर-दूर कर दिया गया, जिससे तेज वायु या लहरों के कारण आपस में टकराने की संभावना नगण्य हो जाए। जल भंडारण के लिए खाली पात्र लटका दिए गए। नौकाएँ तैयार रखी गईं, जिससे जहाजों को नुकसान होने की स्थिति में छोटी नौकाओं पर पानी में उतरा जा सके। सभी नाविकों और यात्रियों को विपरीत परिस्थितियों से निबटने का अभ्यास कराया गया।

धीरे-धीरे तेज हवा चलने लगी। काले बादल गरजते हुए आकाश को ढकने लगे। चंद्र उन बादलों के पीछे खो गया। घनघोर अँधेरा छा गया। रात्रि में सब तनावग्रस्त थे। ऊँची-ऊँची लहरों पर पोत डोल रहे थे, लेकिन भाग्यवश किसी पोत को कोई क्षति नहीं हुई। जब सूर्योदय हुआ, उस समय हवा के साथ तेज वर्षा हो रही थी। संभावित तूफान के टलने का संज्ञान नाविकों में उल्लास ले आया। वे खाली पात्रों में जल-संग्रहण में लग गए। पेयजल समुद्र में सर्वदा अमूल्य होता है। समुद्र के मध्य में वर्षा के जल से उन्हें अपना कोष भरना आवश्यक था।

---

10. व्हेल।

सभी यात्री पोतों की छतों पर वर्षा का आनंद लेने के लिए एकत्र हो गए। समुद्री यात्रा की थकावट कुछ समय के लिए गायब हो गई। वर्षा का जल उनमें नई ऊर्जा का संचार कर रहा था। उनके वस्त्र भीगकर जल से सराबोर हो गए थे। कई लोग उसी वर्षा में अपनी आँखें बंद करके लेट गए और अपने ऊपर गिरती बूँदों का आनंद लेने लगे। अपराह्न होते-होते वर्षा रुक चुकी थी। सूर्य ने अपनी प्रचंड तेज से उन्हें विवश कर दिया कि वे अपने कक्षों में जाकर बची हुई नींद का आनंद लें। जीवन सहसा सुखमय लगने लगा था।

***

दो सप्ताह बिना किसी बाधा के निकल गए। पिछले कुछ दिनों से हवा में बहाव कम था। इससे पोतों की गति भी मंद हो गई थी। कुछ लोग पोतों पर उपलब्ध छोटी नौकाओं पर बैठकर वातावरण का आनंद लेने के लिए समुद्र में उतर गए।

तभी पोत पर से एक यात्री ने देखा कि एक बड़ा मत्स्य अपने पंखों से जल को चीरते हुए तीव्रता से एक नाव की ओर बढ़ रहा था। नाव पर बैठा नाविक इससे बेखबर था। यह एक खतरनाक शार्क मत्स्य था। पोत से लोगों ने ऊँची आवाज में पुकारकर साथी नाविक को सतर्क करने की चेष्टा की, पर वह उन आवाजों को सुन नहीं सका।

शार्क नाव के बहुत निकट पहुँच गया। उसने नाव का गोल चक्कर लगाकर नाविक के ऊपर हमला कर दिया। किसी तरह नाविक ने पीछे हटकर अपना भाला हाथ में लिया और शार्क के मुँह में घुसा दिया। शार्क पलटकर भाग तो गया, पर नाविक की जान जाते-जाते बची।

इसके बाद वे सभी तुरंत पोत पर वापस आ गए। वरुण ने आपातकालीन बैठक बुलाई और निर्देश दिया कि आगे से समुद्र में अकारण कोई नहीं उतरेगा।

***

इस प्रकार चलते-चलते दो माह से अधिक का समय हो चुका था। वे तट के साथ ही चल रहे थे। यदि तट ओझल हो जाता था तो वे पिंजरे से एक पक्षी को निकालकर छोड़ देते थे। यदि पास में भूमि होती थी तो पक्षी उड़कर उस ओर जाता था। यह उनको समुद्र में भटकने से बचाता था। कुछ-कुछ दिनों के बाद वे किसी स्थान पर लंगर डाल देते थे और जल तथा अन्य आवश्यक सामग्री एकत्र करते थे। तभी वरुण का ध्यान गया कि पिछले कई दिनों से दिशासूचक यंत्र पूर्व के स्थान पर दक्षिण-पूर्व की ओर संकेत कर रहा था।

"संभवत: तट-रेखा में अस्थायी परिवर्तन आ गया है," उन्होंने सोचा।

नक्षत्र भी यही संकेत दे रहे थे, उनकी यात्रा पूर्व से दक्षिण-पूर्व दिशा में हो गई थी। इंद्र ने कुछ गणना की और अनुमान लगाया, "लोथल ब्रह्मावर्त के दक्षिण-पश्चिम में है। हमें अवश्य वहाँ पहुँचना चाहिए।"

***

एक दिन प्रात: से ही अचानक तेज हवाएँ चलने लगीं। क्षितिज से उभर रहे काले बादलों ने आकाश को घेर लिया। शीघ्र ही वर्षा की तेज बौछारें पड़ने लगीं। सबको अहसास हो गया कि यह एक भयंकर समुद्री तूफान था। बादलों की बढ़ती गड़गड़ाहट, निरंतर बिजली की चमक, तेज साँय-साँय की आवाज के साथ चलती हवाएँ, उछालें मारता समुद्र। लहरों के थपेड़ों से पोत तिनके के समान हिल रहे थे। यह एक भयानक दृश्य था।

वरुण दौड़ते हुए विष्णु और इंद्र के पास पहुँचे। उनकी आवाज में चिंता थी, "हम संकट में हैं।"

विष्णु आश्चर्यजनक रूप से शांत थे। वे बोले, "समुद्र-मंथन इस प्रकार की चुनौतियाँ आए बिना पूरा नहीं हो सकता। मुझे विश्वास है कि हमारे निपुण नाविक इस संकट से सफलतापूर्वक निपट लेंगे। यह उनकी दक्षता और पोतों की मजबूती की परीक्षा है।"

वरुण ने पोत की छत पर जाकर अन्य पोतों को संकटकालीन परिस्थितियों में आवश्यक नियमावली के पालन करने के हेतु संकेत भेजे।

सायं तक हवा की गति में कुछ अंतर आ गया था, लेकिन वर्षा उसी तेजी से हो रही थी। शीघ्र ही सब ओर अँधेरा छा गया। मोम के दीप जला दिए गए। वरुण ने पोतों में जलते दीप गिनकर पचास पोतों की गिनती पूरी की।

वह रात्रि उन्होंने चिंतापूर्वक पोतों में बातचीत करते हुए बिताई। सौभाग्य से प्रात: तक शांति छा गई थी। बादल हलके हो गए थे और वर्षा रुक गई थी। उन्होंने सर्वप्रथम पोतों की गिनती प्रारंभ की। उनकी प्रसन्नता का ठिकाना न रहा, जब मध्याह्न तक सभी पोत मिल गए। पोतों के निरीक्षण से किसी गंभीर क्षति की आशंका निर्मूल सिद्ध हुई। केवल कुछ पालें टूट गई थीं और काष्ठ के कुछ डंडों को क्षति पहुँची थी।

विष्णु और इंद्र पोतों की प्रशंसा कर रहे थे, "पोतों के निर्माण में अभूतपूर्व दक्षता का परिचय दिया गया है। इन पोतों ने सबसे कठिन परीक्षा में सफलता प्राप्त

की है। हमें वास्तव में ईश्वर का आशीर्वाद प्राप्त है।"

वरुण ने सुझाव दिया कि उन्हें निकटवर्ती भूमि पर कुछ दिन रुकना चाहिए और तूफान से हुई क्षति की पूर्ति करनी चाहिए। उन्होंने एक पक्षी को आकाश में उड़ाया। पक्षी कुछ देर तक आकाश में ऊँचा उड़ता रहा और फिर वापस आकर छत पर बैठ गया।

निराश वरुण ने अपना सिर हिलाया, "हम भूमि से बहुत दूर हैं। मुझे इसी बात का डर था। तूफान ने हमें तटरेखा से बहुत दूर कर दिया है। मुझे नहीं पता कि हम किस दिशा में बढ़ रहे हैं और हमें क्या करना चाहिए।"

"हमें हवा के बहाव के साथ चलना चाहिए," विष्णु ने मत दिया, "कल के तूफान के पश्चात् हवा पुनः दक्षिण और दक्षिण-पूर्व दिशा में बह रही है। मेरा विचार है कि हम मुख्य भूमि तक पहुँच जाएँगे और इसके लिए हमें तनाव नहीं लेना चाहिए।"

वे कई दिन तक दक्षिण, दक्षिण-पूर्व दिशा में अनजाने मार्ग पर मुख्य भूमि की आशा में बढ़ते रहे। अभी तक उन्हें कोई मानव नहीं दिखा था। सभ्यता तो दूर की बात थी। विष्णु अब चिंतित थे, लेकिन वर्तमान में उन सबका मुख्य उद्देश्य दल के मनोबल को बनाए रखना था।

***

फिर एक दिन अचानक ही उन्हें आकाश में उड़ते हुए कुछ पक्षी दिखाई दिए। वरुण ने घोषणा की, "अवश्य कोई टापू या मुख्य भूमि पास में है।"

उन्होंने पक्षियों के लौटने की दिशा में बेड़े को मोड़ दिया। एक प्रहर पश्चात् वे एक टापू के समीप थे। दूर से उस टापू के चारों ओर खड़ी चट्टानें दिख रही थीं। वरुण ने तीन छोटी नावों पर कुछ नाविकों को टापू के सर्वेक्षण के लिए भेजा। वे निश्चिंत हो जाना चाहते थे कि टापू पर कोई हिंसक जनजाति तो नहीं रहती! वे खड़ी चट्टानों से भी सतर्क थे। उनसे पोतों को नुकसान पहुँच सकता था।

एक प्रहर पश्चात् नाविकों ने वापस आकर बताया, "टापू सुरक्षित है और हरियाली से परिपूर्ण है। पोतों को टापू तक ले जाने के लिए चट्टानों के बीच से एक रास्ता भी मिल गया है, जिस पर जाने से पोतों को कोई नुकसान नहीं होगा।"

अगले तीन दिन उन्होंने उस टापू पर बिताकर आगे की यात्रा प्रारंभ की। कुछ दिनों के बाद उन्हें पक्षियों के और झुंड दिखाई दिए।

वरुण ने अनुमान लगाया कि पक्षी मुख्य भूमि से आ रहे थे, जो बहुत दूर नहीं होनी चाहिए थी।

तीन दिन के विश्राम के पश्चात् वे पूर्व दिशा में बढ़ चले। वरुण का अनुमान सही था। कुछ समय बाद उन्हें छोटे-छोटे और द्वीप दिखने लगे। समुद्र भी शांत था।

"ये इस बात के लक्षण हैं कि मुख्य भूमि समीप ही है," वरुण ने सूचित किया।

सभी के चेहरे प्रसन्नता से खिल उठे।

□

17

प्रचुरता की भूमि

मनोबल बढ़ा हुआ था। अपराह्न का समय हो चुका था। उन्हें सुदूर पूर्व में धुँधली सी वृक्षों की कतार दिखाई दी। थोड़ी देर में छोटी-छोटी पहाड़ियों की आकृतियाँ उभरने लगीं। वे मुख्य भूमि के निकट थे। अग्रिम नौकाएँ आगे चलीं और उनके पीछे कुछ अंतर बनाकर पोत चलने लगे। कुछ ही समय में वे नारियल के वृक्षों से भरपूर समुद्र तट पर थे। यह एक बड़ा मोटी बालू वाला समुद्री तट था, जिसका एक छोर वनों में और दूसरा समुद्र में विलीन हो रहा था।

"इस तट की हरियाली कुछ भिन्न प्रकार की है। संभवत: यह इसकी भिन्न भौगोलिक स्थिति के कारण है," इंद्र ने विचार व्यक्त किया।

अभी तक सुर ब्रह्मावर्त और हिमालय की हरियाली से परिचित थे, लेकिन इस नए स्थान पर अधिक वर्षा होने के कारण यहाँ की मिट्टी, वृक्ष और उन पर चढ़ी हुई बेलें कुछ अधिक ही आर्द्र थीं। दीर्घ काल से विगलित होती हुई वनस्पतियाँ भूमि को उर्वर बना रही थीं। पूरा क्षेत्र एक हरी चादर ओढ़े हुए था।

वे अभी तट पर पहुँचे ही थे कि एक नाविक ने सबका ध्यान समुद्र की ओर आकर्षित किया, जहाँ कुछ काले धब्बे उभर रहे थे। ये धब्बे धीरे-धीरे बड़े होकर मध्यम आकार की नौकाओं में परिवर्तित हो गए। उन्होंने कुछ चिंतित और कुछ उत्तेजित भाव से मन-ही-मन इस नई चुनौती को देखा।

"शत्रु इतनी छोटी और इतनी कम नौकाओं में नहीं आएँगे," यह विष्णु का विचार था।

नौकाएँ तट पर पहुँचकर रुक गईं। उसमें से लगभग बीस व्यक्ति उतरकर पंक्तिबद्ध खड़े हो गए। वे नि:शस्त्र थे और भंगिमाओं से निर्भीक प्रतीत हो रहे थे।

एक नौका में से चार और व्यक्ति उतरे। उसके बा़द एक प्रौढ़ व्यक्ति निकला, जो उनका उच्च अधिकारी प्रतीत होता था। उसके गले में स्वर्णमालाएँ पड़ी थीं। एक

व्यक्ति ने अधिकारी के सम्मान में उसके ऊपर छत्र लगाया हुआ था। अन्य व्यक्ति बड़े पत्रों से ढके पात्र सिर पर लेकर खड़े हो गए।

उनकी वेश-भूषा सर्वथा भिन्न थी। एक श्वेत वस्त्र उन्होंने कटिप्रदेश पर बाँधा हुआ था, जो घुटनों तक लटक रहा था। कटिस्थल के ऊपर उनकी सुडौल देह पर केवल एक उत्तरीय था। उनके मध्यम ऊँचाई वाले शरीर लंबे कदवाले सुरों और असुरों से भिन्न थे। उनके गहरे रंग पर उनकी धवल दंत-पंक्ति और कंधों तक लटकते घुँघराले बाल एक अलग छटा दे रहे थे। अधिकारी के माथे पर श्वेत रंग की तीन रेखाएँ थीं और मध्य में एक दोहरा तिलक लगा हुआ था।

अधिकारी प्रतीत होनेवाला व्यक्ति समुद्र-मंथन दल की ओर बढ़ा, फिर उनसे कुछ दूर रुककर झुककर मुसकराते हुए उनका अभिवादन किया और अपना परिचय दिया, "मेरा नाम 'आरक' है और मैं महान् राजा ऐतरेय का दूत हूँ। मैं चेरापद में आपका स्वागत करता हूँ। हमने प्रातःकाल से ही आप पर दृष्टि रखी हुई थी। कृपया अपना परिचय दें और इस विशाल बेड़े के साथ चेरापद आने का आशय बताने की कृपा करें।"

वे आरक की विनम्रता से अत्यंत प्रभावित हुए। इंद्र ने अपना परिचय देते हुए आने का प्रयोजन बताया, "हम एक लंबी यात्रा पर निकले हुए हैं। हमारा उद्देश्य नई भूमि और नई सभ्यताओं की खोज है, जिससे मानव जाति के बिखरे हुए विभिन्न समुदायों में एकात्मता का बंधन बन सके।"

आरक इंद्र की बात सुनते ही निश्चिंत प्रतीत होने लगा था।

"हम आपको और आपके द्वारा ब्रह्मावर्त में किए गए कार्यों को जानते हैं। हम महान् ऐतरेय का अतिथि बनने का आपसे अनुरोध करते हैं।"

आरक ने आगंतुकों के मुख पर भ्रांति के लक्षण देखे। वह पुनः मुसकराया, जिससे उसकी धवल दंत-पंक्ति चमक उठी। उसकी सजीव आँखें मित्रवत् थीं। वह बोला, "हमारे आदरणीय अतिथि अपने मस्तिष्क को कष्ट न दें। आपको आश्चर्य हो रहा होगा कि हम आपके विषय में कैसे जानते हैं। अतिथिगृह में आपको अपने प्रत्येक प्रश्न का उत्तर मिल जाएगा।"

विष्णु ने सबकी आशंकाओं को शांत करने का प्रयास किया, "मैं समझता हूँ कि हमारा कोई निकट मित्र यहाँ पर है और उसने हमारी गौरव-गाथा सुनाई है। हमें इनका प्रस्ताव स्वीकार कर लेना चाहिए। हम अपने रक्षक दल की एक टुकड़ी पोतों की सुरक्षा हेतु छोड़कर सावधानी के साथ इनके साथ चलें।"

सहमति के पश्चात् आरक ने अपने साथियों को अतिथियों का स्वागत करने का संकेत दिया। उन्होंने अपने साथ लाए नारियल तोड़कर उसके जल को बाँस के पात्रों में भरा। फिर नारियल की मलाई को खुरचकर केले के पत्तों के पात्रों में उनके सम्मुख प्रस्तुत किया। इसके बाद पान में सुपारी बाँधकर उन्हें दी गई।

दो व्यक्तियों ने शंख बजाकर कोई संदेश दिया। इसके प्रत्युत्तर में क्रमबद्ध थोड़े-थोड़े अंतराल में अलग-अलग स्थानों से उठती शंख-ध्वनि सुनाई दी।

"हम इसी प्रकार दूर स्थानों तक संदेश भेजते हैं। अलग-अलग संदेशों के लिए ध्वनि की लय अलग-अलग होती है," आरक ने अतिथियों की उलझन देखकर स्पष्ट किया।

"ओह! यह तो बहुत मौलिक है," स्वरभानु ने टिप्पणी की, "लेकिन आपने क्या संदेश भेजा था?"

"यह संदेश हमारे राजा के लिए था कि आगंतुक हमारे सम्माननीय अतिथि हैं। इनके लिए कृपया हाथियों को भेजने की कृपा करें।"

कुछ समय बाद दस हाथी वहाँ पर पंक्तिबद्ध खड़े थे। उन्होंने अपनी सूँड़ें उठाईं और अतिथियों के सम्मान में चिंघाड़ भरी। सभी हाथियों के विशाल शरीर, उनके बड़े-बड़े झूलते हुए कान, लंबे मुँह के कोनों से बाहर निकलते हुए दाँत, सभी कुछ अद्भुत था। हाथी की पीठ पर हौदा था, जिस पर चार से पाँच व्यक्ति बैठ सकते थे।

हाथियों पर चढ़कर अतिथिगण लगभग आधे दिन की यात्रा करने के बाद एक बड़ी झील के किनारे बसे नगर में पहुँचे।

"यह मकटोई है, हमारी राजधानी," आरक ने बताया।

यह कच्ची मिट्टी और छप्पर से बने घरों का नगर था। ऐसा प्रतीत होता था कि जैसे मछुआरों की बस्ती के विस्तार से यह नगर बना था। नगर के निर्माण में नियोजन का अभाव था। घर समूहों में बने थे और पतली सँकरी गलियों से जुड़े थे। झील अनगिनत नौकाओं से भरी थी। यह प्रचुरता का नगर था, लेकिन वहाँ वैभव का कोई प्रदर्शन नहीं था।

शीघ्र ही वे राजनिवास पहुँच गए। यह एक दोमंजिला ऊँची खपरैल और लकड़ी की छतवाला विशाल प्रासाद था। वे अतिथि-गृह ले जाए गए, जिसके मध्य में एक आँगन था और चारों ओर कक्ष थे, जो एक चौड़े बरामदे से जुड़े थे।

निवृत्त होने के पश्चात् वे बरामदे में बैठे बातें कर रहे थे। तभी इंद्र ने कुछ

परिचित से लोगों को आते देखा।

"भार्गवी और चंद्र?" इंद्र आश्चर्य और उत्साह से उठकर खड़े हो गए।

"तो इतने मित्रवत् स्वागत के पीछे यह कारण था?"

***

दिन का शेष भाग उनके द्वारा अपनी-अपनी कहानियाँ सुनाते बीता। भार्गवी ने बताया, "हमने लोथल से एक छोटा सा मजबूत पोत ले लिया था। पोत पर दो सेवक और चार नाविक थे। हम समुद्री तटरेखा के निकट चलते रहे। जैसे-जैसे यात्रा बढ़ती गई, वातावरण भी बदलता गया और वनस्पतियाँ भी।

हमें इसी प्रकार लगभग एक माह से अधिक का समय हो चुका था। अचानक ही हमें एक अन्य पोत दिखाई दिया, जो हमारी ओर ही बढ़ रहा था। उस पोत की छत पर खड़े सैनिकों ने हमें रुकने और आत्मसमर्पण का आदेश दिया। हमारे पास उनका आदेश मानने के अतिरिक्त कोई अन्य विकल्प नहीं था। यह चेरापद की नौसेना थी, जो अपने राज्य की नौकाओं की सुरक्षा के लिए तैनात थी।

हमें बंदी बनाकर चेरापद के राजा ऐतरेय के सम्मुख प्रस्तुत किया गया। उनके लिए यह अविश्वसनीय था कि हम इस प्रकार की यात्रा मनोरंजन, रोमांच और नई सभ्यताओं की खोज के लिए कर रहे थे। उन्हें यह जानकार भी आश्चर्य हुआ कि सुर, असुर, ब्रह्मावर्त, बैकुंठ जैसे समृद्ध राज्यों का भी अस्तित्व है।

उन्होंने हम पर विश्वास करके हमें मुक्त करते हुए उचित सम्मान दिया। राजा ऐतरेय का कहना था कि हम सौभाग्यशाली थे कि लुटेरों के चंगुल में नहीं पड़े। अन्यथा उन्होंने हमें लूटकर पोत छीन लिया होता।"

इसके बाद भार्गवी चुप हो गईं। विष्णु ने आग्रह किया, "कृपया आगे की कथा सुनाएँ। हम आगे सुनने कि लिए उत्सुक हैं।"

तब चंद्र ने उन्हें आगे का वृत्तांत सुनाया।

***

"भगवन् विष्णु," चंद्र ने बताना प्रारंभ किया, "ऐतरेय एक शक्तिशाली और जनप्रिय राजा हैं। वह एक सात्त्विक जीवनयापन करते हैं। उनका विश्वास है कि वातावरण में सद्भाव बनाए रखने के लिए उचित संस्कारों द्वारा प्रकृति की अदृश्य शक्तियों का आह्वान आवश्यक है। उन्होंने विभिन्न व्यक्तिगत, सामाजिक और सांस्कृतिक अवसरों के लिए विशिष्ट प्रणालियाँ विकसित की हैं। जिसमें शिशुओं के जन्म से लेकर विवाह और मृत्यु तक के संस्कार सम्मिलित हैं। उनका

कहना है कि वह यह सब दैविक आदेशानुसार कर रहे हैं और इसे लिपिबद्ध कर रहे हैं।"

"अद्भुत," विष्णु अत्यंत प्रभावित थे, "वे वही कर रहे हैं, जो वैवस्वत मनु ब्रह्मावर्त में कर रहे हैं।"

"किसी भी महत्त्वपूर्ण निर्णय से पूर्व वह सभासदों से चर्चा करते हैं। वह प्रतिदिन राजसभा में बैठते हैं और बिना भेदभाव के न्याय करने कि लिए प्रसिद्ध हैं। वह ब्रह्मावर्त की कहानियाँ बहुत आनंद से सुनते हैं, लेकिन एक विशेष बात है⋯"

"वह क्या?" विष्णु ने जिज्ञासावश पूछा।

"ऐतरेय भार्गवी की बुद्धिमत्ता से बहुत प्रभावित हैं!"

सभी ने प्रसन्न भाव से भार्गवी की ओर देखा। चंद्र ने आगे कहा, "एक दिन ऐतरेय ने भार्गवी के ब्रह्मावर्त में महिलाओं के लिए किए कार्यों से प्रभावित होकर अनुरोध किया कि वह चेरापद में भी कुछ ऐसा ही कार्य करे, जो महिलाओं के लिए कल्याणकारी हो?"

"यह तो मैं भार्गवी से ही सुनना चाहूँगा," विष्णु ने भार्गवी की ओर देखते हुए बीच में ही टोकते हुए कहा। उनकी आँखों में एक विशिष्ट चमक थी, जिसने भार्गवी के हृदय में क्षणिक तूफान सा ला दिया।

एक लंबी साँस लेते हुए भार्गवी ने कहना प्रारंभ किया, "चेरापद पहुँचने के कुछ ही दिन पश्चात् हमने अनुभव किया कि यहाँ पर सबकुछ ठीक नहीं था। मद्यपान की लत यहाँ की सबसे बड़ी सामाजिक बुराई थी। भारी संख्या में पुरुष इसके आदी थे। उनका दिन मद्य के साथ प्रारंभ होता था और मद्य के साथ ही समाप्त होता था। हमने एक योजना बनाई, जिसके अंतर्गत ग्रामों में महिलाओं की कार्य मंडलियाँ बनाई गईं। उत्साहित महिला मंडलियाँ उद्दंड शराबी पतियों को पकड़कर चौक पर ले जाती थीं। उन्हें अपने घर में प्रवेश करने की अनुमति तभी मिलती थी, जब वे क्षमायाचना करते और मद्यपान न करने की शपथ लेते। इन सफलताओं को सभी वर्गों ने प्रशंसा की दृष्टि से देखा और इसे अपार जन-समर्थन प्राप्त हुआ। कुछ ही समय में इस प्रकार के सार्वजनिक अपमान ने मद्य के आदी अधिसंख्य पुरुषों को नशे की आदत छोड़ने के लिए बाध्य कर दिया। हमने महिलाओं से कहा कि वे सशक्त बनें और पारिवारिक धन-संपदा का दायित्व स्वयं लें।"

"और भार्गवी ने जैसा ब्रह्मावर्त में किया था, वैसे ही यहाँ भी किया। इन्होंने घर-घर में स्वर्ण के रूप में धन-संपदा रखने के लिए लोगों को प्रोत्साहित करना प्रारंभ

कर दिया। इसके साथ ही यहाँ की महिलाओं ने स्वर्ण के धागे से साड़ियों की कढ़ाई का कार्य भी अपना लिया," चंद्र ने बीच में बोलते हुए कहा, "राजा ऐतरेय भार्गवी के कार्यों पर इतना मुग्ध हैं कि उन्होंने भार्गवी को पुत्री के रूप में अपना लिया है और 'लक्ष्मी' का नाम दिया है।"

"तो भार्गवी अब लक्ष्मी हैं!" विष्णु ने हर्ष से कहा।

"यह अब भार्गवी और लक्ष्मी दोनों हैं," चंद्र ने हँसते हुए कहा, "हमारी भार्गवी सदैव अपने लक्ष्य के पीछे रहती हैं, इसीलिए राजा ऐतरेय ने इन्हें लक्ष्मी नाम दिया है।"

***

जब यह कहानी विष्णु को सुनाई जा रही थी तो भार्गवी को लगा कि विष्णु की आँखों में उसके लिए जैसे प्रेमभाव उमड़ आया हो।

वास्तव में वह भार्गवी के सिद्धांतों, उसकी बुद्धिमत्ता और उसकी कार्यप्रणाली से अत्यंत प्रभावित थे। जिस प्रकार वह अक्षुण्ण ऊर्जा के साथ नारी कल्याण के लिए समर्पित थी, वह अतुलनीय था। उन्होंने कहानी सुनने के बाद कहा, "भार्गवी, तुम ब्रह्मावर्त का अमूल्य रत्न हो। ऐतरेय ने तुम्हारे गुणों का सही आकलन किया है।"

इसके बाद विष्णु ने समुद्र-मंथन दल की यात्रा की कहानी सुनाते हुए कहा, "इस यात्रा के लिए हमने वरुण के साथ कई महीने तैयारी की थी, लेकिन तुम तो इतनी लंबी समुद्र यात्रा के लिए बड़ी आसानी से निकल गईं और वह भी बिना विशेष तैयारी के। तुम्हारे और चंद्र के साहस तथा निडरता के समक्ष मैं नतमस्तक हूँ। तुम्हारी अपने लक्ष्य को लेकर जैसी कटिबद्धता है, ऐसी हमने पहले कभी नहीं देखी। आज से हम भी तुम्हें 'लक्ष्मी' नाम से ही संबोधित करेंगे।"

विष्णु को लग रहा था कि वह भार्गवी के आकर्षण में खिंचे चले जा रहे थे।

"मैं गौरवान्वित हुई, भगवन्!" लक्ष्मी उत्तर देते हुए थोड़ी लजा गईं। उनकी आँखें कुछ पल के लिए मिलीं। उनके अंतर्मन में विचार कौंधा कि विष्णु ही उनके जन्मांतर के साथी थे। अनायास ही उन्हें लगा कि वह कुछ समय के लिए एकांत में स्वयं के साथ अकेले रहना चाहती थीं।

"कृपया मुझे क्षमा करें। मेरा कहीं पूर्व-निश्चित कार्यक्रम है, जहाँ मेरा जाना आवश्यक है। मैं रात्रि भोजन आपके साथ करूँगी।" अनुमति लेकर वह बाहर प्रतीक्षारत हाथी पर बैठ गईं। हाथी धीरे-धीरे अपनी राजसी चाल में लक्ष्मी के निवास की दिशा में ओझल हो गया।

***

रात्रि में जब वह आईं तो वहाँ भोजन-कक्ष में केवल विष्णु बैठे थे। जब उन्होंने बाकी लोगों के विषय में पूछा तो विष्णु की अचकचाहट स्पष्ट दिख रही थी, "मैंने उन्हें सायं से नहीं देखा। मुझे सेवक ने बताया कि राजा ने उनके लिए नगर-दर्शन का प्रबंध किया है।"

भोजन पूर्ण मौन में किया जा रहा था।

"लगता है कि हमें जान-बूझकर इस प्रकार छोड़ा गया है।" विष्णु का ध्यान अपने ऊपर पाकर लक्ष्मी असहज थीं। वह भी विष्णु के आकर्षण में खिंची चली जा रही थीं।

कुछ अंतराल बाद बात बदलते हुए विष्णु ने कहा, "लक्ष्मी, तुम यहाँ पर लंबे समय से हो और ऐतरेय की निकटस्थ हो। मुझे बताओ कि उनका विश्वास प्राप्त करने के लिए क्या किया जा सकता है?"

"भगवन्, चेरापद प्रचुर संसाधनों से भरपूर एक समृद्ध राज्य है और यहाँ के निवासी मित्रवत् हैं, लेकिन अन्य विकसित राज्यों से संबंध न होने के कारण यहाँ पर एक ठहराव सा आ गया है। मेरा सुझाव है कि हमें चेरापद के साथ बराबरी पर आधारित दीर्घकालीन संबंध बनाने चाहिए। यह सबके लिए लाभप्रद होगा। मुझे विश्वास है कि चेरा भी इसी प्रकार के संबंधों के लिए उत्सुक होंगे।"

"एवमस्तु," विष्णु ने कहा, "तुम्हारे विचार उच्च हैं। मैं भी यही विचार कर रहा था।"

***

अगले एक सप्ताह में समुद्रमंथन दल ने पूरे राज्य का भ्रमण किया। वे राज्य के वन्य जीवों से भरपूर घने वनों से अत्यंत प्रभावित थे। उन्होंने देखा कि ऊँचे पर्वतों से छोटी-बड़ी नदियाँ तेज प्रवाह के साथ बहती आती हैं और नीचे प्रायः छोटी-बड़ी झीलों में परिवर्तित होते हुए बाद में समुद्र में समा जाती हैं।

"आपको वास्तव में माँ प्रकृति का आशीर्वाद प्राप्त है," विष्णु ने उल्लास से कहा।

"लेकिन यही झीलें वर्षाकाल में फैलकर समस्या उत्पन्न कर देती हैं," ऐतरेय ने उदास भाव से प्रत्युत्तर दिया।

"ओह! मैंने ऐसा नहीं सोचा था," विष्णु बोले। लेकिन अगले कई दिनों तक यह समस्या उन्हें उद्वेलित करती रही।

एक दिन उन्होंने ऐतरेय को सुझाव दिया, "आप इन झीलों को आपस में मिला

क्यों नहीं देते? इससे आपकी समस्या दूर हो सकती है और झीलों के आपस में मिलने से आपको आवागमन की प्रणाली भी मिल जाएगी। इस कार्य में निकली मिट्टी से आप तटबंध बनाकर अपनी उर्वरा भूमि को उपयोगी बना सकते हैं।"

ऐतरेय ने कुछ समय सोचा और फिर कहा, "भगवन्! यदि ऐसा हो गया तो यह समस्या हमारे लिए वरदान हो जाएगी।"

"ऐसा हो सकता है। हम इस कार्य के नियोजन और क्रियान्वयन में आपकी सहायता करेंगे," विष्णु ने आश्वस्त किया।

***

अगला कुछ समय समुद्र-मंथन दल के लिए अति व्यस्त था। उन्होंने चेरापद के सँकरे जलमार्गों को व्यवस्थित करवाया, जिससे पोत आसानी से समुद्र के रास्ते अंदर के भू-भाग तक आ सकें। ग्रामों और नगरों के मध्य जलमार्गों की विधिवत् स्थापना की गई।

धन्वंतरि वनस्पतियों के वर्गीकरण में व्यस्त थे। उन्होंने लक्ष्मी से कहा, "नारियल के जल में मानव जीवन के लिए आवश्यक सभी तत्त्व हैं। तुमने इसे 'कल्पवृक्ष' नाम उचित ही दिया है।"

स्वरभानु ने अपना अधिकांश समय आखेट में बिताया। वह हाथी पर बैठकर चेरा शिकारियों के साथ प्रातः निकल जाता था। इंद्र ने उसे चेरापद के विकास कार्यों से जोड़ने के कई बार असफल प्रयास किए, लेकिन असुर युवराज को इनमें कोई रुचि नहीं थी।

***

विष्णु और लक्ष्मी दोनों का मानसिक स्तर उच्च था। आपस में बातें करने में उन्हें अतीव आनंद आता था। "केवल किसी जाति में जन्म लेने मात्र से कोई उच्च नहीं हो जाता।" विष्णु का मत था।

"पुरुष और नारी शारीरिक संरचना अलग होने के कारण उनके कार्य और कार्यशैली कुछ पृथक् हो सकते हैं, लेकिन नारी किसी प्रकार से पुरुष से हेय नहीं है।" लक्ष्मी कहतीं।

एक दिन विष्णु ने कहा, "हमारा कार्य पूरा हो रहा है। कुछ दिनों में मुझे समुद्र-मंथन दल के साथ लौटना होगा।"

विष्णु के शब्दों ने लक्ष्मी को झिंझोड़ सा दिया। विष्णु के बिना रहने की कल्पना

मात्र से उन्हें अपने अंदर रिक्तता का अनुभव होने लगा। उनके मुख से अनायास ही शब्द निकले, "भगवन्, यदि आप जाएँगे तो मैं भी आपके साथ जाऊँगी।"

यह कहने के बाद वह विष्णु को देखने का साहस नहीं जुटा पा रही थीं। वह लज्जा से सिर झुकाए वहीं खड़ी होकर पैर के अँगूठे से भूमि कुरेदने लगीं। बीच में वह कभी अपने कपोल पर आई लट को लपेटतीं या उसे सुलझातीं। कुछ समय तक दोनों के मध्य एक मौन छाया रहा। वापस जाने के लिए वह पलटी ही थीं कि विष्णु ने अपना हाथ उनके कंधे पर रख दिया। वह मुड़ीं तो उन्होंने विष्णु को उन्हें प्रेमपूर्वक देखते हुए पाया।

"लक्ष्मी, मैं तुम्हारे बिना नहीं जाऊँगा।"

इसके बाद वे बहुत देर तक बातें करते रहे। दोनों ने विवाह का निश्चय कर लिया था।

ऐतरेय से यह बात छुपी न रही। उन्होंने विष्णु से निवेदन किया, "चेरापद आप सबका ऋणी है। मैं चाहता हूँ कि आपके और लक्ष्मी के विवाह का सौभाग्य इस भूमि को मिले।"

विष्णु और लक्ष्मी ने सहर्ष इस बात की स्वीकृति दे दी। उनका विवाह एक भव्य समारोह में हुआ। वर और वधू इस अवसर पर विशेष रूप से बनाए गए वस्त्रों को धारण किए हुए थे। ऐतरेय ने अनेक आभूषणों के अतिरिक्त अपने कोष का सबसे मूल्यवान रत्न 'कौस्तुभ' और एक अत्यंत दुर्लभ शंख 'पांचजन्य' उन्हें भेंट में दिया।

उन्होंने लक्ष्मी से कहा, "यद्यपि मैं ऋषि भृगु का स्थान नहीं ले सकता, तथापि इस अवसर पर मैं पिता के सभी कर्तव्यों का पालन करूँगा। मुझे ज्ञात है कि तुम अब अपने माता-पिता से मिलने के लिए उत्सुक हो और ब्रह्मावर्त वापस जाना चाहती हो। मैं हाथियों का एक दल सैन्यशक्ति के साथ तुम्हारी सुरक्षा के लिए ब्रह्मावर्त तक भेजूँगा। मैं यह भी चाहूँगा कि तुम थलमार्ग से यात्रा करो, क्योंकि पोतों पर इतने हाथी ले जाना संभव नहीं होगा।"

"लेकिन मैं जलमार्ग से ही जाऊँगा। यहाँ से ब्रह्मावर्त का जलमार्ग अभी मैंने नहीं देखा है," विष्णु ने अपना मत दिया।

"जैसा आप चाहें। इस स्थिति में आपको वही जलमार्ग लेना होगा, जिस मार्ग से लक्ष्मी ब्रह्मावर्त से आई थीं, लेकिन मेरा सुझाव है कि आप नवविवाहित हैं और आपको निजी एकांत की आवश्यकता है, अतः आपको पृथक् रूप से समुद्री मार्ग से सीधे ब्रह्मावर्त जाना चाहिए। मेरा एक छोटा सैन्य दल आपकी सुरक्षार्थ आपके साथ

जाएगा, जबकि चंद्र बाकी सैन्य दल और हाथियों के साथ पूर्व नियोजित थल मार्ग से ब्रह्मावर्त की यात्रा कर सकते हैं।"

इंद्र ने कहा, "आपका विचार उत्तम है। मुख्य दल चंद्र के प्रस्थान के उपरांत जल मार्ग से ही लौटेगा।"

कुछ दिनों बाद लगभग पूरा चेरापद, समुद्र-मंथन दल और चंद्र, विष्णु और लक्ष्मी को विदाई देने के लिए समुद्र-तट पर एकत्र थे। विष्णु ने इंद्र और स्वरभानु को गले लगाते हुए कहा, "अलग-अलग समुद्री मार्गों से की गई यात्राएँ हमारे लिए अलग-अलग अनुभव लाएँगी।"

***

उन्हें सुरलोक से निकले हुए एक वर्ष से अधिक का समय हो चुका था। विष्णु के जाने के बाद इंद्र स्वरभानु के साथ अभियान की समीक्षा हेतु बैठे।

"हमें भी वापसी की यात्रा की तैयारी प्रारंभ कर देनी चाहिए। हमें लोथल होते हुए वापस पहुँचने में कई माह का समय लग जाएगा," स्वरभानु ने विचार व्यक्त किया।

"मैं तुमसे सहमत हूँ भानु," इंद्र ने कहा, "हमें अब शीघ्र प्रस्थान करना चाहिए।"

***

चंद्र ने भी अगले कुछ दिन वापसी की यात्रा की तैयारी में लगाए। वह अपनी सहजता, वाक्पटुता और बुद्धि की तीक्ष्णता के कारण अति लोकप्रिय था। सुर और असुर दलों के कुछ सदस्य भी उसके साथ भूमार्ग से चलना चाहते थे। ऐतरेय ने भी चेराओं के स्त्री-पुरुषों की सम्मिलित एक हजार संख्या बल के दो दल उसके साथ ब्रह्मावर्त जाने के लिए तैयार कर दिए।

"ये ब्रह्मावर्त में कुछ समय रहेंगे और वहाँ पर व्यापार तथा अन्य सहयोग के अवसर ढूँढेंगे। इसके बाद वे आगे का निर्णय स्वयं लेंगे," ऐतरेय ने कहा।

पचास हाथियों का झुंड भी उनके साथ था। वे सह्याद्रि पर्वत-शृंखला के मनमोहक स्थानों से होकर यात्रा कर रहे थे। मार्ग में उन्होंने अनेक नदियों को पार किया। ये नदियाँ खड़े पहाड़ों से छलाँगें मारती हुई मैदानों में उतरती थीं और समुद्र के निकट आते-आते इनका पाट फैल जाता था। इनके किनारे घने वन और चरागाह थे। एक अग्रिम दल चल रहा था, जो आनेवाले खतरों का ध्यान रखता था। उसका दूसरा कार्य, रात्रि के शिविर के लिए उचित स्थान का चयन करना था।

इस प्रकार चलते-चलते वे एक अत्यंत मनोहारी स्थल पर पहुँचे। यहाँ घास

का एक विशाल मैदान था, जो एक नदी के किनारे जाता हुआ समुद्र में विलीन हो रहा था।

"मैं अपने अग्रिम दल का आभारी हूँ, जो विश्राम के लिए इतने सुंदर स्थल ढूँढ लेते हैं। यह एक अविस्मरणीय स्थान है। हमें यहाँ रुककर प्रकृति का आनंद लेना चाहिए," चंद्र के मुँह से अनायास निकला।

वे अभी सामान उतार ही रहे थे कि अग्रिम दल का नायक दौड़ता हुआ आया और बोला, "मान्यवर, यहाँ से कुछ दूरी पर कई शिविर लगे हुए हैं। इन शिविरों पर ब्रह्मावर्त का कमल पुष्प वाला ध्वज फहरा रहा है। मैंने आगे जाने से पूर्व आपको सूचित करना अनिवार्य समझा, क्योंकि यह एक मायाजाल भी हो सकता है।"

"ब्रह्मावर्त का ध्वज यहाँ कैसे हो सकता है? हमें सावधानीपूर्वक चलना चाहिए," चंद्र ने कहा, "मेरे आकलन के अनुसार ब्रह्मावर्त अभी पंद्रह दिनों की दूरी पर है। हमें ज्ञात करना चाहिए कि ये ब्रह्मावर्त से हैं या छद्मवेश में लुटेरे हैं।"

वे अभी कुछ दूर ही चले थे, जब उन्होंने ब्रह्मावर्त के कुछ ध्वजधारी अश्वों को अपनी ओर आते देखा। चंद्र ने आदेश दिया, "अश्वारोही निःशस्त्र दिखते हैं। उन्हें अपने पास तक आने दिया जाए।"

अश्वारोहियों का नायक नीचे उतरा और चंद्र का अभिवादन किया, "श्रेष्ठ, श्रद्धेय विगत पाँच दिनों से आपकी प्रतीक्षा में हैं। आइए, मैं आपको उन तक ले चलता हूँ।"

चंद्र ने प्रश्नवाचक दृष्टि से नायक को देखा। उसके मुख पर एक रहस्यात्मक मुसकान थी।

"आपको आपके हर प्रश्न का उत्तर मिल जाएगा, लेकिन हमें यहाँ केवल आपको ले आने हेतु भेजा गया है।"

उलझन में फँसे चंद्र ने उनके साथ जाने का निर्णय लिया। सावधान रहते हुए जब उसने शिविर में प्रवेश किया तो उसने देखा कि वहाँ एक चाँदी जैसे श्वेत बालोंवाला लंबा श्वेत वस्त्रधारी बैठा था। चंद्र की ओर उनकी पीठ थी।

"श्रद्धेय, चंद्र यहाँ उपस्थित हैं," नायक ने कहा।

वह व्यक्ति धीरे से मुड़ा। उसके मुख पर एक स्नेहमयी मुसकान थी।

"महर्षि भृगु!" चंद्र उल्लास से चिल्ला उठा।

"हाँ चंद्र, भार्गवी और विष्णु एक माह पूर्व ही आ गए थे। जब मुझे ज्ञात हुआ कि भार्गवी और विष्णु विवाह-बंधन में बँध गए हैं, तो मेरे हृदय से प्रसन्नता के झरने

फूट पड़े। उन्होंने ही मुझे बताया कि तुम भूमार्ग से ब्रह्मावर्त आ रहे हो। मैं अपने को रोक नहीं पाया और तुम्हें लेने यहाँ तक आ गया। इस स्थान पर एक बड़ी नदी बहती है, जिसे 'नर्मदा' कहते हैं। हम यहाँ पर एक आश्रम की स्थापना करेंगे। इन सबने इस स्थान का नाम 'भृगुकच्छ'[11] रख दिया है। यहाँ से लोथल अधिक दूर नहीं है।"

कुछ दिन विश्राम के बाद चंद्र ने वहाँ से पुष्पावती के लिए प्रस्थान किया।

□

11. गुजरात राज्य का वर्तमान में भरूच नगर।

18

अनोखा संसार

कुछ दिन पश्चात् इंद्र ने ऐतरेय से कहा, "राजन, अब हमें भी प्रस्थान करना चाहिए। चेरापद में हमारा प्रवास एक सुखद अनुभूति थी। चेराओं के साथ हमारे चिरकालीन संबंध बने रहें, ऐसी हमारी कामना है।"

ऐतरेय ने उत्तर दिया, "हम आपके यहाँ पर आने के लिए सदैव ऋणी रहेंगे। लक्ष्मी हमारे समाज में क्रांतिकारी परिवर्तन लाई है। आपके सहयोग से चेरापद समृद्धि के पथ पर अग्रसर होगा, ऐसा हमारा विश्वास है।"

ऐतरेय ने आगे कहा, "मैं आपको एक और भेंट देना चाहता हूँ। मेरे पास एक दुर्लभ हाथी है, जिसका नाम 'ऐरावत' है। इसका रंग श्वेत है और इस पृथ्वी पर इसके समान दूसरा हाथी नहीं है। यह हाथी आप हमारी मित्रता का प्रतीक मानकर स्वीकार करें।"

विदाई का समय आ गया। ऐतरेय ने उन्हें कई प्रकार के रत्न भेंट में दिए। एक बड़े पोत में ऐरावत को ले जाने के लिए स्थान बनाया गया। विदा करते समय ऐतरेय ने उन्हें एक पौधा भेंट करते हुए कहा, "हम इसे 'पारिजात' कहते हैं। यह रात्रि में पुष्पित होता है। इसकी मादक सुगंध पूरे वातावरण में फैल जाती है। इसकी सुगंध हमारी मित्रता की प्रतीक होगी।"

"मैं आपके प्रेम और स्नेह से अभिभूत हूँ," इंद्र ने ऐतरेय को अपनी बाँहों में बाँध लिया।

समुद्र-मंथन बेड़ा वापसी यात्रा पर चल दिया।

***

इंद्र ने पिछले अनुभव के आधार पर तट-रेखा के साथ-साथ चलने के स्थान पर गहरे समुद्र में चलने का प्रस्ताव रखा, "हमारे पास अनुभव और ज्ञान दोनों हैं। हमें गहरे समुद्र के बीच से जाने से संभवतः कम समय लगना चाहिए।"

प्रारंभ में वरुण इसके लिए तैयार नहीं थे। वह किसी संभावित विपत्ति से बचना चाहता थे, लेकिन उन्हें यह प्रस्ताव रोमांचक भी लग रहा था। साथ ही इंद्र का प्रस्ताव उनके लिए एक चुनौती भी था। उनका उत्तर था, "आप सही दिशा में सोच रहे हैं। हमें गहरे समुद्र से होकर जाना चाहिए। इससे समय तो कम लगेगा ही, हमें समुद्र की विशालता का भी अनुभव होगा।"

अगले दस दिनों तक वे बिना किसी व्यवधान के बढ़ते रहे। समुद्र शांत था और वे यात्रा का पूर्ण आनंद ले रहे थे। जैसे-जैसे यात्रा आगे बढ़ रही थी, परिवार और प्रियजनों से पुनर्मिलन की उत्कंठा भी बढ़ती जा रही थी।

एक दिन वरुण ने इंद्र को सूचित किया, "हमारे द्वारा भेजा गया पक्षी वापस नहीं लौटा है। मेरा विचार है कि हम किसी द्वीप के निकट हैं। यदि यह द्वीप उपयुक्त होता है तो हमें थोड़ा विश्राम करना चाहिए।"

एक प्रहर बाद उन्हें समुद्र से उभरते हुए एक द्वीप के दर्शन हुए। वरुण ने पारंपरिक प्रणाली अपनाते हुए अग्रिम नौका दल को द्वीप के निरीक्षण हेतु भेजा।

"द्वीप की खड़ी चट्टानों के मध्य एक छोटी खाड़ी है, जिसमें समस्त पोतों का बेड़ा खड़ा हो सकता है," अग्रिम नौका दल ने लौटकर सूचित किया।

अनुमति मिलने के पश्चात् सभी पोतों ने उस सँकरी खाड़ी में प्रवेश कर लिया। शिविर लगाने के उपरांत कुछ उत्साही युवकों ने उन खड़ी चट्टानों पर चढ़ने का निर्णय लिया। ये चट्टानें, जो लगभग तीन सौ हस्त ऊँची थीं, उन्हें चुनौती देती प्रतीत हो रही थीं।

इंद्र को कुछ अजीब सी अनुभूति हो रही थी। उन्हें लग रहा था, जैसे कि कोई उन्हें देख रहा था। उन्होंने निर्देश दिए, "सभी सशस्त्र रहें और कोई अकेला न घूमे। हम इस अनजाने द्वीप पर किसी प्रकार का जोखिम नहीं ले सकते।"

लगभग एक प्रहर बाद चट्टानों पर चढ़नेवाले दल के एक सदस्य ने सूचित किया, "चट्टानों के दूसरी ओर हरियाली है, घास के मैदान और वृक्षों के झुरमुट हैं, लेकिन ऐसा लगता है, जैसे इस क्षेत्र को दक्षतापूर्वक मानवीय हाथों ने सजाया हुआ हो। हमें एक स्थान पर पत्थर से बनाया हुआ एक पथ भी मिला। यह निश्चित है कि इस द्वीप पर मानव वास है।"

इंद्र ने एक असुर नायक 'वत्स' के नेतृत्व में एक सशस्त्र दल भेजने का निर्णय लिया। दल को विशेष निर्देश दिए गए, "शस्त्र का प्रयोग केवल आत्मरक्षा के लिए करें। यदि किसी मानव से भेंट हो तो पूर्ण विनम्र होकर बात करें। हमें किसी प्रकार

यह आभास नहीं देना है कि हम आक्रामक हैं या उनकी भूमि पर गलत भावना से आए हैं।"

***

वत्स ने उस पत्थर के मार्ग पर चलने का निर्णय लिया। कुछ देर बाद वे एक खुले मैदान पर बसे एक ग्राम में पहुँचे। ग्राम का व्यवस्थित विन्यास, उसके पंक्तिबद्ध भवन, सार्वजनिक स्थान, जल निकासी और निकटवर्ती झरने से जल आपूर्ति की विकसित प्रणाली, एक उन्नत और बुद्धिमत्तापूर्ण नियोजन के परिचायक थे। भवन लकड़ी और तराशे हुए पत्थर के सम्मिश्रण से बने थे। भवनों में विशाल खिड़कियाँ देकर कक्षों में भरपूर हवा और प्रकाश की व्यवस्था सुनिश्चित की गई थी। वास्तव में यह एक आदर्श ग्राम था, लेकिन ग्राम में नीरव शांति थी। ऐसा प्रतीत होता था कि वहाँ के सभी निवासी घर छोड़कर जंगल में छुप गए हों।

उन्होंने भवनों के अंदर देखने का निर्णय लिया, जैसे ही वे एक घर में घुसे, बुरी तरह चौंक गए। एक चेतावनी भरी आवाज ने उन्हें रुकने के लिए कहा। जब उन्होंने आवाज की दिशा में देखा तो उनके समक्ष तीस वर्ष के लगभग आयु का एक व्यक्ति खड़ा था। उसके मुख से विशिष्ट तेज प्रस्फुटित हो रहा था। उसने आक्रोश भरे स्वर में पूछा, "तुम कौन हो और हमारी पवित्र भूमि पर क्यों आए हो?"

यद्यपि वत्स इस स्थान पर अनपेक्षित मानव-बस्ती पाकर अत्यंत रोमांच का अनुभव कर रहा था, इस अनजाने व्यक्ति ने सुर-असुर की अपनी, जैसी भाषा में बात करके उसे चौंका दिया।

"श्रीमंत, मैं वत्स हूँ, सुर-असुर दल का नायक। मैं आपकी पवित्र भूमि पर इस प्रकार आने के लिए क्षमा चाहता हूँ। हम सुर, असुर और देव समुद्र-मंथन करके उत्तर-पश्चिम दिशा में स्थित अपने राज्य लौट रहे हैं। संयोगवश हमने आपका यह द्वीप देखा तो हम विश्राम और जल-भंडारण के लिए यहाँ रुक गए। यदि हमें आपका यहाँ पर रहना ज्ञात होता तो हमने आपकी पूर्वानुमति अवश्य ली होती।"

वत्स को उस व्यक्ति की आँखों में एक विश्वास की झलक दिखाई दी। इससे उसका उत्साह बढ़ा और वह आगे बोला, "अब यदि हम संयोगवश आपकी पवित्र भूमि पर आ ही गए हैं तो हम आपकी ओर मित्रता का हाथ बढ़ाते हैं।"

वह व्यक्ति अब तनाव रहित लग रहा था। वत्स ने अपनी जिज्ञासा व्यक्त की, "लेकिन मैं यह नहीं समझ पा रहा हूँ कि आपकी बोली और कद-काठी हमारे जैसी ही है, यह हमारे लिए आश्चर्य का विषय है।"

उस व्यक्ति ने सहज भाव से उत्तर दिया, "मेरा नाम शाश्वत है। यह अच्छा हुआ कि हमने आपस में बात कर ली। अन्यथा हम आपकी मृत्यु का कारण बन सकते थे।"

वत्स शाश्वत के आत्मविश्वास को देखकर अचंभित था। शाश्वत ने एक तुरही निकाली और उसे एक विशिष्ट धुन पर बजाया। जंगल से उस धुन का प्रत्युत्तर आने पर शाश्वत ने तुरही नीचे रख दी।

"मैंने सूचित कर दिया है कि तुम मित्र हो।"

ग्रामवासियों का वापस आना प्रारंभ हो गया। प्रत्येक के हाथ में धनुष और गुलेल थे। वत्स ने देखा कि सभी ग्रामवासी युवा दिख रहे थे। अधिसंख्य की आयु पच्चीस से तीस वर्ष के मध्य प्रतीत हो रही थी, जबकि शेष बच्चे थे। सभी लंबे पतले और सुडौल काया के स्वामी थे। प्रत्येक की त्वचा से एक आभा निकल रही थी।

"ग्राम के प्रौढ़ दिखाई नहीं दे रहे?" वत्स अपने को पूछने से रोक नहीं पाया।

"मैं ग्राम का मुखिया हूँ। आप मेरी आयु कितनी मानते हैं?"

"तीस से पैंतीस तक?"

"मैंने पिछले वर्ष तीन सौ इक्यावनवीं वर्षगाँठ मनाई है।"

वत्स की रीढ़ की हड्डी में एक ठंडी लहर दौड़ गई।

"या तो मैंने गलत सुना है या यह व्यक्ति मेरे साथ परिहास कर रहा है।"

शाश्वत नम्रता से मुसकराया और आगे बढ़कर वत्स के कंधे पर हाथ रखा। वत्स ऐसे काँपा, जैसे उसके कंधे पर नंगी तलवार रख दी गई हो।

"मैंने कहा था कि यह पवित्र भूमि है। यहाँ की सामान्य आयु सैकड़ों वर्ष की होती है। हमारे यहाँ बीमारी या बुढ़ापा जैसी विपदाएँ नहीं हैं।"

"असंभव!" वत्स अभी तक स्तब्ध था।

शाश्वत मुसकराया और बोला, "आपके बहुत प्रश्न होंगे। आपके हर प्रश्न का उत्तर मिलेगा, लेकिन इससे पूर्व मैं आपके दल के अन्य सदस्यों और आपके नेता से मिलना चाहूँगा।"

"मैं अपने नेतृत्व से बात करके उन्हें यहाँ आने के लिए निवेदन करता हूँ," यह कहकर वत्स ने खाड़ी की ओर प्रस्थान किया।

***

इंद्र और अन्य सभी अमरता प्राप्त उस सभ्यता के विषय में सुनकर स्तब्ध थे।

"अविश्वसनीय!" इंद्र के मुँह से निकला।

स्वरभानु ने सावधानीपूर्वक उत्तर दिया, "कभी-कभी ऐसे चमत्कार हो जाते हैं।"

धन्वंतरि ने अपना विश्लेषण दिया, "हमारे वृद्ध होने का मुख्य कारण हमारी जीवन-शैली, हमारा भोजन और हमारे चारों ओर का वातावरण होता है। हम स्वास्थ्यवर्धक आहार लेते हैं, लेकिन कोई भी भोज्य सामग्री दोषरहित नहीं होती। इसमें अवश्य ही कुछ विषैले तत्त्व होते हैं। प्रारंभ में हमारी जीवन-शक्ति प्रबल होती है और यह इन विषैले तत्त्वों को शरीर से बाहर निकाल देती है, लेकिन समयांतर में ये विषैले तत्त्व जीवन-शक्ति पर भारी पड़ने लगते हैं। यदि शाश्वत सत्य कह रहा है तो इसका अर्थ है कि उन्होंने ऐसी औषधि पा ली है, जो इन विषैले तत्त्वों को बाहर निकालकर मानसिक और शारीरिक स्तर पर मानव को युवा रखती है।"

इंद्र, स्वरभानु, धन्वंतरि और कुछ अन्य सभासद उस अमरत्व प्राप्त ग्राम की ओर चल दिए। पूरा ग्राम उन्हें देखने उमड़ पड़ा। उन्होंने अपने जीवन में प्रथम बार किसी आगंतुक को द्वीप पर देखा था। शाश्वत ने अपने साथियों के साथ उनका ग्राम के द्वार पर स्वागत किया, तत्पश्चात् ग्राम सभागार में ले गए। उनके मुख पर शारीरिक और मानसिक स्वास्थ्य का आभामंडल देख समुद्र-मंथन दल चकित था।

समुद्र-मंथन दल को दूध की तरह का एक पेय दिया गया। उसे पीते ही उन्हें प्रतीत हुआ कि उनकी थकान और क्लांति मिट गई। वे उतने ही स्फूर्तिवान थे, जैसे इस यात्रा को प्रारंभ करते समय। इंद्र ने कनखियों से धन्वंतरि को देखा। वह भी इस पेय से अचंभित थे।

"यह अद्भुत द्वीप है। हमें यहाँ रुककर इनके रहस्य जानने होंगे। प्रतीत होता है कि इन्होंने अमरत्व का रहस्य जान लिया है," इंद्र फुसफुसाए।

उनके सम्मान में नृत्य और संगीत के साथ भोज का कार्यक्रम आयोजित किया गया।

समारोह के बाद शाश्वत ने उनकी जिज्ञासा को शांत किया, "हमारे पूर्वज भी सिंधु के तट पर एक राज्य में रहते थे। एक बार उनके राज्य में प्रशासन के नियंत्रण को लेकर खूनी संघर्ष हुआ, जिसमें हमारे पूर्वजों का पक्ष पराजित हुआ। उन सभी को परिवारों के साथ एक पोत में डालकर खुले समुद्र में छोड़ दिया गया। काफी समय तक समुद्र में भटकने के पश्चात् उन्हें एक तूफान के प्रकोप का सामना करना पड़ा, जिससे उनके पोत का एक हिस्सा टूटकर गिर गया। वे सभी समुद्री लहरों से संघर्ष करने लगे। उनकी चीखें उस तूफान की गर्जना में खो गईं। कई लोग उसमें मारे गए।

शेष लोग जो पोत के टूटे हुए काष्ठ के टुकड़ों को पकड़कर किसी प्रकार अपने को बचाने हेतु संघर्ष कर रहे थे, समुद्री लहरों के थपेड़ों से इस द्वीप पर आ लगे। अब यह एकाकी द्वीप ही उनका संसार था। संभवत: यह ईश्वर में निष्ठा का पुरस्कार था। उन्होंने अपना शेष जीवन यहीं बिताने का निश्चय किया।

इस द्वीप में बकरियों की भरमार है। हमारे पूर्वजों ने यह देखा कि कुछ बकरियाँ घाटी में एक विशिष्ट स्थान पर ही चरती हैं। वहाँ पर वे एक बेल को खाती हैं, जो एक प्रकार की जहरीली झाड़ी पर उगती है। इन बकरियों में एक अलग ही प्रकार की जीवंतता होती है। उन्होंने भी उत्सुकतावश इस बेल की पत्तियाँ खाईं और इसकी प्राणदायक शक्ति का अनुभव किया। वे इस पर भाँति-भाँति के प्रयोग करते रहे। इस प्रकार इस क्षेत्र में उगने वाले कुछ अन्य पौधों के सम्मिश्रण से ऐसी औषधि बनाने में सफल रहे, जिससे नीरोगी और बुद्धिमत्तापूर्ण लंबी आयु प्राप्त हो सके। हम इसके सेवन से सैकड़ों वर्ष तक जीवित रह सकते हैं।"

"आपने कभी मुख्य भूमि पर जाने का प्रयास नहीं किया?" इंद्र ने पूछा।

"हमारे कई पूर्वजों ने असफल चेष्टा की। इस द्वीप की लकड़ी पोतों के लिए उपयुक्त नहीं है, समुद्री जल में सड़ जाती है। हमारे पूर्वजों ने विभिन्न विकल्पों का प्रयास किया, लेकिन प्रत्येक विकल्प के भयानक दुष्परिणाम हुए। तब एक दिन हमारे मुखिया ने आपातकालीन सभा बुलाई। हमारे एक वयोवृद्ध ने स्वप्न में ईश्वर के दूत को देखा था। उसने कहा कि हम एक पवित्र भूमि पर हैं और ईश्वर के प्रिय हैं। ईश्वर चाहता है कि हम इसी द्वीप पर रहें और अपनी आत्माएँ शुद्ध करते रहें, जिससे ईश्वर उन्हें अपने दूतों में स्थान दे सके। दूत ने यह भी बताया कि एक दिन एक महान् व्यक्ति पोतों के बेड़े के साथ यहाँ आएगा। उस समय उनके पास यह विकल्प होगा कि जो यह द्वीप छोड़कर नश्वर विश्व में जाना चाहता है, जा सकता है।"

यह कहकर शाश्वत ने इंद्र को देखा, "वह स्वप्न आज वास्तविकता में साकार हो गया है। तुम बेड़े के साथ यहाँ आए हो। महान् नेता आ गया है, इसी कारण से हम उत्सव मना रहे हैं।"

"यह आश्चर्यजनक कहानी है, लेकिन इस प्रकार तो इस द्वीप में जनसंख्या अत्यधिक हो जानी चाहिए।"

"नहीं इंद्र, प्रकृति माँ के पास संतुलन बनाए रखने के अपने तरीके हैं। यहाँ केवल वही बच्चे जीवित रहते हैं, जिनकी आत्मा पवित्र है। जब कोई अपवित्र आत्मा

यहाँ जन्म लेती है तो वह बच्चा या तो जन्म के समय ही मर जाता है या विकृत पैदा होता है। फिर ईश्वर के मंदिर में उसकी बलि दे दी जाती है।"

धन्वंतरि इस धारणा के विषय में कुछ बोलना चाहते थे, लेकिन इंद्र के संकेत पर चुप रहे। उनका इस रूढ़िवादी विश्वास के बारे में अभी कुछ कहना उचित नहीं था। उन्होंने बात का विषय बदलते हुए नम्रतापूर्वक कहा, "शाश्वत, हमें इस अनोखे पौधे के विषय में कुछ और बताइए।"

"ईश्वर के दूत ने इस दिव्य ज्ञान को महान् नेता को बताने या न बताने के विषय में कुछ नहीं कहा था। पर मैं ग्रामसभा में मंत्रणा करके उसकी अनुमति के बाद ही कुछ कह सकता हूँ।"

***

सभा की कार्रवाई एक प्रहर तक चलती रही। वे सदियों से महान् नेता के आने की बात कर रहे थे, लेकिन जब वह आया तो वे किंकर्तव्यविमूढ़ थे। अकस्मात् ही उन्हें अपना द्वीप और भी अपना तथा मनोहारी लगने लगा था। अकेलेपन की समस्या इतनी अधिक तो नहीं थी कि वे औरों को उसमें प्रवेश करने देते! न ही इतनी कि वे उस द्वीप को छोड़कर शेष अनजाने विश्व में चले जाते! उन्होंने एकमत से निर्णय लिया कि इस द्वीप की पहचान छुपी रहनी चाहिए और अपात्र व्यक्तियों को इस द्वीप के विषय में जानने का कोई अधिकार नहीं। उन्हें जीवनदायक औषधि, जिसे वे 'सोम' कहते थे, का रहस्य इस वचन के साथ देने में कोई आपत्ति नहीं थी कि इसका ज्ञान गुप्त रखा जाए और इसे केवल सुपात्र व्यक्तियों को ही दिया जाए। इसके साथ ही इस द्वीप का रहस्य भी गुप्त रखा जाए।

इंद्र ने वचन दिया कि इस द्वीप का रहस्य कभी खोला नहीं जाएगा। इंद्र ने एक पोत भी द्वीप को उपहार में दिया। यह भी वचन दिया कि वापस जाकर कुछ और पोत भी द्वीपवासियों को उपहार में भेजे जाएँगे। द्वीपवासी जब चाहें उनसे संपर्क कर सकते थे। इन शर्तों पर द्वीपवासी सोम का रहस्य साझा करने के लिए तैयार हो गए।

***

अगले दिन प्रातः धन्वंतरि को घास के मैदानों से होते हुए एक पृथक् एकांत स्थान पर ले जाया गया। वहाँ पर एक झरने में पानी की कल-कल ध्वनि के अतिरिक्त नीरव शांति थी। यह वानिक खेती का एक उत्तम उदाहरण था। चौड़े पत्तों वाले पीले रंग के पुष्पगुच्छ से युक्त तीन अंगुल मोटाई के तने वाली बेलें कमर तक ऊँचाई वाली घनी झाड़ियों के ऊपर छा रही थीं। बेलों से विलग चक्राकार पत्तोंवाली झाड़ियाँ

मजबूत और मोटे तनों की थीं तथा घनी बेलों का भार सहन करने में सक्षम थीं।

"ये बेलें सोम हैं। यह एक परजीवी लता है, जो इन झाड़ियों का रस चूसकर जीवित रहती है। हम लताओं को इसके पुष्पों सहित काट लेते हैं और फिर उनसे रस निकालते हैं। इन झाड़ियों का नाम 'हलाहल' है और ये अत्यंत विषैली हैं, लेकिन सोम लताएँ केवल इन्हीं पर फैलती हैं।"

धन्वंतरि के मुख से अनायास ही निकला, "माँ प्रकृति के संबंधों की जटिलता की व्याख्या कठिन है। यहाँ पर जीवन विष पर पनप रहा है।"

"मैं तुमसे सहमत हूँ। एक अन्य विचित्र बात यह भी है कि बकरियाँ इस विष की अभ्यस्त हैं, जबकि हम मानव नहीं। हम इन बेलों का गूदा निकालकर इसे तब तक धोते हैं, जब तक इसमें से विष का आखिरी अंश न निकल जाए और ये रंगहीन न हो जाएँ। पूरे द्वीप में अकेला यही झरना है, जिसके पानी में हलाहल को गूदे में से निकालने की क्षमता है। इस प्रकार विषरहित गूदे में अन्य औषधियाँ मिलाकर इसे सुखाया जाता है, फिर पीसकर इसका चूर्ण बनाया जाता है। हमने यह भी पाया है कि इस औषधि का अधिकतम प्रभाव तब होता है, जब इसमें फूल आते हैं और ये फूल दो वर्ष में केवल एक बार आते हैं।"

धन्वंतरि ने लता की कुछ पत्तियाँ तोड़कर अपने हाथों में मसलीं और सूँघीं। एक मीठी सुगंध उनके हाथों में फैल गई।

"हम प्रत्येक पूर्णमासी को ईश्वर को धन्यवाद देने हेतु एक अनुष्ठान करते हैं और उसके बाद सोमरस का पान करते हैं। इससे हमारा यौवन अक्षुण्ण रहता है और हमारी आयु चार सौ से पाँच सौ वर्ष तक रहती है," शाश्वत ने अपनी बात पूरी की।

***

अतिथियों ने वहाँ पंद्रह दिनों का प्रवास किया। द्वीपवासियों के पास बाहर की दुनिया के बारे में पूछने के लिए अनगिनत प्रश्न थे और अपनी उत्सुकता शांत करने के लिए वे उन्हें घेरे रहते थे। धन्वंतरि के लिए ये अत्यंत व्यस्त दिन थे। वह सोमरस की पूरी प्रक्रिया, उसके भंडारण और उसके सेवन की विधि की बारीकियाँ समझने का प्रयास कर रहे थे।

धन्वंतरि ने इंद्र से कहा, "मैं समझता हूँ कि हमने सभी जानकारियाँ एकत्र कर ली हैं, लेकिन मेरी एक शंका भी है। इस द्वीप का वातावरण हमारे सभी राज्यों से सर्वथा भिन्न है। वातावरण को देखते हुए मेरा यह सुझाव है कि हमें ब्रह्मावर्त और हिमालय में सोम की खेती का प्रयास करना चाहिए। मुझे आशा है कि हमें अपने

प्रयासों में सफलता मिलेगी। सबसे महत्त्वपूर्ण है समुद्री यात्रा के दौरान इन पौधों को सुरक्षित ले जाना।"

"मुझे विश्वास है कि आपके सूक्ष्म ज्ञान और लक्ष्य के प्रति समर्पण भावना से ये पौधे यात्रा की कठिनाइयों को सहन कर लेंगे," इंद्र ने आश्वस्त किया।

उन्हें विदा करने के लिए पूरा गाँव एकत्र हो गया था। समुद्र-मंथन दल पोतों की छत पर खड़ा होकर हाथ हिला रहा था। जैसे-जैसे पोत आगे बढ़ते गए, द्वीप छोटा होता गया और अंत में आँखों से ओझल हो गया। इंद्र सोमरस पाकर गर्व से उन्मत्त थे।

"हमें ईश्वर ने इस विश्व में देव के रूप में भेजा है और देवों का अधिपति मैं हूँ।"

***

हवा मंद गति से चल रही थी। इस कारण पोत भी मंथर गति से चल रहे थे। अचानक हवा रुक सी गई और उसमें भारीपन आ गया। भयानक काले बादलों ने आकाश को घेर लिया और मूसलधार वर्षा होने लगी। इसके साथ ही हवा तूफानी हो गई और बिजली बार-बार चमककर गर्जना करने लगी।

"यह तो अति भयंकर तूफान है। ऐसा प्रतीत होता है कि हम मौत के मुँह में हैं," हताशा में वरुण के मुँह से निकला।

तभी तेज दबाव के साथ हवा चली, जिसने पोतों को पूर्वी दिशा में धकेलना प्रारंभ कर दिया। तूफान अपनी चरम सीमा पर था। बादलों से मूसलधार बौछारें गिर रही थीं। बड़ी-बड़ी विकराल लहरों ने पोतों पर सब ओर से थपेड़े लगाने शुरू कर दिए। उठती हुई लहरों के बीच पोत खिलौनों की भाँति उछल रहे थे। कुछ समय के असफल संघर्ष के बाद वरुण ने अपने हाथ खड़े कर दिए और पोतों को हवा की दिशा में जाने देने का निर्णय लिया।

"हमारे पास कोई अन्य विकल्प नहीं है," उन्होंने इंद्र को बताया।

कई दिनों तक इसी प्रकार हवाएँ चलती रहीं और पोत हवाओं के साथ पूर्वी दिशा में बहते गए। अंत में एक दिन उन्हें मुख्य भूमि की विशाल तटरेखा दिखी।

"मैंने ऐसा तूफान न तो कभी देखा और न ही सुना, लेकिन ईश्वर की अनुकंपा से हम भूमि तक पहुँच गए हैं। हम यहाँ रुककर पोतों को हुई क्षति का निरीक्षण करके आगे की यात्रा की तैयारी करेंगे," वरुण ने इंद्र से कहा।

हवाएँ अब धीमी हो गई थीं। उन्होंने तट पर जाकर लंगर डाल दिया। पोतों की हालत अच्छी नहीं थी। उन्होंने पोतों के ठीक होने तक तट के निकट एक ऊँचे स्थान

पर शिविर लगाकर सारा सामान शिविर में रखने का निर्णय लिया।

लेकिन प्रकृति का कोप शांत नहीं हुआ था। अभी उन्होंने शिविर लगाकर उसमें सामान रखा ही था कि भयंकर आवाजों के साथ भूमि हिलने और गड़गड़ाने लगी। समुद्र तल में दरारें पड़ गईं और समुद्र का पानी पीछे हट गया। लगभग आधे योजन तक समुद्र तल सूखा दिख रहा था। वरुण की समझ में कुछ नहीं आ रहा था। आशंकावश उसने सबको ऊँचाई पर लगाए गए शिविर में जाने की लिए कहा। अभी कुछ ही समय बीता था कि समुद्र का जल तीस से चालीस हस्त तक की ऊँची लहरों के साथ तेजी से वापस आया। लहरों का वेग इतना प्रबल था कि उसने समुद्री तट तोड़ते हुए अपने सामने आनेवाली प्रत्येक वस्तु को ध्वस्त कर दिया और निचली भूमि को समुद्र के अंदर समेट लिया। पोत समुद्र की लहरों पर तिनकों की तरह उछल रहे थे। इसके साथ ही चीखती आवाजों वाली तेज हवाएँ पुनः चलने लगीं। घने काले बादलों के कारण अँधेरा छा गया। कुछ ही देर में पुनः मूसलधार वर्षा प्रारंभ हो गई। प्रकृति अपनी शक्ति का पूरा प्रदर्शन कर रही थी।

यह एक दुःस्वप्न की भाँति था। भाग्यवश उनका शिविर एक ऊँची भूमि पर लगा था, जहाँ पर एक छोटी सी पहाड़ी थी और उसमें बड़ी-बड़ी गुफाएँ थीं। इस कारण वे सोम और ऐरावत सहित अपना अधिकांश सामान बचा पाए।

भूकंप रुकने के बाद भी तीन दिनों तक तूफान का प्रकोप जारी रहा। वे उन्हीं गुफाओं में छुपे रहे। उनकी नींद गायब हो गई थी और मन में भ्रम पैदा होने लगा था। एक बार इंद्र को अर्धनिद्रा की अवस्था में ऐसा लगा कि एक पारदर्शी चमकता मानव लहरों पर तैरता हुआ उनके पास आया हो। जैसे ही उन्होंने उसे छूने का प्रयास किया, एक झटके के साथ उनकी आँख खुल गई। इंद्र का सारा शरीर पसीने से भीगा हुआ था।

इंद्र ने दल का मनोबल बढ़ाते हुए कहा, "हम पर ईश्वर की कृपा है कि यहाँ हम सुरक्षित हैं और प्रकृति के प्रकोप को अपनी आँखों से देख पा रहे हैं। मुझे तो उस द्वीप और द्वीपवासियों की चिंता हो रही है, जो समुद्र के मध्य में हैं। मेरी ईश्वर से प्रार्थना है कि वे सकुशल हों। ईश्वर ने उन्हें सोम का रहस्य बताने के लिए दंडित न किया हो।"

जितनी बार भी इंद्र ने आँखें बंद कीं, उनके सामने टापू और उसे निगलते हुए तूफानी समुद्र का दृश्य दिखाई पड़ता था।

उन्हें अब शचि की भी बहुत याद आ रही थी, "*वह इस समय क्या कर रही*

होगी? संभवतः उद्यान में बैठी हुई मुझे याद कर रही होगी। काश, यह स्वप्न हो और इसके टूटने पर पर शचि मेरी बाँहों में हो।"

चौथे दिन सुबह मौसम खुला तो वे गुफाओं से बाहर आए। सूर्य दूर क्षितिज में एक लाल गोले सा उभर रहा था। तूफान थमकर वापस जा चुका था और अपने पीछे विनाश-लीला छोड़ गया था। उनके बेड़े का कहीं पता नहीं था। समुद्र ने उसे निगल लिया था।

पर उनके पास संतुष्ट होने के अनेक कारण थे। वे जीवित और सुरक्षित थे। चेरापद से लाए उपहारों का अधिकांश उनके पास था। सबसे बड़ी बात तो यह थी कि सोम से संबंधित प्रत्येक सामग्री और ऐरावत हाथी इत्यादि सुरक्षित थे।

"प्रार्थना करता हूँ कि विष्णु, लक्ष्मी और चंद्र निर्विघ्न पहुँच गए हों।" इंद्र ने मन-ही-मन प्रार्थना की।

□

19

सोमरस

इंद्र ने वर्तमान परिस्थितियों में आगे की कार्रवाई पर विचार हेतु सभी नायकों को बुलाया। वह स्वयं स्वरभानु के साथ एक ऊँची जगह पर एक पत्थर का सहारा लेकर बैठे थे। उनके मुख पर किसी प्रकार का तनाव या चिंता नहीं थी। उनके इसी आचार से दल के सदस्यों का साहस बना रहता था।

"इस यात्रा में हमने विकट विपत्ति का भी सफलतापूर्वक सामना किया। वास्तव में बिना चुनौतियों के जीवन अर्थहीन होकर रह जाता है। मौसम शांत हो चुका है और अब बिना देरी किए हमें आगे बढ़ना है। इसके पहले मैं कुछ कहूँ, यदि आपका कोई सुझाव हो तो बताएँ।"

धन्वंतरि ने सोम के पौधों के विषय में अपनी चिंता जताई, "इंद्र, सोम के पौधे अभी तक तो स्वस्थ दिखाई देते हैं, लेकिन ये लगातार मौसम के परिवर्तन से गुजर रहे हैं। हमें शीघ्र ही उचित स्थान पर इनको रोपना होगा।"

"हाँ, यह वास्तव में चिंता का विषय है। हमें इसका हल ढूँढना होगा," इंद्र के स्वर में भी चिंता थी। बाद में, अकेले में इंद्र ने धन्वंतरि से अपने मन की बात कही, "मुझे असुरों के साथ सोम को बाँटने में कुछ दुविधा है। मैंने शाश्वत को वचन दिया है कि सोम केवल योग्य पात्र को ही दिया जाएगा। मैं इस बिंदु पर विष्णु से बात करूँगा।"

उधर स्वरभानु अपने विश्वस्त साथियों के साथ विचार कर रहा था, "अब हमें अपना सारा ध्यान सोम पर ही लगाना है। सोम पर दाँव बहुत ऊँचे हैं। जिसका सोम पर अधिकार होगा, विश्व पर वही शासन करेगा। मुझे आशा है कि सुर हमारे साथ कपट नहीं करेंगे। पर हमें सावधान रहना होगा।"

परस्पर अविश्वास के बीज बो दिए गए थे और उसमें अंकुर फूट रहे थे।

***

उनके पोत नष्ट हो चुके थे। उन्होंने तट के साथ-साथ चलने का निर्णय लिया। उन्हें आशा थी कि उन्हें चंद्र द्वारा रास्तों पर लगाए गए शिविरों के चिह्न मिल जाएँगे। उन्होंने केवल आवश्यक सामान अपने साथ रखकर शेष को वहीं छोड़ दिया था। सोम के पौधों की सुरक्षा उनके लिए सर्वोच्च प्राथमिकता थी। ऐरावत उन्हें अपनी पीठ पर लेकर चल रहा था।

वे इसी प्रकार एक माह तक चलते रहे। वे बुरी तरह थक गए थे। किसी प्रकार वे अपने मनोबल को बनाए हुए थे, लेकिन वे इस यात्रा का अंत ऐसे स्थान पर चाहते थे, जहाँ वे कुछ दिन आँखें बंद करके विश्राम कर सकें।

वह दोपहर का समय था, जब उन्होंने कुछ दूरी पर ब्रह्मावर्त का ध्वज फहराता देखा। वे खुशी से उछल पड़े। वे भृगुकच्छ पहुँच गए थे। उनका वहाँ महानायकों की तरह स्वागत किया गया। भरपूर भोजन करके वे दिन में ही सोने चले गए और देर संध्या तक सोते रहे, जब उन्हें जगाया गया तो उन्हें ताजा व्यंजनों की सुगंध आ रही थी। वे सीधे भोजन-कक्ष में गए और अच्छे भोजन का भरपूर स्वाद लिया। भोजन के उपरांत वे पुनः अपनी शय्या पर जाकर अगले दिन तक सोते रहे।

अगले दिन शिविर के प्रधान 'प्रतिम' ने इंद्र को लक्ष्मी, विष्णु और चंद्र के सकुशल पहुँचने के विषय में विस्तार से बताया। उसने बताया, "लोथल में सूचना भेजी जा चुकी है। वहाँ आपको पुष्पावती ले जाने हेतु पोत तैयार रहेंगे। कृपया आप बताएँ कि आप लोथल के लिए कब प्रस्थान करना चाहेंगे?"

"कल," इंद्र ने कहा। उन्हें ज्ञात था कि पुष्पावती पहुँचकर ही वे लोग पूरी तरह विश्राम ले सकते थे।

***

उन्हें लोथल पहुँचने में सात दिन और लगे। नगर के भ्रमण के पश्चात् इंद्र के मुँह से स्वतः निकला, "इस नगर का वैभव अद्वितीय है। यहाँ का वैभव सुरलोक को भी पीछे छोड़ देता है।" यह कहते हुए उनका हृदय गर्व से भर गया। सुरों के सहयोग से ही लोथल का विकास एक जलपत्तन नगर के रूप में हुआ था।

लोथल ब्रह्मावर्त के अन्य स्थानों से भिन्न था। सरस्वती नदी से निकाली गई एक नहर नगर को समुद्र से जोड़ती थी। छोटी-छोटी नावों और पोतों में व्यापार की सामग्री आसपास के तटवर्ती स्थानों पर ले जाई जा रही थी। इंद्र ने अपनी राय देते हुए कहा, "जहाँ ब्रह्मावर्त के अन्य स्थान अध्यात्म प्रधान हैं, लोथल व्यापार प्रधान है।"

***

जैसा कि प्रतिम ने बताया था, लोथल में पुष्पावती जाने हेतु पोत उनकी प्रतीक्षा में तैयार खड़े थे। जब दस दिन की यात्रा के बाद वे पुष्पावती पहुँचे तो उन्होंने पाया कि भृगु स्वयं नदी के तट पर उनके स्वागत हेतु खड़े थे। उन्होंने बहुत संक्षेप में अपनी बात कही, "इंद्र, तुम और तुम्हारे दल ने जो महान् कार्य किया है, उसके लिए समय हमेशा तुम्हें याद रखेगा। मैं तुमसे इस साहसिक और रोमांचक यात्रा के विषय में विस्तार से बात करूँगा, लेकिन इसके पूर्व तुम सबको विश्राम की आवश्यकता है, जिससे तुम पुनः शक्ति संचय कर सको।"

जब इंद्र ने शयनकक्ष में प्रवेश किया तो वहाँ वह शचि को देखकर सुखद आश्चर्य में पड़ गए। शचि की गोदी में एक शिशु खेल रहा था। उन्हें यह समझने में थोड़ा समय लगा कि यह शिशु उनकी यात्रा काल में इस दुनिया में आया था। वह प्रसन्नता से सातवें आकाश पर थे। उन्होंने शिशु को गोदी में लेकर कुछ देर खेलाया और फिर शचि को उलाहना देते हुए बोले, "तुमने मुझे प्रस्थान से पहले क्यों नहीं बताया?"

"मुझे भय था कि इससे तुम्हारा ध्यान भंग हो सकता था। इसीलिए मैंने निर्णय लिया कि तुम्हारे लौटने पर तुम्हें खुशी और आश्चर्य में डाल दूँगी," शचि ने अपना सिर इंद्र के कंधे पर रखते हुए कहा।

"और यदि मैं समुद्र की विकरालता में खो गया होता··· ?"

"मैं नियति पर विश्वास रखती हूँ। विष्णु जिसके पथप्रदर्शक हों, उसे अशुभ सोचने की आवश्यकता नहीं होती।"

शचि बालक को इंद्र की गोद में देखकर गर्व और प्रसन्नता से भर गई थी। बालक में इंद्र की छवि थी। "हम इसे 'विपाश्चित' नाम से पुकारें?"

इंद्र कुछ देर असमंजस में रहे कि शचि उनसे पूछ रही थी या उन्हें बता रही थी। कुछ देर बाद उन्होंने कहा, "ठीक है प्रिये, यह एक सुंदर नाम है। ईश्वर इसे वह शक्ति दे, जिससे यह हमारी नैतिकता और सदाचार के सिद्धांतों की रक्षा करने में समर्थ हो।" यह कहकर इंद्र ने शिशु के माथे को चूमा। उन्हें बच्चे की मुसकान में एक दिव्य आभामंडल दिख रहा था।

लेकिन अभी तक उन्हें यह समझ नहीं आ रहा था कि शचि वहाँ कैसे पहुँच गई। उन्होंने पूछा, "प्रिये! तुम और तुम्हारी बाँहों में अपने बालक को देखने से अधिक और अच्छा क्या हो सकता है, लेकिन तुम्हें कैसे ज्ञात हुआ कि मैं सुरलोक न आकर पुष्पावती पहुँचूँगा?"

"तुम्हें महर्षि भृगु की विद्या और उनके सूचना-तंत्र पर विश्वास होना चाहिए," शचि ने मुसकराते हुए इंद्र की जिज्ञासा शांत की।

जब इंद्र शयन से पूर्व स्नान करके लौटे तो शचि लेटी हुई थी। उसका मुखमंडल मातृत्व की कांति से दमक रहा था। उसने कोमलता से इंद्र को अपनी ओर खींच लिया।

***

यात्रा की थकान और क्लांति मिटने में समय लगा। तीसरे दिन इंद्र विष्णु से मिलने गए। विष्णु ने खड़े होकर उन्हें गले लगा लिया और देर तक उनकी पीठ थपथपाते रहे। विष्णु के साथ ही लक्ष्मी खड़ी थीं। वह अब अपेक्षाकृत शांत और मनोहर लग रही थीं। ऐसा प्रतीत हो रहा था, जैसे एक नदी की धारा पर्वतों की राह की चंचलता छोड़कर मैदानी भाग की स्थिरता में आ गई हो। उनके शरीर की हर गति में एक लय थी, जो उन्हें और दर्शनीय बनाती थी।

इंद्र ने विष्णु को उस अनोखे द्वीप और शाश्वत के विषय में बताया। उन्होंने सोम की प्राप्ति, वापसी यात्रा और समुद्री तूफान की कहानी सुनाई। सोम की खेती में पौधे की हलाहल पर निर्भरता के विषय में भी बताया। अंत में उन्होंने शाश्वत को दिए गए वचन और सोम को असुरों के साथ बाँटने के संदर्भ में अपनी आशंकाएँ बताईं।

विष्णु विचारमग्न हो गए। कुछ देर बाद उन्होंने कहा, "असुरों ने पूरे अभियान में सहयोग और उत्तरदायित्व की भावना से कार्य किया है। उन्हें सोम न देना विश्वासघात होगा। लेकिन युवराज स्वरभानु के स्वभाव पर तुम्हारी चिंता से मैं सहमत हूँ। मेरे विचार में सोम की पात्रता के लिए एक नियमावली बनाना आवश्यक है और यह नियमावली सुर और असुर दोनों पर समान रूप से लागू होनी चाहिए। एक बार सोम की खेती की समस्या दूर होने के बाद तुम्हें विप्रचित्ति और शुक्राचार्य के साथ बैठकर इसका समाधान निकालना चाहिए।"

"आप सही कहते हैं भगवन्!" इंद्र ने कहा।

"लेकिन वर्तमान में मुख्य समस्या सोम की खेती के लिए उचित भूमि को खोजना है।"

"मेरे विचार में तुम्हें शिव के पास सहायता माँगने जाना चाहिए। संभवतः तराई के निर्जन स्थान और गंगा का चमत्कारिक जल सोम की खेती के लिए उपयुक्त हो। निर्जन होने के कारण तुम्हारे मंतव्य की गुप्तता भी बनी रहेगी।"

इंद्र को यह सुझाव ठीक लगा। अगले दिन विष्णु के नेतृत्व में सुरों और असुरों का एक प्रतिनिधिमंडल मायापुर के लिए चल दिया।

***

एक माह की यात्रा के बाद जब वे शिव से मिले तो शिव ने अपनी मनमोहक मुसकान से उनका स्वागत किया। फिर उन्होंने विष्णु से कहा, "विष्णु, मैंने सुना है कि तुम्हें उस सुदूर दक्षिण में भार्गवी ने वरस्वरूप चुन लिया है। ईश्वर तुम दोनों पर सदैव अपनी अनुकंपा बनाए रखे।"

इंद्र ने शिव को इर्बी से लेकर चेरापद तक की यात्रा, भार्गवी और चंद्र का वहाँ मिलना, विष्णु और भार्गवी का विवाह, फिर उस अनोखे द्वीप तक पहुँचने की कहानी विस्तार से बताते हुए कहा, "भगवन्, आपके आशीर्वाद से हम यह अभियान सफलतापूर्वक पूरा कर पाए। हमें नई सभ्यताएँ मिलीं और सोम भी।"

"इंद्र, सोम के विषय में थोड़ा विस्तार से बताएँ," शिव की आवाज में कौतूहल था।

"सोम के रस से एक औषधि बनाई जाती है, जिससे मानव को नीरोगी और चिरयुवा लंबी आयु वाला जीवन प्राप्त होता है। यह औषधि मानव के लिए वरदान है, लेकिन सोम की लताएँ केवल एक विषैली झाड़ी हलाहल पर ही पनपती हैं और हलाहल के रस से ही जीवित रहती हैं। इसीलिए सोम का रस निकालने से पूर्व सोमलता का शुद्धीकरण करके हलाहल का प्रत्येक अंश निकालना आवश्यक है। यह शुद्धीकरण एक विशिष्ट प्रकार के पानी से ही संभव है। हमें आशा है कि गंगा के चमत्कारिक जल में यह क्षमता होनी चाहिए। हमें इस प्रयोग के लिए आपका मार्गदर्शन और आशीर्वाद चाहिए।"

"मैं मानव कल्याण के लिए किसी भी संभावना पर कार्य करने के लिए सहमत हूँ," शिव ने अपनी सहमति दे दी।

शिव इस योजना के क्रियान्वयन के लिए इंद्र द्वारा गठित समिति के साथ बैठे। सबने यह निर्णय लिया कि सोम की खेती का प्रथम प्रयोग एक संयुक्त समिति की देखरेख में गंगा के किनारे मायापुर के ऊपरी क्षेत्र में किया जाए। इसके हेतु मायापुर से ऊपर के क्षेत्र में जाने की अनुमति कुछ चुने हुए व्यक्तियों तक सीमित रहे, ऐसा निर्णय लिया गया।

खेती के मिश्रित परिणाम निकले। हलाहल की झाड़ियाँ खूब पनपीं और इनके चटकीले फूलों के बीच सोमलता इनके तनों पर फैलने लगी, लेकिन गंगाजल सोमलता

के गूदे को पूर्णरूप से विषहीन करने में असफल रहा। अनेक प्रयासों के बाद भी गूदे में हलाहल के कुछ अवशेष बच जाते थे।

उधर धन्वंतरि के नेतृत्व में एक दल ने सरस्वती के ऊपरी क्षेत्र में भी इसी प्रकार के प्रयोग किए। वहाँ पर हलाहल तो नहीं उग पाया, लेकिन सरस्वती के एक झरने का जल मायापुर से लाए गए सोमलता के गूदे से विष निकालने में सफल रहा। यह सब देखकर यह निर्णय लिया गया कि सोम की खेती गंगा के किनारे और उसका शुद्धीकरण सरस्वती के किनारे उस झरने पर किया जाए। उस झरने के पास कड़ी सुरक्षा के बीच एक प्रयोगशाला की स्थापना की गई। इसमें आंतरिक और बाह्य, दो स्तर की सुरक्षा व्यवस्था की गई। सचेत सुरक्षाकर्मी दिन-रात इसके चारों ओर पहरा देने के लिए लगा दिए गए।

पौधों को मायापुर से लाकर उसे कुचलकर बड़े-बड़े पात्रों में रखकर झरने के पानी से धोया जाता था। यह प्रक्रिया पाँच चरणों में की जाती थी, जिससे हलाहल का एक भी अंश उसमें नहीं रह जाए। झरने का जल मोड़कर प्रयोगशाला तक ले जाया गया था।

इन चरणों को इतना गुप्त रखा गया था कि धन्वंतरि को छोड़कर किसी को भी एक साथ पूरी प्रक्रिया का ज्ञान नहीं था।

***

उधर असुर राज्य पर भारी विपत्ति आ गई थी।

एक दिन प्रात: विप्रचित्ति ने जैसे ही उठने का प्रयास किया, उन्हें अपनी छाती में जोर से दर्द का अनुभव हुआ और साँस लेने में कष्ट होने लगा। अपनी छाती पकड़कर दर्द से कराहते हुए वह वहीं लेट गए। घबराई हुई सिंघिका बाहर चिकित्सक को बुलाने दौड़ी। चिकित्सक ने आकर विप्रचित्ति का परीक्षण करके बताया कि उन्हें हृदयाघात हुआ है।

उसने झुककर विप्रचित्ति के सीने में साँस का संचार सुचारु करने का प्रयास किया। कुछ समय में विप्रचित्ति की साँस स्थिर हो गई, लेकिन वह अत्यधिक कमजोरी का अनुभव कर रहे थे। उन्होंने बोलने का प्रयास किया, लेकिन उनके मुँह से गरगराहट की सी ध्वनि मात्र निकली। चिकित्सकों के अथक प्रयास से उनकी जान बच गई, लेकिन उनके बाएँ भाग में पक्षाघात हो गया था।

विप्रचित्ति का लंबे समय तक विभिन्न औषधियों और तेलों की मालिश से उपचार किया गया, लेकिन उनके पक्षाघात ग्रस्त शरीर में कोई सुधार नहीं हुआ। अंत

में चिकित्सकों ने अपनी हार मानते हुए घोषणा की कि असुरराज अब ठीक नहीं हो पाएँगे।

सिंघिका को अपना मानसिक संतुलन बनाए रखने के लिए काफी प्रयास करना पड़ा। उन्होंने विप्रचित्ति का हाथ थामकर कहा, "प्रियतम, मैं हमेशा आपके साथ रहूँगी।" उसकी आँखों से झर-झर आँसू झर रहे थे।

विप्रचित्ति ने सिंघिका को देखा, उसके शब्दों ने उन्हें ढाढ़स बँधाया। सिंघिका के स्पर्श ने मरहम का कार्य किया था। उन्होंने किसी प्रकार बड़बड़ाते हुए कहा, "सिंघिका, केवल तुम्हारा प्रेम ही मुझे जीवित रखे हुए है।"

लेकिन वह अपने आप कुछ भी करने में असमर्थ थे। उनकी आवाज खराब हो चली थी और उनका जीवन पूर्णतया दूसरों पर आश्रित था। ऐसी दशा में असुरों की सर्वोच्च संस्था 'त्रिशिर' की एक गुप्त बैठक हुई।

असुर साम्राज्य विप्रचित्ति के सक्षम नेतृत्व में फला-फूला था। वह न केवल सुरों के साथ अच्छे संबंध बनाए रखने में सफल रहे थे, बल्कि वह उद्दंड असुर सभासदों को भी नियंत्रण में रखने में सफल हुए थे। त्रिशिर की बैठक में सबका मत था कि विप्रचित्ति की बीमारी का समाचार फैलते ही सभासदों में आपसी झगड़े शुरू हो जाएँगे, जिससे गृहयुद्ध छिड़ सकता था। यह निर्णय लिया गया कि स्वरभानु के वापस लौटने तक विप्रचित्ति की बीमारी को गुप्त रखा जाए और उन्हें जनसाधारण से दूर शुक्राचार्य के आश्रम में ले जाया जाए। घोषणा की गई, "राज्य की भलाई के लिए शुक्राचार्य ने राजन को अपने आश्रम में एक लंबी तपस्या के लिए बुलाया है। इस तपस्या से ईश्वर प्रसन्न होकर राजा को दिव्य शक्तियाँ प्रदान करेंगे। यह तपस्या अत्यंत दुरूह है और इस मध्य राजा किसी से नहीं मिलेंगे, जिससे तपस्या में किसी प्रकार का विघ्न पैदा न हो।"

यद्यपि त्रिशिर प्रशासन व्यवस्था भलीभाँति चला रहा था, राजा की अनुपस्थिति से शीर्ष पर एक शून्यता आ गई थी। असुर सामूहिक नेतृत्व के अभ्यस्त नहीं थे और सिंघिका को प्रशासन में न तो रुचि थी, न ही वह इसकी बारीकियाँ समझ पाती थी। धीरे-धीरे त्रिशिर के सदस्यों के अहंकार से प्रशासन में कठिनाइयाँ आने लगीं। सदस्यों के बीच मतभेद उभरने लगे।

***

ब्रह्मावर्त पहुँचकर स्वरभानु ने पिता विप्रचित्ति को एक दूत के द्वारा गुप्त संदेश भेजा। उसे विप्रचित्ति की बीमारी का कोई ज्ञान नहीं था। विप्रचित्ति की बीमारी के कारण

यह संदेश शुक्राचार्य के पास ही पहुँचा। उसे पढ़कर उन्होंने सोचा, *"अविश्वसनीय, मैं सोचता था कि अमृत केवल कथाओं में होता है।"*

इस समाचार ने शुक्राचार्य को विचलित कर दिया। देर तक विचार करके उन्होंने यह निष्कर्ष निकाला, *"जो इस जीवन रस को पाएगा, वही विश्व पर राज करेगा। इसमें दाँव बहुत ऊँचे हैं।"*

शुक्राचार्य ने दूत को आदेश दिया, "जाकर स्वरभानु से कहो कि उसे ब्रह्मावर्त में ही रुकना चाहिए और सजग रहना चाहिए। असुरों का सोम पर बराबर का अधिकार है। मैं महारानी सिंघिका के भाई हिरण्यकशिपु को एक संदेश भेज रहा हूँ कि वह तुरंत आकर मुझसे मिले और अपने कुछ विश्वासपात्र स्वरभानु की सहायता के लिए भेजे।"

***

जब हिरण्यकशिपु को शुक्राचार्य का संदेश मिला तो वह बिना विलंब किए शुक्राचार्य के आश्रम पहुँचा।

"आचार्य, मैं आपकी सेवा में उपस्थित हूँ," उसने आदर के साथ सिर झुकाते हुए कहा, "कृपया इस प्रकार बुलाने का मंतव्य बताने की कृपा करें।"

शुक्राचार्य ने हिरण्यकशिपु को विप्रचित्ति की बीमारी और सोम के विषय में बताया, "हिरण्यकशिपु, मुझे संदेह है कि सुर सोम के रहस्य को असुरों से छिपाएँगे। स्वरभानु ब्रह्मावर्त में अकेला असुरों के हितों की रक्षा करने में असमर्थ होगा। मुझे ज्ञात हुआ है, धन्वंतरि के अतिरिक्त किसी को भी सोम बनाने की पूर्ण विधि नहीं आती है।"

"आचार्य, मैं सुरों को जानता हूँ। वे चतुर और कपटी हैं। इंद्र किसी भी प्रकार का षड्यंत्र रचकर सोम पर पूर्ण नियंत्रण कर सकता है। मैं अपने सैन्य दल की एक टुकड़ी स्वरभानु की सहायता के लिए भेज रहा हूँ। असुरों के हितों की रक्षा मेरा उत्तरदायित्व है।"

उसके इस वचन से शुक्राचार्य के मुख पर मुसकान आ गई। □

20

षड्यंत्र

बिना विलंब किए हिरण्यकशिपु ने एक विश्वस्त सैन्य टुकड़ी स्वरभानु की सेवार्थ भेज दी। उस टुकड़ी के साथ एक कमनीय महिला भौतिक चिकित्सक 'चंचा' भी थी। यह एक गुप्त रहस्य था कि चंचा हिरण्यकशिपु की एक विश्वसनीय गुप्तचर भी थी।

चंचा हिरण्यकशिपु की कृतज्ञ थी कि उसे अपनी दक्षता सिद्ध करने का एक सुनहरा अवसर दिया गया था। वह अपने साथ स्वरभानु के लिए कूटभाषा में लिखा एक संदेश ले गई थी, "चंचा मेरी सबसे बुद्धिमान और राजभक्त गुप्तचर है। केवल विशेष प्रयोजनों और विमर्श के लिए इसका प्रयोग करना।"

***

आसिम एक सुर-रक्षक था और अपने शौर्य के लिए जाना जाता था। तलवारबाजी में उसका कोई जोड़ नहीं था। वह द्वंद्वयुद्ध में सर्वोत्तम था। उसे सोम प्रयोगशाला की सुरक्षा में आंतरिक घेरे का मुख्य रक्षक बनाया गया था। पर आसिम के मन में असंतोष की एक बड़ी गाँठ थी। उसके शौर्य और असीमित ऊर्जा के बाद भी उसे प्रोन्नति करके नायक नहीं बनाया गया था। इसका कारण उसमें नेतृत्व क्षमता का अभाव था। रक्षा-प्रमुख उसकी क्षमताओं के प्रशंसक थे और उन्होंने आसिम को कई बार समझाने का असफल प्रयास भी किया था। कुछ कमियों के बाद भी वह रक्षकदल के लिए अति मूल्यवान था।

वाशा बाहरी घेरे में असुर दल का एक रक्षक था। अपनी पारिहासिक प्रवृत्ति और दूसरों की सहायता हेतु तत्पर रहने के उसके स्वभाव ने कुछ ही समय में उसे लोकप्रिय बना दिया था। उसमें अपनी बात की अभिव्यक्ति और दूसरों की बात शांतिपूर्वक सुनने का विशेष गुण था। आसिम की युद्धकला के बारे में जानकर वाशा में उससे इस कला को सीखने की इच्छा हुई।

दोनों में मित्रता हो गई। एक बार हिचक खुलने के बाद आसिम को वाशा में बहुत अच्छा श्रोता मिल गया। वह वाशा के साथ देर तक बैठकर उसे अपनी बहादुरी के किस्से नमक-मिर्च लगाकर सुनाता रहता।

स्वरभानु को जब आसिम और वाशा की मित्रता के विषय में ज्ञात हुआ तो उसे लगा कि आसिम सूचनाओं का एक उत्तम स्रोत हो सकता था। स्वरभानु ने वाशा को अपने कक्ष में बुलाया और बैठने हेतु आसन दिया। वाशा एक सामान्य रक्षक था। युवराज के इस प्रेमपूर्ण व्यवहार से वह अभिभूत हो गया।

उचित अवसर देखकर स्वरभानु ने कहा, "वाशा, तुम प्रयोगशाला की सुरक्षा में हो और इस कारण तुम असुरों के एक अति महत्त्वपूर्ण कार्य पर लगे हुए हो। तुम्हारी असाधारण सेवाओं को देखते हुए मैं तुम्हें सेनानायक बनाता हूँ। सोम का रहस्य ज्ञात होने के पश्चात् मैं इसकी घोषणा करूँगा।"

वाशा अब पूरी तरह भावों में बह गया था। उसने घुटने के बल बैठकर अपना सिर झुका लिया और बोला, "स्वामी, मैं आपका अनुगृहीत हूँ। मैं हमेशा आपका भक्त रहूँगा। आपके हर आदेश का मैं पालन करूँगा। मेरे लिए क्या आज्ञा है?"

स्वरभानु ने उचित अवसर देखकर कहा, "मुझे तुम्हारे कर्तव्यों के अनुपालन के अतिरिक्त कुछ नहीं चाहिए। यद्यपि मैं सुरों पर विश्वास करता हूँ, लेकिन कभी-कभी मुझे आशंका होती है, क्योंकि प्रयोगशाला में प्रमुखतः सुर ही कार्यरत हैं। कहीं ऐसा न हो कि वे हमसे सोम विषयक कुछ सूचनाएँ छुपा लें।"

वाशा ने उत्तर दिया, "आपकी आशंका निराधार नहीं है। मुझे भी लगता है कि असुरों को जान-बूझकर इस अभियान से दूर रखा जा रहा है। असुरों में से कोई भी आंतरिक सुरक्षा घेरे में नहीं है। मैं आपका सेवक हूँ। कृपया मुझे आदेश दें कि मुझे क्या करना है।"

स्वरभानु ने एक लंबी साँस छोड़ते हुए कहा, "तुम्हें आसिम से प्रयोगशाला की सूचनाएँ निकलवानी हैं। इसके लिए तुम उससे प्रयोगशाला में हो रही प्रत्येक घटना को विस्तार से जानने का प्रयास करो, फिर हम उन सूचनाओं को क्रमबद्ध करके उसका अर्थ जानने का प्रयास करेंगे, लेकिन यह सब चतुरता से करना होगा, जिससे उसे किसी प्रकार का संदेह न हो।"

***

अगले कुछ दिनों में वाशा और आसिम में प्रगाढ़ता इतनी बढ़ गई कि दोनों एक-दूसरे के बिना नहीं रह सकते थे। यद्यपि कारण अलग थे। वाशा का उद्देश्य

था आसिम के अंतर्मन का नायक बनने का, जिससे वह आसिम से सोम के विषय में गुप्त जानकारियाँ उगलवा सके। वह प्राय: कहता था, "आसिम, मैं तुम्हारे युद्ध-कौशल का भक्त हूँ। बड़े-से-बड़ा योद्धा तुम्हारे समक्ष कुछ नहीं है।"

आसिम एक लंबी साँस लेकर चुप हो जाता। वाशा ने उसके अंदर एक ज्वाला जला दी थी। नायक न बन पाने की कुंठा उसके मस्तिष्क पर हावी हो गई थी। वाशा, आसिम के अहं और सुरों की उसकी क्षमता न पहचान पाने के दु:ख को व्यक्त करने का कोई अवसर नहीं छोड़ता था।

आसिम को वाशा की बातों का व्यसन हो गया था। अपने अहं को संतुष्ट करने के लिए उसे वाशा की निरंतर आवश्यकता थी। दोनों देर रात तक तारों के नीचे बैठे मदिरापान करते हुए बातें करते रहते।

शीघ्र ही आसिम ने प्रयोगशाला के अंदर हो रही बातों को बताना प्रारंभ कर दिया। इस विषय पर वाशा के रुचि लेने से वह और उत्साहित हो गया और उसे प्रभावित करने के लिए वैज्ञानिकों की बातें सुनने का प्रयास करने लगा। वह जो सुनता, तुरंत वाशा को बताता, "वाशा, इस प्रात: मैंने धन्वंतरि को यह कहते सुना कि उन्हें सोम से हलाहल हटाने में पूर्ण सफलता मिल गई है और शुद्ध सोम तैयार करके वे उसे पात्रों में रख रहे हैं। इसकी घोषणा से पूर्व धन्वंतरि इस विषय पर बृहस्पति के साथ कुछ विमर्श करेंगे। बृहस्पति अभी मायापुर गए हैं और शीघ्र ही वापस आनेवाले हैं।"

"सोम सेवन के लिए तैयार है ?" इस सूचना ने स्वरभानु को उत्तेजित कर दिया। *"मुझे यह सूचना आसिम की अपेक्षा धन्वंतरि से मिलनी चाहिए थी। मुझे लगता है कि मेरी आशंका सत्य है। सुर सोम को हमसे गुप्त रखना चाहते हैं।"* यह विचार उसे उद्वेलित करने लगा।

उसने चंचा को बुलाया, "अब आगे तुम्हारा कार्य प्रारंभ होता है।"

चंचा मुसकराई और स्वरभानु के कंधे तथा पीठ पर अपनी उँगलियाँ घुमाते हुए अपनी बाँहें उसके चारों ओर डाल दीं।

***

अगले दिन वाशा ने बताया, "आसिम, तुम्हारी वीरता की कहानियाँ मेरे तक ही सीमित नहीं हैं। मेरी एक महिला मित्र है, जो तुमसे अत्यंत प्रभावित है और मिलने की इच्छुक है।"

आसिम का वक्ष गर्व से फूल उठा। वाशा ने स्थिति को अनुकूल भाँपकर आगे

प्रस्ताव किया, "यदि तुम्हारी सहमति हो तो असुर शिविर में यह बैठक हो सकती है।"

अपने प्रशंसक से मिलने की कल्पना ने आसिम को इतना विभोर कर दिया कि उसने आगे नहीं सोचा। उसने अपने अकृतज्ञ अधिकारियों को गाली देते हुए कहा, "मैं समझ नहीं पाता कि मेरे अपने सुर नायक मेरी क्षमताओं को कब मान्यता देंगे?"

जब वे असुर शिविर में पहुँचे तो वाशा उन्हें शिविर के कोने में बने एक कक्ष की ओर ले गया और बोला, "यह हमारा भौतिक चिकित्सा कक्ष है। यहाँ पर मालिश, जोड़ों के दर्द आदि से मुक्ति मिलती है।"

जब उन्होंने कक्ष में प्रवेश किया तो वहाँ बैठी चंचा ने मुसकराकर उनका स्वागत किया। उसने अपनी कमनीय काया को इस विशेष अवसर पर कामुक वेशभूषा से सज्जित किया था। आसिम एक सामान्य वर्ग से संबंध रखनेवाला पुरुष था। चंचा को देखकर उसकी आँखें विस्फारित हो गईं। चंचा की आमंत्रण दे रही मुसकान से उसकी हृदय-गति बढ़ गई।

"मैं चंचा हूँ, यहाँ की भौतिक चिकित्सक। वाशा और मैं पुराने मित्र हैं," चंचा ने अपनी आवाज में मोहिनी डालते हुए कहा।

"सामान्यत: वाशा दूसरों के विषय में बात नहीं करता है, लेकिन वह तुम्हारे विषय में इतना बताता रहता है कि मैं तुमसे मिलने की अभिलाषा को रोक नहीं पाई। मैं देखना चाहती थी कि ऐसा कौन सा पुरुष है, जिसने वाशा को इतना प्रभावित कर दिया है।" यह कहते हुए वह आसिम के पास पहुँच गई और अपने हाथ से उसके कंधे से कोहनी तक सहलाने लगी। फिर उसकी एक दबी सी हँसी ने आसिम का रहा-सहा विवेक भी गायब कर दिया।

मदिरा-पान और प्रशंसा से अहं-संतुष्टि प्राप्त आसिम तोते की तरह प्रयोगशाला की सभी बातें बताने लगा। उसने ध्यान नहीं दिया कि कब वाशा कक्ष से बाहर चला गया और चंचा उसके और निकट आ गई।

"आसिम, मैं युवराज की व्यक्तिगत चिकित्सक हूँ, लेकिन आज मैं तुम्हें विशिष्ट प्रकार की मालिश का वह उपहार दूँगी, जिसे तुम जीवनपर्यंत नहीं भूलोगे।" यह कहते हुए चंचा ने उसका उत्तरीय उतारते हुए उसे लिटा दिया। जब चंचा के अनुभवी हाथ उसकी मालिश करते हुए मांसपेशियों की गाँठें खोल रहे थे तो आसिम को ऐसा लग रहा था, जैसे वह स्वर्ग में पहुँच गया हो।

"तुम्हारा शरीर चट्टान की तरह मजबूत है। मुझे सुरों की बुद्धि पर दया आती है कि तुम अभी तक नायक नहीं बनाए गए। असुर-सेना में तो तुम एक उच्च पद पर

आसीन होते।" यह कहते हुए चंचा ने उसके मेरुदंड के एक विशिष्ट स्थान पर अपनी उँगली गड़ाकर घुमाई।

"मैंने सुना है कि सोमरस बननेवाला है।" चंचा की उँगलियाँ जादू कर रही थीं।

"बननेवाला नहीं, बन गया है। मेरे समक्ष धन्वंतरि ने सबको बधाई दी है। उसने कहा था कि अब चिरयुवा होने का समय आ गया है।" आसिम की सोचने की शक्ति समाप्त हो चुकी थी।

"इसका अर्थ है कि तुम चिरयुवा हो जाओगे और अगले कई सौ वर्षों तक मेरी जैसी युवतियों को भोगोगे।" चंचा का हाथ उसके कंधे पर था।

"चंचा, तुम चिंता न करो, तुम मेरी प्रिय मित्र हो। सोमरस का रसास्वादन सबसे पहले तुम करोगी। इंद्र से भी पूर्व। फिर हम सैकड़ों वर्षों तक इसी प्रकार जीवन का आनंद लेंगे।" अत्यंत उत्तेजित आसिम अब उसे पाने के लिए कुछ भी करने को तैयार था।

"यह कैसे संभव है?" चंचा ने आसिम के कान में फुसफुसाया। वह अब उसकी पीठ पर बैठी थी।

"मुझे ज्ञात है कि इसे कहाँ रखा गया है। मैंने धन्वंतरि और अन्य वैज्ञानिकों की बातों को बहुत ध्यान से सुना है।"

"क्या बात है। आज से तुम ही मेरा जीवन हो।" चंचा ने चहकते हुए एक जोरदार अँगड़ाई ली। आसिम ने उसे अपनी बाँहों में ले लिया।

***

संध्या में चंचा ने स्वरभानु को सूचित किया, "प्रभु, सोम तैयार हो चुका है और आप उसका सेवन करनेवाले प्रथम व्यक्ति होंगे।"

स्वरभानु ने प्रसन्नतावश अपने गले से एक रत्नजटित हार निकालकर चंचा के गले में डाल दिया और बोला, "इसके लिए मैं असुरों में सदैव याद रखा जाऊँगा।"

"इसके बाद आसिम का क्या करना है? क्या हम उसे पुरस्कृत करें?" चंचा स्वरभानु से जानना चाहती थी।

"हाँ, आसिम हमारे लिए महत्त्वपूर्ण है। हमें उसका कुछ करना चाहिए।"

स्वरभानु एक अलग ही निर्णय ले चुका था। आसिम और वाशा दोनों सोम की चोरी में सम्मिलित होंगे और इस रहस्य का खुलना एक बड़े राजनीतिक संकट को जन्म दे सकता था। अत: इन दोनों का जीवित रहना असुरों के लिए ठीक नहीं होगा।

"ये दोनों इस खेल के छोटे खिलाड़ी हैं और इन्हें अपना बलिदान देना ही होगा," वह बुदबुदाया।

"जैसी आपकी आज्ञा प्रभु!" बुद्धिमान चंचा स्वरभानु का आशय समझ गई थी।

***

एक दिन सायं को मौका देखकर आसिम चुपके से प्रयोगशाला के अंदर घुसा। वहाँ पर एक स्थान पर लकड़ी के बने कलश रखे थे और प्रत्येक कलश पर एक चिह्न बना हुआ था। आसिम इस प्रकार की जटिलताओं के लिए तैयार नहीं था। उसके अनुसार ये सभी कलश एक जैसे थे और ये चिह्न तारीखों के प्रतीक थे।

"ये वैज्ञानिक कितने मूर्खतापूर्ण ढंग से कार्य करते हैं।" आसिम ने एक कलश से सोम का चूर्ण निकालते हुए सोचा। इस समय उसके समक्ष चंचा का गदराया हुआ बदन नाच रहा था। इससे उसकी नसों में खून तेजी से दौड़ने लगा।

"हम दोनों चिरकाल तक आनंद करेंगे। हम एक-दूजे के लिए ही बने हैं।"

चंचा से मिलन की अभिलाषा ने आसिम की बुद्धि भ्रष्ट कर दी थी। अपनी अज्ञानता के कारण वह यह नहीं समझ पाया कि उसने जिस कलश से सोम लिया था, वह अपरिमार्जित सोम था और उसमें हलाहल के अंश थे।

चंचा आसिम को देखते ही उससे लिपट गई और उसे चूम लिया।

"यह अमरत्व का चूर्ण है," आसिम ने उसे एक वस्त्र में बँधा सोम देते हुए गर्व से कहा।

"आसिम तुम थक गए होगे," चंचा ने चहककर कहा, "तुम्हें विशेष मालिश की आवश्यकता है।"

आसिम पेट के बल लेटकर चंचा की जादुई उँगलियों के स्पर्श की प्रतीक्षा करने लगा। चंचा को ज्ञात था कि उसे क्या करना है। *"इसने असुरों के लिए इतना बड़ा कार्य किया है। इसके महाप्रयाण पर जाने से पूर्व इसकी अग्नि को शांत करना मेरा कर्तव्य है।"*

अंत में जब आसिम थककर एक शांतिपूर्ण निद्रा में मग्न हो गया, चंचा धीरे से उठी और एक तेज धार के चाकू से एक ही वार में उसके गले की नसें काट दीं।

"मेरे विचार में उसने बिना किसी पीड़ा के इस नश्वर विश्व से विदा ली है।" चंचा के मन में एक ग्लानि भाव था।

उसे मिट्टी खोदकर दबा दिया गया और उसके ऊपर झाड़ियाँ लगाकर पत्ते डाल दिए गए, लेकिन वह अकेले नहीं था। उसके बराबर में ही उसका मित्र वाशा सो रहा था। षड्यंत्र खुलने के प्रत्येक द्वार को बंद करने की चेष्टा की गई थी।

***

असुर रक्षकों का एक दल शिविर से अपने राज्य जाने की तैयारी कर रहा था। चंचा ने निर्णय लिया कि वह भी इस दल के साथ वापस चली जाएगी। उसे वहाँ रुकना अपने लिए खतरा लगने लगा था।

"स्वरभानु पर विश्वास नहीं किया जा सकता है। आसिम और वाशा के बाद वह मुझे भी मार सकता है। मैं इस प्रकार मरने के लिए नहीं हूँ। यह असुरों की नहीं, बल्कि स्वरभानु की व्यक्तिगत समस्या है। वह अपने कार्यों का उत्तरदायित्व दूसरों पर डालकर स्वयं केवल फल की इच्छा रखता है।"

वह स्वरभानु के पास गई और उसको समझाते हुए कहा, "अभी तक मैं शिविर से बाहर नहीं गई हूँ, इसलिए मेरी पहचान छुपी हुई है। मुझे सुरों में कोई नहीं जानता, लेकिन जैसे ही आसिम और वाशा की अनुपस्थिति ज्ञात होगी, वे इस बात की छानबीन करेंगे। मेरा सुझाव है कि इन परिस्थितियों में अभी मुझे जाने दिया जाए। दो या तीन माह के उपरांत मैं एक राजनयिक के रूप में आपकी सेवा में उपस्थित होऊँगी। उस रूप में मैं उच्च अधिकारियों और वैज्ञानिकों से भी बात कर सकती हूँ।"

स्वरभानु ने कुछ देर सोचने के बाद उसे यह कहकर जाने की अनुमति दे दी, "याद रखना, तुम्हारे लिए मेरे पास बड़ी योजनाएँ हैं। मैं तुम्हें गुप्तचर सेवा का प्रमुख बनाकर अपनी सेवा में रखूँगा।"

चंचा ने सिर झुकाकर विदा ली। उसने यह भी निर्णय ले लिया था कि वह कभी भी इस घृणित कार्य में सहभागी नहीं बनेगी। उसे अपनी क्षमताओं पर गर्व था और अब वह स्वतंत्र थी। उसने पर्याप्त धन-संग्रह करके अपने परिजनों के पास सुरक्षित रखा था और यह धन उसके कई वर्ष तक विलासितापूर्ण जीवन जीने के लिए पर्याप्त था।

***

आसिम ने सोम का कलश उठाते समय सावधानी नहीं बरती थी। वैज्ञानिकों ने प्रत्येक कलश के ढक्कन के नीचे एक सूत का धागा दबा रखा था। ढक्कन उठाते ही वह धागा नीचे गिर जाता था और यह ज्ञात हो जाता था कि उस कलश से छेड़छाड़ की गई थी, जैसे ही यह प्रकरण संज्ञान में आया, धन्वंतरि ने चंद्र को सूचित किया, "मुझे ज्ञात हुआ हुआ है कि आसिम और उसका असुर मित्र वाशा आज नहीं आए हैं। या तो वे इस चोरी के लिए उत्तरदायी हैं या किसी षड्यंत्र का हिस्सा हैं। जिस कलश से चोरी हुई है, वह अशुद्ध था और उसमें रखे चूर्ण में हलाहल के अंश थे। उसका सेवन करनेवाले का मरना निश्चित है।"

स्थिति की गंभीरता समझते हुए चंद्र ने विष्णु और इंद्र को घटना के विषय में सूचित किया। वाशा और आसिम की तलाश प्रारंभ हुई। एक रक्षक ने बताया कि उसने कल रात उन्हें असुर शिविर की ओर जाते देखा था।

"मुझे हमेशा स्वरभानु की नीयत पर संदेह था," चंद्र ने कहा।

"मुझे स्वरभानु की परिपक्वता पर संदेह था, लेकिन विप्रचित्ति का पुत्र इतना गिर सकता है, मैंने कभी नहीं सोचा था," विष्णु का स्वर खेद भरा था। उनके माथे पर चिंता की लकीरें थीं।

"उसने आत्मघाती कार्य करके सुरों और असुरों के मध्य पनप रहे मैत्री-भाव को एक झटके में समाप्त कर दिया है। असुरों के साथ अब सोम परियोजना में सहयोग संभव नहीं है," चंद्र का मत था।

उन्होंने असुर शिविर और विशेष रूप से स्वरभानु की गतिविधियों की निगरानी का निर्णय लिया।

***

स्वरभानु का मनोबल बढ़ा हुआ था। अमूल्य औषधि उसके सामने रखी हुई थी। अंत में उसने स्वयं को सुरों और असुरों में अमरत्व प्राप्त करनेवाले प्रथम व्यक्ति होने की स्वीकृति दी और उस चूर्ण को निगल गया, जैसे ही चूर्ण उसके गले से नीचे गया, उसे जलन की अनुभूति हुई। उसे लगा कि उसका सिर धड़ से अलग हो रहा है।

"लगता है, सोम ने अपना कार्य प्रारंभ कर दिया है।" उसने शाश्वत से सुना था कि सोम लेने पर प्रारंभ में विचित्र अनुभूतियाँ होती थीं।

हलाहल के अंश रक्त में मिलकर मस्तिष्क में प्रवेश कर रहे थे। उसे लगा कि उसकी सोचने की शक्ति क्षीण हो रही थी, पलकें भारी हो रही थीं और सुनने की शक्ति समाप्त हो रही थी। उसने आँखें खुली रखने का पूरा प्रयास किया, लेकिन उसके अंगों ने मस्तिष्क के निर्देश मानने से मना कर दिया। उसकी साँसें उखड़ने लगीं। उसने सहायता के लिए चिल्लाने का प्रयास किया, लेकिन होंठ नहीं खुले। उसकी आँखों के समक्ष अँधेरा छाने लगा। कुछ ही पलों में वह अचेत होकर भूमि पर धड़ाम से गिर गया।

बाहर रक्षकों ने जब गिरने की आवाज सुनी तो वे दौड़कर अंदर आए। कुछ देर बाद धन्वंतरि चिकित्सकों को लेकर वहाँ पहुँच गए।

स्वरभानु को लकड़ी के तख्त पर लिटाया गया। उसकी श्वास अस्थिर थी। चिकित्सक विभिन्न लेपों को उसके शरीर पर मलने लगे। इसके अतिरिक्त वे

स्वरभानु को वमन कराकर जहर के अंशों को बाहर निकलने का प्रयास कर रहे थे, लेकिन किसी उपचार का कोई प्रभाव नहीं पड़ रहा था। उसकी गरदन के ऊपर का भाग नीलिमा लिये हुए काला होता जा रहा था, जबकि शेष शरीर पर कोई दुष्प्रभाव नहीं था। उसके हाथ और पैर ऐसे हिल रहे थे, जैसे कि वे किसी अन्य व्यक्ति के हाथ-पैर हों।

"यह बड़ी विचित्र स्थिति है। हमारे पास इसका कोई उपचार नहीं है। हम केवल प्रयास कर सकते हैं और ईश्वर से प्रार्थना," धन्वंतरि ने हताश होकर कहा।

शिविर में रह रहे असुर व्याकुल हो रहे थे। शिविर में विभिन्न प्रकार की अफवाहें फैलने लगी थीं। कपोत संदेशवाहकों को सीमावर्ती चौकियों में इस निर्देश के साथ भेजा गया कि यदि कोई असुर शिविर छोड़कर भागा हो तो उसे पकड़ लिया जाए। दो दिन के पश्चात् उन्हें एक असुर दल के पकड़े जाने की सूचना प्राप्त हुई। यह वही दल था, जिसमें चंचा गई थी। लेकिन पकड़े जानेवालों में चंचा नहीं थी। उसके बारे में किसी को कुछ पता नहीं चला कि वह कहाँ गई।

स्वरभानु को ब्रह्मावर्त में ही एक गुप्त स्थान पर ले जाया गया, फिर यह समाचार फैला दिया गया कि वह कहीं एकांतवास में चला गया था। उसके विषय में ब्रह्मा, विष्णु, इंद्र, बृहस्पति और धन्वंतरि के अतिरिक्त किसी को कुछ पता नहीं था।

□

भाग–3

आततायी का अंत

21

हिरण्याक्ष का पराभव

यह अत्यंत संकटमय स्थिति थी। लेशमात्र का भ्रम सुरों और असुरों के मध्य युद्ध छिड़ने का कारण बन सकता था। इंद्र ने विष्णु के साथ स्थिति की समीक्षा कर परामर्श दिया, "हमें बिना विलंब किए स्थिति पर नियंत्रण का प्रयास करना होगा। असुर सैनिक यहाँ पर संख्या में कम हैं और उन पर नियंत्रण करना कठिन नहीं होगा। हमें उनके शस्त्रों को छीन लेना चाहिए।"

विष्णु इंद्र से सहमत नहीं थे, लेकिन इंद्र अपनी बात पर अड़े हुए थे। अंत में विष्णु मान गए। असुर शिविर को सुर योद्धाओं ने घेर लिया और उनको समर्पण करने के आदेश दे दिए। छोटा सा असुर दल सुरों की सेना के समक्ष असहाय था। जिन असुर सैनिकों ने विरोध किया, वे मारे गए। कुछ प्रतिरोध के बाद बाकी ने आत्मसमर्पण कर दिया।

"यह चुनौती तो समाप्त हुई," इंद्र ने मृत असुर सैनिकों को देखते हुए कहा।

"असली चुनौती तो अब आएगी," विष्णु ने मौन तोड़ते हुए कहा, "हिरण्यकशिपु इस क्षेत्र में असुरों का सहयोगी है और स्वरभानु का मामा भी। उस तक स्वरभानु के विषय में समाचार पहुँचने में अधिक समय नहीं लगेगा। वह इस बात का विश्वास नहीं करेगा कि इस स्थिति के लिए स्वरभानु स्वयं उत्तरदायी है। हिरण्यकशिपु का सिद्धांत आँख के बदले आँख का है।"

फिर विष्णु ने कुछ देर सोचने के बाद कहा, "मैं हिरण्यकशिपु के पास जाकर स्वयं उससे बात करूँगा।"

"लेकिन इसमें बहुत खतरा है!"

"मैं जानता हूँ, लेकिन हमारे पास कोई अन्य विकल्प नहीं है," विष्णु सोचते हुए बोले, "यदि वह कोई मूर्खतापूर्ण कार्य करता है, तो स्वयं अपना जीवन संकट में डालेगा।"

***

हिरण्यकशिपु एक अच्छा प्रशासक था। उसने क्षेत्र में फैली उद्दंड जनजातियों को नियंत्रित कर राज्य की स्थापना की थी। इसका ब्रह्मा ने समर्थन किया था और हिरण्यकशिपु की खुलकर सराहना की थी, "हिरण्यकशिपु के कारण ब्रह्मावर्त, बैकुंठ और मूलस्थान क्षेत्रों में यात्रियों की सुरक्षा के विषय में निश्चिंतता हो गई है। हिरण्यकशिपु ने एक सुदृढ़ राज्य की स्थापना करके हिंसक प्रवृत्ति की इन जनजातियों के कारण हो रही समस्या समाप्त कर दी है। वह वीर है और अत्यंत अनुशासित भी। यह क्षेत्र इस प्रकार के स्वयंभू कबीलों से भरा हुआ है। मेरे विचार में वही इन सबको नियंत्रित करके मुख्य धारा में लाकर एक सूत्र में पिरो सकता है।"

विष्णु और इंद्र इस तर्क से सहमत नहीं थे। विष्णु के विचार थे, "हिरण्यकशिपु में अहंभाव बहुत प्रबल है और वह निरंकुश शासक है।"

ब्रह्मा का उत्तर होता, "विष्णु, यदि हिरण्यकशिपु गलत मार्ग पर चलेगा तो न्याय की शक्तियाँ उसे स्वयं समाप्त कर देंगी। फिलहाल तो वही ऐसा व्यक्ति है, जो इस क्षेत्र में एक संगठित राज्य का संचालन कर रहा है।"

***

विष्णु ने हिरण्यकशिपु को एक कूट संदेश भेजकर बिना विलंब उससे भेंट की इच्छा व्यक्त की। संदेश में कहा गया था कि यह गुप्त भेंट केवल उन दोनों के बीच होगी और वन में आखेट के बहाने से होगी।

अब तक हिरण्यकशिपु को सूचना मिल गई थी कि असुरों को सोम की चोरी में सफलता प्राप्त हो गई थी, लेकिन वह स्वरभानु की स्थिति से अनभिज्ञ था। वह इस भेंट का आशय जानने का प्रयास कर रहा था।

"इस गुप्त भेंट का क्या कारण हो सकता है और वह भी विष्णु द्वारा? अवश्य ही इसका संबंध सोम की चोरी से होगा।"

उसने अपने छोटे भाई हिरण्याक्ष से बात करके अपने स्थान पर उसे जाने का आदेश दिया। नियत दिन हिरण्याक्ष विष्णु से भेंट के लिए वन में पहुँचा। जब विष्णु ने स्वरभानु के विषय में विस्तार से बताया कि किस प्रकार उसने अशुद्ध सोम की चोरी करवाई और कैसे उसे सन्निपात हो गया, हिरण्याक्ष ने अपना आपा खो दिया। वह चिल्लाकर बोला, "विष्णु, सुर हमेशा कपटी रहे हैं, लेकिन इतने नीचे गिर जाएँगे, मैंने सोचा भी नहीं था।"

विष्णु ने उसे समझाने का प्रयास किया, "हिरण्याक्ष, तुम बुद्धिमान हो। हम सब स्वरभानु के लिए चिंतित हैं। जो कुछ हुआ, वह कल्पना से परे है। इसी कारण

मैं स्वयं मिलने के लिए आया हूँ।"

हिरण्याक्ष का मुख सख्त हो गया। उस पर अविश्वास स्पष्ट दिख रहा था। विष्णु ने एक बार पुनः समझाने का प्रयास किया, "हिरण्याक्ष, मैं तुम्हें विश्वास करने को नहीं कहता हूँ। तुम्हें स्वयं छानबीन करके तथ्यों से संतुष्ट होना चाहिए।"

"विष्णु, तुमने ही यह झूठी कहानी गढ़ी है। मुझे मूर्ख बनाने का प्रयास न करो, जब तुम्हें सोम का रहस्य प्राप्त हो गया और तुम्हें लगा कि असुरों की अब कोई आवश्यकता नहीं है, तो तुमने स्वरभानु को मार्ग से हटाने के लिए यह षड्यंत्र रचा।"

क्रोध के कारण हिरण्याक्ष अपना विवेक खो चुका था, "मैंने सोचा था कि इस प्रकार के षड्यंत्र केवल कहानियों में होते हैं, लेकिन तुमने यह वास्तविकता में करके दिखा दिया। तुम जीने का अधिकार खो चुके हो।"

हिरण्याक्ष ने अपनी तलवार निकाल ली और विष्णु की ओर लपका। सतर्क विष्णु ने एक ओर झुककर अपने को बचा लिया। हिरण्याक्ष अपने अगले प्रहार के लिए मुड़ा ही था कि विष्णु ने फुर्ती से अपना खंजर निकाला और इससे पूर्व कि हिरण्याक्ष सँभल पाता, खंजर उसके सीने में समा चुका था।

हिरण्याक्ष एक चीख के साथ गिर गया। उसके सीने से रक्त के फव्वारे निकल रहे थे। विष्णु ने उसे व्यथा के साथ देखा। उन्होंने इस भेंट की ऐसे अंत की कल्पना नहीं की थी। उन्हें इस बात को सोचकर आत्मग्लानि हुई कि उन्होंने यह विश्वास कर लिया था कि वह हिरण्याक्ष को समझा लेंगे। लेकिन अब जब यह हो गया था तो उन्होंने अपनी वैकल्पिक योजना पर कार्य प्रारंभ कर दिया।

उन्होंने एक सीटी बजाई। इसके प्रत्युत्तर में जंगल के अंदर से भी एक सीटी की ध्वनि आई। शीघ्र ही नाग योद्धाओं का एक दल अपने साथ जंगली शूकरों को हाँकता हुआ आया और हिरण्याक्ष के पार्थिव शरीर को रौंद दिया।

फिर यह समाचार फैल गया कि हिरण्याक्ष को जंगली शूकरों ने वन में घेर लिया और वीरतापूर्वक लड़ते हुए वह वीरगति को प्राप्त हुआ।

***

विष्णु इस घटना से अत्यंत दुखी थे। उन्होंने तुरंत एक गुप्त स्थान पर ब्रह्मा और इंद्र को विमर्श हेतु बुलाया। इंद्र का सुझाव था, "इसके पूर्व कि हिरण्यकशिपु बदला लेने का प्रयास करे, हमें मूलस्थान पर आक्रमण करके उसके राज्य को अपने में मिला लेना चाहिए। इससे हम हमेशा के लिए एक कष्ट से मुक्ति पा लेंगे। इस प्रकार सुरलोक और ब्रह्मावर्त के मध्य हमारा निर्बाध आवागमन भी संभव हो सकेगा।"

"इंद्र, तुम्हें ऐसा कुछ नहीं करना चाहिए, जिससे इस क्षेत्र में वर्तमान तनावपूर्ण स्थिति और गंभीर हो। मूलस्थान पर आक्रमण सुर और असुर संबंधों पर कुठाराघात होगा। हमें सबको साथ लेकर चलना आवश्यक है," विष्णु ने बल देते हुए कहा।

जैसी आशा थी, ब्रह्मा ने भी विष्णु का समर्थन किया। उन्होंने कहा, "मूलस्थान पर आक्रमण इस क्षेत्र की बची-खुची शांति को भी भंग कर देगा। स्वरभानु शरीर से अक्षम हो चुका है। सुनने में आया है कि विप्रचित्ति भी अस्वस्थ हैं। सिंघिका के विषय में सोचो! उसके पति रोगग्रस्त हैं और युवा पुत्र शेष जीवन के लिए शय्या से बँध गया है। ऐसे में उसके भाई हिरण्यकशिपु पर आक्रमण असुर सत्ता को संपूर्ण समाप्त करने के प्रयत्न जैसा होगा।"

इंद्र ने प्रतिवाद किया, "भगवन्! हिरण्यकशिपु कभी यह नहीं मानेगा कि हिरण्याक्ष की मृत्यु शूकरों द्वारा हुई है। मेरे अनुसार यही अच्छा होगा कि उसके विद्रोह करने से पूर्व हम मूलस्थान पर आक्रमण करके उसे अपने राज्य में मिला लें। हिरण्याक्ष की मृत्यु और स्वरभानु के सन्निपात के बाद अब न तो हिरण्यकशिपु से मित्रता की कोई संभावना बची है और न ही विप्रचित्ति पर विश्वास किया जा सकता है। मेरे विचार में मूलस्थान के वासियों को शीघ्र ही सुर उपनिवेश के लाभ ज्ञात हो जाएँगे और वे हमारा समर्थन करने लगेंगे।"

"इंद्र, तुम्हारे ऐसे किसी कदम में ब्रह्मावर्त तुम्हारा साथ नहीं दे सकता। मेरी भूमिका तटस्थता की रहेगी," ब्रह्मा ने अपना मंतव्य स्पष्ट किया। उन्होंने पुष्पावती वापस जाने का निर्णय ले लिया।

विष्णु को भी समझ आ गया था कि इंद्र से इस पर आगे बात करना व्यर्थ था। बैकुंठ जाने से पूर्व उन्होंने नारद को बुलाया और अनुरोध किया, "नारद, मैं हिरण्याक्ष की पत्नी पुषिता और हिरण्यकशिपु की पत्नी कयाधु के विषय में चिंतित हूँ। यदि इंद्र के आक्रमण से मूलस्थान के राजपरिवार को कोई हानि होती है तो इससे पूरे क्षेत्र में अराजकता आएगी। मैं चाहता हूँ कि यदि इंद्र मूलस्थान पर आक्रमण करते हैं तो तुम राजपरिवार को अपने आश्रम में आश्रय दो। यदि वे तुम्हारे आश्रम में रहते हैं तो इंद्र कभी उन्हें हानि नहीं पहुँचा सकते।"

नारद ने विष्णु को उनके निर्देश के पालन का वचन दिया।

इंद्र के मस्तिष्क पर विस्तारवादी इच्छाएँ प्रभाव जमाती जा रही थीं। यहाँ तक कि शचि भी उन्हें मूलस्थान पर आक्रमण करने से रोक नहीं पाई।

□

22

पुनरुत्थान

"यह झूठी कहानी है," हिरण्यकशिपु भाई की मृत्यु का समाचार पाकर क्रोध से पागल था। "जंगली शूकरों ने मेरे भाई का शरीर रौंदा?" उसने अविश्वास से कहा, "शेरों का झुंड भी उस वीर को पराजित नहीं कर सकता था। मेरी गलती थी कि मैं उस कुटिल योजना को नहीं समझ सका और अकेले अपने भाई को विष्णु से मिलने भेज दिया।"

जब हिरण्याक्ष का पार्थिव शरीर एक काष्ठ के बक्से में मूलस्थान पहुँचा तो हिरण्यकशिपु ने उसके बाल छुए, फिर मुट्ठी बाँधकर अपने हाथ हवा में उछाले और दहाड़ा, "जब तक मैं अपने भाई की मृत्यु का बदला नहीं ले लेता, एक पल भी चैन से नहीं बैठूँगा।"

पुषिता का रो-रोकर बुरा हाल था। वह अपने पति के शव के समीप रानी कयाधु के कंधे पर सिर रखकर धीरे-धीरे सुबक रही थी।

"हमें विष्णु और इंद्र पर तुरंत आक्रमण करना चाहिए," हिरण्यकशिपु ने हिरण्याक्ष के पार्थिव शरीर के अंतिम संस्कार के पश्चात् अपने विश्वस्त सेनानायक वाश्चिक को आदेश दिया।

"जैसी आपकी आज्ञा, राजन, लेकिन यदि आप अनुमति दें तो मैं कुछ निवेदन करना चाहता हूँ।"

हिरण्यकशिपु ने उसे कुछ खिजलाहट के साथ देखा और बोला, "कहो, जो कुछ कहना है, निर्भय होकर कहो।"

"राजन, सुर और देव, संख्याबल और तैयारी, दोनों में हमसे कहीं आगे हैं। इस अवस्था में युद्ध हमारे लिए उचित नहीं होगा।"

"तो हम क्या करें, वाश्चिक? मैं अपने भाई की हत्या और अपनी अस्मिता पर लगे इस कलंक को नहीं सह सकता।"

"राजन, किसी भी कार्रवाई से पूर्व हमें अपनी शक्ति बढ़ानी होगी। असुरराज विप्रचित्ति और इंद्र के संबंधों के कारण हमने अपनी सैन्य क्षमता पर अधिक ध्यान नहीं दिया। वर्तमान में असुरराज के स्वास्थ्य के कारण हमें उनसे भी अधिक आशा नहीं है।"

"मैं तुमसे सहमत हूँ। हमें इंद्र और विष्णु के विरुद्ध कूटनीतिक युद्ध भी करना होगा। केवल ब्रह्मा ही इस समय हमारा साथ दे सकते हैं, अतः मुझे शीघ्र ही ब्रह्मा के पास जाना चाहिए। मेरी अनुपस्थिति में तुम्हें मूलस्थान की शासन व्यवस्था देखनी होगी।"

इसके तुरंत बाद हिरण्यकशिपु सैनिकों की एक छोटी सी टुकड़ी के साथ पुष्पावती के लिए निकल गया। वह इस बात से अनभिज्ञ था कि सुरों की एक बड़ी सेना मूलस्थान की ओर आ रही थी।

***

हिरण्यकशिपु को गए हुए तीन दिन ही हुए थे कि वाश्चिक के पास एक गुप्तचर राज्य की सीमा से घोड़े को तीव्रता से दौड़ाते हुए पहुँचा और मूलस्थान की ओर बढ़ती सुर-सेना के विषय में एक साँस में बोलता गया, "श्रीमन्, वे दो से तीन दिन में मूलस्थान पहुँच जाएँगे।"

वाश्चिक स्तब्ध रह गया। हिरण्यकशिपु को सूचित करने और वापस बुलाने के लिए उसके पास समय नहीं था। उसने सोचा, *"राजा की अनुपस्थिति में शक्तिशाली सुर-सेना से युद्ध का कोई लाभ नहीं है। मेरी प्राथमिकता राजपरिवार की सुरक्षा होनी चाहिए। रानी कयाधु इस समय गर्भवती है और उसे किसी सुरक्षित स्थान पर ले जाना ही मेरा कर्तव्य है।"*

लगभग इसी समय वाश्चिक को नारद के मूलस्थान आने की सूचना मिली।

"नारद अविलंब आपसे मिलने के आकांक्षी है," एक सैनिक ने आकार वाश्चिक को बताया। वाश्चिक की समझ में कुछ भी नहीं आ रहा था। फिर भी उसने नारद से मिलने का निर्णय लिया।

नारद के पहुँचते ही वाश्चिक ने उनसे दो टूक पूछा, "क्या मैं जान सकता हूँ कि विष्णु के दूत मुझसे मिलने के लिए क्यों इच्छुक हैं? मैं यह भी जानने के लिए उत्सुक हूँ कि क्या आपके यहाँ आने का उद्देश्य मूलस्थान के अपमान का दर्शक बनना तो नहीं?" वाश्चिक के शब्दों में कड़वाहट भरी हुई थी।

"वाश्चिक, मैं न तो यहाँ किसी स्वार्थवश आया हूँ और न ही सुरों के कुटिल

उद्देश्यों में सम्मिलित हूँ। मेरा उद्देश्य पुषिता और गर्भवती कयाधु की सुरक्षा है। भगवान् विष्णु ने मुझे इस प्रस्ताव के साथ भेजा है कि इंद्र के मूलस्थान पर आक्रमण से पूर्व तुम पुषिता और कयाधु को मेरे आश्रम में भेज दो। वहाँ उन्हें कोई संकट नहीं होगा।"

"आपको विष्णु ने भेजा है! रानियों की रक्षा के लिए! पर विष्णु तो इंद्र के साथ हैं; मैं आप पर कैसे विश्वास कर सकता हूँ?"

"वाश्चिक! विष्णु इंद्र के इस आक्रमण के विरोध में हैं। वह नहीं चाहते कि कोई रक्तपात हो। वह राजपरिवार की सुरक्षा को लेकर भी बहुत चिंतित हैं, लेकिन इंद्र इस समय मतांध हैं," नारद ने स्पष्टीकरण देते हुए कहा।

वाश्चिक असमंजस में था। नारद आखिरकार एक सुर ही था। उस पर वह कैसे विश्वास कर ले। अंत में उसने मंत्रिमंडल में चर्चा करने का निर्णय लिया।

"श्रीमंत, हमारे पास सीमित विकल्प हैं। नारद सुर होते हुए भी एक ऋषि हैं। उनका कहना है कि विष्णु इस आक्रमण में इंद्र के साथ नहीं हैं। संभवत: हम उन पर विश्वास कर सकते हैं। यदि राजपरिवार उनके आश्रम में आश्रय लेता है तो इंद्र आश्रम में घुसने का साहस नहीं करेगा। इसके अतिरिक्त स्वयं नारद ने ही यह प्रस्ताव रखा है, अत: उन पर विश्वास किया जा सकता है।"

मंत्रिमंडल के इस तरह के विचारों और उनकी सहमति के बाद जब वाश्चिक ने रानियों को सूचित किया तो कयाधु ने मूलस्थान छोड़ने से मना कर दिया।

"आपका यहाँ रुकना विनाश का कारण बनेगा। आपके अजन्मे शिशु से ही इस राजपरिवार का वंश आगे चलेगा। अपने लिए न सही, अपने अजन्मे बालक के लिए आपको जाना होगा," वाश्चिक ने सलाह दी।

कयाधु अंतत: सहमत होकर नारद के आश्रम जाने के लिए रथ पर बैठ गई। पुषिता उसके साथ थी।

***

वाश्चिक ने भी अपने कुछ सहयोगियों के साथ मूलस्थान छोड़ने का निर्णय ले लिया। उसका तर्क था, "हम इंद्र से किसी भी स्थिति में जीत नहीं सकते। अपना जीवन गँवाने से अच्छा है कि हम मूलस्थान छोड़कर पर्वतों में चले जाएँ। फिर संगठित होकर उचित समय पर आक्रमण कर मूलस्थान को पुन: अपने अधिकार में ले लेंगे। महाराज हिरण्यकशिपु भी इस समय यहाँ नहीं हैं। ऐसे में व्यर्थ जीवन गँवाने से कोई लाभ नहीं! हमें उन्हें भी तुरंत इस घटनाक्रम से अवगत कराना चाहिए।"

लगभग सभी वाश्चिक से सहमत थे। एक दूत तुरंत हिरण्यकशिपु के लिए संदेश लेकर पुष्पावती के लिए निकल पड़ा। वाश्चिक अपने सहयोगियों के साथ इंद्र के मूलस्थान पहुँचने से पूर्व ही नगर छोड़ चुका था।

***

बड़ी संख्या में सुर सैनिक दुंदुभि बजाते हुए मूलस्थान में प्रवेश कर गए। उन्हें विशेष प्रतिरोध का सामना नहीं करना पड़ा। वाश्चिक मूलस्थान छोड़कर जा चुका था। कुछ असंगठित समूहों ने अवश्य सुरों को थोड़ी चुनौती दी, लेकिन उन्हें नियंत्रण में कर लिया गया।

जब इंद्र को ज्ञात हुआ कि हिरण्यकशिपु मूलस्थान में नहीं है तो वे ऊँचे स्वर में बोले, "वह बुद्धिमान है, भागकर उसने मूलस्थान में संभावित रक्तपात को बचा लिया। अब सुरों का साम्राज्य सुरलोक से लेकर ब्रह्मावर्त की सीमा तक हो गया है।"

इंद्र मूलस्थान में अपनी छवि एक योग्य और हितैषी शासक की रखना चाहते थे। उन्होंने मूलस्थान के लिए प्रशासक की नियुक्ति की और उसे निर्देश दिए, "तुम्हें अपना गुप्तचर संचार-तंत्र प्रभावी रखना होगा। किसी भी विद्रोह की आशंका या विद्रोही स्वर को सख्ती से कुचलना होगा, लेकिन सामान्य जनता को किसी असुविधा का सामना न करना पड़े।"

***

हिरण्यकशिपु पुष्पावती पहुँचा ही था कि दूत सुरों द्वारा मूलस्थान पर विजय का समाचार लेकर पीछे-पीछे पहुँच गया। ब्रह्मा को जब यह समाचार सुनाया गया तो वे शांत थे।

"मेरा परिवार कहाँ है?" हिरण्यकशिपु का दूत से प्रश्न था।

"राजन, वे ऋषि नारद के आश्रम में हैं।"

"नारद?" हिरण्यकशिपु अत्यंत क्रोधित हो उठा, "मेरे परिवार की सुरक्षा का उत्तरदायित्व विष्णु के पिट्ठू पर?"

"तुम्हारे अपने विचार हो सकते हैं, लेकिन नारद एक ऋषि और एक प्रतिष्ठित आचार्य हैं। उनके विषय में तुम्हें आशंका को निकाल देना चाहिए," ब्रह्मा ने हिरण्यकशिपु को आश्वस्त करने का प्रयत्न किया।

"जैसा आप कहेंगे, मुझे स्वीकार है," हिरण्यकशिपु अभी भी विचलित था, "लेकिन मुझे सुरों से मूलस्थान को स्वतंत्र कराने के लिए आपकी सहायता चाहिए।"

"मैं इंद्र के कृत्य को अस्वीकृत करता हूँ।" ब्रह्मा ने यह कहते हुए अपना हाथ हिरण्यकशिपु के कंधे पर रखा और आगे बोले, "हिरण्य, अपनी जनता के मध्य जाओ। तुम्हारी शक्तियाँ उन्हीं में निहित हैं। मेरा आशीर्वाद तुम्हारे साथ है।"

हिरण्यकशिपु ने झुककर ब्रह्मा से जाने की अनुमति ली। बाहर आकर उसने एक सामान्यजन का वेश धारण कर लिया। "हम परियात्रा पर्वतों में चलेंगे," उसने अपने साथियों को आदेश दिया।

***

जब मूलस्थान पर सुरों की विजय का समाचार असुर राज्य में पहुँचा, उस समय सिंघिका शुक्राचार्य के आश्रम में थी। वह कुछ समय तक मौन रही, फिर उसने झुककर विप्रचित्ति के बालों को सहलाया। विप्रचित्ति ने आँखें खोल दीं। वह अब पहले से अच्छा अनुभव कर रहे थे। सिंघिका ने तत्काल निर्णय लिया कि वह यह समाचार विप्रचित्ति को नहीं बताएगी। इससे उनके स्वास्थ्य पर असर पड़ सकता था।

विप्रचित्ति ने सिंघिका पर एक फीकी सी मुसकान डाली। इस समय उनकी आवाज में बहुत समय बाद स्पष्टता थी, "सिंघिका, मैं लंबे समय से बीमार हूँ। मेरे द्वारा राज्य का शासन न कर पाने के कारण असुर साम्राज्य में संकट आ गया है। वास्तव में मैं साम्राज्य के लिए एक बोझ बन गया हूँ। अब समय आ गया है कि मैं तुमसे विदा लूँ। मुझे एक ही दुःख है कि इस समय भी मैं स्वरभानु को नहीं देख पा रहा हूँ।"

सिंघिका को अनहोनी की आशंका हुई। वह सूनी आँखों से अपने जीवन-साथी को निहार रही थी। विप्रचित्ति ने अपनी सारी शक्ति लगाकर अपना हाथ उठाया और सिंघिका की उँगलियाँ थाम लीं। इसके साथ ही उन्होंने अंतिम साँस ली।

उनके पार्थिव शरीर को पूर्ण राजकीय सम्मान के साथ अंतिम संस्कार के लिए महालोक ले जाया गया।

***

जैसे ही विप्रचित्ति की मृत्यु का समाचार शचि को मिला, वह व्यथित हो गई और इंद्र से बोली, "हमें तुरंत महालोक जाकर असुरराज को श्रद्धांजलि देनी चाहिए और शोकाकुल परिवार के साथ खड़ा होना चाहिए।"

इंद्र महालोक जाने के अनिच्छुक थे। "शचि, इस समय हमारा जाना उचित नहीं है। हमारे संबंध असुरों के साथ अत्यंत खराब हैं।"

"उसके लिए तुम ही दोषी हो," शचि ने गुस्से से कहा, "मूलस्थान को जीतकर तुमने मिटते हुए अविश्वास की खाई को और गहरा कर दिया है।"

"शचि, समझने का प्रयास करो। जो कुछ हुआ है, वैसा करने का मेरा कोई आशय नहीं था। असुरों ने स्वयं विपत्ति बुलाई और उसमें हम सब लिपट गए," इंद्र ने शचि को अपनी बाँहों में लेकर शांत करने की चेष्टा की, लेकिन शचि क्रोध में इंद्र के हाथ झटककर बाहर चली गई।

अगले दिन वह अकेली ही महालोक के लिए निकल गई। वहाँ पहुँचते ही सिंघिका ने अपनी भतीजी को बाँहों में भर लिया और सुबकने लगी, "शचि, असुरों को अपना अस्तित्व बनाए रखने के लिए एक शक्तिशाली राजा की आवश्यकता है। त्रिशिर यह कमी पूरी नहीं कर सकता। स्वरभानु का कुछ पता नहीं है। सुरों के मूलस्थान पर अधिकार करने के पश्चात् मेरा भाई हिरण्यकशिपु भी कहीं पर्वतों में चला गया है। उसका भी कोई समाचार नहीं है। चारों ओर रहस्यमय आवरण है। तुम अपने चाचा की गोद में खेलकर बड़ी हुई हो। क्या यह तुम्हारा उत्तरदायित्व नहीं है कि सत्य को सामने लाने का प्रयास करो?"

शचि स्वरभानु की रहस्यात्मक अनुपस्थिति से स्वयं परेशान थी। इंद्र भी उससे इस विषय पर बात करने से बचते थे। वह सिर्फ यह कहते कि स्वरभानु ब्रह्मावर्त में कहीं एकांतवास के लिए चला गया है, जिसकी किसी को जानकारी नहीं थी।

शचि ने सिंघिका के कंधों पर हाथ रखकर वास्तविकता को जानने का वचन दिया।

***

सुरलोक वापस पहुँचकर उसने इंद्र से सीधे-सीधे बात की, "इंद्र, आप विषय को परिवर्तित करने की चेष्टा न करना। मुझे स्पष्ट बताओ कि स्वरभानु को क्या हुआ है। वह मेरा भाई है और असुर साम्राज्य का भावी राजा भी। सुर-साम्राज्ञी होने के कारण उसके विषय में जानना मेरा अधिकार है।"

जब इंद्र ने उसे सारी बात बताई तो शचि सकते में आ गई। उसने जीवन में प्रथम बार प्रताड़ना के स्वर में इंद्र से बात की, "यह सब आपकी गलती है। आपने स्वरभानु के साथ बड़े होने का कर्तव्य नहीं निभाया और इस कारण उसका विश्वास अर्जित करने में असफल रहे। आपकी इस गलती ने मधुर हो रहे सुर-असुर संबंधों पर पानी फेर दिया है। इस अविश्वास की आग से दोनों राज्य नष्ट हो सकते हैं।"

इंद्र ने शचि को समझाने का प्रयास किया, "शचि, मैं समझ सकता हूँ कि तुम्हारे

मन में किस प्रकार के विचार आ रहे हैं। मेरा विश्वास करो, मैंने पूरा प्रयास किया, लेकिन स्वरभानु के शक्की स्वभाव ने यह परिस्थिति उत्पन्न की। सर्वप्रथम अमर बनने की उसकी चाह के कारण उसने चोरी कराई। दुर्भाग्यवश उसने हलाहल मिश्रित अशुद्ध सोम की चोरी कर ली। जब तक हमें स्थिति का ज्ञान होता, वह सन्निपात में चला गया था।"

शचि ने कोई प्रतिवाद नहीं किया, लेकिन उसके मन मैं यही विचार आ रहा था कि इंद्र ने उसे पूर्ण सत्य नहीं बताया था। उसे लग रहा था कि सुरों के मन में हमेशा असुर राज्य को जीतने की आकांक्षा दबी हुई थी। इंद्र द्वारा मूलस्थान को जीतकर अपने राज्य में मिलाना उसके संदेह को और अधिक बल दे रहा था।

***

जब शचि सिंघिका के पास लौटी तो उसका मलिन मुख बिना बोले ही बहुत कुछ बता रहा था। उसकी आँखें सूजी हुई थीं और गालों पर सूखे हुए आँसुओं की धारा के चिह्न थे। उसने अपने अंदर उमड़ते भावों को नियंत्रित करके बोलने का प्रयास किया, "चाची, स्वरभानु संभवत: राज्य का शासन अपने हाथ में लेने की स्थिति में नहीं है।"

"यह तुम क्या कह रही हो, शचि! मुझे सत्य बताओ?" सिंघिका शय्या से उठकर शचि के पास आई और उसकी आँखों में झाँकते हुए बोली।

शचि ने पूरा वृत्तांत सिंघिका को बताया, "यह वह जानकारी है, जो मेरे पति ने मुझे दी है। मेरे पास सत्य जानने का कोई अन्य विकल्प नहीं है।"

"शचि, मेरे पास इंद्र पर अविश्वास का कोई कारण नहीं है। संभवत: यही मेरी नियति है। मैं साम्राज्य के विषय में चिंतित हूँ। स्वरभानु जिस भी अवस्था में हो, उसे महालोक भेजो।" सिंघिका की शांत आवाज इस बात की द्योतक थी कि सिंघिका ने अपने भावों पर नियंत्रण कर लिया था।

***

ब्रह्मावर्त में धन्वंतरि अपनी चिकित्सक दल के साथ स्वरभानु के उपचार में व्यस्त थे। प्रत्येक प्रात: उसे वाष्प-स्नान कराया जाता था, जिससे उसके शरीर से विषैले पदार्थ निकाले जा सकें। इसके बाद पूरे शरीर पर मालिश करके भाँति-भाँति के लेप लगाए जाते थे, जिससे उसका शरीर सामान्य रहे और उसे पोषक तत्त्व मिल सकें। एक दिन जब स्वरभानु ने थोड़ा तरल भोजन गटका तो धन्वंतरि को आशा की किरण दिखी। फिर एक दिन स्वरभानु ने अपनी आँखें खोल दीं।

"स्वरभानु," धन्वंतरि उत्साह में चिल्लाए, लेकिन स्वरभानु निर्विकार भाव से दीवार की ओर देख रहा था।

"स्वरभानु, मेरी ओर देखो!" धन्वंतरि ने आदेश दिया। इसके प्रत्युत्तर में स्वरभानु ने विचित्र प्रकार से अट्टहास किया।

उसकी विचित्र दृष्टि और अब यह हँसी, इन दोनों ने धन्वंतरि को बहुत कुछ बता दिया।

"मुझे ब्रह्मा से बात करनी होगी।" उन्होंने निर्णय लिया।

***

"असुर युवराज पर मैंने सभी संभव उपचारों का प्रयोग कर लिया है," धन्वंतरि ब्रह्मा को बता रहे थे। बृहस्पति भी वहाँ उपस्थित थे। "हम उसे मृत्यु से तो बचा पाने में सफल रहे हैं, लेकिन प्रतीत होता है कि विष ने उसके मस्तिष्क पर स्थायी असर कर दिया है। उसका व्यक्तित्व दो भागों में बँटा सा लगता है। कभी तो वह सामान्य दिखता है और कभी क्रोधित पशु की भाँति व्यवहार करता है। दोनों दशाओं मैं उसमें एक ही समानता है और वह है चंद्र के प्रति आक्रोश। वह कब तक ठीक होगा या ठीक होगा कि नहीं, यह कहना संभव नहीं है।"

ब्रह्मा चिंतित थे। उन्होंने अपना मंतव्य बताते हुए कहा, "इस दशा में स्वरभानु को असुर राज्य में भेजना उचित नहीं है। यह वहाँ विद्रोह की भावना को जन्म देगा।"

बृहस्पति ने इस पर कहा, "मेरे विचार में भी स्वरभानु को वहाँ भेजना संभव नहीं है, लेकिन हमें सिंघिका का विश्वास भी जीतना आवश्यक है। वह माँ होने के बाद भी पूर्वाग्रहों से ग्रसित नहीं है। इससे हमारी कई समस्याएँ हल हो सकेंगी।"

उन्होंने सिंघिका को ब्रह्मावर्त बुलाने का निर्णय लिया।

***

जब सिंघिका स्वरभानु से मिलने पहुँची, उस समय वह औषधियों के प्रभाव में सो रहा था। सिंघिका ने उसके अचेतन शरीर को अपनी बाँहों में लेकर उसके माथे को चूमा। उसे लगा कि उसके स्पर्श से स्वरभानु के तन में एक विद्युत् लहर सी दौड़ी थी।

"भगवन्!" वह ब्रह्मा की ओर मुड़ी और बोली, "युवराज को महालोक ले जाने की अनुमति दी जाए। असुर स्वरभानु को देखने का आग्रह कर रहे हैं।"

"सिंघिका, इस दशा में स्वरभानु का वहाँ जाना उचित नहीं है। इससे गृहयुद्ध भड़कने की आशंका है। यहाँ पर स्वरभानु का जो उपचार हो रहा है, वह महालोक में संभव नहीं है। अभी भी कहीं-न-कहीं आशा की हलकी सी किरण शेष है।"

सिंघिका की समझ में आ गया था कि उसके पास अन्य कोई विकल्प नहीं था। उसने ब्रह्मा के संरक्षण में स्वरभानु के साथ ब्रह्मावर्त में रुकना स्वीकार कर लिया।

***

शीघ्र ही सिंघिका और स्वरभानु का समाचार परियात्रा पर्वतों में हिरण्यकशिपु तक पहुँच गया। स्वरभानु की रुग्णता पर वह सहसा विश्वास नहीं कर पा रहा था। उसकी तत्काल प्रतिक्रिया थी, "स्वरभानु अपने शेष जीवन के लिए असहाय और अक्षम हो चुका है! यदि यह सच है तो ब्रह्मा ने इस विषय में मुझे अँधेरे में क्यों रखा?"

वह तुरंत ब्रह्मा से मिलने पहुँचा और व्यथित स्वर में बोला, "भगवन्, मैंने सदैव आपकी आराधना की है और आप के निर्देशों का पालन किया है, फिर मुझे ऐसा दंड क्यों? मेरे भानजे की इस दुर्भाग्यपूर्ण स्थिति के विषय में मुझे क्यों नहीं बताया गया?"

ब्रह्मा ने हिरण्यकशिपु को शांत करते हुए पूरे घटनाक्रम को विस्तार से बताया। फिर उन्होंने कहा, "मेरे ऊपर विश्वास करो, हिरण्यकशिपु! स्वरभानु अपने षड्यंत्र का ही शिकार हुआ है। विष्णु हिरण्याक्ष से मिलने इसीलिए गए थे, जिससे तुम्हें इस अप्रिय और दुःखद घटना से अवगत कराया जा सके। किंतु विष्णु की हिरण्याक्ष से भेंट एक दुर्घटना में बदल गई। फिर हम सबने निर्णय लिया कि स्वरभानु की बीमारी को गोपनीय ही रखा जाए, अन्यथा सुरों और असुरों के मध्य वैमनस्यता और बढ़ेगी।"

हिरण्यकशिपु को उसकी बहन और भानजे के सम्मुख ले जाया गया। स्वरभानु की स्थिति देखकर वह आगबबूला हो गया और चिल्लाते हुए बोला, "समय आ गया है इंद्र और विष्णु का नरक में जाने का। उन्होंने पहले मेरे भाई की हत्या की, अब स्वरभानु की यह स्थिति कर दी है।"

फिर सिंघिका के कंधे पर हाथ रखकर उसने कसम खाई, "बहन, मैं मूलस्थान सदा के लिए नहीं हारा हूँ। मैं वापस आऊँगा और अपनी मातृभूमि को जीतूँगा। उस कपटी इंद्र ने मेरी अनुपस्थिति का लाभ उठाकर मेरे राज्य पर कब्जा किया है।"

ब्रह्मा ने हिरण्यकशिपु को समझाने का प्रयत्न किया, पर वह यह कहता हुआ निकल गया, "श्रीमंत, विष्णु देवों के नाम पर कलंक है। उसने इंद्र को ब्रह्मावर्त बुलाकर इस पूरे क्षेत्र का अपमान और भारी नुकसान किया है। आप भी उसके छल का शिकार हो गए।"

***

उधर मायापुर के निकट शिवालक पहाड़ियों में सोम की खेती अब व्यापक स्तर

पर हो रही थी, फिर इसे सरस्वती क्षेत्र में संशोधित करके सोम चूर्ण बनाया जा रहा था। सोम का वितरण एक समिति द्वारा सुपात्र का चयन करके ही करा जाता था।

सुर साम्राज्य का वैभव अपने शिखर पर था। सबसे विशाल साम्राज्य, सोम के सेवन से प्राप्त चिरयुवा जीवन, असुरों के पतन से समाप्त चुनौतियाँ, सभी कुछ उनके पास था। वे स्वयं को देवता मानने लगे थे।

***

परियात्रा पर्वतों में अपने गुप्त स्थान से हिरण्यकशिपु ने स्थानीय विरोधी कबीलों को एकजुट करने का अभियान प्रारंभ कर दिया था। उसका विश्वसनीय साथी वाश्चिक उसका दायाँ हाथ था। सुरों के ब्रह्मावर्त के मार्ग से जानेवाले काफिले उनके आक्रमण के प्रथम लक्ष्य होते थे।

स्थानीय जनजातियों के छापामार दस्ते अचानक ही जंगलों से निकलकर इन काफिलों पर आक्रमण करते और रक्तपात कर उन्हें लूटकर वापस जंगलों में गायब हो जाते।

सुर जब इसे नियंत्रित नहीं कर पाए तो इंद्र ने ब्रह्मा से बात की, "भगवन्, ब्रह्मावर्त से सुरलोक तक का मार्ग दस्युओं की समस्या से ग्रस्त है। ये दस्यु हिरण्यकशिपु के नियंत्रण में हैं। हमारे नागरिक इन दस्युओं की बर्बरता का शिकार हो रहे हैं।"

ब्रह्मा ने जब हिरण्यकशिपु को बुलाकर उससे बात की तो उसने बिना लाग-लपेट के कहा, "भगवन्, यह इन कबीलों का सुरों के प्रति क्रोध है। मैं इसमें क्या कर सकता हूँ?"

"मैं तुमसे सहमत हूँ हिरण्यकशिपु! सुरों ने मूलस्थान को जीतकर ठीक नहीं किया, लेकिन तुम्हारे द्वारा दस्यु कार्य भी शोभनीय नहीं है।"

हिरण्यकशिपु जब कुछ नहीं बोला और मौन खड़ा रहा तो ब्रह्मा ने उसकी आँखों में झाँककर कहा, "मेरा एक प्रस्ताव है।"

"वह क्या भगवन्?"

"तुम्हें मूलस्थान का शासक पद मिल जाएगा, किंतु इसके लिए तुम्हें सुरों का स्वामित्व स्वीकार करना होगा।"

"नहीं भगवन्, नहीं!" हिरण्यकशिपु की आवाज क्रोध से काँप रही थी, "यह स्वीकार्य नहीं है। मेरे भाई के हत्यारे का स्वामित्व स्वीकार करना मेरे लिए संभव नहीं है।"

ब्रह्मा को मौन देखकर हिरण्यकशिपु ने आगे कहा, "भगवन्, मैं आपका ऋणी

हूँ। आपसे मुझे ज्ञान मिला है, लेकिन मुझे अपने नागरिकों की सेवा करनी है। यह समय है कि मैं मूलस्थान को ब्रह्मावर्त की तरह विकसित करूँ और इसके लिए आप मुझे आशीर्वाद दें।"

उत्तर की प्रतीक्षा किए बिना हिरण्यकशिपु ने सिर झुकाकर अभिवादन किया और बाहर चला गया।

***

हिरण्यकशिपु ने सुरों के विरुद्ध अपना अभियान और तेज कर दिया। उसके मन में गहराई तक बैठ गया था, "विष्णु एक कुटिल षड्यंत्रकारी और इंद्र अवसरवादी है।"

उसने अपने आक्रोश को एक जनांदोलन में बदलने का निश्चय किया। कबीलों से संपर्क हेतु वह परियात्रा पर्वतों के उन अंदरूनी भागों में गया, जो सुरों के लिए अगम्य थे। जब सुरों को यह ज्ञात हुआ तो वे ठठाकर हँस पड़े, "हिरण्यकशिपु का मानसिक संतुलन बिगड़ गया है। उन जंगलों में भटककर वह सुरों के साथ युद्ध की तैयारी कर रहा है!"

लेकिन हिरण्यकशिपु अपने दृढ़ संकल्प के साथ गाँव-गाँव घूम रहा था। पच्चीस गाँवों की एक सम्मिलित सभा में उसने अपना अँगूठा चीरकर खून की शपथ ली कि जब तक वह मूलस्थान को दासता से मुक्त नहीं करा लेता, किसी प्रकार का सुख नहीं भोगेगा।

उसके इस नाटकीय कृत्य ने मूलस्थान को मुक्त कराने के प्रयास को उसके अहं और स्वाभिमान से जोड़ दिया। हिरण्यकशिपु ने स्वयं को शोषण और दासता के विरुद्ध लड़ाई का प्रतीक बना लिया था। वह गुप्त तरीकों से वनवासियों को मूलस्थान भेजने लगा और राज्य के नागरिकों में सुरों के शासन के विरुद्ध भावनाएँ भड़काने लगा। उसका संदेश था, "सुर बाहरी शक्तियाँ हैं, जिन्होंने कपट से मूलस्थान पर कब्जा कर लिया है।"

हर स्थान पर उसका स्वागत होता। वह गर्जना करता, "सुर हमें नीच मानते हैं। उन्होंने हमें हमारी ही भूमि पर दास बना लिया है। हमें अपनी स्थिति पर लज्जा आती है।"

फिर वह कहता, "मेरे भाई हिरण्याक्ष ने विष्णु पर विश्वास किया और अपने प्राण दे दिए। उसके बलिदान को हम व्यर्थ नहीं जाने देंगे।"

वह दहाड़ता, "हमारी अपनी संस्कृति और वंश को नीच बताकर हमारी

मानसिकता दूषित किए जाने का प्रयास किया जा रहा है। यह हमें स्वीकार्य नहीं है। हमें अपने ऊपर और अपनी विरासत पर गर्व है। मैं मूलस्थान के स्वाभिमान का प्रतीक हूँ। अपने स्वाभिमान को पुनर्जीवित कीजिए, अन्यथा सुर आपको पूरी तरह अपना दास बना लेंगे। वे आपके भगवान् बनना चाहते हैं।"

हिरण्यकशिपु स्थानीय लोगों में सुरों के प्रति अविश्वास जगाने में सफल रहा। उसकी लगाई आग गुरुकुलों के छात्रों तक में फैल गई थी। सभी आश्रम सुर ऋषियों द्वारा संचालित थे। वहाँ के कुछ विद्यार्थी अपनी पृष्ठभूमि के कारण अपना सामंजस्य नहीं बिठा पाते थे। ऐसे अनेक विद्यार्थी गुरुकुल छोड़कर भाग जाते थे या गुरुकुलों में अलग-अलग, कुंठित से रहते थे। ऐसे सभी छात्रों को हिरण्यकशिपु एक देवदूत की तरह लगा। वे वंचित समाज से थे, निर्भीक और कठिन परिस्थितियों के अभ्यस्त। परियात्रा पर्वतों में हिरण्यकशिपु एक दुर्जेय सैन्यशक्ति का विकास कर रहा था।

***

उधर नारद के आश्रम में प्रतिदिन प्रातः एवं सायंकाल प्रवचन होता, "ईश्वर सर्वव्यापी है। भगवान् विष्णु ईश्वर के ही साकार स्वरूप हैं और वे विश्वबंधुत्व के संदेश को जनमानस में पहुँचाने आए हैं। इसीलिए उन्होंने 'वसुधैव कुटुंबकम्' का सिद्धांत प्रतिपादित किया है। कभी किसी जीवित प्राणी को कष्ट न पहुँचाओ। ईश्वर हर जीवित प्राणी में आत्मा रूप में विद्यमान है। प्रत्येक की यथाशक्ति सहायता करो। कष्ट का धैर्यपूर्वक सामना करो। भाग्य के दास न बनो। विष्णु का नाम जपो, उससे तुम्हें शक्ति मिलेगी।"

कयाधु यह प्रवचन सुनती रहती थी और उसके गर्भ में पल रहा शिशु स्वतः इन प्रवचनों को आत्मसात् करता जा रहा था। गर्भकाल पूरा होने के पश्चात् जब कयाधु ने एक बालक को जन्म दिया, तो ऐसा लगा कि उसके अंदर से कोई दैविक आभा निकल रही थी।

"एक महान् आत्मा कयाधु के गर्भ के माध्यम से इस विश्व में आई है," ऋषि नारद ने बालक को देखते ही कहा।

सारे आश्रम में हर्षोल्लास छा गया। बालक का नाम 'प्रह्लाद' रखा गया। नारद के आश्रम में जिस वातावरण में वह पल रहा था, उसका विष्णुभक्त होना स्वाभाविक था।

***

दूसरी ओर पुषिता अपने को बदली हुई परिस्थितियों के अनुकूल नहीं ढाल पा रही थी। उसको बार-बार अवसाद के दौरे पड़ने लगे। वह देर तक कयाधु के साथ अपने बचपन की, विवाह की और हिरण्याक्ष के साथ बिताए सुनहरे पलों की बात करती रहती। एक दिन प्रातः वह कयाधु के पास गई। उसका मुख निर्विकार था। "काया, कुछ देर मेरे पास बैठो," उसने कहा। उसके स्वर में कुछ ऐसा था कि कयाधु को लगा, जैसे उस पर गहरे अवसाद का प्रभाव हो।

पुषिता ने एक थकी हुई मुसकान के साथ कहा, "कयाधु, मैं चाहती हूँ कि तुम मुझे माँ की तरह दुलारो और मैं बच्चे की तरह बात करूँ। हमारे जन्म-काल का निर्णय ईश्वर करता है, लेकिन उसने हमें यह अधिकार दे रखा है कि हम मृत्यु का वरण स्वयं कर सकते हैं।"

उसके इस वाक्य ने कयाधु को झकझोर दिया। उसके बाद पुषिता के मुँह से झाग आते दिखे। कयाधु ने उसका हाथ पकड़कर उसकी उँगली देखी। अँगूठी का माणिक्य गायब था और उसके नीचे का गुप्त छेद खाली था। उसने वहाँ छुपाए गए विष को निगल लिया था।

नारद आश्रम के चिकित्सक के साथ दौड़े-दौड़े आए, लेकिन वह सदा के लिए जा चुकी थी।

"ईश्वर की ऐसी ही इच्छा थी," यह कहते हुए नारद के स्वर में दर्द था। कयाधु की आँखों से लगातार आँसू बह रहे थे। नारद समझ नहीं पा रहे थे कि उनके आश्रम में ऐसी घटना कैसे हो गई।

कयाधु के लिए यह अति कष्टप्रद समय था, किंतु प्रह्लाद उसके लिए जीवन जीने की प्रेरणा था।

***

हिरण्यकशिपु को वनों में रहते हुए पाँच वर्ष से अधिक का समय हो चुका था। उसके कह देने मात्र से अपने प्राण देनेवाले सैनिकों की उसकी सेना तैयार हो चुकी थी। उसका एक ही संदेश था, "जीत उसी की होती है, जो अपनी नियति की चिंता नहीं करता। हमारे पास खोने के लिए कुछ नहीं है तो हमें डर किस बात का? यदि कोई समुद्र के सारे मोती और आकाश के सारे तारे भी लाकर हमें दे दे, तो भी हम अपने लक्ष्य से पीछे नहीं हटेंगे।"

सुर काफिलों पर आक्रमण बढ़ते जा रहे थे। हिरण्यकशिपु के सैनिक अकस्मात् सुरों के काफिलों पर अपनी लंबी तलवारें लहराते, चिल्लाते हुए हमला करते और

उनके सँभलने के पूर्व ही बर्बरतापूर्ण रक्तपात कर उन्हें लूट लेते। जब तक सुर सैन्यशक्ति आ पाती, वे जंगलों में गायब हो जाते।

सुर रक्षा व्यवस्था को छिन्न-भिन्न करने में हिरण्यकशिपु को अधिक समय नहीं लगा। आक्रमण मूलस्थान के द्वार तक पहुँच गए थे। सुर असहाय थे। स्थानीय जन-समर्थन हिरण्यकशिपु के साथ था। उसकी गुप्तचर व्यवस्था प्रलोभनों के चंगुल में नहीं फँस पाई थी। सुरों को हिरण्यकशिपु या उसकी सेना के विषय में कोई सूचना नहीं मिल पा रही थी।

***

पर्याप्त सफलताएँ मिलने के बाद हिरण्यकशिपु ने निर्वासन में ही स्वयं को पुनः राजा घोषित करते हुए इंद्र को मूलस्थान छोड़ने या युद्ध के मैदान में मिलने के लिए संदेश भेजा।

इंद्र ने तुरंत बृहस्पति के साथ सुर परिषद् की बैठक बुलाई। बृहस्पति ने अपना सुझाव दिया, "इंद्र, हिरण्यकशिपु को इस क्षेत्र की जनता का भरपूर समर्थन प्राप्त है। मूलस्थान नगर के चारों ओर गाँवों में उसके समर्थक बड़ी संख्या में हैं। मुझे विश्वास नहीं है कि युद्ध की स्थिति में हमें विष्णु का समर्थन मिलेगा। ब्रह्मा भी संभवतः तटस्थ रहना चाहेंगे। दोनों ही मूलस्थान को सुर साम्राज्य में मिलाने को लेकर संशय की स्थिति में थे। लेकिन फिर भी मैं कहूँगा कि तुम दोनों के पास समर्थन के लिए अपने दूत भेजो। उन्होंने इस क्षेत्र में हिरण्यकशिपु के द्वारा सुर-यात्रियों की हत्या का खुलकर विरोध किया है।"

इंद्र हिरण्यकशिपु से अकेले युद्ध करने में अपने को असमर्थ अनुभव कर रहे थे। जैसा बृहस्पति ने सुझाव दिया था, उन्होंने ब्रह्मा और विष्णु से सहायता माँगी, लेकिन दोनों ने हिरण्यकशिपु के विरुद्ध सहायता देने से मना करते हुए इंद्र के दूत को कहा, "इंद्र से कहिए कि मूलस्थान को हिरण्यकशिपु को सौंपकर वापस लौट जाएँ।"

अब इंद्र के पास मूलस्थान को स्वतंत्र राज्य घोषित करने के अतिरिक्त कोई अन्य विकल्प नहीं बचा था। मूलस्थान से सुरों द्वारा नियुक्त प्रशासक हटा लिया गया। हिरण्यकशिपु का मूलस्थान के उद्धारक के रूप में वहाँ के लोगों द्वारा भव्य स्वागत किया गया।

***

जब नारद को हिरण्यकशिपु के पुनः राजसत्ता सँभालने का समाचार मिला तो उन्हें आभास हो गया कि उन्हें एक कठिन परीक्षा से गुजरना होगा। उन्होंने कयाधु

और उसके पुत्र की उचित देखभाल की थी। कयाधु इसके लिए कृतज्ञ थी। आश्रम में प्रह्लाद के साथ हमेशा युवराज की तरह ही व्यवहार किया जाता था। सभी आचार्यों ने उसके प्रशिक्षण और शिक्षा पर विशेष ध्यान दिया था।

नारद ने निर्णय लिया कि वे स्वयं हिरण्यकशिपु से मिलने जाएँगे। जब नारद ने हिरण्यकशिपु की सभा में प्रवेश किया तो हिरण्यकशिपु उन्हें देखकर दुविधा में पड़ गया। उसे अपने परिवार के बारे में जानने और उससे मिलने की प्रबल लालसा थी, लेकिन उसका अहं उसे इस विषय में पूछने से रोक रहा था। उसने सामान्य शिष्टाचारवश इतना ही पूछा, "ऋषि नारद, आपका स्वागत है। कृपया अपने आने का प्रयोजन बताएँ।"

"राजन, मुझे यह देखकर अत्यंत प्रसन्नता हो रही है कि आपने अपना राज्य पुनः प्राप्त कर लिया है। मेरा विश्वास है कि आपके नेतृत्व में इस राज्य की चहुँमुखी प्रगति होगी।"

नारद हिरण्यकशिपु के भावहीन मुख के पीछे छुपी घृणा को स्पष्ट अनुभव कर रहे थे, लेकिन उन्होंने इससे विचलित हुए बिना आगे कहा, "आपकी अनुपस्थिति में भगवान् विष्णु आपके परिवार के लिए अत्यंत चिंतित थे। उनकी आज्ञानुसार मैं कयाधु और पुषिता को अपने आश्रम ले गया, जिससे वे सुरक्षित रह सकें। कयाधु स्वस्थ है और उसने आपके पुत्र को जन्म दिया है। हमने उसके समुचित पालन-पोषण में हर संभव प्रयास किया है।"

"मुझे नहीं मालूम कि मुझे किसे धन्यवाद देना चाहिए और किस पर विश्वास करना चाहिए," हिरण्यकशिपु के स्वर में कड़वाहट छुपाने का कोई प्रयास नहीं था, "लेकिन नारद, पुषिता की मृत्यु का मुझे अत्यंत दुःख है। आप उसे बचा न सके। फिर भी मैं आपका कृतज्ञ हूँ। मैं शीघ्र ही आपके आश्रम आकर अपने परिवार को ले आऊँगा। आपने मेरे लिए जो कुछ किया है, उसके लिए आप विष्णु का नाम लिए बिना मुझसे कुछ भी माँग सकते हैं।"

"राजन, आपके अंदर के क्रोध ने आपको विष्णु के प्रति पूर्वाग्रह से ग्रसित कर दिया है। मेरी प्रार्थना है कि कृपया मेरी बात सुनकर स्वयं विवेकपूर्ण निर्णय लें।"

"नहीं नारद, नहीं!" हिरण्यकशिपु अपना धीरज खो रहा था, "मैं विष्णु के विषय में बात नहीं करूँगा। हिरण्याक्ष ने मुझे सावधान किया था कि विष्णु अपनी चालें चल रहा है और सुर उसके लिए मात्र एक माध्यम हैं। मैंने उसकी बात सुनने

तक से मना कर दिया और अपने भाई को मरने के लिए विष्णु से मिलने भेज दिया। तुम कहते हो कि विष्णु का इसमें कोई योगदान नहीं है। यह तुम्हारा विश्वास है, जिस पर मैं विश्वास नहीं करता।"

नारद ने एक लंबा श्वास छोड़ा और कहा, "राजन, मैं प्रार्थना करता हूँ कि समय रहते सभी के समक्ष सत्य उजागर हो।"

***

कुछ दिन पश्चात् हिरण्यकशिपु का रथ नारद के आश्रम की ओर बढ़ रहा था। दस वर्ष से अधिक समय तक वह परिवार से दूर था। उसके अंदर अपराध-बोध पनप रहा था, लेकिन उसने अपने मन को समझाया कि जब उसके परिवार को नारद के आश्रम ले जाया जा रहा था, उस समय वह असहाय था। उसने आकाश में देखते हुए कहा, "हे ईश्वर! मुझे दुबारा इतना बड़ा दंड मत देना।"

□

23

एक कोमल अंतर्मन

नारद का आश्रम अब कुछ ही दूर था। रथ वन के मध्य से होता हुआ आगे बढ़ रहा था। हिरण्यकशिपु कयाधु को हृदय से प्रेम करता था, फिर भी कभी-कभी उसके मन में एक संशय की भावना उठ जाती थी, क्योंकि कयाधु विष्णु की उपासक थी। उसको वह दिन याद आ रहा था जब उसका कयाधु से विवाह हुआ था। उस समय वह मूलस्थान क्षेत्र में अपने राज्य की स्थापना कर रहा था।

पश्चिमी हिमालय के तराईवाले क्षेत्र में रहनेवाले एक कबीले के जांभा नामक एक शक्तिशाली नेता ने उसकी अधीनता मानने से मना कर दिया था। हिरण्यकशिपु ने जांभा पर आक्रमण कर दिया। उसका प्रिय भाई हिरण्याक्ष इस अभियान में उसके साथ था। हिरण्यकशिपु के पास आधुनिक सेना थी, घोड़ों से सुसज्जित। उसके तीरों के अग्र भाग धातु से बने थे। यह सब ज्ञान उसे असुरों से प्राप्त हुआ था। उधर जांभा की सेना बैलों पर बैठकर चलती थी। उसके पास धातुवाले आधुनिक हथियार भी नहीं थे। वीरतापूर्वक लड़ने पर भी वह युद्ध में बुरी तरह हार गया। उसके बहुत से लोग मारे गए। अंततः उसको आत्मसमर्पण करना पड़ा। हिरण्यकशिपु के साथ शांतिपूर्ण संबंध बनाए रखने के लिए उसने अपनी पुत्री कयाधु के विवाह का प्रस्ताव हिरण्यकशिपु के समक्ष रख दिया।

"श्रीमंत, आपके पराक्रम के सम्मुख हम नतमस्तक हैं, और आपकी अधीनता स्वीकार करते हैं। इस क्षेत्र में दीर्घकालीन शांति के लिए आवश्यक है कि आपके साथ हमारे कबीले के अटूट संबंध स्थापित हो जाएँ। मेरा निवेदन है कि मेरी पुत्री कयाधु सर्वगुण-संपन्न होने के साथ-साथ अत्यंत रूपवती भी है। यह मेरा सौभाग्य होगा, यदि आप उसे मूलस्थान की रानी बनाने की मेरी विनती स्वीकार कर लें।"

हिरण्यकशिपु ने तुरंत यह प्रस्ताव स्वीकार कर लिया। लेकिन कयाधु इस

प्रस्ताव से प्रसन्न नहीं थी। उसने विरोध करते हुए अपने पिता से कहा, "पूज्य पिताश्री, मैंने मानव सेवा में ही अपना जीवन अर्पित कर देने का निश्चय लिया था। मैं विष्णु की उपासक हूँ और उनके 'वसुधैव कुटुंबकम्' के सिद्धांत के लिए समर्पित हूँ। दूसरी तरफ हिरण्यकशिपु भौतिक स्वार्थों के लिए किसी की भी हत्या कर देने में बिल्कुल नहीं हिचकता है। मैं उससे विवाह नहीं कर सकती।"

लेकिन जांभा ने यह कहकर अपनी पुत्री को मना लिया, "हिरण्यकशिपु के साथ तुम्हारा विवाह इस क्षेत्र में शांति स्थापित करने के लिए आवश्यक है। इससे हजारों जीवन बच सकेंगे। यह विष्णु के 'वसुधैव कुटुंबकम्' के सिद्धांत के अनुरूप ही है।"

अंततः कयाधु मान गई। विवाह के बाद वह एक समर्पित अर्धांगिनी का धर्म निभा रही थी। हिरण्यकशिपु भी अब मूलस्थान के विकास और वहाँ के निवासियों के कल्याण-कार्यों में लग गया था।

हिरण्यकशिपु को कयाधु के साथ बिताए अंतरंग पल, उसका उत्साह और पति के लिए समर्पण भाव बार-बार याद आ रहे थे। कुछ वर्ष बाद उसके छोटे भाई हिरण्याक्ष का विवाह पुषिता से हो गया था। कयाधु और पुषिता की आपस में सहज मित्रता हो गई। पुषिता कयाधु को अपनी बड़ी बहन मानती थी।

***

हिरण्यकशिपु अपनी यादों में इतना खोया हुआ था कि उसे पता ही नहीं चला कि कब वह आश्रम पहुँच गया। यह लगभग मध्याह्न का समय था।

"मैं सर्वप्रथम कयाधु से मिलूँगा। उसे देखे हुए एक युग बीत गया है।" उसने निश्चय किया।

"मैं यहाँ हूँ," एक चिरपरिचित स्वर ने उसका ध्यान खींचा। कयाधु एक कुटिया के द्वार पर खड़ी थी। हिरण्यकशिपु ने दौड़कर उसे अपनी बाँहों में ले लिया। कयाधु का इतने दिनों का धैर्य का बाँध टूट गया था। वह उसके सीने से लगकर फफक-फफककर रोने लगी।

"तात!" दौड़कर आते एक बालक की आवाज ने हिरण्यकशिपु का ध्यान उस ओर आकृष्ट कर दिया।

हिरण्यकशिपु ने प्रश्नात्मक दृष्टि से कयाधु को देखा। बालक ने अपना सिर उसके चरणों में रख दिया।

"यह आपका पुत्र प्रह्लाद है!"

कयाधु के यह बताते ही हिरण्यकशिपु अपनी उत्तेजना को सँभाल नहीं पाया। उसने अपने पुत्र को बाँहों में उठाकर हवा में उछाला और जब वह खिलखिलाते हुए नीचे आया तो उसे पकड़कर अपने सीने से लगा लिया। ऐसा प्रतीत होता था कि उसे जीवन की सारी खुशियाँ मिल गई हों।

"हम अभी तुरंत घर के लिए चलेंगे," उसने कयाधु से कहा।

***

लौटते हुए मार्ग में कयाधु ने हिरण्यकशिपु से कहा, "हमें विष्णु का अनुगृहीत होना चाहिए, जिनके हस्तक्षेप से मैं सुरक्षित रह सकी।"

"कयाधु!" हिरण्यकशिपु लगभग चीख उठा, "तुम अत्यंत भोली हो। भविष्य में विष्णु का नाम मेरे समक्ष न लेना। अपने भाई के हत्यारे और इंद्र के साथी का नाम सुनते ही मेरे अंदर क्रोध की ज्वाला प्रज्वलित हो जाती है। मेरी प्रजा को इन दोनों ने मिलकर केवल दुःख और पीड़ाएँ ही दी हैं।"

कयाधु उसका क्रोध देखकर मौन हो गई, लेकिन प्रह्लाद बाल-सुलभ जिज्ञासावश बोला, "तात, मुझे तो बताया गया है कि विष्णु जगत् के रक्षक हैं। वह सत्य को प्रश्रय देते हैं और बुराई के नाशक हैं।"

"प्रह्लाद, तुम्हें गलत पढ़ाया गया है," हिरण्यकशिपु ने प्रेम के साथ प्रह्लाद को समझाने का प्रयास किया। "विष्णु कुटिल और षड्यंत्रकारी है। उसने तुम्हारे चाचा की हत्या की है। तुम्हें उसकी प्रशंसा नहीं करनी चाहिए।"

फिर उसने क्रोध से पैर पटकते हुए कयाधु से कहा, "प्रह्लाद एक अबोध बालक है। उसके कोमल मन में विष भर दिया गया है। मैं अपने भाई के हत्यारे के विषय में कोई भी बात करने को तैयार नहीं हूँ।"

जब वे मूलस्थान पहुँचे तो प्रजाजन अपनी रानी और युवराज की एक झलक पाने के लिए मार्ग पर उमड़ पड़े, जैसे-जैसे रथ राजमहल की ओर बढ़ रहा था, सब ओर से पुष्पवर्षा हो रही थी।

***

पुनर्मिलन से कयाधु का हृदय आनंद से ओतप्रोत हो रहा था, लेकिन उसे प्रह्लाद की शिक्षा की चिंता थी। उसे लगा कि प्रह्लाद को शिक्षा पूर्ण करने के लिए वापस ऋषि नारद के आश्रम जाना आवश्यक था।

"मुझे हिरण्यकशिपु से बात करने के लिए उचित समय की प्रतीक्षा करनी चाहिए।"

लगभग मध्यरात्रि का समय था, जब हिरण्यकशिपु ने शयनकक्ष में प्रवेश किया। कयाधु शय्या पर टेक लगाकर बैठी थी। उसने दीपक की लौ को मंद किया और कयाधु को अपनी बाँहों में समेट लिया। कुछ ही समय में कयाधु की कोमल काया उसके बलिष्ठ शरीर में समा गई। इतने वर्षों के बाद एक बार पुनः वे पुराने युवा युगल बन गए थे।

कयाधु को लगा कि प्रह्लाद की शिक्षा के विषय में बात करने का यही उचित समय था।

"हीरू, प्रह्लाद की धमनियों में तुम्हारा ही रक्त बहता है और इस आयु में भी वह तुम्हारे शौर्य का प्रतिबिंब है। वह भविष्य का सम्राट् है। यह आवश्यक है कि उसकी शिक्षा उचित प्रकार से हो, जिससे उसे अपना उत्तरदायित्व सँभालने में सरलता रहे। वर्तमान में हमारे राज्य में शिक्षा व्यवस्था अत्यंत निम्न स्तर की है। मेरे विचार में उसे ऋषि नारद के गुरुकुल में ही अपनी शिक्षा पूरी करनी चाहिए।"

"नहीं कयाधु," हिरण्यकशिपु शय्या से उठकर खड़ा हो गया, "मैं अपने पुत्र को ऐसे स्थान पर नहीं भेज सकता, जहाँ विष्णु की पूजा होती हो।"

"लेकिन हीरू, विष्णु के बारे में नारद अपना व्यक्तिगत विश्वास दूसरों पर नहीं थोपते। तुम्हें ज्ञात है कि कठिन समय में उन्होंने हमारी उचित देखभाल की है।"

काफी देर तक तर्क के बाद अंततः हिरण्यकशिपु ने कयाधु के समक्ष समर्पण कर दिया और प्रह्लाद को नारद के आश्रम ले गया।

***

"ऋषि नारद, मैं अपने पुत्र को पुनः आपको सौंप रहा हूँ। आपके आश्रम से अधिक उत्तम शिक्षा उसे कहीं और नहीं मिल सकती, लेकिन मैं आपसे विष्णु को लेकर असहमत हूँ और मैं नहीं चाहूँगा कि मेरे पुत्र के समक्ष विष्णु का गुणगान करके उसका मस्तिष्क दूषित किया जाए," हिरण्यकशिपु ने आश्रम पहुँचकर नारद से कहा।

नारद ने मुसकराते हुए उत्तर दिया, "मुझ पर विश्वास करें। आपके पुत्र को सर्वोत्तम शिक्षा दी जाएगी।"

वापस लौटते समय हिरण्यकशिपु दुविधा से उद्विग्न था, *"क्या मैंने अपने पुत्र को अपने शत्रु को समर्पित कर दिया है?"*

***

कुछ ही दिन पश्चात् हिरण्यकशिपु ने अपनी बहन सिंघिका को भी रुग्ण स्वरभानु के साथ ब्रह्मावर्त से मूलस्थान बुला लिया। उनके लिए महल के अंदर ही एक अलग निवास का निर्माण करा दिया गया।

□

24

हिरण्यकशिपु का प्रतिशोध

हिरण्यकशिपु को आशंका थी कि इंद्र निकट भविष्य में अवसर ढूँढकर मूलस्थान पर अपना आधिपत्य पुनः स्थापित करने का प्रयास करेंगे। ब्रह्मा या विष्णु इंद्र को अधिक देर तक रोक नहीं पाएँगे। असुर साम्राज्य से भी समाचार निराशाजनक थे। विप्रचित्ति के निधन के उपरांत असुर क्षत्रपों में आपस में संघर्ष प्रारंभ हो गया था। एक शक्तिशाली असुर राज्य विघटन के कगार पर आ गया था।

हिरण्यकशिपु को अनुभवी और सक्षम सहायकों की आवश्यकता थी, जो उसके साथ जुड़कर मूलस्थान को एक शक्ति केंद्र बना दें। उसने शुक्राचार्य को पत्र भेजकर उनसे आशीर्वाद माँगा, "गुरुवर, असुर राज्य की सम्राज्ञी सिंघिका मेरी बहन है। यह मेरा कर्तव्य है कि उसे उसका उचित स्थान और सम्मान पुनः प्राप्त हो। मेरी आपसे प्रार्थना है कि इस कर्तव्य के अनुपालन हेतु मुझे असुर राज्य का ध्वज मूलस्थान में फहराने की अनुमति दी जाए और आपका आशीर्वाद मेरे सिर पर हो। इससे मुझे असुरों के खोए गौरव की पुनर्प्राप्ति के प्रयास में सहायता मिलेगी।"

***

"हमारे विकल्प अत्यंत सीमित हैं," शुक्राचार्य ने त्रिशिर से कहा, "असुर राज्य को संपन्न और शक्तिशाली रखना मेरा नैतिक दायित्व है। विप्रचित्ति के देहावसान के साथ असुर राज्य भी अपने अवसान की ओर बढ़ रहा है। असुरों में वर्तमान में कोई ऐसा व्यक्ति नहीं है, जो नेतृत्व की क्षमता रखता हो और इंद्र के समक्ष चुनौती रख सके। हिरण्यकशिपु ही एकमात्र व्यक्ति है, जो सुरों ओर देवों की संयुक्त क्षमता के सामने टिक सकता है। यद्यपि उसका असुरों से रक्त-संबंध नहीं है, लेकिन वह सिंघिका का भाई है। इस आधार पर उसे असुरराज के रूप में स्वीकार किया जा सकता है। वैसे भी असुर रक्त-संबंधों को विशेष महत्त्व नहीं देते हैं।"

त्रिशिर के सदस्य शुक्र को ध्यान से सुन रहे थे। "मेरे विचार में हमें हिरण्यकशिपु

का प्रस्ताव स्वीकार कर लेना चाहिए। इस समय वही असुरों की गौरव रक्षा कर सकता है। हमें हिरण्यकशिपु को असुरों का नया नायक घोषित कर देना चाहिए।"

त्रिशिर ने एकमत से यह प्रस्ताव स्वीकार कर लिया।

***

जब सिंघिका को इस निर्णय के विषय में ज्ञात हुआ तो वह बहुत सहज नहीं थी। वह अपने भाई से प्रेम करती थी, किंतु उसकी प्रतिशोधात्मक और हठी प्रकृति से सशंकित भी रहती थी। उसका विचार था कि हिरण्यकशिपु के दखल से समस्याएँ और बढ़ेंगी, लेकिन वर्तमान परिस्थितियों में उसे भी कोई अन्य उपाय नहीं सूझ रहा था। वह अपने बीमार पुत्र स्वरभानु के साथ हिरण्यकशिपु के यहाँ रह रही थी और उसकी दया पर निर्भर थी। अंततः उसने भी शुक्र के निर्णय का मूक समर्थन करने का निश्चय कर लिया।

***

विश्वस्त असुर क्षत्रप हिरण्यकशिपु के पास मूलस्थान पहुँचे। उनका वहाँ भव्य स्वागत किया गया।

"सुरों के आधिपत्य के दिन अब समाप्त होनेवाले हैं," हिरण्यकशिपु ने गर्जना की, "हमारी वर्तमान स्थिति एक अस्थायी झटका है। जहाँ भी असुर गौरव पर आँच आएगी, हिरण्यकशिपु मृत्यु से भी लौटकर उसकी रक्षा करेगा। मैं असुर गौरव की पुनर्स्थापना का वचन देता हूँ। हम ईश्वर के लिए भी अजेय होंगे।"

शीघ्र ही सुर-विरोधी प्रभावशाली और बुद्धिजीवी असुरों का मूलस्थान आकर बसना प्रारंभ हो गया। वे सभी अपने साथ अपने अनुयायियों, सेवकों, सैनिकों और धन-संपत्ति के साथ आ रहे थे। मूलस्थान असुर संस्कृति का केंद्र बनता जा रहा था।

हिरण्यकशिपु की शक्ति में निरंतर बढ़ोतरी हो रही थी। असुरों द्वारा हिरण्यकशिपु को अपना नायक घोषित करने के बाद सुरों की चिंता बढ़ गई थी। परियात्रा पर्वत-शृंखला के निर्भीक योद्धा हिरण्यकशिपु के सैन्यबल के मुख्य आधार थे। उन्होंने ब्रह्मावर्त और सुरलोक के संपर्क मार्ग को अपना पहला लक्ष्य बनाया।

"बिना शुल्क दिए इस मार्ग से किसी को भी जाने की अनुमति नहीं होनी चाहिए। यदि वे मना करें तो उनका सामान छीन लो और यदि वे प्रतिरोध करें तो उन्हें मारने में कोई दया न दिखाओ," हिरण्यकशिपु का स्पष्ट आदेश था।

उसकी सेना सुरों के समर्थन वाले क्षेत्रों में घुसकर लूटपाट करने लगी। उसने आतंक का वातावरण उत्पन्न कर दिया था। अनेक बार यात्री अपना सामान छोड़कर

भाग जाते थे। उन्हें सुर और सुर समर्थकों को मारने में एक प्रकार का आनंद मिलता था। एक लंबे समय से हृदय में पनप रही उसकी घृणा अब बाहर निकल रही थी। लेकिन हिरण्यकशिपु ने इस बात का विशेष ध्यान रखा था कि उसकी सेना ब्रह्मलोक से दूर रहे। वह किसी भी दशा में ब्रह्मा के कोप का भाजन नहीं बनना चाहता था।

"यदि हिरण्याक्ष स्वर्ग से देख रहा होगा तो उसे अपने भाई पर गर्व हो रहा होगा।" हिरण्यकशिपु का अहंकार प्रायः उसकी जीभ पर आ जाता था। उसे इस बात की अनुभूति ही नहीं थी कि वह एक राजा के कर्तव्य भूलकर हिंसक और बर्बर मार्ग पर चल पड़ा था। प्रत्येक शक्ति-प्रदर्शन के साथ उसकी प्रतिशोधात्मक विचारधारा और प्रबल हो रही थी।

***

चिंतित शुक्राचार्य हिरण्यकशिपु के पास गए और सलाह दी, "राजन्, आपको असुरों का नायक इसलिए बनाया गया था, ताकि आप असुर राज्य को शक्तिशाली बनाएँ और इसका गौरव वापस लौटाएँ। किंतु जो मार्ग आप अपना रहे हैं, वह विध्वंस की ओर ले जानेवाला है।"

हिरण्यकशिपु ने उत्तर दिया, "आचार्य, असुर राज्य का उत्थान तभी हो सकता है, जब इंद्र को नियंत्रण में रखा जाए। मैं यह सब इसलिए कर रहा हूँ, ताकि इंद्र मूलस्थान पर पुनः आक्रमण की हिम्मत न कर पाए।"

"लेकिन हिरण्यकशिपु, राजा निर्दोष लोगों की हत्या नहीं करते हैं। आपके कृत्य असुर राज्य के सम्मान के लिए उचित नहीं हैं।"

"आचार्य, मैं जो कर रहा हूँ, वह असुरों के हित में है। अन्यथा इंद्र और विष्णु एक महाशक्ति बनकर असुरों का विनाश कर देंगे।"

जब शुक्र को लगा कि हिरण्यकशिपु से आगे बात करना व्यर्थ है तो वे सिंघिका के पास गए और कहा, "मैं हिरण्यकशिपु की वीरता और निडरता की सराहना करता हूँ, लेकिन उसका सुरों के प्रति घृणाभाव एक विचारहीन हिंसा को जन्म दे रहा है। यह एक निंदनीय कृत्य है। वह आत्म-विनाश की ओर बढ़ रहा है। केवल तुम ही उसे सही दिशा दिखा सकती हो।"

सिंघिका शुक्र का संदेश लेकर अपने भाई से मिलने गई। उसे आशा नहीं थी कि उसका भाई इतना अधिक बदल गया था। वह उसके उत्तर से स्तब्ध रह गई।

"सिंघिका!" मूलस्थान के राजा ने रुखे स्वर में कहा, "शत्रुओं का पक्ष न लो। क्या तुम्हारे अंदर की सम्राज्ञी और स्वरभानु की माता सो गई है। विष्णु ने जब तुम्हारे

भाई हिरण्याक्ष को मारा तो क्या वह पाप नहीं था? सुरों ने असुरों को उनके सोमरस का भाग नहीं दिया, क्या तुम इससे सहमत हो? इंद्र ने मूलस्थान को हमसे छीनकर अपना उपनिवेश बनाया, क्या यह उचित था?"

"जो तुम कह रहे हो, वह सब सत्य है, लेकिन हिंसा इसका समाधान नहीं है," सिंघिका ने तर्क किया, "दोनों पक्षों के निरपेक्ष प्रतिष्ठित व्यक्तियों के साथ बैठकर ही इस समस्या का हल निकाला जा सकता है। यह अंतहीन शत्रुता बढ़कर पैशाचिक रूप ले रही है।"

हिरण्यकशिपु ने क्रोधित स्वर में उत्तर दिया, "मुझे आश्चर्य है कि यह एक असुर सम्राज्ञी कह रही है, जिसे सुरों की कुटिलता के कारण इतना कष्ट उठाना पड़ रहा है।" उसने कुछ पल का विराम लेकर दर्पपूर्वक कहा, "बहन, अब मुझे कोई नहीं रोक सकता। ईश्वर भी नहीं। मैंने ठान लिया है सुरों के सर्वनाश का और यह कार्य पूरा किए बिना मैं चैन से नहीं बैठूँगा।"

कयाधु ने भी हिरण्यकशिपु से बात करने का प्रयास किया, "मैं अभी तक इस बात को नहीं समझ पा रही हूँ कि अगर विष्णु मूलस्थान को उपनिवेश बनाने की योजना में सम्मिलित थे तो उन्होंने नारद को मेरी और पुषिता की सुरक्षा का उत्तरदायित्व क्यों सौंपा?"

"कयाधु!" हिरण्यकशिपु क्रोध में बोला, "तुम्हारी मति भ्रमित हो गई है। नारद ने कोई उपकार नहीं किया है। राजपरिवार की सुरक्षा का उत्तरदायित्व लेकर उसने अपने आपको मेरे प्रकोप से बचा लिया। मैं सोचता हूँ कि प्रह्लाद को नारद के आश्रम से राजमहल वापस लाया जाना चाहिए और उसे असुर आचार्यों के द्वारा शेष शिक्षा दिलाई जानी चाहिए। मैं उसे वहाँ नहीं छोड़ूँगा, जहाँ विष्णु की पूजा होती हो और सुरों की प्रशंसा की जाती हो।"

शुक्र को शीघ्र यह महसूस हो गया कि हिरण्यकशिपु को असुरों का नायक बनाकर उन्होंने बहुत बड़ी गलती की थी। *"इस व्यक्ति में विप्रचित्ति के समान परिपक्वता और दूरदर्शिता नहीं है। अब सुरों और असुरों के मध्य पुनः सौहार्द स्थापित करना संभव नहीं लगता। अब विनाशलीला अपरिहार्य है।"*

***

हिरण्यकशिपु का एक क्षत्रप नारद के आश्रम पहुँचा। उसने नारद को उपहार और स्वर्ण देते हुए कहा, "राजन ने ये उपहार आपके लिए भेजे हैं। उनका यह भी अनुग्रह है कि प्रह्लाद को अब मूलस्थान लौट आना चाहिए। वह युवराज हैं और स्वयं

सम्राट् की देख-रेख में उन्हें शासन के लिए प्रशिक्षित किया जाएगा।"

नारद मुसकराए और मंद स्वर में बोले, "मुझे ज्ञात है कि आपके राजा अपने पुत्र को वापस मूलस्थान क्यों ले जाना चाहते हैं। मुझे इसमें कोई आपत्ति नहीं है।"

उन्होंने प्रह्लाद को जाने से पूर्व आशीर्वाद देते हुए कहा, "एक दिन तुम असुरों के राजा बनोगे। इसलिए पुत्र, कभी भी सिद्धांतों के साथ समझौता मत करना।"

प्रह्लाद रथ पर बैठ मूलस्थान की ओर चल दिया। राजमहल पहुँच वह रथ से उतरा और दौड़कर अपने माता-पिता के चरणों में सिर टिका दिया। कयाधु ने उसके माथे पर चुंबन किया और हिरण्यकशिपु ने उसे बाँहों में भर लिया। हिरण्यकशिपु ने उसे अलग करके उसकी सुडौल देह को ध्यानपूर्वक देखा। वह अपने पिता से अधिक लंबा हो गया था। उसके ऊपरी होंठ के ऊपर मूँछ उगने के संकेत होने लगे थे। उसकी चमकीली आँखें बुद्धिमत्ता से भरी हुई थीं।

"मैंने इस साम्राज्य को स्थापित करने के लिए अथक संघर्ष किया है। मेरा पुत्र इसे नई ऊँचाइयों तक ले जाएगा।" हिरण्यकशिपु ने सोचा।

"पुत्र, तुम्हें देखकर मेरा मन अत्यंत प्रसन्न है। मुझे विश्वास है कि आश्रम में तुम्हारा पूरा ध्यान रखा गया होगा।" हिरण्यकशिपु ने पूछा।

"तात, आश्रम का जीवन आनंदमय था। वहाँ सभी छात्र बिना किसी भेदभाव के एक साथ प्रेमपूर्वक रहते हैं। महर्षि नारद ने हमें विष्णु भगवन् का 'वसुधैव कुटुंबकम्' का सिद्धांत पढ़ाया है, जिसका अर्थ है कि संपूर्ण विश्व एक परिवार है। इस सिद्धांत को समझने से प्रत्येक मानव के प्रति पूरा दृष्टिकोण ही बदल जाता है।" प्रह्लाद के स्वर में किशोर अवस्था का उत्साह था।

विष्णु का नाम आते ही हिरण्यकशिपु का मुँह कसैला हो गया। उसे अपनी धमनियों में बहता रक्त खौलता सा प्रतीत हुआ। लेकिन उसने अपने आप को सँभाला और स्वयं से कहा, *"यह प्रह्लाद की गलती नहीं है। यह मेरी गलती है। मुझे प्रह्लाद को भेजने से पूर्व आश्रम के वातावरण को समझ लेना चाहिए था।"*

"पुत्र, तुम्हें ज्ञात होना चाहिए कि विष्णु हमारा शत्रु है। परिस्थितिवश तुम्हें विष्णुभक्त नारद के आश्रम में रहना पड़ा। उसके अनुयायियों ने तुम्हारे कोमल बाल मस्तिष्क को दूषित कर दिया है। मूलस्थान में कोई विष्णु की प्रशंसा नहीं करता। तुम युवराज हो और यह तुम्हारा कर्तव्य है कि तुम असुर नीति और सिद्धांत को समझो। मैं असुर आचार्यों द्वारा तुम्हारे शिक्षण का उचित प्रबंध करूँगा।"

हिरण्यकशिपु उस किशोर मुख पर आए असहमति के लक्षण स्पष्ट रूप से

देख रहा था। वह अत्यंत उद्विग्न था, लेकिन उस समय उसने इस विषय पर आगे न बोलना ही ठीक समझा और निराश भाव से बाहर चला गया।

***

हिरण्यकशिपु ने शुक्राचार्य से निवेदन किया, "गुरुवर, प्रह्लाद आपकी देखरेख में रहेगा। मैं विष्णु का नाम उसके मन से निकाल देना चाहता हूँ। मेरे लिए यह असहनीय है कि मेरा पुत्र विष्णु का अनुयायी हो।"

शुक्राचार्य ने समझाते हुए कहा, "हिरण्यकशिपु, इस बात को अधिक महत्त्व देने की आवश्यकता नहीं है। अभी तक प्रह्लाद नारद के आश्रम में एक विशेष वातावरण में पल रहा था। विष्णु की प्रशंसा को उसके बालमन ने आत्मसात् कर लिया है। उसे समय दो, जिससे वह स्वयं संबंधों की जटिलताओं को समझ सके। वह इस समय किशोर है। यह अत्यंत संवेदनशील और अपरिपक्व अवस्था है। उस पर दबाव डालने के विपरीत परिणाम भी हो सकते हैं। यहाँ तक कि वह विद्रोही भी हो सकता है।"

हिरण्यकशिपु अपने हठ पर अड़ा रहा, "आचार्य, मैं चाहता हूँ कि प्रह्लाद अपनी सोच को असुर युवराज की तरह बनाए। अन्यथा मैं यह भूल जाऊँगा कि वह मेरा पुत्र है।"

शुक्र ने मौन रहकर अपना सिर हिलाया। वह जान चुके थे कि हिरण्यकशिपु से तर्क करना व्यर्थ था।

प्रह्लाद की शिक्षा के लिए एक वरिष्ठ शिक्षक प्राचार्य 'आपि' की नियुक्ति की गई।

***

"असुरों की शक्ति, उनकी वीरता और सभी जाति और संप्रदाय के लोगों को एक साथ जोड़ने में है। यही विशिष्टता उन्हें सुरों से अलग करती है। सुर जातिवादी, अहंकारी और कुटिल होते हैं। असुरों का इतिहास गौरवपूर्ण है। विप्रचित्ति एक महान् राजा थे, लेकिन विष्णु द्वारा सुरों के साथ मिलकर किए गए षड्यंत्र का शिकार हुए। अब असुरों का भविष्य महाराज हिरण्यकशिपु के हाथों में सुरक्षित है। वे विश्व के सर्वकालीन सबसे महान् राजा होंगे।" प्रह्लाद को नए प्राचार्य पढ़ा रहे थे।

"लेकिन प्राचार्य, आप विष्णु भगवन् को असुरों की अवस्था के लिए किस प्रकार उत्तरदायी कह सकते हैं?" प्रह्लाद ने खड़े होकर पूछा, "उन्होंने सर्वदा सुर और असुर एकता की बात कही है। इस हेतु समुद्र-मंथन भी उन्हीं का विचार था।"

प्रह्लाद की इस टिप्पणी से कक्षा में मौन छा गया और सभी उसकी ओर देखने

लगे। इस प्रकार के विचार या प्रश्न देशद्रोह के परिचायक थे और राजसत्ता को चुनौती देनेवाले माने जाते थे। युवराज ही इस प्रकार का दुस्साहस करके बच सकते थे।

प्राचार्य अपने को इतना अशक्त अनुभव कर रहे थे, जैसे वे खड़े भी नहीं हो पा रहे हों। उन्होंने इस विषय पर युवराज से तर्क करना उचित नहीं समझा। *"मैं वर्तमान और भविष्य के राजाओं के मध्य नहीं पड़ूँगा।"* उन्होंने मन-ही-मन सोचा।

"प्रह्लाद, तुमने अब तक सुर गुरुकुल में शिक्षा ग्रहण की है। उन्होंने तुम्हें इस प्रकार समझाया है कि उनके अनैतिक कार्य न्यायसंगत लगने लगें। तुम्हें असुर सिद्धांतों और दर्शन को समझाने के लिए मैं पृथक् व्यवस्था करूँगा।" यह कहते हुए प्राचार्य आपि कक्ष से बाहर आ गए।

"यदि प्रह्लाद दूसरे छात्रों के साथ इस प्रकार की बात करने लगा तो वे सब सम्राट् के कोपभाजक हो जाएँगे। हमें इस विषय पर अत्यंत सावधानी से आगे बढ़ना होगा।" यह सोचते हुए प्राचार्य का मुख मलिन एवं तनावपूर्ण था।

□

25

आततायी का अंत

अगले दिन आपि ने प्रह्लाद को बुलाया और समझाने का प्रयत्न किया, "प्रह्लाद, तुम युवराज हो और सभी असुरों की दृष्टि इस आशा के साथ तुम पर लगी हुई है कि तुम उनके गौरव की रक्षा करते हुए उन्हें असीमित ऊँचाइयों पर ले जाओगे। सुरों ने हमारे अधिकारों का हनन किया है। वे मानव सभ्यता के लिए खतरा हैं, क्योंकि वे अपने को अन्यों से श्रेष्ठ मानते हैं और दूसरों के सांस्कृतिक मूल्यों को नष्ट करने का प्रयास कर रहे हैं। इंद्र उनका राजा है और विष्णु उनके मार्गदर्शक। तुम्हारे पिता उनके विरुद्ध खड़े हुए हैं और तुम्हारा भी यही कर्तव्य है कि पिता द्वारा प्रारंभ किए गए कार्य को पूर्ण करने में उनके सहायक बनो।"

"लेकिन प्राचार्य," प्रह्लाद ने प्रतिवाद किया, "विष्णु मानवता के संरक्षक हैं। वे जनसाधारण के कल्याण के लिए निरंतर कार्यरत हैं। जिस प्रकार उन्होंने सुरों की सहायता से ब्रह्मावर्त का कायाकल्प किया है, वह अद्वितीय है। इसके बाद उन्होंने सुरों और असुरों को साथ लाने के लिए समुद्र-मंथन का अभियान छेड़ा। यह क्षोभ का विषय है कि परस्पर अविश्वास ने अकल्पनीय परिस्थितियाँ उत्पन्न कर दीं, जिसके कारण वे एक-दूसरे के प्राणों के प्यासे हैं। आदरणीय, मैं सुरों और असुरों को पुन: एक साथ लाना चाहता हूँ। कृपया मुझे आशीर्वाद दीजिए कि मैं अपने प्रयास में सफल होऊँ।"

आपि प्रह्लाद की स्पष्टवादिता से स्तब्ध रह गए। बोले, "प्रह्लाद, तुम नारद की भाषा बोल रहे हो। यह तुम्हारी गलती नहीं है। परिस्थितिवश तुम्हें नारद के आश्रम में रहना पड़ा, जहाँ विष्णु का पूजन होता है, लेकिन तुम्हें यह बात याद रखनी चाहिए कि विष्णु ने ही छल से तुम्हारे चाचा को मारा था। उसने ही सुरों के साथ मिलकर असुरों को सोम से वंचित रखा है। तुम्हारे ममेरे भाई स्वरभानु की वर्तमान दशा के लिए भी वही उत्तरदायी है। तुम युवराज हो, कोई भी मत बनाने से पूर्व तुम्हें पूरी स्थिति का ज्ञान होना चाहिए।"

प्रह्लाद ने धैर्य के साथ प्राचार्य को सुना और फिर उत्तर दिया, "प्राचार्य, मैं सुरों की ओर से नहीं बोल रहा हूँ, लेकिन सत्य यही है कि सुरों ने असुरों को प्रगति में पीछे छोड़ दिया है। भगवान् विष्णु ने सबको बिना भेदभाव के बराबर अवसर और सहायता दी है। यही कारण था कि उन्होंने समुद्र-मंथन के नेतृत्व को राजा विप्रचित्ति को सौंपा था। मेरे ममेरे भाई स्वरभानु की हालत और मेरे चाचा हिरण्याक्ष की मृत्यु का सुरों या भगवान् विष्णु से संबंध का कोई प्रमाण नहीं है।"

आपि प्रह्लाद से इस प्रकार के तर्कों में उलझना नहीं चाहते थे, फिर भी उन्होंने एक बार पुनः प्रयास किया, "तुम अभी बालक और कोमल हो। तुम्हें युवराज पद के कर्तव्यों को अभी समझना है। तुम्हारे इस प्रकार के उद्गारों से तुम्हारे आसपास के लोग लाभ उठाएँगे। राजा के लिए यह असुविधाजनक स्थिति होगी, क्योंकि तुम्हारे कथन राजद्रोह की परिभाषा में आते हैं।"

यह कहकर आपि ने उस समय बात तो समाप्त कर दी, लेकिन वह अत्यंत चिंतित थे। उस रात वह सो नहीं पाए। प्रातः उन्होंने यह प्रकरण हिरण्यकशिपु के समक्ष रखा, "राजन, प्रह्लाद का कोमल मन पूर्वाग्रह से ग्रसित कर दिया गया है। हो सकता है कि वह विष्णु के संबंध में अपने मित्रों से भी बात कर रहा हो। यह स्थिति चिंताजनक है। यदि उसे नहीं रोका गया तो वह अपने मित्रों को प्रभावित करके उन्हें भी विष्णुभक्त बना सकता है।"

हिरण्यकशिपु का मुख मलिन हो गया। कुछ देर सोचने के बाद उसने कहा, "प्राचार्य, मैं प्रह्लाद को एक अंतिम अवसर देना चाहता हूँ। उसे अन्य छात्रों से पृथक् पढ़ाया जाए और असुर-संस्कृति और सिद्धांतों को समझाया जाए।"

उसके बाद हिरण्यकशिपु ने प्रह्लाद को प्राचार्य की उपस्थिति में बुलाया और कठोर स्वर में कहा, "मैं नहीं चाहता कि तुम मेरे कोप का भाजन बनो। शत्रु की स्तुति करना बंद करो। यदि तुमने मूर्खतापूर्ण जिद नहीं छोड़ी तो मैं तुम्हें युवराज पद से च्युत कर दूँगा।"

***

नारद हिरण्यकशिपु के विषय में निरंतर सूचनाएँ एकत्र कर रहे थे। जब उन्हें ज्ञात हुआ कि वह प्रह्लाद को विष्णु-भक्ति के कारण प्रताड़ित कर रहा है तो उन्होंने बैकुंठ जाकर विष्णु को स्थिति से अवगत कराया, "द्वेष और क्रोध ने हिरण्यकशिपु को विवेकहीन कर दिया है। वह यह भूल रहा है कि प्रह्लाद उसका अपना पुत्र है। मुझे उसकी सुरक्षा की चिंता है।"

"मैं अपने विश्वस्त सहायकों को नियुक्त कर दूँगा, जिससे प्रह्लाद को कोई हानि

न हो," विष्णु ने सोचते हुए कहा, "प्रह्लाद इस घृणा और जलन से भरे राजनीतिक परिदृश्य में हमारी एकमात्र आशा है। यदि हिरण्यकशिपु सत्ता का इस प्रकार दुरुपयोग कर रहा है तो वह स्वयं अपने अंत की ओर बढ़ रहा है।"

***

प्रह्लाद सोने के लिए जा रहा था कि उसने शय्या पर एक परिचित केसरिया अँगोछा देखा। यह जय का अँगोछा था। जय नारद के आश्रम में उसका तीरंदाजी का प्रशिक्षक था। उस अँगोछे पर एक फल रखा था। यह फल उसके कक्ष के समीप के एक वृक्ष पर लगते थे। असमंजस में पड़ा प्रह्लाद जब उस वृक्ष तक पहुँचा तो उसने अँधेरे में से जय को निकलकर आते देखा।

"प्रह्लाद!" जय उत्तेजित प्रतीत हो रहा था, "ऋषि नारद और विष्णु ने तुम्हें आशीर्वाद भेजा है। उन्होंने बताया है कि असुरों में अनेक ऐसे हैं, जो सुरों के साथ शांति नहीं चाहते हैं और ऐसे असुर तुम्हें शत्रु रूप में देखते हैं। तुम्हारे पिता उनके प्रभाव में हैं। तुम्हारा जीवन खतरे में है और तुम्हें सावधान रहना होगा। भगवान् विष्णु ने मुझे तुम्हारी सुरक्षा का दायित्व सौंपा है। हमारे गुप्तचर यहाँ हैं और समय पड़ने पर तुम्हारी सुरक्षा करेंगे।"

प्रह्लाद सन्न रह गया। उसके पिता षड्यंत्रकारियों के साथ, यह कैसे? उसके अंदर दुःख और क्रोध की मिली-जुली भावनाओं के बवंडर उठ रहे थे।

***

कुछ दिनों पश्चात् आपि ने प्रह्लाद के लिए उसके दो मित्रों के साथ समीपवर्ती पहाड़ों में भ्रमण का कार्यक्रम बनाया। वे घने जंगलों में ठंडी वायु का आनंद लेते हुए जा रहे थे, तभी एक काला तेंदुआ झाड़ियों से निकलकर उनके सामने आकर खड़ा हो गया और गुर्राने लगा। प्रह्लाद के मित्र बुरी तरह डर गए, लेकिन प्रह्लाद धैर्यपूर्वक खड़ा रहा और अपनी आँखें तेंदुए की आँखों में डाल दीं। फिर उसने विष्णु का नाम लेकर तेजी से अपनी कमर में बँधा लंबा खंजर निकाल लिया। वह अब चुनौती का सामना करने के लिए तैयार था। तेंदुए ने अपने शिकार को भाँपते हुए पहले आक्रमण करने का निश्चय किया। वह दहाड़ता हुआ प्रह्लाद पर लपका। प्रह्लाद ने तेजी से एक तरफ होकर स्वयं को बचा लिया। तेंदुए ने क्रोध से पंजों के नाखूनों से भूमि खरोंचते हुए पुनः प्रह्लाद पर छलाँग लगाई।

प्रह्लाद पूरी तरह सतर्क था। वह पुनः तेजी से किनारे हटा और इससे पूर्व कि तेंदुआ अगला वार कर पाता, उसके हाथ का खंजर तेंदुए की गरदन में घुस चुका था।

तेंदुआ नीचे गिर गया और कुछ समय में ही उसका शरीर शांत हो गया।

सभी प्रह्लाद के शौर्य की प्रशंसा कर रहे थे, लेकिन प्रह्लाद ने इसका श्रेय भगवान् विष्णु के आशीर्वाद और नारद के आश्रम में आत्मरक्षा के प्रशिक्षण को दिया।

जब हिरण्यकशिपु को यह समाचार मिला कि प्रह्लाद ने खंजर के एक वार से ही एक बड़े काले तेंदुए को मार गिराया तो उसका पितृत्व गर्व से फूल गया। लेकिन फिर जब उसे यह बताया गया कि प्रह्लाद ने इसका श्रेय विष्णु के आशीर्वाद को दिया है तो वह क्रोध से पागल होकर चिल्लाया, "मैं देखता हूँ कि वह कब तक बच पाएगा और कब तक उसका भाग्य उसका साथ देगा।"

प्राचार्य आपि भी उसके स्वर से अंदर तक दहल गए।

"यह कैसा पिता है, जो घृणा से इतना भरा है कि अपने ही पुत्र की मृत्यु की कामना करने लगा है? मुझे तो लगता है कि प्रह्लाद को अगला खतरा स्वयं हिरण्यकशिपु से है।"

अगले दिन प्रह्लाद को बताया गया की ऋषि नारद अपने आश्रम में उससे मिलना चाहते थे और राजा ने इस हेतु अनुमति दे दी थी। गुरु से मिलने के लिए उत्सुक प्रह्लाद अपने चार मित्रों के साथ आश्रम के लिए निकल पड़ा। रथ जिस मार्ग से जा रहा था, वह प्राय: समतल था, केवल एक स्थान को छोड़कर, जहाँ मार्ग एक सँकरी घाटी से होकर जाता था। मार्ग के एक ओर गहरी खाई थी।

प्रह्लाद के रथ के पीछे चार अश्वारोही अंगरक्षक चल रहे थे। रथ का सारथी हिरण्यकशिपु के गुप्तचर संगठन का विशिष्ट सेवक था। जैसे ही रथ उस सँकरे स्थान पर पहुँचा, सारथी ने अश्व पर जोर से चाबुक का प्रहार किया। अश्व झटके से आगे की ओर बढ़ा। अश्व की इस प्रतिक्रिया से रथ का एक पहिया उछलकर हवा में उठ गया और रथ में भी उछाल आ गया। उसके झटके से प्रह्लाद उछलकर रथ से बाहर गिर गया और खाई की ओर लुढ़कने लगा। भाग्य प्रह्लाद के साथ था। उसने शीघ्रता से एक वृक्ष की डाल को पकड़ लिया, अन्यथा खाई में गिरने से उसकी मृत्यु निश्चित थी। उसके अंगरक्षकों ने उसे वहाँ से सकुशल निकाल लिया।

"सब भगवान् विष्णु की कृपा है," मुसकराते हुए प्रह्लाद ने अंगरक्षकों से कहा।

शीघ्र ही प्रह्लाद के चमत्कारिक रूप से बचने का समाचार फैल गया।

"विष्णु ही रक्षक हैं," प्रह्लाद ने सबसे यही कहा। जब हिरण्यकशिपु को यह समाचार मिला तो वह क्रोध में अंधा हो गया। प्रह्लाद को मारने की उसकी इच्छा और प्रबल हो गई। खीझते हुए वह बुदबुदाया, "कोई भी संबंध मेरे कर्तव्यों में आड़े नहीं आएगा।"

हिरण्यकशिपु ने अपने एक कुचक्र के अंतर्गत प्रह्लाद को यह कहकर महल में सिंघिका के कक्ष में भेजा, "तुम्हारे लिए असुरों के शासन के मर्म सीखना आवश्यक है। इसके लिए तुम कुछ दिन अपनी बुआ के साथ रहो और धीरे-धीरे उनसे इसका ज्ञान प्राप्त करो।"

उधर उसने सिंघिका से बात की, "सिंघिका, प्रह्लाद मेरा पुत्र है, लेकिन उसके कार्यकलाप देशद्रोही हैं। इस कारण मुझे अत्यंत पीड़ा के साथ उसके वध का निर्णय लेना पड़ा है। इसके लिए मुझे तुम्हारी सहायता की आवश्यकता है।" हिरण्यकशिपु के मुख पर संताप और क्रोध के मिश्रित भाव थे।

"भाई, तुम यह क्या कह रहे हो?" सिंघिका लगभग चीख पड़ी।

"हाँ बहन, असुरों की अस्मिता की रक्षा के लिए प्रह्लाद को मरना ही पड़ेगा। इसका कोई अन्य विकल्प नहीं है। वह उस विष्णु के गुणगान करता है, जो तुम्हारे पुत्र स्वरभानु की इस दशा के लिए उत्तरदायी है और असुर साम्राज्य के समूल नाश का षड्यंत्र रच रहा है।"

जब उसका भाई प्रह्लाद को मारने की योजना समझा रहा था, सिंघिका मौन खड़ी थी। उसकी समझ में नहीं आ रहा था कि वह क्या कहे। वह उसकी दया पर निर्भर हो गई थी और कुछ भी करने में अक्षम थी। अनिच्छा से उसने अपने भाई के षड्यंत्र में खलनायिका की भूमिका स्वीकार की और प्रह्लाद को आमंत्रित किया, "पुत्र, आओ, कुछ दिन अपनी बुआ के साथ बिताओ।"

जब उसने प्रह्लाद के कंधे पर हाथ रखा तो ग्लानि से उसके पैर काँप रहे थे। बालक प्रेमपूर्वक बुआ से लिपट गया। उसकी चमकती आँखों से उल्लास टपक रहा था।

उस रात्रि महल के उस स्थान पर, जहाँ सिंघिका का निवास था, भयंकर अग्निकांड हो गया। प्रह्लाद का कक्ष बाहर से बंद था। अनुचर दौड़-दौड़कर पानी और रेत से अग्नि बुझाने का प्रयास कर रहे थे। सब ओर उथल-पुथल मची हुई थी। कठिन प्रयासों के बाद अग्नि पर काबू पाया जा सका। प्रह्लाद का कक्ष पूरी तरह जल चुका था। स्वरभानु भी बगल वाले कक्ष में था, पर वह अग्नि की चपेट में नहीं आया था।

जैसे ही कयाधु को इसके बारे में ज्ञात हुआ, वह चिल्लाती हुई नंगे पाँव सिंघिका के निवास की ओर दौड़ी। उसके पीछे-पीछे हिरण्यकशिपु भी अपने अनुचरों के साथ दौड़ता हुआ आया।

"मेरा पुत्र कहाँ है? मेरा पुत्र कहाँ है?" कयाधु रुदन करते हुए जोर से चिल्लाई, "यह आग कैसे लगी, मेरे पुत्र और सिंघिका कहाँ हैं? उन्हें कोई हानि तो नहीं हुई?"

जब उसने देखा कि प्रह्लाद का कक्ष पूरी तरह जलकर राख हो चुका था तो उसकी आँखों के समक्ष अँधेरा छा गया। उसका दिल बैठ गया और वह मूर्च्छित होकर गिरने ही वाली थी कि उसके कानों में प्रह्लाद की आवाज सुनाई दी, "माँ!"

दो युवा बलिष्ठ हाथों ने पीछे से आकर अपनी माँ को सँभाल लिया।

"तुम कहाँ थे पुत्र?" कयाधु अपने पुत्र को सकुशल देखकर प्रसन्नता से चिल्लाई, लेकिन हिरण्यकशिपु को ऐसा लगा, जैसे उसके पैरों के नीचे की जमीन हिल रही हो। सिंघिका का कोई पता नहीं था।

"मेरी बहन कहाँ है?" वह समझ नहीं पा रहा था।

कुछ दिन बाद एक मुड़े सिरवाली महिला को बैकुंठ में प्रवेश दिया गया। उसने अपना शेष जीवन एक संन्यासी की तरह जीने का निर्णय ले लिया था।

***

"भगवन्! हमें हिरण्यकशिपु के विरुद्ध कार्रवाई में विलंब नहीं करना चाहिए।" जय विष्णु को प्रह्लाद को मारने के प्रयासों के विषय में बता रहा था। "हम भाग्यशाली हैं कि हमें समय से सूचना मिल गई और सिंघिका ने हमारा सहयोग किया। हिरण्यकशिपु निश्चय ही प्रह्लाद को मारने के और भी प्रयास करेगा।"

विष्णु का मुख क्रोध से लाल हो गया। उनकी आँखों से चिनगारियाँ निकल रही थीं। स्वभावतः शांत विष्णु को इस प्रकार क्रोध में देखना एक आश्चर्य था। उन्हें सुर और असुर के मध्य की खाई को पाटने की एकमात्र आशा प्रह्लाद में दिखी थी। हिरण्यकशिपु को किसी भी दशा में घृणा का वातावरण फैलाने से रोकना आवश्यक था।

"हिरण्यकशिपु को अब दंडित करना होगा," विष्णु ने घोषणा की।

लक्ष्मी उस समय उनके पास ही खड़ी थीं। उन्होंने भी विष्णु के इस रौद्र रूप को प्रथम बार देखा था।

"प्रभु," लक्ष्मी ने शांत भाव से कहा, "समय आ गया है, जब उस पापी का अंत करके आप पुनः पृथ्वी पर धर्म का शासन स्थापित करें। अन्यथा वर्षों के परिश्रम से इस भूमि पर जिस वैभव का उत्सर्ग हुआ है, वह नष्ट हो जाएगा।"

***

हिरण्यकशिपु को यह जानने में अधिक समय नहीं लगा कि उसकी बहन ने उसे धोखा दिया था। असुर सम्राज्ञी का उसका साथ छोड़ना उसके लिए एक बड़ा आघात था। इससे असुरों में उसके प्रति विद्रोह भी उठ सकता था। इसलिए उसने अपना छद्म रूप छोड़कर सीधे कार्रवाई का निर्णय लेते हुए प्रह्लाद को बंदी बनाने का आदेश दे

दिया। सिंघिका के गायब हो जाने को गुप्त ही रखा गया।

"प्रह्लाद की मूर्खता असुर राज्य के विरुद्ध षड्यंत्र का कारण है। उसे विष्णु ने इतना सम्मोहित कर रखा है कि उसने अपनी बुआ और असुर सम्राज्ञी सिंघिका को मारने की योजना में विष्णु का साथ दिया है, इसलिए मैंने प्रह्लाद को बंदी बना लिया है," हिरण्यकशिपु ने राजसभा को बताया, "क्योंकि अब यह केवल राजपरिवार का ही विषय नहीं रहा, इसलिए इसका निर्णय सार्वजनिक सभा में किया जाएगा।"

महल के सम्मुख खुले स्थान पर सार्वजानिक सभा में बंदी प्रह्लाद को जंजीरों से बाँधकर लाया गया। हिरण्यकशिपु ने गर्जना की, "प्रह्लाद, क्या तुम स्वीकार करते हो कि विष्णु के अनुयायियों ने तुम्हारी बुद्धि भ्रष्ट कर दी है और तुम्हें अपने कृत्यों पर ग्लानि है?"

शुक्राचार्य और कयाधु इस सभा में आने का साहस नहीं जुटा पाए थे, लेकिन प्रह्लाद की आँखों में किसी प्रकार का भय नहीं था। उनमें आत्मविश्वास था और पिता के लिए करुणा के भाव थे। उसे ज्ञात था कि वह विष्णु के सुरक्षा चक्र में है।

"तात, प्रतिशोध की भावना ने आपको अंधा बना दिया है। आप घृणा के कोहरे के कारण सत्य का प्रकाश नहीं देख पा रहे हैं। विष्णु भगवान् सुर और असुर दोनों के शुभचिंतक हैं। उनके ही कारण मेरी माता आज जीवित हैं। आपको एक बार उनसे बात करनी चाहिए। अभी भी समय है, सबकुछ ठीक हो जाएगा। अन्यथा आपका अहंकार पूरे राज्य को नष्ट कर देगा," प्रह्लाद ने निर्भीकता से अपनी बात कही।

"विष्णु और भगवान्? मैं स्वयं अपना भगवान् हूँ। मुझे ब्रह्मा का वरदान है। मुझे कोई नहीं हरा सकता। दिन हो या रात्रि, अंदर या बाहर, मैं अजेय हूँ। मुझे न तो कोई मनुष्य मार सकता है, न ही कोई पशु। मैंने यह साम्राज्य उस प्रपंची इंद्र के कुचक्रों को तोड़कर बनाया है। विष्णु अविश्वसनीय और दुष्ट है। मेरी उसे द्वंद्वयुद्ध की चुनौती है। यदि तुम्हारा विष्णु वीर है तो सामने आए," हिरण्यकशिपु दहाड़ा।

"राजन, अहंभाव ने आपकी बुद्धि हर ली है। आपका पुत्र होने के नाते मेरा कर्तव्य है कि मैं आपसे हाथ जोड़कर प्रार्थना करूँ कि आप भगवान् विष्णु के प्रति अकारण शत्रु भाव को त्याग दें," प्रह्लाद अपने पिता को समझाने का प्रयास कर रहा था।

हिरण्यकशिपु का धैर्य समाप्त हो गया। उसने आदेश दिया, "प्रह्लाद को राजद्रोह के अपराध में मृत्युदंड दिया जाता है। क्योंकि मैं ऐसे कुपुत्र का पिता हूँ, इसलिए मुझे इसका वध करने का भी अधिकार है।"

यह कहकर हिरण्यकशिपु अपने स्थान से उठा और गदा लेकर प्रह्लाद की ओर

बढ़ा। अभी भी उसे एक क्षीण सी आशा थी कि संभवतः मृत्यु से डरकर प्रह्लाद उसकी बात मान लेगा। प्रह्लाद को आतंकित करने के उद्देश्य से उसने एक बार पुनः गर्जना की, "कहाँ है वह कायर विष्णु? क्या उसे ज्ञात नहीं कि मैं तुम्हें मारने जा रहा हूँ? यदि उसे तुम्हारी भक्ति पर इतना ही विश्वास है तो तुम्हें बचाने के लिए वह यहाँ क्यों नहीं आया? कहाँ है वह? क्या सिंहासन के नीचे घुसा है या इस स्तंभ के पीछे छिपा है?" यह कहते हुए उसने क्रोध में अपनी गदा से उस भवन के स्तंभ पर इतनी शक्ति से प्रहार किया कि वह एक भीषण आवाज, जैसे किसी सिंह की दहाड़ हो, के साथ टुकड़े-टुकड़े हो गया।

दहाड़…क्या यह एक सिंह की दहाड़ थी? तभी सिंहों पर सवार योद्धाओं का एक झुंड सभा में घुसा। सभी भय-मिश्रित आश्चर्य के साथ खड़े हो गए। यह सायं का संधिकाल था, न दिन न रात। हमलावर न तो मनुष्य थे, न पशु। अपितु पशु पर सवार मानव। वह स्थान राजमहल का अहाता था, न उसके अंदर, न बाहर।

इसके पूर्व कि कोई कुछ कर पाता, एक सिंह ने छलाँग मारते हुए हिरण्यकशिपु पर आक्रमण कर दिया और उस पर बैठे योद्धा ने हिरण्यकशिपु को उठाकर उसका सीना फाड़ दिया। सभी ने चकित होकर देखा, वह योद्धा स्वयं विष्णु थे। उनके मुख से क्रोध की चिनगारियाँ निकल रही थीं। फिर तो जिसने भी प्रतिरोध किया, सिंहों पर सवार योद्धाओं ने उसे मार दिया।

विष्णु ने हिरण्यकशिपु का सिर अपनी गोदी में रख लिया। उन्होंने उससे दुत्कार भरे स्वर में कहा, "हिरण्यकशिपु, तुम्हारे मिथ्याभिमान ने तुम्हें मानवता के लिए अभिशाप बना दिया है। तुम्हें जीवित रहने का कोई अधिकार नहीं है।"

हिरण्यकशिपु ने पीड़ा से कराहते हुए चारों ओर देखा। उसने बोलने का प्रयास किया, लेकिन उसके मुँह से शब्द नहीं निकल पाए। उसकी आँखें निर्जीव हो गईं। विष्णु ने हिरण्यकशिपु की मृत देह को भूमि पर रखा और सभासदों की ओर देखा। विष्णु का क्रोध चरम सीमा पर था। उन्होंने कठोर शब्दों में कहा, "तुम सब इस पाशविकता को देखते हुए भी चुप बैठे थे। तुम सब इस अपराध में भागीदार हो। तुममें से किसी को भी जीवित रहने का अधिकार नहीं है।"

प्रह्लाद ने आगे आकर विष्णु से शांत होने की प्रार्थना की, "भगवन्, मैं मानता हूँ कि मेरे पिता आततायी बन गए थे, लेकिन एक समय उन्होंने दिशाहीन राज्य को महान् नेतृत्व भी प्रदान किया था। इस कारण उनके अनुयायी उनके अंधभक्त थे और उनका अनुचरण करते थे। इसमें उनकी इतनी गलती नहीं है। कृपया उन्हें क्षमादान दें।"

विष्णु का क्रोध सहसा शांत हो गया। उन्होंने स्नेहपूर्वक कहा, "प्रह्लाद, जैसा

तुम कहते हो, वैसा ही होगा। मुझे आशा है कि तुम्हारे नीतिगत शासन में सत्य के मार्ग पर चलता हुआ असुर राज्य एक बार पुनः अपने खोए हुए गौरव को प्राप्त करेगा।"

***

प्रह्लाद को एक सादे समारोह में शुक्राचार्य द्वारा राजा के पद की शपथ दिलाई गई। प्रह्लाद के पूर्ण वयस्क होने और शासन सँभालने के योग्य होने तक कयाधु को उसका संरक्षक बनाया गया।

समारोह के बाद प्रह्लाद को विष्णु ने बुलाया, "प्रह्लाद, तुम्हारे राजा होने के साथ ही असुर शासन में एक नए युग का प्रारंभ हुआ है। मेरा आशीर्वाद तुम्हारे साथ है और ईश्वर से प्रार्थना है कि बुराई कभी तुम्हें छू न पाए।"

***

इसके पश्चात् विष्णु, इंद्र से मिलने सुरलोक गए। उनके शब्दों में कठोरता थी, "इंद्र, सत्ता के प्रति तुम्हारी लिप्सा ने ही यह स्थिति उत्पन्न की है। जब तक तुम मूलस्थान जैसे पड़ोसी राज्यों की जनता का विश्वास नहीं जीत पाते, इस प्रकार के प्रकरण पुनः होंगे।"

इंद्र मौन रहे। वह अपने आपको इन सब घटनाओं के लिए उत्तरदायी नहीं मानते थे। उनके अनुसार ये घटनाएँ विप्रचित्ति की मृत्यु और स्वरभानु द्वारा स्वयं विषाक्त सोम पीने के बाद उत्पन्न परिस्थितियों के कारण हुई थीं। उन्हें विश्वास था कि विष्णु भी बाद में इस बात को मानेंगे।

विष्णु ने इंद्र से आगे कहा, "प्रह्लाद के असुरराज होने के बाद तुम्हारे पास संबंधों को सुधारने का एक स्वर्णिम अवसर है। मैं बैकुंठ वापस जा रहा हूँ, लेकिन यहाँ की गतिविधियाँ मुझे ज्ञात होती रहेंगी। हमें ईश्वर ने पर्याप्त दिया है और हमारा कर्तव्य है कि हम इस विश्व को समृद्धि और बंधुत्वभाव से भर दें।"

विष्णु का स्वर अब दार्शनिक होने लगा था, "जब भी विश्व में नकारात्मक शक्तियाँ बढ़ेंगी, कोई विष्णु आकर इसे संतुलित करेगा। व्यक्ति का जीवन तभी तक सार्थक है, जब तक वह भेदभाव रहित सत्य और न्याय के मार्ग पर चलता है। जब जड़ता और स्वार्थवश कोई प्रकृति के नियमों के विपरीत चलने का प्रयास करता है तो वह स्वतः नष्ट हो जाता है।"

विष्णु के वचन सुनकर इंद्र ने उनके समक्ष सिर झुका दिया। इसके पश्चात् विष्णु अश्व पर बैठकर बैकुंठ के लिए प्रस्थान कर गए।

□

महत्त्वपूर्ण व्यक्तियों एवं स्थानों की शब्दावली

1. अग्नि

अग्नि एक वैदिक देवता हैं। उनकी पत्नी का नाम 'स्वाहा' था। अग्निदेव की मूर्ति मंदिर में दक्षिण-पूर्वी कोने में रखी जाती है। लेखक-द्वय ने उन्हें एक वैज्ञानिक माना है, जिसने आग को मानव के नियंत्रण में लाकर उसे उपयोगी बनाया।

2. अंगिरस

अंगिरस को वेदों में एक श्रेष्ठ और पवित्र ज्ञानी गुरु कहा गया है। वह आदरणीय थे और देवों तथा मानवों के बीच मध्यस्थता भी करते थे। वह बृहस्पति के पिता थे।

3. ब्रह्मावर्त

सिंधु एवं प्राचीन सरस्वती नदियों के मध्य स्थित ब्रह्मावर्त क्षेत्र ब्रह्मा का निवास था। पुष्पावती इसका प्रमुख नगर था और सरस्वती नदी यहाँ की मुख्य नदी थी। यह वर्तमान के पंजाब, हरियाणा, हिमाचल, सिंध और गुजरात के क्षेत्रों में फैला था। इन क्षेत्रों में कई सहस्राब्दी पूर्व की परिष्कृत सभ्यताओं के अवशेष मिले हैं।

4. ब्रह्मा

ब्रह्मा-विष्णु-शिव की त्रिमूर्ति में ब्रह्मा को ब्रह्मांड का सृजक माना गया है। इनकी उत्पत्ति विष्णु की नाभि से मानी जाती है। इनका उल्लेख प्रथम बार यजुर्वेद में समाहित मैत्री उपनिषद् में किया गया है। लेखक-द्वय ने इन्हें ब्रह्मावर्त सभ्यता का मुख्य निर्माता माना है।

5. भृगुकच्छ

महर्षि भृगु द्वारा नर्मदा के तट पर बसाए इस नगर को वर्तमान में 'भरूच' नाम से जाना जाता है।

6. भृगु

भृगु वैदिक युग के सर्वाधिक महत्त्वपूर्ण ऋषियों में एक थे। वे ख्याति के पति और भार्गवी/लक्ष्मी के पिता थे। गीता में कृष्ण ने उन्हें ईश्वर के वैभव का प्रतीक बताया है। उनका आश्रम वर्तमान में हरियाणा और राजस्थान की सीमा पर स्थित 'धोसी पहाड़ी' पर था। उनका 'भृगुसंहिता' ग्रंथ फलित ज्योतिष का सबसे विशद ग्रंथ माना जाता है।

7. बृहस्पति

बृहस्पति का उल्लेख ऋग्वेद के चतुर्थ मंडल की ऋचा 50 में एक ऐसे उज्ज्वल और पवित्र ऋषि के रूप में किया गया है, जो अंधकार को हटाता है। पुराणों में इन्हें देवगुरु कहा गया है। सौरमंडल के सबसे भारी ग्रह का नाम इन्हीं के नाम पर रखा गया है।

8. चंद्र

इनकी हिंदू धर्म के एक देव के रूप में मान्यता है। सप्ताह का प्रथम दिन सोमवार और भारतीय चंद्र पंचांग (कलेंडर) इन्हीं के नाम पर है। यह पंचांग सामान्यत: मानसून चक्र से मेल खाता है और खेती के लिए महत्त्वपूर्ण है। लेखक-द्वय ने चंद्र को एक ऐसे सुर-प्रबंधक के रूप में माना है, जिन्होंने भारत में कृषि-पद्धति को संगठित किया।

9. धन्वंतरि

धन्वंतरि एक महान् चिकित्सक थे। इन्हें देवों का चिकित्सक भी कहा जाता है। पुराणों में इनका पृथ्वी पर अवतरण समुद्र-मंथन के समय माना गया है, जब ये अमृत लेकर प्रकट हुए थे।

10. ड्यूस

ऋग्वेद की ऋचा 1.164.33, 4.17.4 और 1.191.6 के अनुसार वह इंद्र के पिता थे, उन्हें अत्यंत बलशाली और सहजबोध से कार्य करनेवाला माना गया है। कई

विद्वान् ड्यूस और ग्रीक देवता ज्यूस को एक ही मानते हैं। यद्यपि पुराणों में देवों को ऋषि कश्यप की संतान कहा गया है, लेकिन लेखक-द्वय ने इंद्र को वेदों के अनुसार ड्यूस का बेटा माना है।

11. गौतम

गौतम एक वैदिक ऋषि थे और अंगिरस के कुल से संबंध रखते थे। शुक्राचार्य ने इनके पास अपनी शिक्षा पूर्ण की थी।

12. हिरण्याक्ष

यह हिरण्यकशिपु का छोटा भाई था। इसका वध विष्णु द्वारा किया गया था।

13. हिरण्यकशिपु

हिरण्यकशिपु एक असुरराज था, जो स्वरभानु (राहु) का मामा और प्रह्लाद का पिता भी था। हिरण्याक्ष के वध के उपरांत उसका राज्य इंद्र द्वारा जीत लिया गया था। लेकिन उसने शक्ति संग्रह करके अपना राज्य पुनः प्राप्त कर लिया। भाई के वध के कारण वह विष्णु से द्वेष रखता था। प्रह्लाद के विष्णु भक्त होने के कारण हिरण्यकशिपु उसका वध करना चाहता था, लेकिन विष्णु ने हिरण्यकशिपु का वध करके प्रह्लाद को सिंहासन पर बिठा दिया।

14. इंद्र/यज्न

वह देवताओं का राजा है, वज्र का धारक है और वर्षा एवं तूफान का देवता है। वेदों में इंद्र का उल्लेख अधिकतम बार हुआ है। श्रीमद्भागवत पुराण के अनुसार प्रत्येक मन्वंतर में इंद्र बदलते हैं। इस प्रकार दस अलग-अलग इंद्रों का उल्लेख किया गया है। दूसरे शब्दों में इंद्र एक पदवी थी, जो देवराज को मिलती थी। लेखक-द्वय ने पुस्तक में यज्न को, जो कि ड्यूस का पुत्र था, प्रथम इंद्र माना है।

15. कयाधु

वह हिरण्यकशिपु की पत्नी और प्रह्लाद की माँ थी। हिरण्यकशिपु द्वारा कयाधु से बलपूर्वक विवाह किया गया था; लेकिन विवाह के उपरांत दोनों के संबंध प्रेमपूर्ण थे।

16. गुरुकुल

गुरुकुल दो शब्दों से मिलकर बना है—गुरु और कुल। इसका अर्थ है—गुरु का

परिवार। यह पुरातन काल की अनूठी शिक्षा प्रणाली थी। इसमें सभी छात्र, राजकुमार या जनसामान्य बिना किसी भेदभाव के गुरु के आश्रम में एक साथ रहते हुए शिक्षा प्राप्त करते थे। गुरु और शिष्य का संबंध अत्यंत पवित्र था। गुरु इनसे किसी प्रकार का शुल्क नहीं लेते थे। शिक्षा पूर्ण होने के पश्चात् शिष्य आश्रम छोड़ते समय गुरु को अपनी क्षमता अनुसार गुरुदक्षिणा देता था।

गुरु का समाज में सर्वोच्च स्थान था। वह राजा के लिए भी पूजनीय था। इसी कारण उस काल में भारतीय सभ्यता ज्ञान के भंडार से परिपूर्ण थी।

17. लक्ष्मी

लक्ष्मी का उल्लेख सर्वप्रथम ऋग्वेद में ऋचा X.71.2 में किया गया है, जहाँ इसका अर्थ पवित्र भाग्य है। 'शतपथ ब्राह्मण' के दसवें अध्याय में लक्ष्मी को असीम ऊर्जा और शक्ति से परिपूर्ण बताया गया है। लक्ष्मी धन-संपत्ति, प्रसन्नता, प्रेमभाव, गरिमा, आकर्षण और वैभव की प्रतीक हैं। विष्णुपुराण के अनुसार विष्णु अर्थ हैं और लक्ष्मी उनकी अभिव्यक्ति।

गरुड़ पुराण के अनुसार लक्ष्मी महर्षि भृगु और उनकी पत्नी ख्याति की पुत्री हैं, इसलिए उसका एक नाम भार्गवी है। इंद्र पुराण के अनुसार दुर्वासा ऋषि के श्राप के कारण भार्गवी समुद्र में चली गई और समुद्र-मंथन के समय पुनः प्रकट हुई। लेखक-द्वय ने लक्ष्मी को भृगुपुत्री मानते हुए उसे एक ऐसी महिला माना है, जो समाज, विशेष रूप से महिलाओं के उत्थान के लिए कार्यशील रही।

18. लोथल

यह सरस्वती नदी के मुहाने पर एक बंदरगाह था। अन्वेषकों ने गुजरात में दो सहस्राब्दी ईसापूर्व के एक समुद्र तटीय नगर की खोज की है। इस नगर में सामुदायिक स्नानगृह, भूगर्भीय नालियाँ आदि मिलते हैं। यहाँ आवासीय और वाणिज्य क्षेत्र पृथक्-पृथक् थे। लोथल के अभियंताओं ने समुद्र व्यापार के लिए आवश्यक सुविधाओं का निर्माण किया था। नगर को एक अति उन्नत बाँध के द्वारा सुरक्षित किया गया था।

संभवतः कालांतर में भूगर्भीय परिवर्तनों के कारण समुद्र इस स्थान से दूर चला गया। समुद्र तल में मिले द्वारका नगरी के भग्नावशेष इस धारणा की पुष्टि करते हैं।

19. मायापुर

यह वर्तमान हरिद्वार है। हरिद्वार पाँच उपनगरों से मिलकर बना है। इसको 'पंचपुरी' भी कहते हैं। मायापुर इसकी प्रमुख उपनगरी है।

20. मनु

मनु एक उपाधि थी, जो ब्रह्मलोक के प्रशासकीय अध्यक्ष को दी जाती थी। साहित्य में चौदह मनुओं का उल्लेख मिलता है। उन्होंने ब्रह्मलोक/ब्रह्मावर्त का विकास किया। इसी कारण उन्हें मानव जाति का पिता भी कहा जाता है। लेखक-द्वय ने वैवस्वत मनु को अपनी रचना में लिया है।

मनु को 'मनुस्मृति' की रचना के लिए भी जाना जाता है। यह ग्रंथ कर्तव्य, अधिकार, नियम, आचार आदि की व्याख्या करता है। वर्तमान में पचास से अधिक पांडुलिपियाँ उपलब्ध होने के कारण मूल ग्रंथ की प्रामाणिकता के विषय में कहना संभव नहीं है। इन पांडुलिपियों में विसंगतियों के कारण इस ग्रंथ के अनेक भाग विवादित हैं।

21. मित्र

ऋग्वेद के 3.59.6 में मित्र को सत्य का रक्षक देवता माना गया है। ऋचा 3.59.2b में उन्हें स्थायित्व और नीति का अनुपालक माना गया है। अन्य देवताओं को 'मित्र' के समान कहा गया है, जिससे उनकी महत्ता प्रकट होती है। मित्र का उल्लेख अन्य संस्कृतियों में भी मिलता है। उसे मित्रो, मीरो, मिजरो, मिउरो आदि नामों से जाना जाता है। रोमन संस्कृति में उन्हें मिथ्रास के नाम से सत्य और सम्मान का देवता माना गया है। अनातोलिया क्षेत्र में प्राचीन समय में उनके नाम पर संधियाँ की जाती थीं।

लेखक-द्वय के अनुसार मित्र इंद्र के पूर्ववर्ती थे और सुर-सभ्यता के मूल विस्तारक थे।

22. मूलस्थान

पुस्तक में वर्तमान पाकिस्तान में मुल्तान को मूलस्थान के नाम से लिया गया है। यह हिरण्यकशिपु और बाद में प्रह्लाद के राज्य की राजधानी थी। यहाँ पर प्रह्लाद द्वारा नृसिंह मंदिर बनवाया गया था। यह मंदिर अब खँडहर बन चुका है।

23. नारद

नारद एक वैदिक ऋषि थे। उन्हें देवर्षि की उपाधि से भी सुशोभित किया गया है। वह सभी लोकों में भ्रमण करते रहते थे और एक स्थान से दूसरे स्थान तक सूचनाएँ ले जाते थे। इसलिए कई विद्वानों ने उन्हें 'आदि पत्रकार' की संज्ञा भी दी है।

24. परियात्रा पर्वत

पाकिस्तान, अफगानिस्तान और ताजिकिस्तान में फैली हिंदुकुश पर्वत-शृंखला को प्राचीनकाल की परियात्रा पर्वत-शृंखला माना गया है।

25. प्रह्लाद

वह हिरण्यकशिपु का पुत्र और विष्णु का भक्त था। विष्णु ने हिरण्यकशिपु का वध करके प्रह्लाद को असुरराज बनाया था।

26. पुलोमा

वह असुरराज और सुरों की रानी शचि का पिता था। इसी कारण शचि को पुलोमी के नाम से भी जाना जाता है। इंद्र ने पुलोमा को मारकर बाद में शचि से विवाह किया था।

27. पुष्पावती और दृष्टावती नदी

पुष्पावती, सरस्वती और दृष्टावती नदियों के संगम पर बसी ब्रह्मावर्त की राजधानी थी। मनुस्मृति के अनुसार ब्रह्मावर्त राज्य की सीमाएँ सरस्वती और दृष्टावती नदियों से बँधी थीं।

28. रुद्र

ऋग्वेद की ऋचा 2.33.9 में रुद्र को ब्रह्मांड का स्वामी बताया गया है। रुद्र को शिव के अवतार के रूप में जाना जाता है। लेखक-द्वय ने रुद्र को प्रथम शिव और गंगाक्षेत्र का प्रतिपालक माना है। वे न्याय और सत्य के प्रतीक थे।

29. समुद्र-मंथन

समुद्र-मंथन हिंदू साहित्य के सर्वाधिक चर्चित वृत्तांतों में से एक है। इसके अनुसार विष्णु के परामर्श पर सुरों और असुरों ने मिलकर समुद्र-मंथन किया, जिसमें

अनेक रत्न प्राप्त हुए और सोम (अमृत) उनमें अंतिम रत्न था।

लेखक-द्वय ने समुद्र-मंथन को समुद्र के रास्ते किया गया एक अभियान माना है, जिसमें अमृत की प्राप्ति एक द्वीप में होती है।

30. सरस्वती नदी

ऋग्वेद की ऋचा 2.41.16 में कहा गया है, 'ओ माँ सरस्वती, आप नदियों में सर्वश्रेष्ठ हैं और देवियों में महानतम हैं। यद्यपि हम योग्य नहीं हैं, लेकिन आप की कृपा हम पर बनी रहे।'

अनेक विद्वानों ने उत्तर-पश्चिमी भारत और पाकिस्तान के मध्य से गुजरने वाली वर्तमान बरसाती घग्गर-हकरा नदी प्रणाली को वैदिक सरस्वती माना है। सेटेलाइट से प्राप्त चित्रों और भू-अन्वेषणों से यहाँ पर एक विशाल नदी के बहने के चिह्न मिले हैं, जो कच्छ के रण में समाप्त होती थी। संभवतः सतलज मूल सरस्वती थी। लगभग दो सहस्राब्दी ईसा पूर्व के भूगर्भीय परिवर्तनों के कारण नदी के बहाव की दिशा में परिवर्तन आया। इसकी मुख्यधारा सिंधु में मिल गई, जबकि इसकी सहायक धारा टोंस (तमसा) यमुना में मिल गई। इसी कारण प्रयागराज को 'त्रिवेणी' भी कहा जाता है।

31. सोम अथवा अमृत

ऋग्वेद की ऋचा 8.48.3 के अनुसार सोम अमरत्व प्रदान करता है। अमरत्व से ही अमृत शब्द की उत्पत्ति हुई है। देवों को पर्याप्त मात्रा में सोमरस लेते हुए बताया गया है। ऋग्वेद में इसे एक पौधे के रस से तैयार करने का विवरण है। इस पौधे की पहचान अज्ञात है।

पुराणों के अनुसार सोम को समुद्र-मंथन के दौरान प्राप्त बताया गया है। लेखक-द्वय ने भी इसे मानते हुए इसकी खेती हरिद्वार-ऋषिकेश क्षेत्र और सोम तैयार करने का स्थान सरस्वती की घाटियों में माना है।

32. शचि

शचि को पुलोमा की पुत्री, देवराज इंद्र की पत्नी और सुंदरता की देवी माना गया है। ऋग्वेद में उन्हें सर्वाधिक आकर्षक आँखों वाली कहा गया है। शचि सात मात्रिकाओं (मातृ देवी) में से एक थी। उसका एक स्वतंत्र व्यक्तित्व था। वह अकेली देवी थी, जिसके पति इंद्र को उसके नाम 'शचिपति' से जाना जाता था।

33. सिंघिका अथवा होलिका

सिंघिका असुरराज हिरण्यकशिपु की बहन, असुरराज विप्रचित्ति की पत्नी और स्वरभानु (राहु) की माँ थी।

34. शुक्र

शुक्र वैदिक युग के सबसे प्रखर विद्वानों में से एक थे। वे असुर गुरु थे। उनकी पुस्तक शुक्रनीति राजा, राज्य और नागरिकों के कर्तव्यों तथा अधिकारों पर लिखी गई है। वे काव्यमाता के पुत्र थे। सौरमंडल के सबसे चमकदार ग्रह का नाम उन्हीं पर रखा गया है।

35. शिव

वे त्रिमूर्ति (ब्रह्मा, विष्णु और शिव) में परिवर्तक और विध्वंसक का कार्य करते हैं। ऋग्वेद में रुद्र को उग्र और निर्मोही स्वभाव का बताया गया है, जबकि उनके शिव स्वरूप को कृपालु कहा गया है। वैदिक साहित्य में शिव का अर्थ पवित्र और सात्त्विक कहा गया है। उत्तर-वैदिक साहित्य में रुद्र को शिव का ही एक रूप बताया गया है। शिव की महिला साथी के रूप में पार्वती, सती, काली आदि को माना गया है।

पौराणिक साहित्य में विष्णु को देवताओं के साथ दिखाया गया है, जबकि शिव को निष्पक्ष और बहुधा असुरों का प्रिय आराध्य दिखाया गया है।

लेखक-द्वय ने शिव को सांसारिक सुखों के प्रति निर्लिप्त एक ऐसे नायक के रूप में दिखाया है, जो न्याय और मानव कल्याण के लिए समर्पित था।

36. सुर और असुर

सामान्यत: सुरों को अच्छी तथा असुरों को बुरी शक्तियों का प्रतीक माना जाता है, लेकिन प्रारंभ में असुर शब्द का प्रयोग बुराई के प्रतीक के रूप में नहीं किया गया था। ऋग्वेद में असुर शब्द को शक्तिशाली के अर्थ में लिया गया है। ऋग्वेद की नौ ऋचाओं में इंद्र को असुर कहा गया है। एक ऋचा में इंद्र को कहा गया है, "ओ देवताओं के राजा, मेरी रक्षा करो, हे असुर, हमें बचाओ।" इसके अतिरिक्त अग्नि, वरुण और रुद्र को भी आठ स्थानों पर असुर कहा गया है।

लेखक-द्वय ने उन्हें गंगा परिक्षेत्र से विस्थापित एक ही जाति के अलग-अलग हुए समूहों के रूप में माना है।

37. स्वरभानु (राहु)

स्वरभानु असुरराज विप्रचित्ति और होलिका का पुत्र तथा हिरण्यकशिपु का भानजा था।

38. वरुण

वरुण वैदिक देवता हैं, जिनका वर्णन ऋग्वेद में आता है। प्रारंभ में उनका संबंध आकाश से और बाद में समुद्र से बताया गया है। पुराणों में वरुण को समुद्र का देवता माना गया है।

39. विप्रचित्ति

वह प्रतापी असुरराज और पुलोमा का कनिष्ठ भ्राता था, जो पुलोमा की मृत्यु के उपरांत सिंहासन पर बैठा। वह सिंघिका/होलिका का पति और स्वरभानु (राहु) का पिता था।

40. विष्णु

वह त्रिमूर्ति (ब्रह्मा, विष्णु और शिव) में एक हैं और संरक्षक का कार्य करते हैं। वह आत्मबोध के प्रतिबिंब हैं और 'वसुधैव कुटुंबकम्', अर्थात् 'विश्व एक परिवार है' का संदेश देते हैं। वह कर्म और सत्य के मार्ग पर चलते हुए सांसारिकता के बीच में रहते हुए आत्मिक विकास का उपदेश देते हैं।

लेखक-द्वय ने उनके विभिन्न अवतारों के सांकेतिक अर्थों को बताने का प्रयास किया है।

41. बैकुंठ

यह विष्णु का निवास था। लेखक ने कश्मीर घाटी को बैकुंठ माना है। बारामूला विष्णु के वाराह अवतार की कथा से जुड़ा माना जाता है।

□□□